新日米租税条約
解釈研究

基礎研究

本庄　資 著
Honjo Tasuku

税務経理協会

はしがき

　日米租税条約が全面改正され，2004年3月30日に批准書が交換され，即日発効した。旧条約の締結から30年以上が経過したが，この間，日米経済関係は大きく変化した。OECDモデル条約が公表された時期に日本はOECDに加盟したが，米国との租税条約においては，1966年に総合主義（フォース・オブ・アトラクション）を捨てた米国と異なり，依然として総合主義に基づく国内法の上に，OECDモデル条約の帰属主義を接木することになった。戦後の国際課税ルールを牽引してきた米国は，旧条約を締結した頃から変質し始める。1971年のニクソン・ショックでブレトンウッズ体制を揺るがし，日本やヨーロッパに対米輸出の自主規制を求め，制限的貿易取極によりGATT体制を弱体化させ，税収確保のために課税強化策を，国際取引への影響についての配慮に優先させるようになっていく。戦後圧倒的な米国経済が形成したといっても過言でない国際経済秩序は，逆に米国経済の強さを支える基盤であったが，次第に米国は自国の利益を守るために，なお強い影響力をもつ世界経済秩序の3大要素である通貨，貿易および課税の領域において破壊的な役割を演ずるリーダーになっていく。日本企業は，緊密な経済関係を持続しなければならない米国において，ダンピングか移転価格課税か，利益比準法による移転価格課税，ユニタリー・タックス課税，租税条約オーバーライドを引き起こす課税強化法，国内源泉所得の範囲の拡大，外国税額控除の制限，タックス・ヘイブン対策税制の拡大，過少資本税制の強化，アーニング・ストリッピング防止の強化，外国法人の定義の変更，など国内経済に影響させない国際課税強化による増収策に直面することになった。長い30年であった。相互に緊密化する日米間の経済・投資交流を促進し，日本企業が多様な対米国際取引において見失いそうな法的安定性と予測可能性を得られるように，新しい日米租税条約の締結が必要であった。こ

れを望む声を受けて装いも新たにデビューした新条約が両国間経済・投資活動の租税障害をできるだけ少なくするように両国の英知で十分に生かされることを願うものである。租税条約は，両国の利害を賭けたコンプロマイズの産物であると同時に，両国が望む国際課税ルールの構築に貢献しようとする共同の作品でもある。詳細な点では今後両国間で共通の理解を明確にすべき問題や国内法でさらに明確にすべき問題も少なくない。本書は，米国における財務省や議会の考えや日本における考えを認識し，新条約によって明確にされた日米間の課税ルールと未だ明確になっていない問題点を切り分けて，国際課税の実務や研究に携わる人の一助になることを目的としている。

　日米租税条約の改正に備えて平成9年に書かれた『アメリカの租税条約』（大蔵省印刷局）と併せて通読していただければ幸いである。

　最後に，本書の出版についてご尽力いただいた税務経理協会の宮下克彦編集局長，鈴木利美編集長，校正についてお世話になった関根正和さんをはじめ関係諸氏に対し心からお礼を申し上げたい。

　平成17年7月

　　　　　　　　　　　　　　　　　　　　　　　　　　本庄　資

目　次

はしがき

第1章　日米租税条約改定の意義

1　日米租税条約の歴史的意義……………………………………2
　(1)　旧条約以前の経緯……………………………………………2
　(2)　旧条約の意義…………………………………………………2
　(3)　条約改定の経緯………………………………………………3
　(4)　条約改定の必要性──深まる日米経済関係………………4
2　日米間の所得フローと租税条約の経済効果…………………7
　(1)　所得フローに対する源泉地国課税…………………………7
　(2)　米国における租税条約の経済効果の分析…………………8
3　日本における租税条約改正要望事項…………………………9
　(1)　解決困難な重要問題…………………………………………10
　(2)　解決可能な重要問題…………………………………………12
　(3)　政策的な課題…………………………………………………13
4　米国の条約締結方針……………………………………………15
　(1)　米国財務省モデル条約………………………………………15
　(2)　米国の租税条約締結方針……………………………………16
5　日本における租税政策のための租税条約の活用の始動……19
　(1)　配当所得………………………………………………………23
　(2)　利子所得………………………………………………………24
　(3)　使用料…………………………………………………………25

(4)　特 典 制 限 ……………………………………………………26
　　(5)　その他の重要な内容 ……………………………………………28

第2章　日米租税条約の重点

第1　適　用　対　象 ……………………………………………34
　1　対　象　税　目 ……………………………………………………35
　　(1)　米国の連邦所得税 ………………………………………………35
　　(2)　外国保険業者の発行した保険証券に対する米国消費税 …………36
　　(3)　民間財団に対する米国消費税 …………………………………37
　　(4)　米国の州税及び地方税 …………………………………………38
　　(5)　国際運輸業所得に対する地方税 …………………………………39
　　(6)　将来課される租税 ………………………………………………41
　2　人 的 範 囲 ………………………………………………………41
　3　国内法又は他の国際協定との優先適用関係
　　　　──プリザベーション・クローズ ……………………………42
　4　自国居住者に対する課税には影響を及ぼさない原則
　　　　──セービング・クローズ ……………………………………43
第2　居 住 者 の 定 義 ………………………………………44
　1　条約における居住者の定義 ………………………………………45
　　(1)　居住者の判定基準 ………………………………………………45
　　(2)　米国の市民又は永住権を有する外国人 …………………………47
　　(3)　個人の双方居住者の振分け基準 …………………………………48
　　(4)　個人以外のものの双方居住者の振分け …………………………50
　　(5)　日本の非永住者の取扱い ………………………………………51
　2　両国において課税上の取扱いが異なる事業体 …………………53
第3　人的特典制限条項 ……………………………………68
　1　特典制限条項の目的 ………………………………………………69

2　22条の構造 …………………………………………………70
　　3　適格居住者基準 ………………………………………………72
　　　(1)　個　　　　人 ………………………………………………73
　　　(2)　政府及び中央銀行 …………………………………………73
　　　(3)　公　開　法　人 ……………………………………………73
　　　(4)　免　税　団　体 ……………………………………………76
　　　(5)　年　金　基　金 ……………………………………………76
　　　(6)　所有基準及び課税ベース浸食基準 ………………………76
　　4　能動的事業活動基準 …………………………………………78
　　　(1)　一　般　原　則 ……………………………………………78
　　　(2)　追　加　条　件 ……………………………………………82
　　5　権限のある当局による認定 …………………………………83
第4　導管取引を利用した濫用の防止規定 ………………………85
　　1　導管取引による優先株式等に係る配当 ……………………87
　　2　導管取引による利子 …………………………………………89
　　3　導管取引による使用料 ………………………………………90
　　4　導管取引による明示なき所得 ………………………………91
第5　多様な事業体の課税上の取扱い ……………………………93
　　1　日本における多様な事業体に対する源泉地国課税 ………95
　　　(1)　国内法のルールと租税条約のルール ……………………95
　　　(2)　米国の各種の法的主体 ……………………………………96
　　　(3)　日本の国内法における米国の多様な事業体の取扱い …100
　　　(4)　日本源泉所得における多様な事業体に対する租税条約の適用 ……102
　　2　米国源泉所得における多様な事業体に対する租税条約の
　　　　適用 …………………………………………………………106
第6　源泉地国課税の排除と租税回避の防止 ……………………109
　　1　新条約の目的 …………………………………………………109
　　2　投資所得に対する源泉地国課税の排除又は制限 …………110

3　配当所得 ……110
(1) 源泉地国課税の制限 ……111
(2) 受益者概念の導入 ……112
(3) 所有要件 ……113
(4) 米国条約ポリシーと特定親子会社要件の緩和 ……113
(5) 年金基金が受益者である配当 ……116
(6) ペイスルーの導管型法人が支払う配当 ……117
(7) 配当の定義 ……120
(8) 恒久的施設に実質的な関連を有する配当 ……121
(9) 追掛け課税の禁止 ……122
(10) 支店利益税 ……123

4　利子所得 ……126
(1) 源泉地国課税の制限 ……126
(2) 居住地国への排他的課税権の配分 ……127
(3) 利子の定義 ……129
(4) 恒久的施設に実質的に関連する利子 ……130
(5) 利子の源泉地国の決定 ……131
(6) 支店利子税 ……133

5　使用料 ……135
(1) 源泉地国課税の排除 ……135
(2) 使用料の定義 ……136
(3) コンピュータ・ソフトウエアの対価 ……139
(4) 恒久的施設に実質的に関連する使用料 ……142

6　譲渡収益 ……143
(1) 不動産の譲渡収益 ……143
(2) 不動産保有法人の株式等の譲渡 ……143
(3) 不動産保有パートナーシップ持分の譲渡所得 ……144
(4) 公的資金援助を受けた金融機関株式の譲渡所得 ……144

　　　　　　　　　　　　　　　　　　　　　　　　　　　　　目　　次

　　(5)　恒久的施設の事業用資産である動産の譲渡所得 ……………145
　　(6)　国際運輸に運航する船舶又は航空機の譲渡所得 ……………145
　　(7)　国際運輸に使用するコンテナーの譲渡所得 …………………146
　　(8)　その他の財産の譲渡所得 ………………………………………146
7　不動産所得 …………………………………………………………147
　　(1)　不動産所在地国の第一次課税権 ………………………………147
　　(2)　不動産の定義 ……………………………………………………148
　　(3)　すべての形式による使用から生ずる所得 ……………………149
　　(4)　企業の不動産から生ずる所得 …………………………………149
8　事業所得 ……………………………………………………………149
　　(1)　恒久的施設課税と帰属主義の原則 ……………………………150
　　(2)　独立企業原則＝事業所得の恒久的施設への帰属に関する原則 ……152
　　(3)　経費配賦 …………………………………………………………155
　　(4)　推計課税 …………………………………………………………156
　　(5)　単純購入非課税の原則 …………………………………………157
　　(6)　継続性の原則 ……………………………………………………157
　　(7)　他の所得との関係 ………………………………………………157
9　恒久的施設の定義 …………………………………………………158
　　(1)　恒久的施設の定義 ………………………………………………159
　　(2)　恒久的施設の例示 ………………………………………………160
　　(3)　建設ＰＥ ………………………………………………………160
　　(4)　恒久的施設の除外 ………………………………………………161
　　(5)　代理人ＰＥ ………………………………………………………164
　　(6)　独立代理人 ………………………………………………………164
　　(7)　関連会社 …………………………………………………………165
10　国際運輸業所得 ……………………………………………………165
　　(1)　国際運輸業所得の相互免税 ……………………………………166
　　(2)　国際運輸業所得の範囲の拡大 …………………………………166

(3)　地方税の免除 ………………………………………………168
　　(4)　国際運輸業におけるコンテナーに係る利得 ………………169
　　(5)　共同計算等 …………………………………………………170
　　(6)　他の条との関係 ……………………………………………170
　11　明示なき所得 ……………………………………………………171
　　(1)　居住地国に排他的課税権を付与する原則 ………………172
　　(2)　恒久的施設に実質的関連を有する明示なき所得 ………172
　　(3)　匿名組合の利益の分配 ……………………………………173
　　(4)　新条約における匿名組合を利用した租税回避の防止 …177

第7　特殊関連企業＝移転価格課税 ……………………………………178
　1　移転価格税制の概要 ……………………………………………179
　　(1)　米国の移転価格税制 ………………………………………179
　　(2)　日本の移転価格税制 ………………………………………183
　2　新条約における特殊関連企業と移転価格課税 ………………184
　3　対応的調整 ………………………………………………………187
　4　移転価格課税の期間制限 ………………………………………189
　5　独立企業間価格を超える所得 …………………………………189
　　(1)　独立企業間利子を超える超過分 …………………………190
　　(2)　独立企業間使用料を超える超過分 ………………………191
　　(3)　独立企業間価格を超える明示なき所得の超過分 ………191

第8　人的役務所得 ………………………………………………………193
　1　給　与　所　得 …………………………………………………193
　　(1)　役務提供地国の課税権 ……………………………………193
　　(2)　ストック・オプション制度に基づく利益 ………………194
　　(3)　短期滞在者免税 ……………………………………………195
　　(4)　短期滞在者免税の濫用の防止 ……………………………197
　　(5)　国際運輸業における給与所得 ……………………………198
　2　役　員　報　酬 …………………………………………………199

目　次

　　3　退職年金等 …………………………………………………………201
　　　(1)　退職年金等 ……………………………………………………202
　　　(2)　保険年金 ………………………………………………………203
　　　(3)　アリモニー ……………………………………………………203
　　4　芸能人及びスポーツマン …………………………………………204
　　　(1)　芸能人又はスポーツマン ……………………………………205
　　　(2)　芸能法人等の所得 ……………………………………………208
　　　(3)　芸能人及びスポーツマンの定義 ……………………………210
　　5　他の非課税制度 ……………………………………………………211
　　　(1)　学生及び事業修習者 …………………………………………211
　　　(2)　教　　　授 ……………………………………………………213
第9　二重課税の排除（外国税額控除）……………………………………216
　　1　日本における外国税額控除 ………………………………………216
　　2　米国における外国税額控除 ………………………………………218
　　3　米国市民，元市民又は元長期居住者の取扱い …………………220
第10　無　差　別　待　遇 …………………………………………………224
　　1　国籍無差別 …………………………………………………………226
　　2　ＰＥ無差別 …………………………………………………………227
　　3　支払先無差別・債務者無差別 ……………………………………228
　　4　資本無差別 …………………………………………………………229
　　5　支店利益税及び支店利子税の容認 ………………………………230
　　6　適用対象税目 ………………………………………………………230
第11　相　互　協　議 ………………………………………………………231
　　1　異議申立と相互協議 ………………………………………………231
　　2　新条約の相互協議手続 ……………………………………………233
　　3　条約の解釈・適用の困難・疑義を解決するための合意等 ……234
　　　(1)　米国モデル条約における例示 ………………………………235
　　　(2)　新条約における合意 …………………………………………235

第12 国際的税務協力 …………………………………236
　1 情 報 交 換 ……………………………………236
　　(1) 情報交換の必要性 ………………………………236
　　(2) 新条約における情報交換 ………………………239
　2 徴 収 共 助 ……………………………………242
　　(1) 徴 収 共 助 ……………………………………243
　　(2) 徴収共助義務の制限 ……………………………244
第13 米国の後法優先原則に対する措置 ………………245

第3章　今後の検討課題

第1　日本公認会計士協会の評価と指摘する検討課題 …………265
　1 米国の後法優先主義 ………………………………265
　2 用語の定義 …………………………………………265
　3 対 象 税 目 …………………………………………266
　4 多様な事業体の条約上の取扱い …………………267
　　(1) 新条約4条6の適用場面 ………………………267
　　(2) 多様な外国事業体についての日本の税務上の取扱い ………268
　　(3) 日本の団体の取扱い ……………………………268
　　(4) 第三国との租税条約との選択適用 ……………268
　5 特典制限条項 ………………………………………269
　6 二重課税の排除 ……………………………………269
　　(1) 外国税額控除の対象となる外国法人税の範囲 …………269
　　(2) 独立企業間価格を超える超過分の5％税 ………270
　7 米国の移転価格課税における二次調整 …………270
　8 配当の定義 …………………………………………271
　　(1) 減資や株式償還について日米の計算方法が異なるみなし配当 ……271
　　(2) 関係会社出資持分の売却によるみなし配当 …………272

9	親子会社間配当に関する株式所有要件	272
10	使用料の定義	273
11	不動産保有法人の株式譲渡	273
第2	米国議会課税合同委員会の指摘した問題点	274
1	非独立企業間支払の取扱い	275
2	不確定利子の取扱い	276
3	導管取引の濫用防止規定	278
4	再生金融機関の株式に係る収益の課税	279
5	米国不動産保有法人の売却	280
第3	新条約の主要条項に関する問題	282
1	多様な事業体に対する課税上の取扱いの明確化	282
(1)	民法上の任意組合	284
(2)	匿名組合	286
(3)	人格のない社団等	287
(4)	信託	287
(5)	中小法人，合名会社又は合資会社	288
2	両国の課税上の取扱いが異なる多様な事業体の条約上の取扱い	288
(1)	条約の特典の範囲	289
(2)	各種の外国事業体についての日本税法上の取扱い	289
(3)	日本の事業体についての租税条約上の取扱い	289
(4)	第三国との租税条約と日米租税条約との有利選択	289
(5)	条約に規定されていない第6のケースの明確化	290
(6)	ハイブリッド事業体	290
3	条約の適用対象者	295
(1)	英語正文と日本語正文との齟齬	295
(2)	個人以外の者の二重居住者	298
(3)	年金基金	299

4　投資所得の源泉地国課税の排除 ………………………299
　　(1)　配　　　当 …………………………………………299
　　(2)　利子の範囲 …………………………………………300
　　(3)　第三国ＰＥが負担する利子 ………………………301
　　(4)　使用料の定義 ………………………………………302
　5　事 業 所 得 ………………………………………………302
　6　不動産保有法人の株式等の評価と保有期間条件 ………303
　7　特典制限条項 ………………………………………………305
　8　二重課税の排除 ……………………………………………306

第4章　関連国内法の整備

第1　両国間で課税上の取扱いが異なる事業体に対する租税条約の適用 ……………………………………311
第2　相手国居住者等が日本において取得する所得に関して所得税の軽減又は免除を受ける場合の届出等に関する規定の整備 ………………………………………313
第3　特典制限条項の適用に関する措置 …………………314
第4　その他の所得条項で規定する独立企業間価格超過額の取扱いに関する措置 ………………………………316
第5　新条約適用開始後における旧条約適用に関する経過措置 ……………………………………………………317
第6　移転価格税制に係る独立企業間価格の算定方法の整備 ……………………………………………………318

目 次

資 料 編

- 新日米租税条約の構成の比較 ……………………………………320
- 日米租税条約（英語正文・日本語正文）……………………324
- 源泉所得税の改正のあらまし（日米新租税条約関係）………408
- 主要な届出書等 ……………………………………………………420
- 租税条約に基づく相手国との情報交換手続について…………459

参考文献 …………………………………………………………467
索　引 ……………………………………………………………469

―― 凡　例 ――

新条約	所得に対する租税に関する二重課税の回避及び脱税の防止のための日本国政府とアメリカ合衆国政府との間の条約（平成16年条約第2号）
交換公文	所得に対する租税に関する二重課税の回避及び脱税の防止のための日本国政府とアメリカ合衆国政府との間の条約に関する書簡交換の告示（平成16年外務省告示第114号）
旧条約	所得に対する租税に関する二重課税の回避及び脱税の防止のための日本国とアメリカ合衆国との間の条約（昭和47年条約第6号）

IRC　内国歳入法典（Internal Revenue Code）
Reg.　財務省規則（Regulation）
Rev. Rul.　Revenue Ruling
Rev. Pro.　Revenue Procedure

租税条約実施特例法	租税条約の実施に伴う所得税法，法人税法及び地方税法の特例等に関する法律（昭和44・6・17法律第46号）
租税条約実施特例法令	租税条約の実施に伴う所得税法，法人税法及び地方税法の特例等に関する法律施行令（昭和62・9・29政令第335号）
租税条約実施特例省令	租税条約の実施に伴う所得税法，法人税法及び地方税法の特例等に関する省令（昭和44・6・17大蔵・自治省令第1号）

所法	所得税法
法法	法人税法
所令	所得税法施行令
法令	法人税法施行令
議定書	新条約の議定書

第1章

日米租税条約[(1)]改定の意義

1　日米租税条約の歴史的意義

(1)　旧条約[2]以前の経緯

　日本は，第二次世界大戦の敗戦後，焦土から立ち上がり，戦後の経済復興を促進するため米国資本導入が必要であり，その条件整備のため，昭和29年（1954年）4月16日に最初の日米租税条約を締結した（昭和30年4月1日発効）。この段階では，米国居住者又は米国法人が日本法人からの受取配当に対し日本では所得税を免除することとし，米国では米国株主に日本税法の25％配当控除を認めるという一種のタックス・スペアリング・クレジットを認めていた。最初の日米租税条約の性格は，米国という先進国と日本という発展途上国との条約であり，源泉地国課税に配慮した内容となっていた。しかし，日本経済は，急速に成長を遂げ，昭和39年（1964年）4月にOECD[3]に加盟し，世界の先進国として肩を並べるに至ったが，その過程において日本の対米投資も増加していくなど，その情勢変化を反映して日米両国は議定書による部分改定を昭和32年，39年及び40年に行った。日本の加盟直前の昭和38年（1963年）にOECDモデル条約[4]が公表された。日本も加盟国として留保事項を除きOECDモデル条約に準拠する必要も生じた。米国は，外国資本導入を促進するとともに，非居住外国人及び外国法人の課税ルールとして実質関連原則[5]（effectively connected rule）を導入する外国投資家税法（Foreign Investors Tax Act of 1966）を制定し，昭和42年（1967年）から施行したが，このような情勢変化に適合するよう全面改定を行うことが必要になったので，日米両国は昭和46年（1971年）3月8日に改定租税条約に署名した（昭和47年7月9日発効）（以下旧条約という）。

(2)　旧条約の意義

　旧条約の目的は，日米両国がともにOECD加盟国である対等の経済パートナーとして実質的な相互主義に基づいて，OECDモデル条約に準拠した内容とすることであった。したがって，旧条約は，最初の条約に比して源泉地国課税より居住地国課税へのシフトを示すものとなり，事業所得課税について総合

主義[6](entire income rule)から帰属主義[7](attributable income rule)へ転換し、経済的二重課税[8]の排除のため相手国の課税処分に対する対応的調整[9]は国内税法上の期間制限にかかわらず権限のある当局間の合意の時点で行うこととし、投資所得については政府又は輸出入銀行の保険又は保証による延払債権利子の免税、10％の軽減税率を適用する親子会社間配当の適用条件である持株比率を50％から10％に引き下げ、使用料に対する10％の軽減税率を特許権・工業所有権等の譲渡益にするなど、減免税の範囲を拡大し、国際運輸業所得について日本企業の運航する船舶・航空機の登録地要件を省き、船舶・航空機の裸用船料及び譲渡益も相互免税とした。

(3) 条約改定の経緯

① OECDの動向

OECDの勧告により加盟国が二国間租税条約を締結又は改定する場合に準拠すべきOECDモデル条約は、昭和38年（1963年）に公表された後、昭和52年（1977年）、平成4年（1992年）、平成12年（2000年）及び平成15年（2003年）など数次の改定を重ねてきた。また、この間にOECD租税委員会（the OECD Committee on Fiscal Affairs）は、1982年「移転価格、対応的調整及び相互協議手続」、1983年「産業上、商業上又は学術上の設備のリースから生じる所得の課税」、「コンテナーのリースからの所得の課税」、1986年「過少資本」、「二重課税条約とベースカンパニーの利用」、「二重課税条約と導管会社の利用」、1987年「芸能、芸術及びスポーツ活動から生じる所得の課税」、1989年「租税条約オーバーライド」、1991年「183日ルール：適用及び解釈の諸問題」、1992年「ソフトウエアの課税上の取扱い」、「トライアングル・ケース」、「従業員の外国年金計画への拠出の課税上の取扱い」、1993年「恒久的施設への所得の帰属」、1994年「モデル租税条約の1994年アップデート」、1995年「モデル租税条約の1995年アップデート」、1997年「タックス・スペアリングの見直し」、1999年「OECDモデル租税条約のパートナーシップへの適用」、2000年「OECDモデル租税条約14条に関する諸問題」、「モデル租税条約の

2000年アップデート」など，数多の報告書を公表し，国際課税ルールの確立に努めてきた。しかし，この間，日米租税条約の改定の動きはなかった。旧条約締結後約30年を経過し，米国の租税条約オーバーライドの加害状況も顕在化するとともに，米国内においても日本の源泉税の排除を求める声が高まってきた。

日米両国は，加盟国としてOECDにおいて確立された国際課税ルールに準拠した租税条約に改正することが必要であった。

② 改定交渉の経緯

すでに対日投資等日本進出多国籍企業を中心とする米国産業界は，平成11年（1999年）米国財務省に投資所得の源泉地国課税の減免を主とする日米租税条約改正を要求し，日本産業界に対しても日本政府に同様の要求を行うよう要請した。その後，両国財界は両国政府に条約改定交渉の早期開始を要請した。当初，日本側は「改定交渉の開始を決める前に解決すべき問題が多い」と考え，消極的であったが，度重なる要請を受けて，単なる投資所得の減免だけでなく，移転価格課税問題等広範な問題を取り上げることを条件として，交渉に応じる姿勢に転向した。正式に日米両国は平成13年（2001年）8月に交渉を開始し，東京及びワシントンで4回の交渉を経て平成15年（2003年）6月11日基本合意に達し，同年11月6日にワシントンで署名を行った。新条約は，両国の議会で批准された後，平成16年3月30日東京で批准書交換が行われ，即日発効した。

(4) 条約改定の必要性――深まる日米経済関係

米国財界及び政府は，投資所得の源泉地国課税のできる限りの排除を求めたが，その背景には日米間の貿易及び投資の増加と租税障害除去の必要性の高まりがある。米国側の認識[10]をみると，平成14年（2002年）における日米間投資合計は1,100億ドルであり，平成7年（1995年）以降日米間投資から生じた所得フローは毎年400億ドルを超える。この所得は日米いずれかで所得税を課され，基本的には源泉地国で源泉徴収される。

第1章　日米租税条約改定の意義

　日米貿易は，巨額である。平成14年（2002年）に，米国の日本への輸出は801億ドル，日本からの輸入は1,404億ドルで，米国にとって日本は輸出の8.2%，輸入の10.1%を占める。日米の投資は，巨額である。同年に，米国の対日投資は259億ドル増加し，日本の対米投資は841億ドル増加した。米国にとって，同年の米国の対外投資増加分に占める対日投資増加分は14.5%，米国の外国所有資産の増加分に占める日本の対米投資増加分は11.9%を占める。

表1－1　日米間の国際取引（単位：億ドル）[11]

経常収支（Current Account Balance）	▲ 801
米国の対日輸出及び日本からの受取	927
商　　　品	497
サ ー ビ ス	304
在日米国所有資産からの受取所得	126
米国の対日輸入及び日本への支払	1,732
商　　　品	1,214
サ ー ビ ス	189
在米日本所有資産への支払	328
一方的移転取引（Unilateral Transfer）	5
投資収支（Financial Account Balance）	▲ 582
日本の対米投資	841
直 接 投 資	50
民間間接投資	791
公 的 投 資	n.a.
米国の対日投資	259
直 接 投 資	45
民間間接投資	214
資本収支（Capital Account Transactions）	0
統計上の不突合	218

　このように，日米両国の経済関係が密接であることは，疑いようがない。日本財務省も新条約署名の記者発表において「新条約の目的が戦略的パートナーである米国との投資交流を税制面から支援することである」と明言しているように，日本にとって米国はきわめて重要な存在であるが，米国にとっても日本はきわめて重要な存在である。このことは，米国議会課税合同委員会（Joint Committee on Taxation：JCT）においても，次のとおり認識されている。

5

① 経常収支[12]：日米間所得フローにおける使用料の重要性

経常収支のうち輸出サービス収入の源泉は，運輸，自由職業（経営コンサルタント，建築，技術，法律，金融，保険，コンピュータ，情報等），映画及びテレビ用テープの賃貸などの対価であり，無形資産に対する投資のリターンである使用料及びライセンス料もこれに含まれる。日米関係において，使用料及びライセンス料は，重要である。平成14年（2002年），米国の日本からの受取は64億ドル，米国の受取合計の14％を占めるが，日本の米国からの受取は50億ドル，米国の支払合計の26％を占める。また，昭和50年（1975年）に比べ，米国所有の在日資産からの受取は，3.5倍になり，日本所有の在米資産からの受取は，12倍を超える。

② 投資からの所得の受取[13]

米国商務省の定義では，単一の者が法人企業の議決権のある証券又は法人格のない事業体の持分の10％以上を直接又は間接に所有し又は支配する場合，これを「直接投資」とする。直接投資の所得には，親子会社間配当や関連会社間貸付金利子の形態がある。「間接投資」には法人株式，社債及び政府債の保有（ポートフォリオ投資という）や銀行預金及び貸付金がある。間接投資の所得には，利子又は配当がある。平成14年（2002年），米国政府の日本への支払は，180億ドルを超え，昭和50年（1975年）に比べ，10倍となった。米国政府の日本への支払は，日本の対米直接投資及びポートフォリオその他の間接投資からの受取より大きい。平成14年（2002年）日本の対米直接投資の受取は，75億ドル，ポートフォリオその他の対米間接投資の受取は，70億ドルであり，これらは米国の対日直接投資の受取69億ドル，ポートフォリオその他の対日間接投資の受取56億ドルを超えている。

③ 投 資 収 支[14]

国際取引の投資収支は，米国所有の日本資産の変化と日本所有の米国資産の変化を示すが，海外資産の所有は将来の受取を生じる。平成14年（2002年），日米間投資合計は1,100億ドルであったが，米国の対日投資収支は582億ドルであった。この意味は，累積ベースで日本の在米資産の追加所有が，米国の

第1章　日米租税条約改定の意義

在日資産の追加所有より582億ドル多いということである。同年の米国の対日直接投資は，657億ドルであり，米国にとって英国（2,554億ドル），カナダ（1,525億ドル），オランダ（1,455億ドル），スイス（701億ドル）及びバーミューダ（689億ドル）に次ぐ第6位の投資先である。

　日本の対米直接投資は，1,520億ドルであり，米国にとって日本は英国（2,833億ドル），フランス（1,706億ドル）及びオランダ（1,548億ドル）に次ぐ第4位の対米投資国である。間接投資は，証券取得と貸付によるポートフォリオ投資である。同年，米国の日本株式及び債券保有は，90億ドル増加して1,750億ドル（日本株式1,405億ドル，日本債券345億ドル）になり，日本の米国証券（財務省証券を除く）保有は，492億ドル増加して1,062億ドルになり，日本の米国債券の保有は，1,634億ドルになった。米国の日本株式保有は，英国に次ぎ2位であり，米国の日本債券保有は，英国及びドイツに次ぎ第3位である。また，日本の米国株式保有は，英国及びカナダに次ぎ第3位であり，日本の米国債券保有は，英国に次ぎ第2位である。なお，日本は，米国財務省証券の最大の外国保有者であり，同年の外国保有全部の約3分の1，3,867億ドルを保有している。

2　日米間の所得フローと租税条約の経済効果

(1)　所得フローに対する源泉地国課税[15]

　日米両国相互の相手国に対する民間の直接投資及びポートフォリオ投資は，増加し，巨額に達している上，銀行貸付も巨額である。また，米国にとって日本は米国財務省証券の最大の保有国である。この投資リターンは，配当，利子及び使用料の形で受益者に支払われるが，源泉地国で源泉徴収税を課される。また，米国企業の日本関連会社及び日本企業の米国関連会社は，それぞれ日本及び米国において課税される。平成14年（2002年），日系米国法人は，190億ドルの所得を取得して60億ドルの米国所得税を納付した。米国法人（日本子会社等を有する米国親会社を含む）は，1999年に日本法人から60億ドルの配当を受け取っ

たが，日本に納付したとみなされる税を考慮に入れると，このうち約30億ドルはグロスアップされた純配当の価値を反映している。米国法人は，配当を含め，約120億ドルの日本源泉の課税所得を認識し，約38％の平均税率で日本で課税された。1990年代後半から日米両国は相互の支払に対し年間ほぼ同額の約5億ないし10億ドルの源泉徴収税を課してきた。日米企業の相手国における子会社は，その収益・利潤の50％，ほぼ同額の本国償還を行ってきた。

(2) 米国における租税条約の経済効果の分析[16]

　租税条約により，課税の金額，時期，源泉地国，居住地国，課税権の配分などが決定される。国際取引である貿易及び投資の形態や税引後リターンが，租税条約によって影響を受ける。一般に，租税条約が国際的な資本と技術及び労働力の可動性に対する租税障害を軽減する範囲で，資源利用の効率性と両国の経済成長にプラスの効果が生じるが，留意すべきことは，租税条約によって租税裁定取引（tax arbitrage）の新しい可能性も生じるので，これを利用する課税ベースの浸食（tax base erosion）を惹起する可能性があることである。両国とも全世界所得課税の原則[17]を採用しているが，単独の力では自国企業の外国における活動状況や外国源泉所得に関する課税情報の収集が困難である。

　租税条約によって両国は情報交換を行うことができるので，この方法で両国が情報シェアリングの改善を行うことにより，露骨な脱税を防止する可能性が高まる。源泉地国における源泉徴収税率の減免は，短期的にみれば，源泉地国から居住地国への支払に対する源泉地国の税収を減少させるが，居住地国で外国税額控除の対象となる外国税額の減少によって居住地国の税収は増加する。先進国は，相互に居住地国と源泉地国の二面性をもつので，日米両国に租税条約による源泉地国減免の効果を当てはめると，源泉地国としての日本では，日本から米国への支払に対する日本課税の減免により税収が減少するが，同時に居住地国としての日本では日本が米国から受け取る支払に対する米国課税の減免により日本での外国税額控除の対象となる米国税が減少するので，税収が増加する。先進国間では国際取引がほぼ均衡しているので，源泉地国課税の排除

が両国間の所得フローを増加させる範囲で，源泉地国としての税収は当初減少するが，居住地国としての税収は外国税額控除の減少によって次第に回復する。この点について米国議会課税合同委員会（the Joint Committee on Taxation：JCT）の分析によれば，配当及び使用料の源泉地国課税の減免によって，米国から日本に対する配当及び使用料に係る米国源泉徴収税は年間約2億ドルだけ減少し，日本から米国に対する配当及び使用料に係る日本源泉徴収税の減少も米国税からの税額控除の対象となる日本税額のほぼ同額の減少を生じる。これは，単純かつ不完全な分析であるが，実際に精密な分析をするには，両国のポートフォリオ・キャピタル・ニーズ，経常収支及び投資収支などの税外要素，経済成長見通し，為替レート，などを考慮に入れた分析が必要であろう。産業界としては，源泉地国課税の減免による直接効果として源泉徴収税の減免を享受することができるほか，外国税の納付に係る金利負担，外国税額控除制度の適用手続の煩雑さや適用の可否のリスク等の回避を要望していた。

3　日本における租税条約改正要望事項[18]

　米国側の産業界の要望は主として投資所得に対する源泉地国課税の排除であり，これに単純に応じることについて日本側は税収確保の観点から必ずしも積極的であったとはいえないが，日本の産業界は多くの点で租税条約の改正を要望していた。日本では税制改正の論議において国際競争力強化や雇用創出など経済構造改革及び経済社会の活性化のために戦略的に税制の活用を図る考えから，財務当局も内外の要望を受け，投資所得に限らず懸案の日米間の課税問題を租税条約改定によって解決し，日米間の国際取引（貿易及び投資）の促進について税制面から支援することを理由に積極姿勢に転じたといえる。これは，日米租税条約改定に伴う関連税制の整備，会社法の現代化を含め近年顕在化してきた各種の事業体の課税ルールの決定，源泉地国課税の排除に伴う税収減少の得失など，いつこれら一連の税制改正作業に踏み切るかの決断を要するが，一旦覚悟すれば，約30年以上の間改定のない状態であった日米租税条約関係を基

本的に最近のOECDモデル条約に近づける絶好の機会でもあった。日米租税条約の改正については，2003年3月に経済団体連合会が問題点と改正要望事項を財務当局に提出したり，日本租税研究協会のアンケート調査等を通じて経済界等から要望が出された。要望意見の代表例として，租税専門家の集団である日本公認会計士協会の「日米租税条約に関する実務上の諸問題について」（平成14年3月26日租税調査会研究報告第5号）を取り上げてみると，①米国側の租税条約オーバーライド，②条約上の用語の定義，③条約の対象税目，④各種事業体の条約上の取扱い，⑤条約の適用対象となる「居住者」の範囲，⑥特典制限条項，⑦二重課税の排除，⑧米国の移転価格課税における二次調整，⑨条約における更正期間制限，⑩配当の定義，⑪親子会社間配当に関する軽減税率の適用を受けるために必要な株式所有期間，⑫条約上の利子，⑬使用料の定義，⑭譲渡収益における対象資産，⑮非課税制度，⑯相互協議の円滑化，⑰その他条項などについて改正を要望している。これらの要望は，（ⅰ）交渉で解決困難とされる問題，（ⅱ）努力により解決可能とされる問題，（ⅲ）租税政策に関する問題，（ⅳ）移転価格課税の円滑化のために米国側の譲歩を獲得すべき問題，（ⅴ）条約の特典制限条項の問題に分けることができる。

(1) 解決困難な重要問題[19]

① 米国における条約オーバーライド[20]（Treaty Override）の問題

　国際法の基本原則は，「合意は守らなければならない」（Pacta sunt servanda）という原則であり，条約当事国は条約尊重義務を負う。しかし，米国では条約と法律が同位とされ，条約は上院の承認と批准書の交換で自動的に国内法としての効力をもつが，下院は国内税法の決定権をもつため，そのすれ違いから条約オーバーライドが生じる。

　下院が条約に反する内容の国内法を制定する場合には「条約違反の国内法」が後法優先原則[21]により適用されることになり，条約相手国との課税関係において深刻な問題を生じている。旧条約の締結後，1980年以後米国は条約オーバーライドの国内法を制定してきた。後法優先原則の国との条約において，

第1章　日米租税条約改定の意義

「条約の規定をもって当該条約と矛盾する国内税法の制定を阻止することはできない」としても，その適用を阻止することが「条約に当該条約に反する国内税法の適用除外を一般に約束する規定を設ける」こととするか，現実に条約違反の国内税法が制定されるつど後法優先原則を逆用して「条約に違反する国内税法の適用除外を個別かつ具体的に約束する規定を設ける」ことが考えられる。これらの対抗策については，米国の条約と国内法との関係を規律する法理に深く係わる問題があり，上院が条約をもって下院の国内税法を制定する権限を制限することが許されるかという問題をめぐる曖昧な解釈の的になるおそれがあるため，米国の国内税法の改正後直ちに条約の特典を回復するための条約改正を小刻みに繰り返し，常に条約が後法となる地位を維持する戦略をとる必要がある。

新条約では，条約オーバーライドの対抗策として①税制改正通知義務（2条2項），②条約の特典の均衡を回復するための協議を行う義務（29条）を規定した。旧条約締結後沈黙の30年間に生じた有名な条約オーバーライドとしては，①1980年不動産外国投資税法（FIRPTA）（ＩＲＣ1125(c)），②1986年税制改革法による支店利益税（ＩＲＣ882, 884），支店利子税（ＩＲＣ884），③1988年技術的多種歳入法（TAMARA），④1989年歳入調整法による収益剥奪規定（アーニング・ストリッピング・ルール）を上げることができる。これらについて，条約上，個別に対応しなければならない。

② 対象税目に州税・地方税を含める問題と連邦消費税の取扱い

過去に日本企業が困難な問題に直面した米国州税の課税問題としては，ユニタリー・タックスやコンテナーの固定資産税等が有名である。州政府は，連邦政府と分離した固有の課税権を有するが，外国との条約締結権を有しない。連邦政府は，外国との条約締結権を有するが，州税の課税に干渉することはできない。州税の課税については，日本企業は租税条約による法的安定性と予測可能性を付与されることを望むが，この要望は実現していない。新条約も一般対象税目は連邦所得税のみに限定されている（2条1項(b)）が，国際運輸業所得の相互免税については地方政府又は地方公共団体の「日本の住

民税又は事業税に類似する租税」を対象とし、「米国は地方政府又は地方公共団体が日本の住民税又は事業税に類似する租税を課そうとする場合には当該地方政府又は地方公共団体に対し当該租税を課することを差し控えるよう説得するため最善の努力を払う」との了解事項を確認した（交換公文１）。外国保険会社に対して支払われる保険料に対する米国消費税（Insurance Excise Tax）は、米国保険会社に対して課されることはなく、実質的に外国保険会社のみに課税されている点で差別的なものであり、条約の対象税目とすることにより無差別待遇の対象とすることが望ましいとされたが、新条約は、議定書でこの米国消費税を非課税と定めた（議定書１(a)）。

(2) **解決可能な重要問題**[22]

租税条約の使命の一は、相手国の居住者・内国法人に源泉地国における課税ルールに関する法的安定性と予測可能性を付与することである。それ故、租税条約の規定は、明確でなければならない。そのため、基礎的な用語について、旧条約の締結後約30年が経過する間における日米経済関係の変化に適合する新条約となるよう改めて確定する必要がある。租税条約の人的適用範囲を決める基礎概念には、「者」、「居住者」及び「受益者」などの用語があるが、特に、「者」（person）及び「居住者」（resident）の定義の明確化が重要である。日本公認会計士協会は、①パススルー形態、信託形態又はハイブリッド形態等の各種事業体の条約上の取扱いを明確化すること、②米国の実質関連原則（effectively connected rule）概念（この用語は「恒久的施設」（permanent establishment：PE）と無関係であり、「実質的に関連を有する」という用語の米国国内法上の定義は「帰せられる」（attributable to）と全く同一であるといえない）等、一方の締約国の国内税法における独自の用語に依拠することを回避し、租税条約上は一般的用語を使用し、かつ、それらの用語の定義を条約上で明確に規定することが望ましいとしていた。また、「居住者」の範囲について、「米国の市民権を有する者」が第三国居住者である場合、日米租税条約の適用が恣意的な選択によって源泉徴収義務者が混乱しないよう明確化することも要望していた。新条約では、「者」には個人、

法人及び法人以外の団体を含むとし,「法人」とは法人格を有する団体又は租税に関し法人格を有する団体として取り扱われる団体をいい,「法人以外の団体」には遺産,信託財産及び組合を含むと定義した。「一方の締約国の居住者」とは当該一方の締約国の法令の下で住所,居所,市民権,本店又は主たる事務所の所在地,法人の設立場所その他これらに類する基準により「当該一方の締約国において課税を受けるべきものとされる者」をいうと定義した。「法人以外の団体」は「者」とされるが,組織された一方の締約国で「課税を受けるべきものとされる者」である場合には「居住者」となるが,「課税を受けるべきものとされる者」でない場合には「居住者」とならない。例えば,民法上の組合は,条約上の「者」ではあるが,現行通達の下では「法人でない社団」の範囲から明示的に除外されているため,納税主体 (taxable entity) として取り扱われない故に,「課税されるべきものとされる者」には該当せず,条約上の「居住者」には該当しない。そして,両国において課税上の取扱いが異なる多様な事業体の所得に対する源泉地国課税については,源泉地国の法令でなく,原則として所得を取得する者の居住する締約国における当該事業体の課税上の取扱いに基づき,当該事業体が構成員課税[23]されるか又は団体課税[24]されるかによって条約の特典を決めるルールを定めた(4条6項)。米国の国内法では米国市民及び居住外国人は無制限納税義務者[25]であり,非居住外国人は制限納税義務者[26]であるとされるが,米国市民が日本居住者又は第三国居住者である場合における租税条約の適用関係を明確にするため,米国市民は①日本居住者でないこと,②米国に実質的に所在し又は恒久的住居[27]もしくは常用の住居[28]を有すること,③第三国との租税条約の適用上米国以外の国の居住者とされる者でないことを条件として,条約上の「米国居住者」とされることを明確にした(4条2項)。

(3) 政策的な課題[29]

日米経済関係の現状認識と将来の展望,これらを反映する税収の確保と日本企業の国際競争力の強化,国際的租税回避の現状認識とその防止,加盟国とし

てのOECDモデル条約の遵守義務などのため，財政当局及び課税当局は投資所得，譲渡収益，明示なき所得などに関する課税権の配分，外国税額控除などの租税条約改定を通じてその政策判断を実現することができる。米国は投資所得の源泉地国課税の排除，特に使用料の免税を望んでいた。日本は，米国に対して当初条約や旧条約では使用料課税や明示なき所得条項の欠如（国内法どおりの課税権の確保）など源泉地国の課税権確保に固執していたが，米国と対等の立場でその条約ポリシーを転換するか否か，は重要な政策判断を要する課題であった。詳細は投資所得の各論で述べるが，配当，利子及び使用料について源泉地国課税の排除に努め，新条約の内容は使用料免税など日本にとって条約ポリシーの転換ともいうべき思い切ったものに変わった。日本公認会計士協会の要望は，投資所得に関する源泉地国の免税や軽減税率などの政策マターを避けて，①配当の定義（米国国内法で配当として取り扱われる関係会社出資持分売却に係るみなし配当（親会社が子会社に対して他の子会社株式を譲渡してその譲渡代金を収入とした場合，一定の条件の下に当該譲渡代金のうち譲受人である他の子会社の利益剰余金の範囲内で当該子会社からの利益の配当とみなされるもの）や移転価格の更正に係るみなし配当（二次調整）などを源泉徴収の対象となる配当から除外すること），②親子会社間配当の軽減税率の適用要件である所有期間の短縮，③ユーザンス金利，債務保証料及びコミットメントフィーなどの条約上の取扱い，④使用料の定義（ソフトウエア関連取引の支払，例えばシュリンクパッケージ・ソフトウエアの輸入取引又は輸入されたシュリンクパッケージ・ソフトウエアのサイトライセンス取引等に関連する支払），⑤譲渡収益条項の対象資産（無形資産については真正な譲渡（いかなる権利も譲渡者に残さない売り切り譲渡）を譲渡収益とする），などの明確化並びに⑥明示なき所得条項（居住地国課税を原則とし，課税の空白を防止するため居住地国で非課税となる場合のみ源泉地国課税とする）の創設であり，⑦トリーティ・ショッピング防止規定である特典制限条項（Limitation on Benefit）の導入に当たって源泉徴収義務者を含む納税者の観点から実務上対応可能な合理的な制度とすることであった。新条約では，画期的な投資所得に対する源泉地国課税の排除を規定する（10条～12条）一方で，導管取引の濫用防止規定（10条11，11条11，12条5，

21条4）や詳細な包括的トリーティ・ショッピング防止規定（22条）を設け，移転価格課税はＯＥＣＤ移転価格ガイドラインに準拠することを明文化した（交換公文3）。さらに，条約上個別の条項で明示されていない「その他所得」について包括的に課税権を配分する規定（Catch-all clause）を定めた（21条）。

4　米国の条約締結方針

　租税条約は，二国間条約であるため，両国間の貿易・投資を含む経済関係を反映するので，課税権の配分や源泉地国課税の減免については条約ごとに差異が生じる。米国は，租税条約の一般的な締結方針を米国財務省モデル条約[30]として明確にしている。租税条約の個別交渉に当たり，各国は相手国ごとに交渉対処方針を定め，これに基づいて交渉を行う。日本にも当然一般的な締結方針があるはずであるが，米国財務省モデル条約のような形では公表されていない。米国も個別交渉対処方針は公表しないが，交渉相手国は交渉前においても米国の基本的な締結方針を米国財務省モデル条約によって知り得るため，双方の主張の相違点を事前に把握し，交渉の要点を絞ることが容易にできるので，米国財務省モデル条約は交渉の迅速化に役立っているといえよう。

(1)　米国財務省モデル条約

　米国が独自のモデル条約を有することは，ＯＥＣＤモデル条約の発展を支持しないということではなく，逆にＯＥＣＤモデル条約の発展を通じて米国モデル条約が発展してきたという事実から両者の同一化が見受けられる。米国モデル条約は，米国の経済，立法，司法，税務行政，条約交渉の経験や国際取引の変化などを反映するよう改正されてきた。

　個別の条約は異なる条件の下で交渉されるので，個別の条約に具体的に規定すべき内容や選択肢となる規定を網羅的に米国モデル条約に含めることはできない。ＯＥＣＤモデル条約に精通した国々との交渉において，両国の租税政策，税制や条約締結方針の相違点と交渉で解決すべき重要問題を明確にする上で，

米国モデル条約は有効に機能している。米国モデル条約は，交渉相手に無修正で受け入れることを要求するテキストであると考えるのは間違いであり，現実の条約交渉において米国モデル条約と乖離することが米国の条約締結方針に反する望ましくない乖離と短絡的に考えている訳ではない。米国は交渉相手国の税法と税務行政を徹底的に分析して交渉を行うのであり，個別の条約が米国モデル条約と乖離しているとすれば，それは米国が相手国税法の特殊性を考慮に入れる必要があると判断したこと又は相手国が米国の利益になるよう実質的な譲歩をしたことを示すものである。

　米国は，1977年5月17日に財務省モデル所得税条約（Treasury Department Model Income Tax Treaty of May 17, 1977）を発表し，次いで1981年6月16日に財務省モデル所得税条約（Treasury Department's Model Income Tax Treaty of June 16, 1981）を発表し，1996年9月20日に米国モデル所得税条約（United States Model Income Tax Convention of September 20, 1996）を発表している。

(2)　米国の租税条約締結方針[31]

　新条約の交渉を担当した米国側のバーバラ・M・アンガスの上院外交委員会における証言（2004年2月25日）から現在の米国の租税条約締結方針を知ることができる。その重要な点を要約すると，次のとおりである。

A　米国は国際取引（貿易及び投資）の不必要な障害を除去することに専念すること

　次の目的のためその主たる手段として二国間租税条約を活用する。
　(a)　外国課税における納税者の確定
　(b)　二国間の課税権の配分
　(c)　源泉地国の過大な課税（グロスベースの源泉徴収税）リスクの減少
　(d)　外国における差別課税の防止

B　国際的な租税条約ネットワークを拡大すること

　現在世界では2000を超える租税条約のネットワークがあるが，米国のネットワークは56条約（64国に適用）にすぎず，他の国よりも少ない。租税条約は，

米国，相手国及びビジネス・コミュニティに次のような実質的なベネフィットを与えるので，そのネットワークを拡大しなければならない。
(a) 二国間の税制を調整し，貿易及び投資に関する課税問題の基本ルールの明確化
(b) 不合意の領域に対応するルールを明瞭にして課税紛争の解決に費やす政府及び納税者の時間を節約すること
(c) 国際課税の振分け問題について納税者を確定すること

C 租税条約の重要課題
(a) 外国支店が十分な実体と継続性を有する場合，その活動が行われた国が第一次課税権をもつこととし，外国支店の活動がマイナーである場合には本店所在地国が唯一の課税国となるようにすること
(b) 課税権の配分によって二重課税を救済すること
　（ⅰ） 二重居住者の居住地国の決定
　（ⅱ） 所得分類により第一次課税権を一方の国に配分すること
　（ⅲ） 所得分類ごとに源泉地国を決定すること
　（ⅳ） 源泉地国の課税を制限し，居住地国の二重課税排除の義務をルール化すること
(c) 紛争の解決と租税条約の適用に関する相互協議手続問題
　米国の権限のある当局は，ＩＲＳ国際（ＬＭＳＢ）部長として対処すること
(d) 源泉地国の過大な課税（グロスベース源泉徴収税）を減少させること
　米国は，源泉地国の源泉徴収税の実質的な減少と排除を求める。
(e) 差別待遇を排除すること
(f) 特別な問題（年金，従業員ストックオプション，社会保障給付，別居手当・扶養料）を処理すること
(g) 税務行政を支援すること
　租税条約の情報交換を妨げ又は禁止する銀行秘密法を有する国とは，米国は租税条約を締結しない。このように「情報交換ができないこと」は米

国が"non-negotiable"とする問題であるので，公式の交渉を開始する前に確認しなければならない。

D　米国の租税条約締結方針の優先事項

米国のような経済大国で租税条約が56条約しかない原因は，米国税法と条約締結方針の優先事項のために，交渉で複雑な問題を調整する必要があるからである。

(a)　パートナーシップその他の課税上透明な事業体 (fiscally transparent entity) の取扱い

(b)　年金基金への拠出，年金基金それ自体及び基金の分配

(c)　米国は"non-negotiable"問題として，トリーティ・ショッピング防止規定としての特典制限条項 (Limitation on Benefit : LOB)，情報交換規定，複雑な米国税法の反映（例えばセービング・クローズ，支店利益税，支店利子税，特別な投資媒体，不動産外国投資家税法）を租税条約に含めること

(d)　特に，すべての租税条約にトリーティ・ショッピング防止規定を包括的規定として含めること

E　発展途上国との租税条約

米国との貿易及び資本のフローが不均衡又は一方的である発展途上国や新興国は，税収に対する短期的な効果を懸念するため米国の選好する源泉地国の源泉徴収税の減免に合意したがらない。これらの国は矛盾する目的を有する。経済発展・成長の原動力である投資の障害を減少しなければならない。源泉地国の源泉徴収税の減少は，国内投資の租税障害を減少させるが，短期的には税収を減少させる。この目的を両立することができる源泉徴収税率の水準の決定については，外国の判断が影響を与えるが，発展途上国の租税条約の限度税率は米国の望む税率より高く設定される。米国としては，現在の貿易及び資本のフローが一方的であるとしても，租税条約の締結はゼロサムでないことを認識することが重要である。

F　米国にとっての租税条約のベネフィット

インバウンド投資とアウトバウンド投資の双方が多額な米国にとって，源

第1章　日米租税条約改定の意義

泉地国の源泉徴収税の減少は，短期的効果をみても，税収に一方的な影響を与えないし，長期的経済的利益をもたらす。米国の海外への投資家に課される外国源泉徴収税の減免は，米国企業が国際的ビジネス・チャンスに挑戦するコストの減少と国際競争力の改善をもたらす。

また，米国において外国投資家に課される米国源泉徴収税の減免は，（ⅰ）外国からの米国投資を促進し，米国の雇用創出，生産性の向上及び賃金上昇に役立ち，（ⅱ）外国投資家にとっての法的安定性と投資環境の安定性を確保することに役立つ。租税条約による課税権の配分は，資本フローの国際的障害を減少することに役立ち，税務行政の協力規定は，両国の行政コストを減少し，タックス・コンプライアンスを向上させる。

5　日本における租税政策のための租税条約の活用の始動

日本は，旧条約締結時に比していまや日米間直接投資が約17倍，証券投資が約100倍に達し，平成14年（2004年）対米直接投資収益は受取7,489億円（対全世界の35.5％），支払2,685億円（対全世界の40.5％），収支4,804億円（対全世界の33.3％），特許等使用料は受取6,262億円（対全世界の47.9％），支払8,795億円（対全世界の63.7％），収支▲2,532億円（対全世界赤字の3.5倍）などでみると，両国の関係は一層緊密化している。財務省は，米国産業界及び日本産業界の強い要望を受け，このような緊密な経済関係に適合した租税条約に改正する必要があると判断した。さらに，日本は，租税条約のもつ諸機能のうち国際的二重課税の排除という消極的側面だけでなく，源泉地国課税の排除による二国間の経済・投資交流の促進という積極的側面を租税政策の遂行に活用する姿勢を明らかにした。新条約の署名について財務省が発表した資料において，「現在，わが国においては，グローバル化する経済の中で新しいフロンテイアの拡大と生産資源のダイナミックな再配分を通じた産業競争力の再構築が求められている。こうした視点を踏まえ経済社会の活性化に向けて税制面において21世紀に相応しい包括的かつ抜本的な改革に取り組んでおり，平成15年度においてはわが国産業の国際競

図1-1 租税条約による投資交流促進（イメージ）

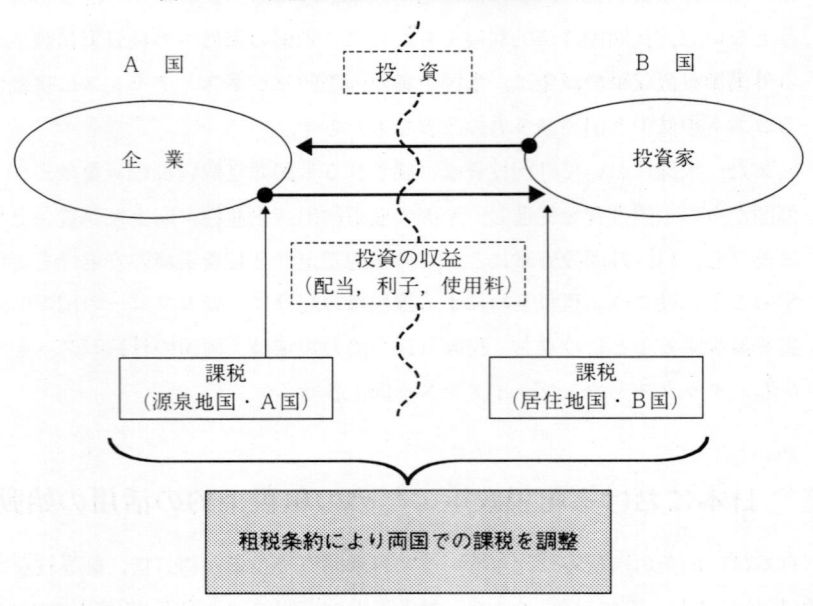

```
    A 国              投資              B 国
   ┌─────┐        ┌ ─ ─ ─ ┐        ┌─────┐
   │ 企 業 │←───────────────────────│ 投資家 │
   └─────┘────────────────────────→└─────┘
              投資の収益
           （配当，利子，使用料）

     ┌──────────┐           ┌──────────┐
     │   課税    │           │   課税    │
     │（源泉地国・A国）│           │（居住地国・B国）│
     └──────────┘           └──────────┘

         租税条約により両国での課税を調整
```

表1-2 直接投資収益の推移（対全世界及び対米国ベース）

（単位：億円）

	年	平成8年(1996)	平成9年(1997)	平成10年(1998)	平成11年(1999)	平成12年(2000)	平成13年(2001)	平成14年(2002)
受取	対全世界	15,866	19,451	16,231	7,036	8,906	20,448	21,069
	対米国	4,292	4,300	6,185	6,791	7,662	9,799	7,489
	（シェア）	27.1%	22.1%	38.1%	96.5%	86.0%	47.9%	35.5%
支払	対全世界	3,913	4,808	3,252	2,694	2,825	5,015	6,630
	対米国	2,288	2,831	1,246	1,693	1,731	2,273	2,685
	（シェア）	58.5%	58.9%	38.3%	62.8%	61.3%	45.3%	40.5%
収支	対全世界	11,953	14,643	12,979	4,342	6,081	15,433	14,439
	対米国	2,004	1,469	4,939	5,098	5,931	7,526	4,804

資料：国際収支統計月報（日本銀行国際局）
　　　政府税制調査会資料（平成15年11月14日総3-3）

第1章 日米租税条約改定の意義

表1-3 証券投資収益の推移（対全世界及び対米国ベース）

(単位：億円)

年		平成8年 (1996)	平成9年 (1997)	平成10年 (1998)	平成11年 (1999)	平成12年 (2000)	平成13年 (2001)	平成14年 (2002)
受取	対全世界	62,038	71,455	69,541	62,445	66,084	76,632	75,761
	対米国	27,060	33,528	35,301	29,257	32,146	38,986	36,021
	（シェア）	43.6%	46.9%	50.8%	46.9%	48.6%	50.9%	47.5%
支払	対全世界	18,448	17,978	16,779	13,080	14,960	14,363	12,307
	対米国	5,200	4,397	4,682	3,948	3,312	2,721	2,031
	（シェア）	28.2%	24.5%	27.9%	30.2%	22.1%	18.9%	16.5%
収支	対全世界	43,590	53,477	52,762	49,365	51,124	62,269	63,454
	対米国	21,860	29,131	30,619	25,309	28,834	36,265	33,990

資料：国際収支統計月報（日本銀行国際局）
　　　政府税制調査会資料（平成15年11月14日総3-3）

表1-4 特許等使用料の推移（対全世界及び対米国ベース）

(単位：億円)

年		平成8年 (1996)	平成9年 (1997)	平成10年 (1998)	平成11年 (1999)	平成12年 (2000)	平成13年 (2001)	平成14年 (2002)
受取	対全世界	7,258	8,840	9,659	9,311	11,024	12,689	13,065
	対米国	2,568	3,643	4,349	4,354	5,068	5,649	6,262
	（シェア）	35.4%	41.2%	45.0%	46.8%	46.0%	44.5%	47.9%
支払	対全世界	10,685	11,633	11,706	11,213	11,863	13,490	13,798
	対米国	7,778	8,496	8,144	7,693	7,792	8,986	8,795
	（シェア）	72.8%	73.0%	69.6%	68.6%	65.7%	66.6%	63.7%
収支	対全世界	▲3,427	▲2,795	▲2,047	▲1,903	▲839	▲801	▲732
	対米国	▲5,209	▲4,854	▲3,795	▲3,338	▲2,723	▲3,336	▲2,532

資料：国際収支統計月報（日本銀行国際局）
　　　政府税制調査会資料（平成15年11月14日総3-3）
(注)　「特許等使用料」＝居住者・非居住者間の特許権，商標等の工業所有権，鉱業権，著作権などに関する権利の使用料及びライセンス契約に基づくフィルムなどの原本等の使用料の受取・支払額

争力の強化や構造改革を進める観点から研究開発税制,設備投資税制等を集中的・重点的に講じたところである。こうした政策を一層推し進めるため,戦略的パートナーである米国との投資交流を税制面からも支援する目的でおよそ30年ぶりに日米租税条約の改正を行うことになった。」と述べている。

新条約は,旧条約の内容を全面的に改正し,OECDモデル条約を基本とし,日米の緊密な経済関係を反映して,積極的に投資交流を図るため,投資所得に対する源泉地国課税を大幅に減免するとともに,条約濫用防止規定など租税回避防止規定を新設するなど,日本の条約例になかった規定を設けている。新条約の主な内容[32]は,次のとおりである。

図1-2 投資所得(配当,利子,使用料)に対する源泉地国課税

	現行条約		新条約
配当	親子会社間配当 (持株割合10%以上)	10%	免税 (持株割合50%超)
			5% (持株割合10%以上50%以下)
	上記以外の配当	15%	10%
利子		10%	10% (金融機関等が受け取る利子は免税)
使用料		10%	免税

政府税制調査会資料(平成15年11月14日総3-3)

第1章　日米租税条約改定の意義

(1) 配当所得

① 配当に対する限度税率を引き下げ、一般配当10％、親子会社配当5％と定めた。

② 一定の親子会社間配当（持株割合50％超の子会社からの配当）について源泉地国免税と定めた。

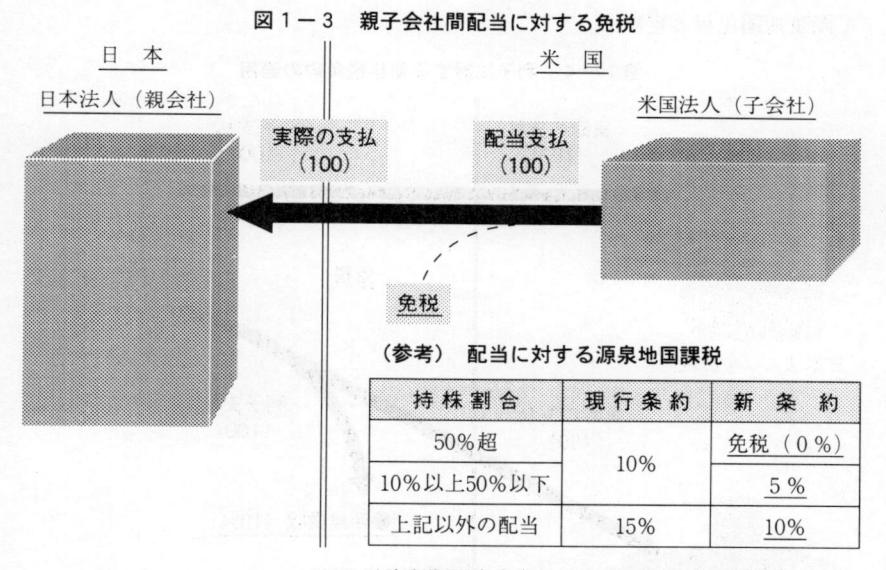

図1-3　親子会社間配当に対する免税

日本　　　　　　　　　米国

日本法人（親会社）　　　　　　　　　　　米国法人（子会社）

実際の支払（100）　配当支払（100）

免税

（参考）　配当に対する源泉地国課税

持株割合	現行条約	新条約
50％超	10％	免税（0％）
10％以上50％以下		5％
上記以外の配当	15％	10％

政府税制調査会資料（平成15年11月14日総3-3）

(2) 利子所得

一定の主体(政府,中央銀行,一定の金融機関(銀行,保険会社,証券会社),利子の支払が行われる課税年度の直前3課税年度にその負債の50%を超える部分が金融市場における債券発行又は有利子預金から成りかつその資産の50%を超える部分が非関連者に対する信用に係る債権から成るもの,一定の年金基金)の受け取る利子所得について源泉地国免税と定めた。

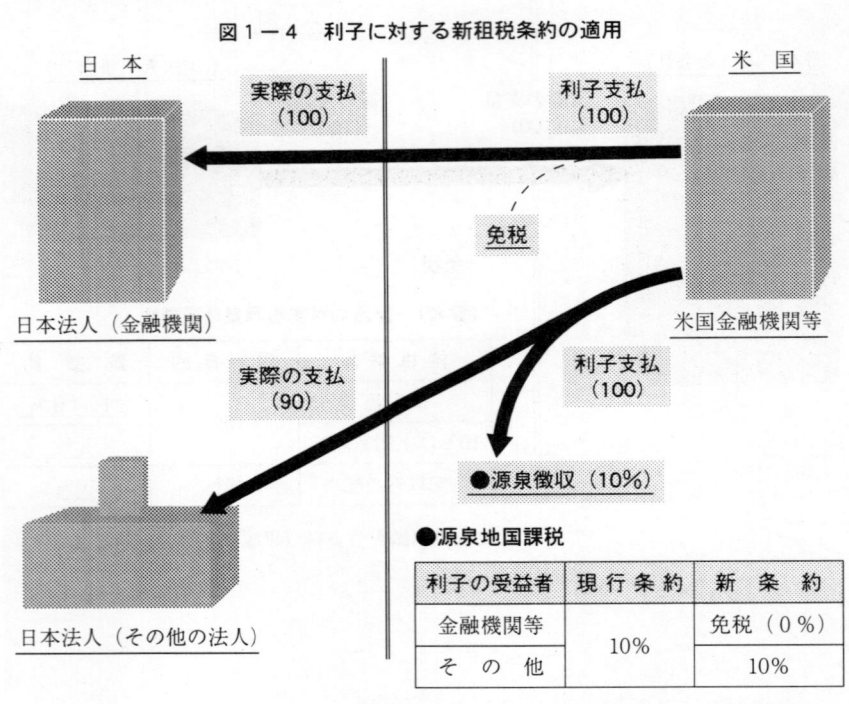

図1-4 利子に対する新租税条約の適用

利子の受益者	現行条約	新条約
金融機関等	10%	免税(0%)
その他		10%

政府税制調査会資料(平成15年11月14日総3-3)

第1章 日米租税条約改定の意義

(3) 使 用 料

使用料について源泉地国免税を定めた。

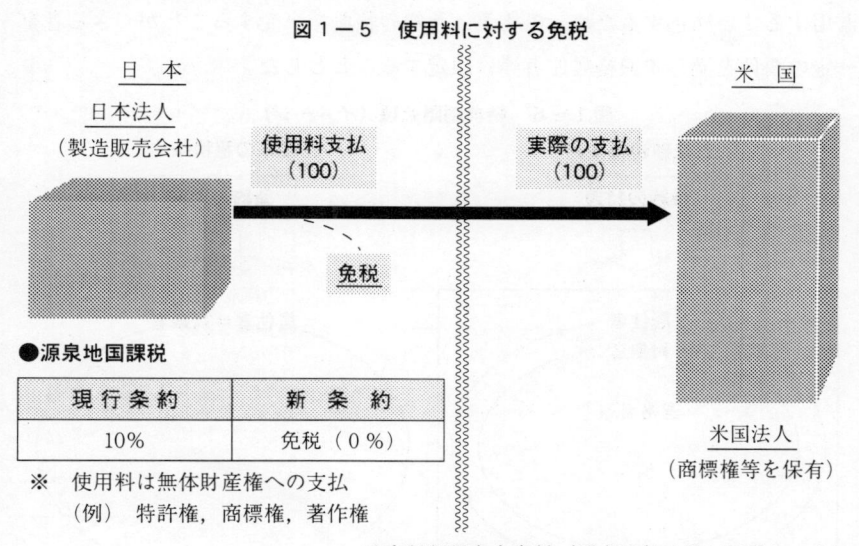

図1－5 使用料に対する免税

日　本　　　　　　　　　　　　　　　米　国

日本法人
（製造販売会社）　使用料支払(100) → 実際の支払(100) → 米国法人
（商標権等を保有）

免税

●源泉地国課税

現 行 条 約	新 条 約
10%	免税（0％）

※ 使用料は無体財産権への支払
　（例）特許権，商標権，著作権

政府税制調査会資料（平成15年11月14日総3－3）

(4) 特典制限

投資所得に対する源泉地国課税が大幅に減免されることに伴う条約の特典を濫用すること防止するため，条約上，条約の特典を享受することができる者を一定の要件を満たす適格居住者等に限定することとした。

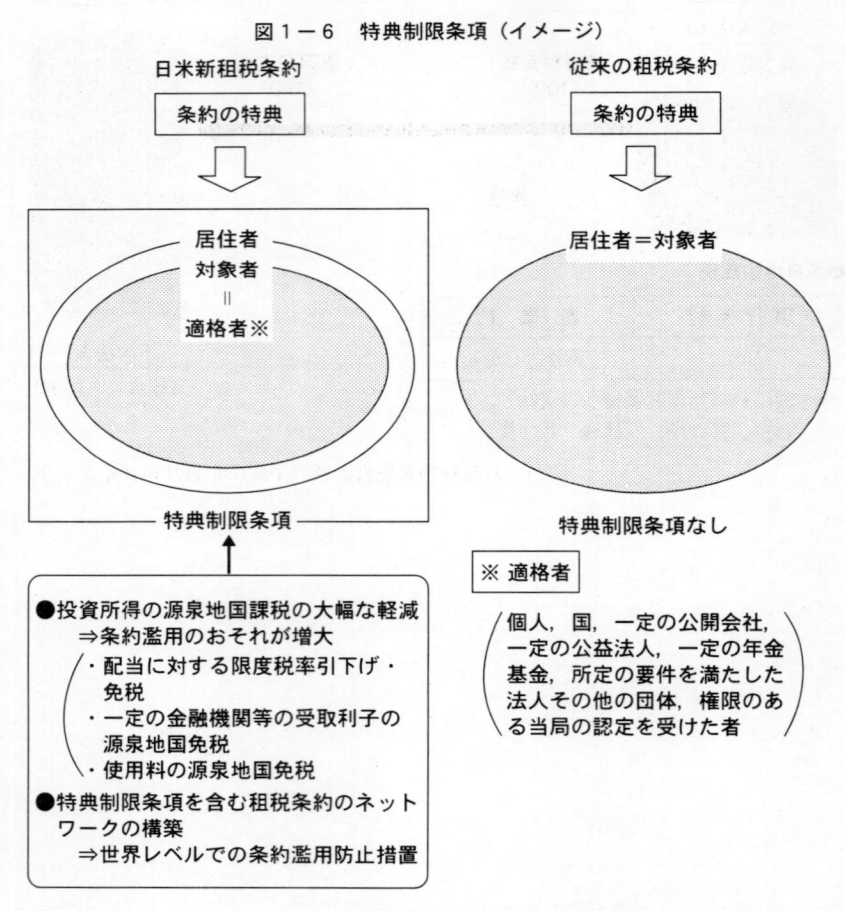

図1－6　特典制限条項（イメージ）

日米新租税条約

条約の特典 ⇩

居住者
対象者
＝
適格者※

特典制限条項

従来の租税条約

条約の特典 ⇩

居住者＝対象者

特典制限条項なし

- 投資所得の源泉地国課税の大幅な軽減
  ⇒ 条約濫用のおそれが増大
  - 配当に対する限度税率引下げ・免税
  - 一定の金融機関等の受取利子の源泉地国免税
  - 使用料の源泉地国免税
- 特典制限条項を含む租税条約のネットワークの構築
  ⇒ 世界レベルでの条約濫用防止措置

※ 適格者

個人，国，一定の公開会社，一定の公益法人，一定の年金基金，所定の要件を満たした法人その他の団体，権限のある当局の認定を受けた者

政府税制調査会資料（平成15年11月14日総3－3）

第1章　日米租税条約改定の意義

図1－7　特典制限条項の適用（イメージ）

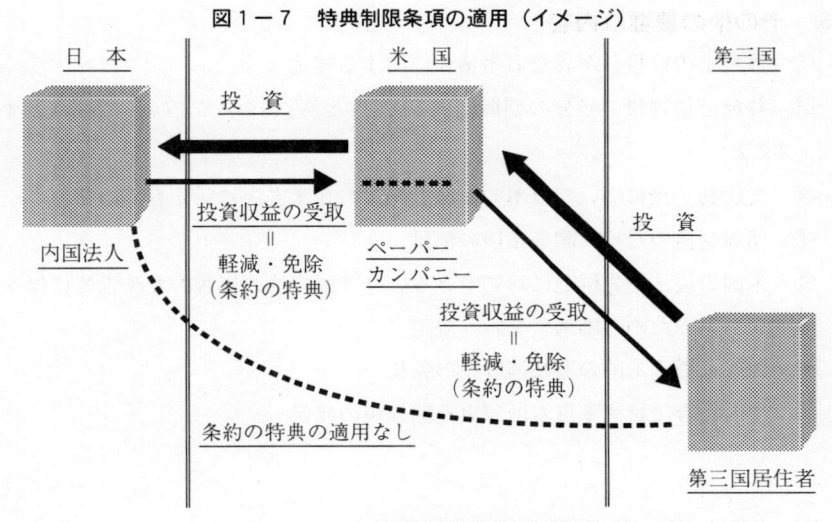

政府税制調査会資料（平成15年11月14日総3－3）

図1－8　特典制限条項の手続（イメージ）

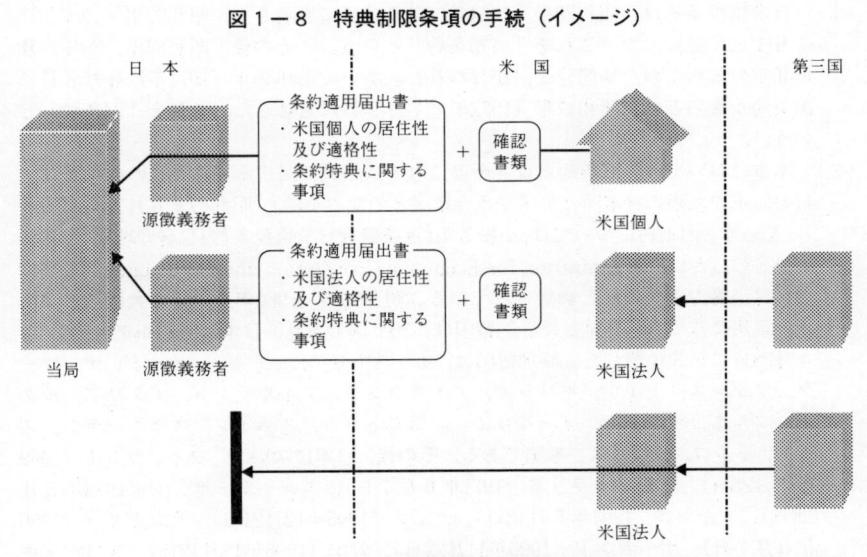

政府税制調査会資料（平成15年11月14日総3－3）

(5) その他の重要な内容
① 課税上の取扱いが異なる事業体に関する規定
② 移転価格課税の処分の期間制限（課税年度終了時から7年以内に調査開始すること）
③ 支店利子税について日本の金融機関等の在米支店に係るものの免税
④ 情報交換のための調査権限の創設
⑤ 米国の後法優先原則に対処できるよう「国内法の実質的な改正等に伴う問題解決のための協議」を行う規定
⑥ 保険に係る米国の連邦消費税の免税
⑦ 匿名組合に対する日本の源泉地国課税の確保

(注)
(1) 日米租税条約は，昭和29年（1954年）4月16日に署名され，昭和30年（1955年）4月1日に発効した（これを「当初条約」という。）。その後，昭和32年，39年，及び40年の3回にわたり部分改訂が行われた。次いで昭和46年（1971年）3月8日に旧条約が署名され，昭和47年（1972年）7月9日に発効した（これを「旧条約」という。）。
(2) 本書においては，旧条約とは「所得に対する租税に関する二重課税の回避及び脱税の防止のための日本国とアメリカ合衆国との間の条約」（昭和47年6月23日条約6号）をいう。旧条約については，小松芳明『逐条研究日米租税条約』税務経理協会, 1989。
(3) OECDとは，Organization for Economic Cooperation and Development の略称で，経済協力開発機構と翻訳されている。昭和35年（1960年）1月の大西洋経済会議の議決に基づいて発足した。加盟国は，30カ国であり，日本は昭和39年（1964年）4月28日に正式加盟した。原加盟国は，オーストリア，ベルギー，カナダ，デンマーク，フランス，ドイツ，ギリシャ，アイスランド，アイルランド，イタリア，ルクセンブルグ，オランダ，ノールウエー，ポルトガル，スペイン，スウエーデン，スイス，トルコ，イギリス，米国である。その後，日本に次いで，フィンランド（1969年1月28日），オーストラリア（1971年6月7日），ニュージーランド（1973年5月29日），メキシコ（1994年5月18日），チェコ（1995年12月21日），ハンガリー（1996年5月7日），ポーランド（1996年11月22日），韓国（1996年12月12日），スロヴァキア（2000年12月14日）が加盟した。
(4) OECDモデル条約は，昭和38年（1963年）にOECD租税委員会により公表された「所得及財産に関する二重課税条約草案」（第一次モデル条約），昭和52年（1977

年)(第二次モデル条約),平成4年(1992年)(第三次モデル条約),平成6年(1994年)(第四次モデル条約),平成7年(1995年)(第五次モデル条約),平成9年(1997年)(第六次モデル条約),平成12年(2000年)(第七次モデル条約),平成15年(2003年)(第八次モデル条約)を総称する。

(5) 実質関連原則

米国は,非居住者に関し,米国事業に関連しない所得については30％の課税を行い,米国事業に関連する所得については累進税率による課税を行う(ＩＲＣ871)。租税条約により影響を受ける所得について,米国内の営業又は事業の遂行に実質的な関連を有しない所得につき租税条約の減免税の特典の適用上,非居住外国人又は外国法人は課税年度中いつでも米国内に恒久的施設を有しないものとみなされる(ＩＲＣ894)。米国内の営業又は事業の遂行に実質的な関連を有する投資所得(配当,利子,使用料,譲渡収益等)を含むすべての所得に対し,非居住外国人及び外国法人は米国市民及び内国法人に適用される累進税率で課税される(ＩＲＣ864(c))。投資所得は,一般に次の3つに分けられる。

① 固定又は確定した定期的所得(利子,配当,賃貸料,使用料,プレミアム,保険年金等)
② 一定の収益(その一部は譲渡益)
③ 譲渡収益(及び損失)

投資所得が実質関連原則に合致するかどうかを決定するに当たっては,次の2点について検討を要する。

(ⅰ) その所得が営業又は事業に使用され又は使用するために保有される資産から取得されたものか。
(ⅱ) 営業又は事業の活動が所得の実現における重要な要素であったか。

これらのテストの適用に当たって,その資産,このような資産に対する権利又はその資産から生じる所得が米国の恒久的施設の帳簿に分離して記帳されているか否かに妥当な考慮を払わなければならない。

(6) 総合主義

総合主義(entire income rule)とは,源泉地国が国内に恒久的施設を有する非居住者又は外国法人に対して課税する場合,当該恒久的施設に帰属するか否かを問わず,「すべての国内源泉所得」に課税する方式をいう。日本の国内法は,総合主義を採用している。当初条約では,事業所得に対する課税に関し,総合主義を採用していたが,旧条約では,ＯＥＣＤモデル条約に準拠して「帰属主義」(attributable income rule)を採用した。

(7) 帰属主義

帰属主義(attributable income rule)とは,非居住者又は外国法人が国内に有する恒久的施設を通じて事業活動に従事する場合,恒久的施設所在地国における課税は事業所得のうち当該恒久的施設に帰属する部分に限られるとする方式をいう。ＯＥＣＤモデル条約は,帰属主義を採用している。

(8) 経済的二重課税

二重課税 (double taxation) は，法的二重課税と経済的二重課税に分けられる。経済的二重課税とは，同一の所得に対し異なる法的主体に別々に課税されることをいう。通常，問題とされる経済的二重課税の典型的な例は，法人擬制説における法人の利益に対する法人税と利益の分配に対する株主の配当課税である。近年，同一の国際取引から生ずる同一の所得に対して特殊の関係を有する関連法人に両国によって別々に課税される移転価格課税も，これに属する。

(9) 対応的調整

関連企業間の国際取引について一方の国で移転価格課税が行われ，一方の国の企業の所得に対し増額更正が行われる場合，相互協議により他方の国が独立企業原則に照らし当該一方の国の移転価格課税を正当なものと認めるとき，当該一方の国の更正処分に対応して当該他方の国が当該他方の国の企業の課税済である所得について減額更正を行うことを対応的調整 (corresponding adjustment or correlative adjustment) という。旧条約では，1977年OECDモデル条約で9条2項として規定された「対応的調整」の規定を欠如していた。日本では，昭和61年3月に租税条約実施特例法7条（取引の対価の額につき租税条約に基づく合意があった場合の更正の特例）に対応的調整の規定が導入された。国内法上，居住者又は内国法人との取引に関し条約相手国が行った増額更正につき両国の権限のある当局が条約に基づく合意をした場合，税務署長は当該居住者又は内国法人の更正の請求に基づき減額更正ができる。新条約では，OECDモデル条約に準拠して，条約上，対応的調整を規定した。

(10) Explanation of Proposed Income Tax Treaty between the United States and Japan by the staff of the Joint Committee on Taxation pp. 14〜16.
(11) ibid, p. 16.
(12) ibid, p. 17.
(13) ibid, pp. 21〜24.
(14) ibid, pp. 25〜34.
(15) ibid, p. 35.
(16) ibid, pp. 36〜37.
(17) 全世界所得課税の原則

居住者又は内国法人を無制限納税義務者とし，これに対しその全世界所得に課税するとする原則をいう。これに対し領土主義を採用する国はその国内源泉所得のみに課税することを原則としている。その変形として受取基準がある。この基準を採用する国は国内源泉所得に加えて国外源泉所得のうち国内に送金してきた部分に課税する。

(18) 本庄資「調印した新日米租税条約における各界の改正要望事項の実現度」『税経通信』59巻831号, pp. 135〜160.
(19) ibid, pp. 136〜141.
(20) ibid, pp. 135〜140.
(21) ibid, pp. 135〜140.

(22) ibid, pp. 141～150.
(23) 構成員課税とは，法的主体（legal entity）それ自体は納税義務者とされず，その所得に対し構成員に直接課税されることをいう。法的主体の租税項目（所得，所得控除，税額控除等）がその構成員に移転される課税方法に着目して「パススルー課税」ともいう。しかし，パススルー課税の方法は多様である。
(24) 団体課税とは，法的主体（legal entity）が納税義務者とされ，その所得に対し団体レベルで法人税を課され，その所得の分配が行われるとき，これを受け取る構成員に対し所得税が課されるので，二段階課税ともいう。
(25) 無制限納税義務者とは，全世界所得課税を受ける納税者をいう。
(26) 制限納税義務者とは，国外源泉所得には課税されず，国内源泉所得のみに課税される納税者をいう。日本では居住者であっても非永住者は制限納税義務者である。
(27) 恒久的住居とは，保有形態を問わず，常時継続的に使用する住居をいう。この概念は日本の法令上用いられていないため，ＯＥＣＤモデル条約の二重居住者の振分け基準として具体的な居住状況に応じて個別に判断するほかない。
(28) 常用の住居とは，恒久的住居には該当しないまでも，使用頻度や滞在期間等から総合的に判断して相当程度継続的に使用すると認められる住居をいう。
(29) 本庄資，前掲論文，pp. 150～157.
(30) 本庄資『アメリカの租税条約』大蔵省印刷局，1997。
(31) The Office of Public Affairs *Testimony of Barbara M. Angus, International Tax Counsel, United States Department of the Treasury before the Senate Committee on Foreign Relations on Pending Income Tax Agreements February 25,* 2004. pp. 1～9.
(32) 浅川雅嗣「日米新租税条約の主な改正点」『租税研究』654号，pp. 80～107。同「日米新租税条約の署名について」『ファイナンス』2004.1. pp. 2～15。同『コンメンタール改訂日米租税条約』大蔵財務協会，2005。同「我が国の新しい租税条約ポリシー　日米新租税条約を中心に」『二訂版　国際課税の理論と課題』税務経理協会，2005，pp. 35～62。阿部泰久『新日米租税条約のすべて』清文社，2005。品川克己『新日米租税条約の実務－留意点と対応のすべて』税務研究会出版局，2004。矢内一好『詳解日米租税条約』中央経済社，2004。トーマツ『Q＆Aでわかる新日米租税条約の実務詳解』中央経済社，2005。

第2章

日米租税条約の重点[33]

第1　適　用　対　象

　租税条約の適用対象については，人，所得，税目，場所，時を限定しなければならない。日米租税条約は，①人的範囲については条約に別段の定めがある場合を除き「一方又は双方の締約国の居住者」のみに適用される（1条1）。②対象税目については日本国について所得税及び法人税とし(2条1(a))，米国について連邦所得税（社会保障税を除く）とされ（2条1(b)），「これらの租税に加えて又はこれらに代わってこの条約の署名の日の後に課される租税であってこれらの租税と同一であるもの又は実質的に類似するもの」とされる（2条2）。③地理的範囲については「日本国」(Japan) 又は「合衆国」(United States) とされ，日本国とは地理的意味で用いる場合には日本国の租税に関する法令が施行されているすべての領域（領海を含む）及びその領域の外側に位置する区域で日本国が国際法に基づき管轄権を有し日本国の租税に関する法令が施行されているすべての区域（海底及びその下を含む）をいい（3条1(a)），「合衆国」とはアメリカ合衆国をいい，地理的意味で用いる場合にはアメリカ諸州及びコロンビア特別区をいい，合衆国にはその領海並びにその領海に隣接し，合衆国が国際法に基づいて主権的権利を行使する海底区域の海底及びその下を含むが，プエルト・リコ，バージン諸島，グアムその他の合衆国の属地又は準州を含まないとされる（3条1(b)）。④時間的範囲については2004年3月30日に批准書交換が行われ，即日発効し（30条1），適用は日本においては源泉所得税について2004年7月1日以後に課される税，源泉所得税以外の税及び事業税について2005年1月1日以後に開始する各事業年度の所得であり(30条2(a))，米国においては源泉所得税について2004年7月1日以後に支払われるか又は貸記される額，源泉所得税以外の税について2005年1月1日後に開始する各課税年度とされる（30条2(b)）。

第2章　日米租税条約の重点

1　対象税目

　租税条約の対象税目は，正式の名称"The Convention between the Government of the United States of America and the Government of Japan for the Avoidance of Double Taxation and the Prevention of Fiscal Evasion with respect to Taxes on Income"「所得に対する租税に関する二重課税の回避及び脱税の防止のための日本国政府とアメリカ合衆国政府との間の条約」が示すとおり，「所得に対する租税」(taxes on income) である。第2条は対象税目の種類について一般的な規定をせず，この条約を適用される個別の税目を規定する。すなわち，第2条1項は日米の現行税制（署名の時点で施行されている税制）における個別具体的な税目を掲げ，①日本については所得税及び法人税，②米国については内国歳入法典（The Internal Revenue Code : Title 26 of United States Code）によって課される連邦所得税と明記している。第2条2項は将来（署名の日である2003年11月6日後）課される租税又は現行の租税に代わって課される租税について，日本の所得税又は法人税，米国の連邦所得税と同一であるもの又は実質的に類似するものも対象税目とすることを明記している。第24条6は，無差別待遇 (Non-Discrimination) 条項が「国又は地方政府もしくは地方公共団体によって課されるすべての種類の租税」に適用されることを明記し，第26条5は，情報交換 (Exchange of Information) 規定が「国が課するすべての租税（その課税がこの条約の規定に反しない場合に限る）」に適用されることを明記している。

(1)　米国の連邦所得税

　米国の対象税目は，内国歳入法典[34]によって課される連邦所得税である。社会保障税 (Social Security taxes)（ＩＲＣ1401, 3101, 3111及び3301）は，明示的に除外されている。社会保障税は，社会保障庁 (the Social Security Administration) が交渉しかつ所掌する二国間の社会保障協定 (Social Security Totalization Agreements) において取り扱われる。1996年米国モデル条約においても，社会保障税は，内国歳入法典によって課される連邦所得税から除くと規定されている。留

保収益税(the accumulated earnings tax)及び同族持株会社税(the personal holding company tax)について,旧条約は一般対象税目から除外し,旧条約の規定にかかわらず,米国は課税することができることを原則として規定した上で,日本法人がそのすべての株式が日本居住者である個人で米国市民でないものにより課税年度を通じて直接又は間接に所有されている場合には当該課税年度分の同族持株会社税を免除され,また,課税年度中のいずれの時においても恒久的施設を通じて米国で営業又は事業を行わない限り当該課税年度分の留保収益税を免除されると規定していた(旧条約4条(6))。しかし,新条約は,同族持株会社税及び留保収益税が所得税であるが故に対象税目に含めた。同族持株会社税及び留保所得税は,過去の1977年財務省モデル条約及び1981年財務省モデル条約では対象税目から除外されていたが,1996年米国モデル条約では対象税目からあえて除外しないことにした。

新条約は,この米国モデル条約に従っている。米国財務省専門的説明書[35]によれば,これらの税は,法定除外により又は法定要件に該当しないという理由で,たいていの外国法人には適用されない。

(2) 外国保険業者の発行した保険証券に対する米国消費税(Excise Tax)

議定書1(a)は,外国保険業者の発行した保険証券に対する米国の消費税は日本企業が行う保険事業の収入となる保険料(当該企業が負担する当該保険料に係る危険のうち,条約又は当該消費税の免除を規定する米国が締結する他の租税条約の特典を受ける権利を有しない者により再保険される部分に係る保険料を除く)に係る保険証券又は再保険証券に対して課することができないと規定する。消費税はこの条約の一般的な対象税目でないが,議定書は特に米国消費税の課税制限を規定した。逆にいえば,再保険がたとえ事業の通常の過程で行われた場合でも,米国の危険が同じベネフィットを受けることができない者に再保険されるときは,米国消費税が課される(導管取引防止規定)。議定書1(a)のルールは,日本税法の審査によって日本居住者である保険業者に日本が課する所得税が米国居住者である保険業者に対する米国税に関して実質的な負担を生じることが示された場

第2章　日米租税条約の重点

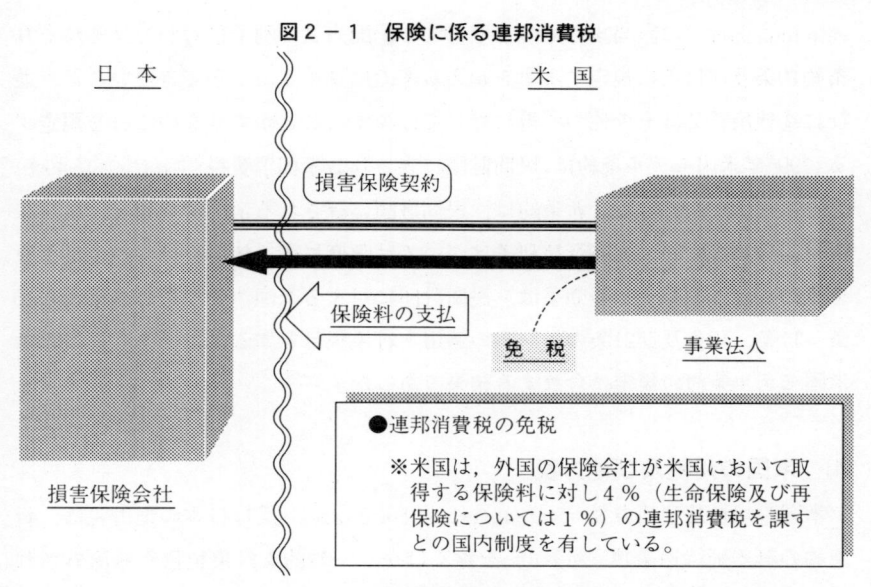

図2－1　保険に係る連邦消費税

日　本　　　　　　　　　　　米　国

損害保険契約

保険料の支払

免　税

損害保険会社　　　　　　　　事業法人

●連邦消費税の免税

※米国は，外国の保険会社が米国において取得する保険料に対し4％（生命保険及び再保険については1％）の連邦消費税を課すとの国内制度を有している。

政府税制調査会資料（平成15年11月14日総3－3）

合にのみ考慮されるが，米国財務省専門的説明書によれば，このような分析の結果，米国の交渉担当者が条約において米国が消費税を免税とすることが妥当であると判断した。導管取引防止規定について，米国議会課税合同委員会（the Joint Committee on Taxation：ＪＣＴ）は，次の設例を示している。

　米国保険業者が米国の危険を日本保険業者に再保険する場合，この日本保険業者がこの米国の危険を再保険しないとき，米国保険消費税は適用されない。日本保険業者が米国の危険を米国・イタリア条約（導管取引防止規定の下で米国保険消費税の免税を規定する条約）を適用されるイタリア保険業者に再保険する場合，米国保険消費税は適用されない。しかし，日本保険業者が米国の危険をこの条約の免税又は別の米国の租税条約による同等のベネフィットを受けることができない外国保険業者に再保険する場合，米国消費税が課される。

(3)　民間財団に対する米国消費税

　議定書1(b)は，日本において設立された団体であって米国の民間財団（private foundation）に該当するものが取得する①配当又は利子に対してはそれぞれ条約10条及び11条に規定する率を超える率では課することができないこと，並びに②使用料又はその他の所得に対しては課することができないことを規定する。1996年米国モデル条約は，民間財団に課される米国消費税（ＩＲＣ4940－4948）を対象税目としている。新条約は，民間財団に課される米国消費税を一般対象税目に含めないが，配当及び利子については限度税率，使用料については免税を認める。このルールの効果は，民間財団に対する米国消費税をこの条約の10条，11条，12条及び21条のルールの適用上対象税目とすることであり，これは米国モデル条約の規定に合致する結果であった。

(4) 米国の州税及び地方税[36]

米国の州税及び地方税（State taxes and Local taxes）又は日本の地方税は，新条約の無差別待遇条項（24条6）を除くほか，一般的な対象税目から除外されている。租税条約の主たる目的が国際的二重課税の排除であることを考慮に入れるならば，ＯＥＣＤモデル条約2条（対象税目）が規定するように「地方政府又は地方公共団体が所得に対して課する租税」を条約の対象税目に含めることが望ましい。しかし，米国ではその1996年米国モデル条約においても州税及び地方税は対象税目に含めていない。したがって，日本としては米国州税及び地方税について現実に発生する課税問題を解決するとき租税条約がない状態で対応しなければならない。代表的な税務協力である情報交換についても州税及び地方税は対象税目から除外されている（26条5）。その理由として両国の地方政府又は地方公共団体の数が多くその税目が多岐多様であるために実施困難であることを上げる説があるが，国際的税務協力を推進する方向性からすれば，そのような理由で「脱税防止のための情報交換の範囲」を拡大する努力を放棄することは条約締結の効果を縮小させることになる。また，納税者の権利の保護という観点からみても，州税及び地方税は相互協議手続の対象税目から除外される（25条1）。過去に体験したユニタリータックスやコンテナーの固定資産税などの課税問題を想起すると，残された問題として，州税及び地方税の課税に

ついて申告及び納付の手続，所得及び税額の計算における州内源泉所得と州外源泉所得の区分，州外源泉所得についての国内源泉所得と国外所得の区分，発生した課税に係る税務紛争の解決などに関する困難を租税条約以外の方法でどのように排除して，日本企業の米国進出に法的安定性と予測可能性を与えることができるかという課題がある。この課題は，両国が訴訟なき税務運営を図る上で，おそらく最大の懸案といえるだろう。米国が合衆国（United States）という連邦国家（Federal State）であり，その州（State）は連邦を構成する国家（State）としてそれぞれ憲法を有し，その主権として固有の課税権を有するので，連邦は各州の課税権に干渉することができず，外交は連邦の専管事項となっているため，各州は外国と条約を締結する権限を有しない。米国は，このような事情を踏まえて，OECDモデル条約について，オーストラリア及びカナダとともに，"their positions on the part of paragraph 1 which states that the Convention should apply to taxes of political subdivisions or local authorities" と留保をしている。ちなみに，日本の条約例において日本・オーストラリア条約及び日本・カナダ条約も地方政府及び地方公共団体の所得に対する租税は対象税目に含めていない。そこで，日本においても，相互主義の原則の下で地方税を対象税目に含めないこととし，租税条約のない状態で地方税を課税することとしている。

(5) 国際運輸業所得に対する地方税

新条約8条3は，国際運輸業所得について，米国のすべての地方政府及び地方公共団体が「日本の住民税又は事業税に類似する租税」を課さないことを条件として米国企業は日本の住民税及び事業税を免税とされると規定した。この規定は，一般的対象税目（2条）及び「租税」の定義（3条1(d)）の例外規定である。この規定は，相互主義の原則の下で，条件付相互免税を定めるが，その条件は「米国のすべての地方政府及び地方公共団体」が「日本の住民税又は事業税に類似する租税」を課さないことであるため，たとえ一州でもこのような租税を日本企業に対して課税する場合には日本としては免税としないことを定

めるものである。この規定を実効あるものとするため，米国の憲法上の建前からいえば，連邦政府は州の課税権に干渉することはできないが，交換公文１において「条約８条３に規定する住民税又は事業税の賦課を回避するため米国政府は米国の地方政府又は地方公共団体が日本企業の国際運輸業所得で連邦所得税を免除されるものに対し「日本の住民税又は事業税に類似する租税」を課税しようとする場合には当該地方政府又は地方公共団体に対し当該租税を差し控えるように説得するため最善の努力を払う」との約束を了解事項として明記した。

旧条約においては，「国際運輸業所得に対する地方税の相互免除に関する交換公文」(1971年3月8日)をもって日本国政府は相互主義に基づき米国居住者が行う国際運輸業について，「米国の州政府その他の地方政府のいずれもが日本居住者の行う国際運輸業に対し，日本の事業税と実質的に類似する租税を課さず，かつ，当該租税に関する納税申告書及びそれに附属する書類を作成し及び提出する義務を課さないこと」を条件として，日本の事業税を免除するため必要な措置をとることを約束するとともに，米国の州政府その他の地方政府がその後において日本居住者の行う国際運輸業に対し日本の事業税と実質的に類似する租税を課し又は当該租税に関する納税申告書及びそれに附属する書類の作成及び提出を義務づける場合には日本国政府は当該租税を課された当該日本居住者の事業年度の開始の日を含む事業年度以後日本の地方公共団体が米国居住者の行う国際運輸業に対して事業税を課するよう必要な措置をとるとの合意に到達した。このように，日本が相互主義に基づいて外国企業の国際運輸業に対し日本の事業税を免除するという方針は，すでに大正13年法律第６号「外国船舶の所得税又は所得に対する法人税及び営業税免除に関する件」という国内法上の措置，昭和37年法律第144号「外国人等の国際運輸業に係る所得に対する相互主義による所得税等の非課税に関する法律」及び昭和37年政令第227号「外国人等の国際運輸業に係る所得に対する相互主義による所得税等の非課税に関する法律施行令」においても明らかにされている。この法律に基づいて米国において所得税等に相当する税が課されないことを確認するため，交換公文をもっ

(6) 将来課される租税

2条2は，新条約の署名の日（平成15年11月6日）後に課される租税で，現行の対象税目に追加し又は代替してこれと同一の又は実質的に類似するものを課する場合には，そのつど条約改正を行わなくても自動的にこの条約の対象税目とされることを定める。しかし，自動的に適用対象となる租税に該当するか否かについては，曖昧であるが故に，各国は税法改正による新税又は代替税が現行対象税目と同一の又は類似の租税であるか否かを判定する必要があり，実質的な税法改正又は条約における両国の義務に重大な影響を及ぼす他の法令の改正についてはその内容を妥当な期間内に相互に通知することを義務づけている。米国のように後法優先原則の国との条約において，いわゆる租税条約オーバーライドの被害を防止するために，相手国がこの義務を履行するよう注目する必要がある。

2 人的範囲

新条約は，この条約に別段の定めがある場合を除くほか，一方又は双方の締約国の「居住者」である者（persons who are residents of one or both of the Contracting States）のみに適用される（1条1）。条約の適用範囲は，各条項ごとに異なる。国内法を租税実体法，租税手続法，租税争訟法及び租税処罰法などに分類することがあるが，これになぞらえて新条約の各条項を整理すると，①条約の基本原則，②課税権の配分ルール（6条〜21条，28条），③特典制限条項（22条），④二重課税排除ルール（23条），⑤無差別待遇条項（24条），⑥税務紛争解決方法（25条），⑦税務協力方法（26条，27条，29条），⑧発効，適用及び終了規定（30条，31条）に大別することができる。上記の課税権の配分ルールは，源泉地国課税の減免を定める規定でもあるので，納税者からみれば，源泉地国課税における税負担の免除又は軽減という条約の特典を定める規定である。これら

の人的適用範囲は，課税権の配分ルールについては，「居住者」，「企業」[37]，「受益者」[38]，無差別待遇条項については，「国民」[39]，「企業」，「居住者」，税務紛争解決方法については，「者」[40]，「居住者」[41]，「国民」，「権限のある当局」[42]，税務協力方法については，「権限のある当局」，「締約国」とされる。

1条1にいう「別段の定め」としては，①24条（無差別待遇条項），②25条（相互協議手続），③26条（情報交換）などがある。

3　国内法又は他の国際協定との優先適用関係
――プリザベーション・クローズ[43]

1条2の規定は，プリザベーション・クローズといわれる規定である。この規定は，国内法又は他の国際協定により現在又は将来認められる非課税，免税，所得控除，税額控除その他の租税の減免に係る措置はこの条約の規定によって制限されないことを確認する。この条約の規定により影響されない国内法上の租税の減免としては，米国では米国内の銀行預金等の利子の非課税やポートフォリオ債権利子の非課税がある。また，この条約の規定により影響されない国際協定に基づく租税の減免としては，①外交関係に関するウイーン条約（昭和39年6月26日条約14号），②領事関係に関するウイーン条約（昭和58年10月11日条約14号），③国際連合の特権及び免除に関する条約（昭和38年4月18日条約12号），④専門機関の特権及び免除に関する条約（昭和38年4月18日条約13号），⑤日米領事条約（昭和39年7月17日条約16号），⑥日本国とアメリカ合衆国との間の相互協力及び安全保障条約6条に基づく施設及び区域並びに日本国における合衆国軍隊の地位に関する協定（昭和35年6月23日条約7号），⑦日本国とアメリカ合衆国との間の相互防衛援助協定（昭和29年5月1日条約6号），などがある。

1条3の規定は，日米間では新条約が「サービス貿易協定」[44]に優先して適用されることを明記する。新条約の解釈又は適用に関する問題は，25条（相互協議手続）のみにより解決するものと定める。国際社会において無差別待遇をめぐる問題が重要視されるが，ある措置につき，権限のある当局が租税条約の無

差別待遇条項の適用対象とならないと合意した場合を除くほか，サービス貿易協定17条（内国民待遇）⁽⁴⁵⁾を適用しないことを定める。一般に国際課税において居住者と非居住者に対する課税上の取扱いは異なるため，内国民待遇条項の義務違反の問題を孕んでいる。日米間では，租税条約固有の無差別待遇条項をサービス貿易協定に優先して適用することを明記する。

4 自国居住者に対する課税には影響を及ぼさない原則
──セービング・クローズ⁽⁴⁶⁾

1条4の規定は，セービング・クローズといわれる規定である。この条約の規定は，1条5の例外規定を除くほか，両締約国のそれぞれの居住者に対する居住地国課税に影響を及ぼさないことを明記する。これは，米国の市民権課税にとって重要な原則である。

さらに，米国では租税回避を目的とする市民権の放棄や長期居住者の居住者たる地位の放棄に対抗する防止措置を講じているので，この原則に固執する。1条5の例外規定として，①9条2（移転価格課税の対応的調整），②9条3（移転価格調査の期間制限），③17条3（別居手当），④18条（政府職員），⑤19条（学生・事業修習生），⑥20条（教授），⑦23条（二重課税の排除），⑧24条（無差別待遇），⑨25条（相互協議手続），⑩28条（外交官等）が限定列挙されている。

第2　　居住者 (Residents) の定義

　租税条約は，条約適用対象者を明記しなければならない。新条約1条1は，条約適用対象者が日米両国の「居住者」である者と規定し，4条において「居住者」の定義を定めている。各条項ごとに，適用対象者は「一方の締約国の居住者」又は「他方の締約国の居住者」とされ，租税条約は相手国の居住者に与える特典を規定するものと考えて，一方の締約国の居住者は他方の締約国において条約の特典を受けることができ，他方の締約国の居住者は一方の締約国において条約の特典を受けることができる。両国の国内法に定める「居住者」の判定基準の相違によって「双方居住者」(resident of both of The Contracting States) 又は「二重居住者」(dual resident) が発生する。このような双方居住者は，1条1によりいったんこの条約の適用対象者とされた上で，4条3（双方居住者の振分け）により日米いずれかの居住者とみなされ，その後，「一方の締約国の居住者」又は「他方の締約国の居住者」として条約の特典を受けることができる。新条約が旧条約と異なる重要な点は，ある者 (a person) が4条に基づき単に一方の締約国の居住者であると判定されるという事実だけでは，必ずしもこの条約の特典を享受することができないという点であり，新条約では一方の締約国に与えられる特典を享受するためには，22条の「特典制限」(Limitation on Benefit：ＬＯＢ) 条項に基づいて特典を受ける要件を満たすことを要する。両国の国内法の「居住者」の判定基準は，次のように異なっている。

① 米国のルール

　米国市民と同様に「居住外国人」[47](a resident alien) はその全世界所得に対して課税されるが，「非居住外国人」(a nonresident alien) は一定の米国源泉所得 (certain U.S. source income) 及び米国の営業又は事業に実質的に関連を有する所得 (income that is effectively connected with a U.S. trade or business) のみに

対して課税される。年間に米国に十分な期間又は3年間を超えて滞在する個人は，一般に米国居住者として取り扱われる。入管法上の恒久的居住者 (a permanent resident)（グリーンカード保有者）もまた米国居住者とされる。法人 (a company) は，内国法人 (a domestic corporation) である場合，その全世界所得に対して課税される。米国は設立地主義又は準拠法主義[48]を採用しているので，内国法人とは米国において又は連邦法，州法もしくはコロンビア特別区法に基づき設立され又は組織される法人をいう。

② 日本のルール

居住者である個人は，その全世界所得に対し課税されるが，非居住者である個人は，日本源泉所得のみに課税される。一年以上継続的に日本に居住する者は，居住者とされる[49]。非居住者は，日本に住所 (domicile) を有しない者で一年以上継続的に日本に居住していない個人である。住所とは，者 (a person) がその生活の本拠(the base or center for his life)を有する場所である。居住者である法人 (a company) は，その全世界所得に対して課税される。法人は，日本において設立され又は本店[50] (head office) を有する場合，日本の居住者とされる。日本は，法人の居住地を判定する基準として「管理支配基準」[51] (the managed and controlled test) を採用していない。非居住法人 (a company that is not resident in Japan) は，日本源泉所得のみに対して課税される。

1 条約における居住者の定義

(1) 居住者の判定基準

新条約の適用上，「一方の締約国の居住者」とは，一方の締約国の法令の下で，住所，居所，市民権，本店又は主たる事務所の所在地，法人の設立場所その他これらに類する基準により当該一方の締約国において課税を受けるべきものとされる者 (any person who is liable to tax) をいい，次のものを含む（4条1）。

> (a) 一方の締約国及び一方の締約国の地方政府又は地方公共団体
> (b) 一方の締約国の法令に基づいて組織された年金基金[52]
> (c) 一方の締約国の法令に基づいて組織された者で，専ら宗教，慈善，教育，科学，芸術，文化その他公の目的のために一方の締約国において設立され，かつ，維持されるもの（当該一方の締約国において租税を免除される者を含む）

ただし，一方の締約国の居住者には，一方の締約国の国内源泉所得又は一方の締約国内にある恒久的施設に帰属する所得のみについて当該一方の締約国において課税される者は含まれない[53]。米国又は日本の国内法のいずれも居住者の判定基準として「管理の場所」（place of management）を用いないので，条約上の判定基準に含めない。米国居住者には，ＩＲＣ7701(b)により米国居住者とされる外国人が含まれる。

名目的に課税される対象となっている（nominally subject to tax）が実際には納税することが稀である一定の事業体[54]がある。このような事業体は，一般に居住者として取り扱われ，条約の特典を与えられる。その例としては，米国の規制投資会社（Regulated Investment Company：ＲＩＣ），不動産投資信託（Real Estate Investment Trust：ＲＥＩＴ），及び不動産モーゲージ投資導管（Real Estate Mortgage Investment Conduit：ＲＥＭＩＣ）がある。これらは，条約の適用上，米国居住者である。これらの事業体の稼得する所得は，通常，一定の要件の下では事業体の段階では米国税を課されないが，当期にその利益を分配しない範囲で課税されることとされるので，課税を受けるべきものとされる者（a person who is liable to tax）とみなされるのである。ペイスルー型事業体は，居住者とされ，条約アクセスが認められる[55]。

居住者には，一般に設立地国で課税を受けるべきか否かを問わず，年金基金及び慈善団体等の一定の免税団体（certain tax-exempt entities）が含まれると規定するが，その趣旨は，特別の免税規定がなかりせば一方の締約国の国内法に基づいて居住者として課税を受ける（be liable for tax）年金基金又は慈善団体等の

事業体を一方の締約国の居住者として取り扱う一般に受け入れられる慣行を明瞭にすることである。米国の国内法に基づき一般に免税されるIRC501(c)団体は、条約の適用上、米国居住者である。

4条1の但し書の場合として、米国駐在の日本領事を例にとると、彼は米国源泉の投資所得に対し米国税を課されるべきであるが、米国外源泉所得に対して米国では課税されないので、条約の適用上、米国居住者と考えられない。また、米国内に恒久的施設を有する日本企業は、当該恒久的施設を理由として、米国居住者とならない。日本企業は、一般に米国恒久的施設に帰属する所得についてのみ米国税を課されるが、一般にその全世界所得について米国税を課されない。

(2) 米国の市民[56]又は永住権を有する外国人

米国市民又は米国の法令に基づいて米国における永住を適法に認められた外国人である個人は、次の(a)～(c)の要件を満たす場合に限り、米国居住者とされる（4条2）。

> (a) 当該個人が(1)の基準により日本居住者に該当する者でないこと
> (b) 当該個人が米国内に実質的に所在し又は恒久的住居もしくは常用の住居を有すること
> (c) 当該個人が日本と米国以外の国との間の二重課税の回避のための条約又は協定の適用上米国以外の国の居住者とされる者でないこと

ある者（a person）が市民権を理由として一方の締約国で課税を受けるべき場合、条約の適用上、一方の締約国の居住者とされるが、非居住市民（non-resident citizens）を居住者と同じ方法で課税するのは米国のみである。米国における永住を適法に認められた外国人は、身体的に居住する場所を問わず、米国によって居住者として課税されるので、4条1により米国居住者となる資格がある。しかし、4条2の例外規定は、三つの要件を満たす場合のみ条約上の米国

居住者とする。(2)の規定は，米国市民又はグリーンカード保有者が米国との強い経済関係を有することを要求し，(3)の規定は，第三国の居住者である米国市民又はグリーンカード保有者が日本と居住地国である第三国との条約の特典を超える日米条約の特典を選択することを阻止するものである。もっとも，米国市民又はグリーンカード保有者の居住地国である第三国が日本との条約を締結していない場合，経済的関係基準を満たす限り，米国居住者として取り扱われる。このような者が米国と日本の双方居住者である場合，条約の適用上，米国居住者として取り扱われるか否かは，4条3の振分けルール（the tie-breaker rules）によって決められる。

　米国財務省専門的説明書の例示によれば，出生地により米国市民であるが米国において生活していないメキシコ居住者は，この条約の特典を享受することができないが，2年間メキシコに派遣された米国市民は，米国内恒久的住居又は常用の住居を有し，かつ，日本・メキシコ条約の適用上，メキシコ居住者でない場合には，この条約の特典を享受することができる。仮にこの米国市民が日本・メキシコ条約の適用上，メキシコ居住者として取り扱われる場合，たとえ日米租税条約の特典の方が大きい場合でも，日本・メキシコ条約の特典だけが適用される。米国と密接な関係を有しない米国市民はこの条約において米国居住者として取り扱われないという事実は，1条4のセービング・クローズの適用に影響を及ぼすものではない。米国財務省専門的説明書は，米国市民又はグリーンカード保有者のルールに従って米国居住者とされない米国市民は，内国歳入法典の一般原則に基づきその全世界所得に対して米国で課税されることを明記している。

(3) 個人の双方居住者の振分け基準

　4条1により双方居住者又は二重居住者に該当する個人（4条2の対象となる米国市民又は外国人である個人を除く）については，次のとおり振分けを行い，条約上の地位を決定する。これは，一連の振分け基準（a set of tie-breaker rules）である。

(a) 個人は，その使用する恒久的住居（a permanent home）が所在する締約国の居住者とみなす。その使用する恒久的住居を双方の締約国に有する場合には，当該個人は，その人的及び経済的関係がより密接な締約国（重要な利害関係の中心がある締約国）（personal and economic relations are closest (i.e., the location of his centre of vital interests)）の居住者とみなす。

(b) その重要な利害関係の中心がある締約国を決定することができない場合又はその使用する恒久的住居をいずれの締約国内にも有しない場合には，当該個人は，その有する常用の住居（an habitual abode）が所在する締約国の居住者とみなす。

(c) その常用の住居を双方の締約国内に有する場合又はこれをいずれの締約国にも有しない場合には，当該個人は，当該個人が国民（a national）である締約国の居住者とみなす。

(d) 当該個人が双方の締約国の国民である場合又はいずれの締約国の国民でもない場合には，両締約国の権限のある当局（the competent authorities）は，合意により当該事案を解決する。

この4条3の規定により一方の締約国の居住者とみなされる個人は，この条約の適用上，当該一方の締約国のみの居住者とみなす。

この振分け基準として用いられる概念は，「恒久的住居」「重要な利害関係の中心」「常用の住居」のいずれも日本の法令上定義のない概念であるため，曖昧さが残るが，OECDモデル条約4条に関するコメンタリーパラグラフ13に従って解釈される。

この規定により双方居住者が米国居住者とされた場合には，当該個人は国内法上「国内に住所及び居所を有しない」ものとみなされる（租税条約実施特例法6）。

(4) 個人以外のものの双方居住者の振分け

4条1により個人以外のものが双方居住者又は二重居住者に該当する場合，両締約国の権限のある当局は，合意により，この条約の適用上その者が居住者とみなされる締約国を決定する。両締約国の権限のある当局による合意がない場合には，その者は，この条約により認められる特典を要求する上で，いずれの締約国の居住者ともされない。

一般的定義を定める条約3条1(e)の「者」(a person) には個人，法人 (a company) 及び法人以外の団体 (any other body of persons) を含むという。したがって，「個人以外の者」(a person other than an individual) には法人及び法人以外の団体が含まれるということになる。3条1(f)は，「法人」(company) とは，法人格を有する団体 (any body corporate) 又は租税に関して法人格を有する団体として取り扱われる団体 (any entity that is treated as a body corporate) をいうと定義している。議定書2は，「法人以外の団体」(any other body of persons) には遺産 (an estate), 信託財産 (trust) 及び組合 (partnership) を含むと定めている。そこで，論理的に，振り分けるべき双方居住者は，両国において条約上の居住者とされる者であるから，4条1により両国において課税を受けるべきものとされる者 (any person who is liable to tax) である。「個人以外の者」のうち，法人は両国において納税義務者とされるので，双方居住者となり得るが，「法人以外の団体」は両国において納税義務者とされない場合には双方居住者となり得ない。

法人以外の団体として例示列挙された遺産及び信託財産は，米国では独立の課税単位として認められ，それらの収益がその受益者に配分される場合にはその受益者に直接課税されるが，収益が配分されず，留保される場合には，その収益について遺産及び信託財産に対して課税される。1996年米国モデル条約は，3条1(a)において「者」には個人，遺産財団，信託財産，パートナーシップ，法人及びすべての他の社団を含むと定義し，4条1(d)において「いずれかの締約国の法令により「課税上透明な事業体」[57] (fiscally transparent entity) を通じて取得する所得，利潤又は収益という項目は，それが当該締約国の税法の適用上

居住者の所得，利潤又は収益として取り扱われる範囲で，ある国の居住者が取得するものと考えられる」と規定する。旧条約ではパートナーシップについて特に規定を設けなかったが，「個人以外の者」に法人のみならず，遺産及び信託財産等が含まれるという前提で双方居住者の振分けという問題に対処しようとしているので，課税上透明な事業体が「居住者」となる場合，さらに双方居住者となる場合としてどういう場合が想定されるか，残された問題として検討しなければならない。

　新条約が「個人以外の者」の双方居住者について，権限のある当局は単一の居住地国を決定するため合意に達することができない場合には，この条約の特典を要求することができるいずれの締約国の居住者とも考えられないと決めている点は，重要である。このような者が適用を否定される「条約の特典」の範囲は明記されていないが，米国財務省技術説明書は，居住者のみに限定されない条約の特典（例えば24条（無差別待遇条項）及び25条（相互協議手続）など）は享受することができると述べている。一方の締約国は，双方居住者である法人を差別することはできず，このような法人も権限のある当局に条約上の救済を求めることができる。また，26条（情報交換規定）は一方の締約国に限定されていないので，双方居住者である法人に関する情報交換は可能である。さらにいえば，条約の規定から，条約の特典を受けるという目的以外の目的のためであれば，個人以外の団体である双方居住者は，依然として居住者として取り扱われる。双方居住者である法人が日本居住者に配当を支払う場合，源泉徴収税の減免は双方居住者が享受する特典でなく，日本居住者が享受する特典であるという理由で，米国支払代理人は，妥当な条約上の軽減税率で配当につき源泉徴収することができる。この場合，配当を支払った双方居住者である法人は，米国居住者として取り扱われることになる。

(5)　日本の非永住者[58]の取扱い

　日本の所得税法では，居住者のうち国内に永住する意思がなくかつ現在まで引き続き5年以下の期間国内に住所又は居所を有する個人を非永住者といい，

非永住者に対しては国内源泉所得及び国外源泉所得で国内において支払われ又は国外から送金されたもののみを課税所得とする優遇措置を定めている。この条約の規定により一方の締約国が他方の締約国の居住者の所得に対する税率を軽減し又は免税とする場合において，当該他方の締約国の法令により当該居住者がその所得のうち当該他方の締約国に送金され又は当該他方の締約国内で受領された部分についてのみ当該他方の締約国で課税されることとされているときは，その軽減又は免除は，その所得のうち当該他方の締約国に送金され又は当該他方の締約国内で受領された部分についてのみ適用する（4条5）。この規定は，旧条約4条7の規定を引き継いだものである。米国としては，日本が，居住者であるが非永住者という範疇を設け，まだ送金課税制度を維持しているので，やむを得ず4条5の規定を設けるという。非永住者は，その所得又は収益が日本に送金される範囲に限り，日本において国外源泉所得に対しても課税を受ける。日本の非永住者は，日本居住者ではあるが，その所得又は収益が日本に送金され又は日本において受領する範囲に限り，米国において条約による租税の減免の特典を受けることができる。米国財務省専門的説明書は，次の例示をしている。

> **事例**
>
> 日本に住所を有しない日本居住者がシンガポールに口座を有し，100ドルの米国源泉配当をその口座に払い込ませる場合，この配当は日本に送金されないので，日本で課税されないという理由で，米国はこの配当に対し国内法どおり30％の税率で源泉徴収税を課する。仮に，この配当が東京の口座に払い込まれる場合には，非永住者は日本で課税されるので，米国は10％の軽減税率で源泉徴収税を課すことになる。

この規定の実務は，米国の源泉徴収の段階で少なからず難しい問題を生じる。
①日本へ送金するかどうかの判定では迂回送金を認めないのか，②国内で受領するとはどういう範囲までいうのか，日本の通達ではなく，米国の取扱い基

準を知る必要があろう。

2 両国において課税上の取扱いが異なる事業体[59]

　課税上透明な事業体（fiscally transparent entities）という用語で呼ばれる代表的な事業体は，米国ではパートナーシップ[60]，遺産財団及び信託財産[61]などがあり，日本ではこれまでのところ任意組合[62]，匿名組合[63]及び信託財産[64]などがある。

　一般に，課税上透明な事業体のうちパススルー型事業体は，その所得に対し受益者，構成員又は参加者の段階で課税される事業体である。米国では，課税を受けるべきものとされているがその課税が統合システムにより救済される事業体は，ペイスルー型事業体として分類される。

　米国で課税上透明な事業体のうちパススルー型事業体に該当するものとしては，上に述べたパートナーシップのほか，ＩＲＣ584に定めるコモン・インベストメント・トラスト，米国の課税上パートナーシップとして取り扱われるＬＬＣ（有限責任会社）などの事業体が上げられる。新条約では，一方の締約国で生じる所得について，他方の締約国又は第三国で組織された事業体を通じてこの所得を取得する場合において，この事業体が他方の締約国の法令の下で①パススルー型事業体として取り扱う場合（いわゆる構成員課税）と②パススルー型事業体として取り扱わない場合（いわゆる団体課税）に大別して，取扱いを定めた。この規定の効果は，日本にとっては画期的な規定であるが，米国にとっては，最近の米国の条約例における課税上透明な事業体の取扱い及び米国の国内法ＩＲＣ894(c)に基づく財務省規則に定める「ハイブリッド事業体」の取扱いに一致するものである。

図2-2 両国間で課税上の取扱いが異なる事業体(イメージ)

(日本が所得の源泉地国である場合)

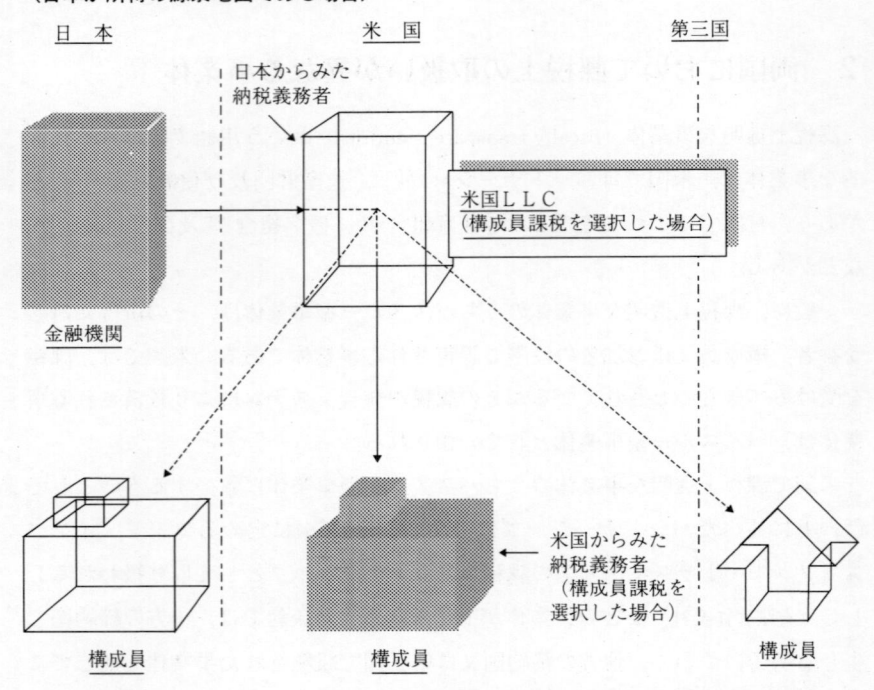

日本　　　　　　米　国　　　　　　第三国

日本からみた納税義務者

米国LLC
(構成員課税を選択した場合)

金融機関

米国からみた納税義務者
(構成員課税を選択した場合)

構成員　　　　構成員　　　　　　　構成員

政府税制調査会資料(平成15年11月14日総3-3)

第2章 日米租税条約の重点

図2-3 課税上の取扱いの異なる事業体の課税関係及び手続(イメージ1)
(日本が所得の源泉地国である場合)

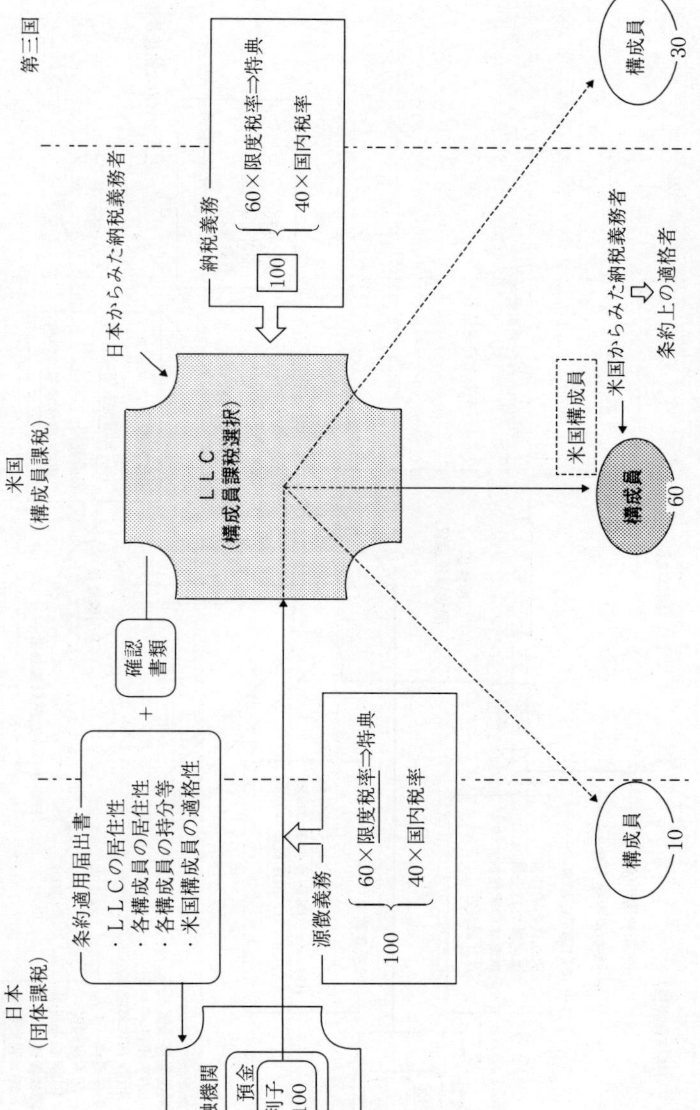

日本　　　　　　　　　　　　　　　　　米国　　　　　　　　　　　　　　第三国
(団体課税)　　　　　　　　　　　　(構成員課税)

条約適用届出書
・LLCの居住性
・各構成員の居住性
・各構成員の持分等
・米国構成員の適格性

＋確認書類

LLC（構成員課税選択）

日本からみた納税義務者

納税義務 100 { 60×限度税率⇒特典
              40×国内税率 }

米国からみた納税義務者
⇩
条約上の適格者

米国構成員 → 構成員 60

構成員 30

源泉義務 100 { 60×限度税率⇒特典
              40×国内税率 }

構成員 10

金融機関
預金
利子 100

政府税制調査会資料（平成15年11月14日総3-3）

図2-4 課税上の取扱いの異なる事業体の課税関係及び手続（イメージ2）
（日本が所得の源泉地国である場合）

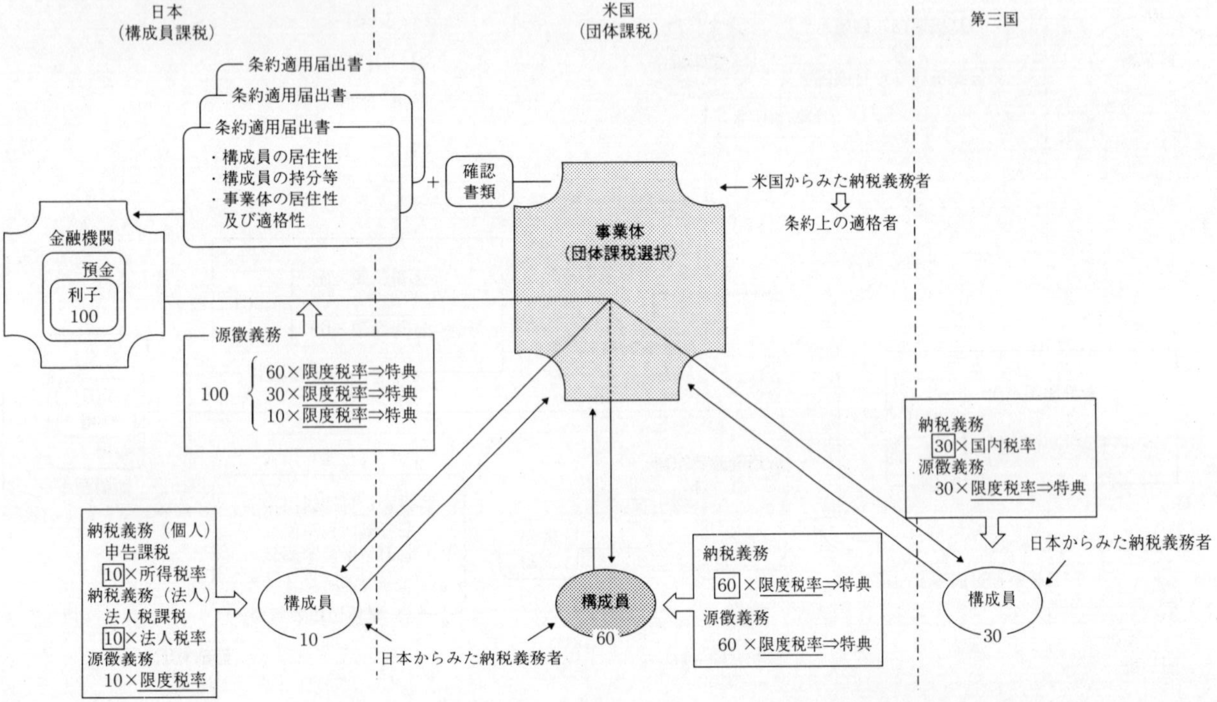

政府税制調査会資料（平成15年11月14日総3-3）

第2章 日米租税条約の重点

図2-5 課税上の取扱いの異なる事業体の課税関係及び手続（イメージ3）

（日本が所得の源泉地国である場合）

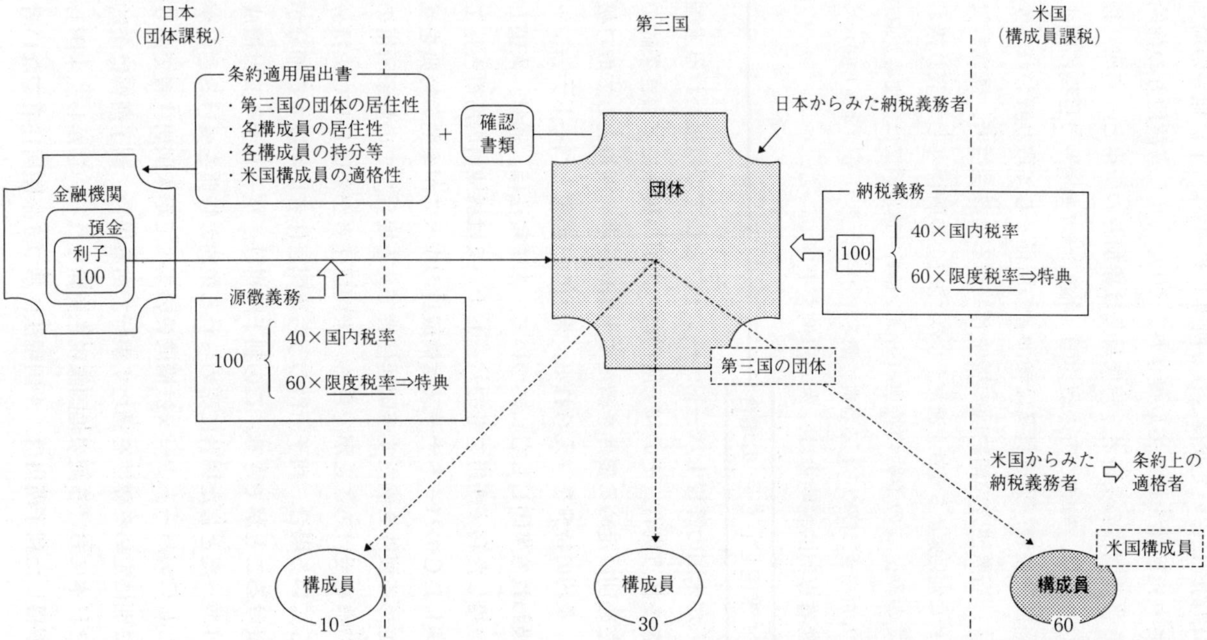

日本
（団体課税）

第三国

米国
（構成員課税）

金融機関
預金
利子 100

源徴義務 100 { 40×国内税率 / 60×限度税率⇒特典 }

条約適用届出書
・第三国の団体の居住性
・各構成員の居住性
・各構成員の持分等
・米国構成員の適格性
＋
確認書類

団体

第三国の団体

構成員 30

構成員 10

日本からみた納税義務者

納税義務 100 { 40×国内税率 / 60×限度税率⇒特典 }

米国構成員 60

米国からみた
納税義務者 ⇔ 条約上の適格者

政府税制調査会資料（平成15年11月14日総3-3）

(1)　「一方の締約国において取得される所得であって，（ⅰ）他方の締約国において組織された団体を通じて取得され，かつ，（ⅱ）当該他方の締約国の法令に基づき当該団体の受益者，構成員又は参加者の所得として取り扱われるもの」に対しては，当該一方の締約国（所得の源泉地国）の租税に関する法令に基づき当該受益者，構成員又は参加者の所得として取り扱われるか否かにかかわらず，当該他方の締約国の居住者である当該受益者，構成員又は参加者（この条約に別に定める要件を満たすものに限る）の所得として取り扱われる部分についてのみ，この条約の特典（当該受益者，構成員又は参加者が直接に取得したものとした場合に認められる特典に限る）が与えられる（4条6(a)）。

　米国財務省専門的説明書は，次の事例を上げている。

> **事例1：米国ＬＬＣ(65)の場合**
>
> 　日本法人が米国の課税上パートナーシップとして取り扱われる米国ＬＬＣに利子を支払う場合，その利子所得は，米国の税法に基づき条約の特典を受けるため別に定める要件を満たす米国居住者の所得として取り扱われる範囲で，条約の特典を与えられる。米国の「課税上パートナーシップとして取り扱われる米国ＬＬＣ」について，米国税法は，通常，米国ＬＬＣを通じて取得した利子所得をそのパートナー又は構成員の所得として取り扱う。米国ＬＬＣのパートナー又は構成員のすべてが条約の特典を受けるため別に定める要件を満たす米国居住者である場合，この利子所得の全部が条約の特典を受けることができる。米国居住者が米国ＬＬＣの持分の一部を所有している場合，利子所得のうち米国居住者に帰属する部分が条約の特典を受けることができる。この利子所得は，パートナー又は構成員が直接に受け取ったとした場合に認められる条約の特典を受けることができる。米国ＬＬＣのパートナー又は構成員のすべてが米国居住者であり，かつ，条約に別に定める要件を満たす銀行である場合，利子所得は条約11条3に基づき日本における源泉地国課税を免除される。しかし，米国ＬＬＣを通じて取得した利子所得は，米国税法に基づき米国居住者でない者又は

条約に別に定める要件を満たすことができない者の所得として取り扱われる範囲で,条約の特典を受けることはできない。

米国LLCが日本（所得の源泉地国）の税法で異なる取扱いを受ける場合（事業体が米国の課税上パートナーシップとして取り扱われる場合に日本では課税上透明な事業体として取り扱われない場合）であっても,上記の結果は変わらない。すなわち,源泉地国において米国LLCのパートナー又は構成員の所得として取り扱われるか否かは問わないのである。

事例2：米国の信託(66)の場合

米国居住者Xが米国において信託を設定し第三国居住者を受益者とする場合,この信託を通じて取得する所得は米国税法の下ではXの所得として取り扱われる。日本で生じる利子所得が信託を通じて取得される場合,米国税法に基づき条約の特典を受けるために別に定める要件を満たす米国居住者の所得として取り扱われる範囲で,この利子所得は条約の特典を受ける。この場合,この利子所得が米国税法に基づきXの所得として取り扱われるので,利子所得はXが条約の特典を受けるために別に定める要件を満たす範囲で条約の特典を受けることができる。

このような効果は,米国信託が源泉地国である日本の税法に基づき課税団体とみなされるとしても変わることはない。

(2) 「一方の締約国において取得される所得であって,（ⅰ）他方の締約国において組織された団体を通じて取得され,かつ,（ⅱ）当該他方の締約国の租税に関する法令に基づき当該団体の所得として取り扱われるもの」に対しては,当該一方の締約国（所得の源泉地国）の租税に関する法令に基づき当該団体の所得として取り扱われるか否かにかかわらず,当該団体が当該他方の締約国の居住者であり,かつ,この条約に別に定める要件を満たす場合にのみ,この条約の特典（当該他方の締約国の居住者が取得したものとした場合に認められ

る特典に限る)が与えられる(4条6(b))。

米国財務省専門的説明書は,次の事例を上げている。

事例

　日本法人が米国課税上法人として取り扱われることを選択する米国ジョイントベンチャーに利子を支払う場合,この利子所得はジョイントベンチャーが米国居住者であり,かつ,条約に別に定める条約の特典を受けるための要件を満たすならば,条約の特典を受けることができる。この結果は,米国ジョイントベンチャーが源泉地国である日本の税法で団体でなく所有者の集合体であるとして異なる取扱いをされるとしても,変わらない。すなわち,所得が日本税法に基づいて米国ジョイントベンチャーの所得として取り扱われるか否かを問わないのである。

　米国法人が日本の課税上課税団体として扱われる日本の有限会社に利子を支払う場合,この利子所得は,有限会社が日本居住者であり,かつ,条約に別に定める条約の特典を受けるための要件を満たす場合,条約の特典を受けることができる。この結果は,日本の有限会社が源泉地国である米国の税法で事業体分類原則(チェック・ザ・ボックス・ルール)による選択に従いパートナーシップとして異なる取扱いをされるとしても,変わらない。すなわち,所得が米国税法に基づいて日本の有限会社の所得として取り扱われるか否かを問わないのである。

---

(3) 「一方の締約国において取得される所得であって,(ⅰ) 第三国において組織された団体を通じて取得され,かつ,(ⅱ) 他方の締約国の租税に関する法令に基づき当該団体の受益者,構成員又は参加者の所得として取り扱われるもの」に対しては,当該一方の締約国又は第三国の租税に関する法令に基づき当該受益者,構成員又は参加者の所得として取り扱われるか否かにかかわらず,当該他方の締約国の居住者である当該受益者,構成員又は参加者(この条約に別に定める要件を満たすものに限る)の所得として取り扱われる部分

第 2 章 日米租税条約の重点

についてのみ，この条約の特典（当該受益者，構成員又は参加者が直接に取得したものとした場合に認められる特典に限る）が与えられる（4 条 6 (c)）。

これは，第三国で組織された団体について上記(1)の場合と同様の結果になるように規定している。米国財務省専門的説明書は，次の事例を上げている。

事 例

日本法人が米国課税上パートナーシップとして取り扱われるオーストラリア閉鎖法人（an Australian proprietary company）に利子を支払う場合，この利子所得は，米国税法に基づき条約の特典を受けるために別に定める要件を満たす米国居住者の所得として取り扱われる範囲で，条約の特典を受けることができる。米国の課税上パートナーシップとして取り扱われるオーストラリア閉鎖法人について，米国税法は通常オーストラリア閉鎖法人を通じて取得する利子所得をそのパートナー又は構成員の所得として取り扱うので，オーストラリア閉鎖法人のパートナー又は構成員のすべてが，条約に定める条約の特典を受けるための要件を満たす米国居住者である場合，この利子所得の全部が条約の特典を受けることができる。米国居住者がオーストラリア閉鎖法人の持分の一部を所有する場合，この利子所得のうち米国居住者に帰属する部分が条約の特典を受けることができる。この結果は，たとえオーストラリア閉鎖法人が日本税法によりその事業体を米国の課税上パートナーシップとして取り扱われるが課税上透明な事業体でないとするように異なる取扱いをするとしても，変わらない。すなわち，源泉地国である日本の税法でこの利子所得がオーストラリア閉鎖法人のパートナー又は構成員の所得として取り扱われるか否かを問わない。また，団体が組織された国における事業体の分類も問わない。この結果は，この利子所得がオーストラリア税法に基づきオーストラリア閉鎖法人のパートナー又は構成員の所得として取り扱われるか否かを問わないのである。

(4) 「一方の締約国において取得される所得であって,(ⅰ)第三国において組織された団体を通じて取得され,かつ,(ⅱ)他方の締約国の租税に関する法令に基づき当該団体の所得として取り扱われるもの」に対しては,この条約の特典は与えられない(4条6(d))。

　このような所得は,源泉地国又は組織された国の税法で事業体の受益者,構成員又は参加者の所得として取り扱われるか否かを問わず,条約の特典を受けることはできない。

　米国財務省専門的説明書は,次の事例を上げている。

> **事例**
>
> 　米国法人が日本の課税上法人として取り扱われるオーストラリア閉鎖法人に利子を支払う場合,この利子所得はこの条約の特典を受けることができない。この結果は,たとえオーストラリア閉鎖法人が米国の課税上パートナーシップとして取り扱われることを選択する場合に米国税法に基づくと日本の課税上の取扱いと異なる取扱いをされるとしても,変わることはない。すなわち,この所得が米国税法によりオーストラリア閉鎖法人のパートナー又は構成員の所得として取り扱われるか否かを問わない。また,組織された国における事業体の分類は問題とされない。この結果は,この所得がオーストラリア税法によりオーストラリア閉鎖法人の所得として取り扱われるか否かを問わないのである。

(5) 「一方の締約国において取得される所得であって,(ⅰ)当該一方の締約国において組織された団体を通じて取得され,かつ,(ⅱ)他方の締約国の租税に関する法令に基づき当該団体の所得として取り扱われるもの」に対しては,この条約の特典は与えられない(4条6(e))。

　このような所得は,源泉地国又は事業体が組織された国の税法により事業体の受益者,構成員又は参加者の所得として取り扱われるか否かを問わず,条約の特典を受けることができない。

米国財務省専門的説明書は，次の事例を上げている。

> **事例**
>
> 米国法人が日本の課税上法人として取り扱われる米国LLCに利子を支払う場合，この利子所得は条約の特典を受けることができない。この結果は，たとえ米国LLCが米国税法によりパートナーシップとして取り扱われるように異なる取扱いをされるとしても，変わらない。すなわち，この結果は，この所得が米国税法に基づき米国LLCのパートナー又は構成員の所得として取り扱われるか否かを問わないのである。

(6)　「一方の締約国において取得される所得であって，（ⅰ）当該一方の締約国において組織された団体を通じて取得され，かつ，（ⅱ）他方の締約国の租税に関する法令に基づき当該団体の受益者，構成員又は参加者の所得として取り扱われるもの」に対しては，当該団体が組織された締約国（すなわち当該一方の締約国）において課税を受けるべき者（a person who is liable to tax）とされるか否かによって異なる結論が導き出される。このケースを「第6のケース」(67)と呼ぶことにすると，新条約は「第6のケース」を当該一方の締約国の国内マターであるとの理由で，あえて規定を設けていない。「第6のケース」について日本側の検討内容は明らかにされていないが，米国側では詳細な検討を行い，米国財務省専門的説明書においてその内容を公表している。

①　セービング・クローズとの関係

一方の締約国において組織された事業体を通じて当該一方の締約国において取得する所得が，当該一方の締約国の税法に基づいて当該事業体の所得として取り扱われる場合，この条約1条4（セービング・クローズ）に基づきその国内法に従って当該事業体に課税することを妨げられるものではない。一方の締約国はその税法に基づき当該一方の締約国の居住者として取り扱われる事業体に課税することができる。日本の構成員を有する米国LLCが米国の課税上法人として課税されることを選択する場合，日本がこの米国LLC

を課税上透明な事業体として取り扱うか否かにかかわらず、この米国LLCに対しその全世界所得に課税することができる。米国法人が米国の課税上法人として取り扱われることを選択する米国LLCに利子を支払う場合には、この利子所得は条約の特典を受けることができない。

米国において取得する所得については、この結果は財務省規則1.894-1(d)(2)(ii)（米国税法では課税上透明な事業体とされないが条約の特典を要求する者の管轄国の税法では課税上透明な事業体とされる米国事業体が支払う所得についての条約の特典の適用の可否に関するルール）の結果に一致する。しかし、事業体が組織された締約国の税法によれば課税を受けるべき者（a person who is liable to tax）でない場合、所得は両締約国の税法に基づき当該事業体の受益者、構成員又は参加者の所得として取り扱われる。この場合、事業体を通じて取得する所得に対して当該事業体が組織された締約国によって行う課税にセービング・クローズは無関係である。上記(1)及び(3)の原則により、受益者、構成員又は参加者が他方の締約国の居住者であり、かつ、条約に別に定める要件を満たす範囲で、このような所得は条約の特典を受けることができる。米国財務省専門的説明書は、次の事例を上げている。

事 例

米国法人が米国又は日本のいずれかの税法で団体として課税を受けるべきものとされない米国パートナーシップに利子を支払い、その利子所得が日米両国の税法で米国パートナーシップのパートナーの所得として取り扱われる場合、この所得は、米国パートナーシップのパートナーが条約に別に定める要件を満たす日本居住者である範囲で、条約の特典を受けることができる。実務的には、日本の現行国内法では事業体は課税団体と非課税団体のいずれかに分かれるので、このような事例は起こりそうにない。仮に起こったとしても、両締約国の国内法に矛盾はないという理由で、このような事例に対応する特別な規定は設けられなかった。

② 日本の匿名組合

　議定書13は,「条約の適用上,米国は匿名組合契約又はこれに類する契約によって設立された仕組みを日本居住者でないものとして取り扱い,かつ,当該仕組みに従って取得される所得を当該仕組みの参加者によって取得されないものとして取り扱うことができる。この場合には,当該仕組み又は当該仕組みの参加者のいずれも,当該仕組みに従って取得される所得について条約の特典を受ける権利を有しない。条約のいかなる規定も,匿名組合契約又はこれに類する契約に基づいてある者が支払う利益の分配でその者の日本における課税所得の計算上控除されるものに対して,日本が日本の法令に従って源泉課税することを妨げるものではない。」と規定している。このような規定がなければ,匿名組合 (a sleeping partnership) は,その性格をめぐる法解釈について争いの余地があるが,これを事業体 (an entity) とすると,「第6のケース」に属する。すなわち,「日本で取得される所得であって,日本において組織された匿名組合を通じて取得され,かつ,米国の税法に基づき匿名組合の匿名組合員の所得として取り扱われるもの」の課税上の取扱いが問題となる。匿名組合が組織された日本で匿名組合が課税を受けるべき者とされるか否かによって,その答えが異なるので,新条約では日本の国内法マターとして条約には特別な規定を置いていない。日本の商法上の匿名組合契約は,当事者の一方が相手方の営業のために出資をなしその営業より生ずる利益を分配すべきことを約する契約である（商法535条）。匿名組合契約により利益の分配を受ける匿名組合員が非居住者又は外国法人である場合,匿名組合員が10人未満であれば源泉徴収によらず,総合課税とされていたとき,適正な税の捕捉が困難であることを認識し,平成14年度税制改正により匿名組合契約等に基づいて支払を受けるべき利益の分配について支払をする営業者は匿名組合員の数にかかわらず,所得税の源泉徴収を要することとし,国内に恒久的施設を有しない外国法人が受ける匿名組合契約等に基づく利益の分配について所得税の源泉徴収で課税関係は完結し,法人税は課されないこととした。この改正前においては,非居住者又は外国法人に対する匿名組合契

約等に基づく利益の分配は,「国内にある資産の運用又は保有により生じる所得」とされ,恒久的施設を有しない場合であっても,申告義務があり,条約上の所得分類は「明示なき所得」とするのが通説であった。旧条約においては,日本は対米関係において発展途上国の立場で源泉地国課税の範囲をできるだけ広く確保しようとしていたこともあり,先進国型の条約のように「ごみため条項」(catch-all clause) ともいう「明示なき所得条項」で課税権を居住地国に配分することを避け,「明示なき所得」については各国の国内法による課税としていた。そこで,例えば日本・オランダ条約23条「明示なき所得条項」(居住地国のみに課税権を配分する規定) を利用して米国企業がオランダに事業体を設立し,このオランダ事業体が日本の匿名組合の匿名組合員となるスキームを利用して,日本における課税を免れる合法的な節税スキームが成立することになった。オランダ税制では,日本の匿名組合の利益の分配金は特有の二重課税排除方法により課税されないので,このスキームは租税条約をブリッジとする日本とオランダの税制の結合から結果的に生じる「課税の空白地帯」(double non-taxation) を利用するものであり,法的には違法性のないものであった。しかし,日本の税法の趣旨が匿名組合契約に基づく利益の分配を非課税とするものでないとすれば,このようなスキームは法形式論によれば完全な節税スキームであるが,税法の趣旨・目的論的解釈論によれば租税回避スキームであるといえよう。このようなオランダ事業体を匿名組合員とするスキームの攻撃防御の焦点の一つは,オランダ事業体が単なるペーパー・エンティティか,実体のある存在かという事実認定の妥当性である。このような中間的な導管取引 (conduit transaction) の媒体が実体のないペーパー・エンティティであるといえるならば,オランダ事業体の所有者である米国企業が実質的な匿名組合員であるという理論構成が成立し,このようなトライアンギュラー・スキームに適用される租税条約は,日本・オランダ条約でなく,日米条約であるといえる。米国財務省専門的説明書は,次の事例を上げている。

第2章 日米租税条約の重点

> **事 例**
>
> 米国法人が匿名組合契約によって設立された仕組みに利子を支払う場合,米国はこの仕組みの営業者又は投資家がたとえ日本居住者であるとしても,この利子所得について条約の特典をあたえず,この仕組みの営業者として行為する日本の者がこの仕組みに従い匿名組合員に分配を行い,これを日本における課税所得の計算上控除できる場合,その匿名組合員である投資家がたとえ米国居住者であるとしても,日本はこの分配に対し源泉徴収税を課することができる。

第3 人的特典制限 (Limitation on Benefit：LOB) 条項

　先進国型租税条約の特質は，条約当事国間の国際取引（貿易及び投資）並びに所得フローがほぼ均衡していることを背景に相互主義の原則によりできる限り源泉地国課税を排除しようと努力することにみられる。特定の租税条約により両国間における課税権の配分が源泉地国課税から居住地国課税へシフトすることが顕在化するに伴い，当該租税条約の魅力は締約国の居住者のみならず，第三国の居住者も惹きつけることになる。どの国もその国内法によって自国の居住者の範囲を自由に決定することができるが，どの者（a person）もまた各国の国内法に定める居住者の要件に合わせてどの国の居住者になるかを自由に選択することができる。したがって，第三国の居住者も，全世界規模でどの国の居住者になることが世界的租税負担の最小化のために世界で2,000余に及ぶ租税条約ネットワークをより有利に活用できることになるかを考える。通常，政府は二国間ベースの国益を考慮に入れて両国間の経済，投資，技術，文化等の交流を促進するためにいわゆる租税障害（tax barriers）を排除しようとするが，第三国企業はこれらの租税障害の少ない二国間条約を利用できる居住者の地位を得るためにその条約締結国に自由に法人等を設立する。外国子会社等の設立の目的は，通常，租税動機のみによるものとは限らないので，設立地国においてトリーティ・ショッピングを完全に阻止することは困難である。

　そこで，新条約のように投資所得について大胆かつ画期的な源泉地国の減免を規定する代わりに，その減免という条約の特典が見せかけの相手国居住者によって貪られないようにトリーティ・ショッピング防止規定[68]を整備することが必要になる。新条約において日本が米国を中心とする包括的な特典制限条項をもつ租税条約ネットワークの構築に参加したことは重要な意味をもつ。自国

のみの課税ベースの浸食を防止する利己的な態度でなく，自国を経由して相手国の課税ベースの浸食を意図するスキームを潰す役割を担う点では，相互主義に基づく国際協力の一翼となる決意を表明したことになる[69]。

1 特典制限条項 (Limitation on Benefits Provisions) の目的

　ＯＥＣＤモデル条約コメンタリーは，実質主義の原則 (substance-over-form principles) により一方の締約国において第三国居住者のために所得を取得する名義人に対し条約の特典を与えないことを正当化している。ＯＥＣＤモデル条約には条約濫用防止規定は明記されていないが，1条のコメンタリーでこの点について議論されている[70]。米国は，二国間租税条約は両締約国の居住者に条約の特典を与えるビークルであるとみなし，租税条約に第三国居住者による条約濫用を防止する規定を含めるべきことを強く主張している。最近のすべての米国条約例には包括的特典制限条項を含めている。

　仮に一方の締約国のすべての居住者に条約の特典を与えるとすれば，特定の租税条約の特典を受けることを主目的として第三国居住者が一方の締約国に設立した法的主体 (legal entities) を利用するトリーティ・ショッピングを認めてしまうことになる。

　特定の国に事業体を設立する動機を調査する必要があるトリーティ・ショッピング防止規定は，実際に執行することが困難である。そこで，米国は，主観的基準の代わりに新条約22条のように客観的基準を採用する。この客観的基準の前提として，これらの基準に合う者は採用した仕組みの現実の事業目的 (a real business purpose) を有すること又は事業関係がないときでさえ特典を与えるに十分な他方の締約国との関連性を有すること，及び条約の特典を享受することが他方の締約国の居住者となる主目的でないと結論を下すに十分な事業目的又は事業関係があることを求めている。

　米国財務省専門的説明書は，この点について次の事例を上げている。

> **事例**
>
> 22条2の積極的な営業又は事業基準（the active trade or business test）の前提として、日本において実質的な活動を行いかつ米国における類似の活動から所得を取得する第三国居住者は条約の特典の享受を主目的としていないという仮定がある。この場合、この投資家は日本に投資する有効な事業目的を有し、かつ、営業又は事業と条約の特典が与えられる所得を生じる米国活動との関係が米国投資を日本の事業体にプレースする事業目的を明らかにするものと推定されるのである。投資家が単純に米国において条約の特典を受けるために日本に実質的な営業又は事業を確立する費用を負担するとは考え難いからである。このように他の基準にも類似の理由があり、実際の意図を識別する代理基準として有効であるが、機械的にすべてを判別できないため22条4は権限のある当局が認定することを認めた。米国では国内法において多数の濫用防止規定があるが、これらと22条は相互補完関係にある。22条はある事業体が条約上締約国の居住者として取り扱われるに足る当該締約国との関連性を有するか否かを効果的に判定するが、国内法の濫用防止規定は事業目的原則[71]、実質主義の原則[72]、ステップ取引原則[73]又は導管原則などにより個別取引がその実体（its substance）に従い引き直されるか否かを判定する。源泉地国の国内法の諸原則はある所得の受益者（the beneficial owner）の特定に適用され、22条は当該所得に係る条約の特典を受ける資格があるか否かを決めるために受益者に適用される。22条の規定は、一方の締約国の居住者が特典を受けるために別に定める要件を満たす場合にのみ条約の特典を与えることを明記する。

2　22条の構造

新条約22条は、日本では初めて導入された規定である。この規定は、1996年米国モデル条約や最近の米国条約例に従い、次のような構造になっている。

第2章 日米租税条約の重点

図2-6 日米新租税条約における特典制限条項の仕組み

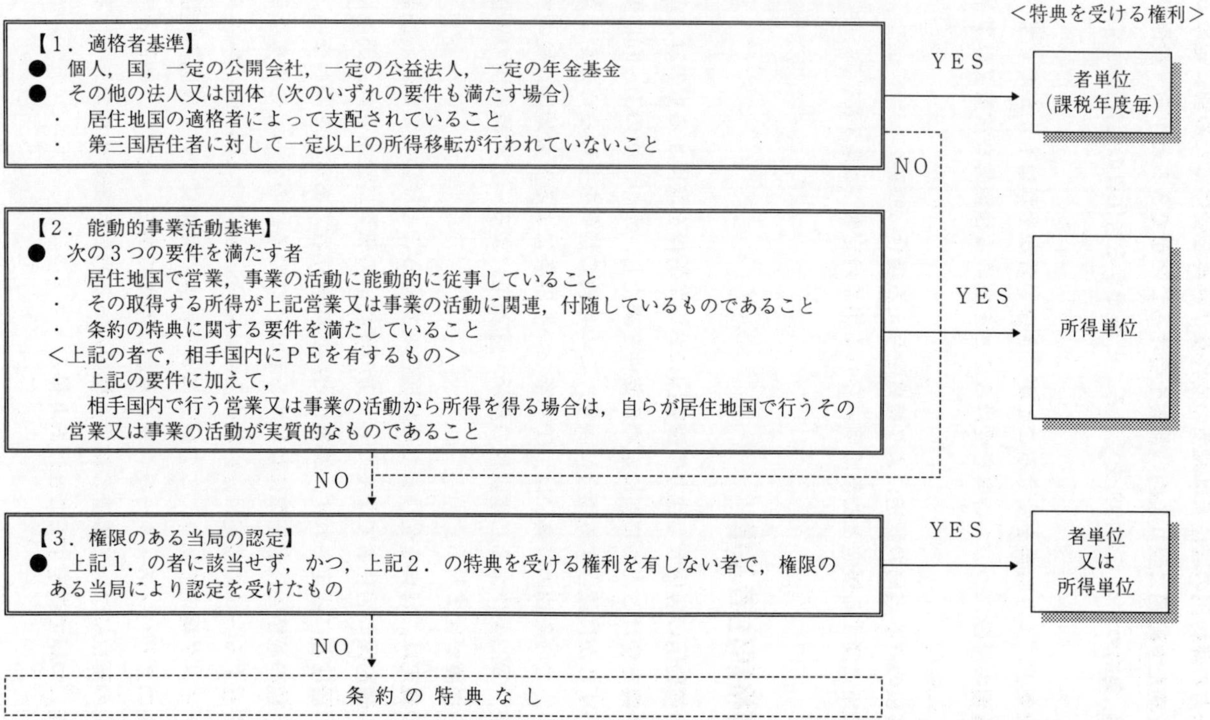

【1. 適格者基準】
● 個人、国、一定の公開会社、一定の公益法人、一定の年金基金
● その他の法人又は団体（次のいずれの要件も満たす場合）
　・居住地国の適格者によって支配されていること
　・条約の特典の取得者に対して一定以上の所得移転が行われていないこと

→ YES → 者単位（課税年度毎）〈特典を受ける権利〉
↓ NO

【2. 能動的事業活動基準】
● 次の3つの要件を満たす者
　・居住地国で営業、事業の活動に能動的に従事していること
　・その取得する所得が上記営業又は事業の活動に関連、付随しているものであること
　・条約の特典に関する要件を満たしていること
〈上記の者で、相手国内にPEを有するもの〉
　・上記の要件に加えて、
　　相手国内で行う営業又は事業の活動から所得を得る場合は、自らが居住地国で行うその営業又は事業の活動が実質的なものであること

→ YES → 所得単位
↓ NO

【3. 権限のある当局の認定】
● 上記1. の者に該当せず、かつ、上記2. の特典を受ける権利を有しない者で、権限のある当局により認定を受けたもの

→ YES → 者単位又は所得単位
↓ NO

条約の特典なし

政府税制調査会資料（平成15年11月14日総3-3）

① 一方の締約国の居住者は22条の要件及び特典を受けるため別に定める要件を満たす範囲に限り条約の特典を受けることができるとする一般原則を述べ，条約のすべての特典を受けることができる居住者の属性を述べる（22条1）。
② 22条1により特典を受けることができない者がそれにもかかわらず一定の種類の所得について特典を受けることを認める積極的な営業又は事業基準（22条2）
③ 権限のある当局の認定により特典を与える場合（22条4）
④ 適用に関する規定と22条で用いられる用語の定義（22条3及び5）

3　適格居住者基準

　一方の締約国の居住者で他方の締約国において所得を取得するものは，この条約の特典を受けるために別に定める要件を満たし，かつ，次の(1)～(6)に掲げる者のいずれかに該当する場合に限り，この条約の特典を受けることができる（22条1）。この条約の特典には，①6条ないし21条による源泉地国課税のすべての制限，②23条による二重課税の救済，③24条による一方の締約国の居住者の権利の保護が含まれる。
　一部の規定は，特典を受けるために居住者であることは必要でない。18条は，いずれの締約国の居住者でなくても一方の締約国の職員に適用され，25条は，締約国の居住者に限定されず，28条はどの国の居住者であるかを問わない。
　次の6種の適格居住者基準に該当する者は，この条約のすべての特典を受ける権利を有する。この規定は，いわゆる"shall-clause"というセルフ・エクセキューティング規定であり，この規定による特典の要求について各国の権限のある当局のアドバンス・ルーリングや承認は不要である。ただし，納税者の不当な条約の解釈について審査の結果，権限のある当局が条約の特典を受ける権利の有無について決定することはあり得る。

(1) 個　　　人

　一方の締約国の居住者である個人は，この条約のすべての特典を受ける権利を有する（22条1(a)）が，この個人が第三国の居住者のために名義人（a nominee）として所得を受け取る場合には，当該所得の受益者（the beneficial owner）が一方の締約国の居住者でないとの理由で，その特典の享受は各条項に基づいて拒否される。

(2) 政府及び中央銀行

　締約国，締約国の地方政府もしくは地方公共団体，日本銀行又は連邦準備銀行は，この条約のすべての特典を受ける権利を有する（22条1(b)）。

(3) 公開法人（Publicly－Traded Companies）

　この範疇には，公開法人と公開法人の子会社が含まれる。法人は，その主たる種類の株式（the principal class of its shares）及び不均一分配株式（any disproportionate class of shares）が米国又は日本の公認の有価証券市場に上場又は登録され，かつ，一又は二以上の公認の有価証券市場において通常取引される法人である場合，「公開法人」としてこの条約のすべての特典を受ける権利を有する（22条1(c)(i)）。

　「主たる種類の株式」は，条約上定義されていないので，各国の国内法に基づいて定義される。米国では，主たる種類の株式とは，法人の普通株式で法人の議決権と価値の合計の過半数を表わすものをいう。法人が一種類の通常の株式又は普通株式で法人の議決権と価値の合計の過半数を表わすものを有しない場合，主たる種類の株式とは，法人議決権及び価値の合計の過半数を表わす種類の株式又は組み合わせた種類の株式をいう。

　「不均一分配株式」とは，一方の締約国の居住者である法人の株式でその条件その他の取決め内容により当該株式を所有する者が当該条件その他の取決め内容が定められていないとした場合に比し，当該法人が他方の締約国において取得する所得の分配をより多く受ける権利を有するものをいう（22条5(a)）。その

例としては,日本の居住者である法人が米国において使用する資産に係る法人のリターンを概算する公式に基づいて配当を支払う種類のトラッキング・ストック(部門収益連動株又は追跡株という)がある。主たる種類の株式が公開取引される法人は,公開取引されない不均一分配株式を有する場合には,22条1(c)に基づいて特典を受ける権利を有しない。この点について,米国財務省専門的説明書は,次の事例を上げている。

> 事 例
>
> Xは日本の居住者である法人であり,2種類の株式(普通株式と優先株式)を有する。普通株式は,東京証券取引所に上場され,通常取引される。優先株式には議決権はないが,Xが米国の非関連の貸付先から受け取る利子に相当する金額の配当を受け取る権利を与えられている。この優先株式は,米国と租税条約を締結していない第三国の居住者である単独の投資家によって所有されている。普通株式は,Xの価値の50％超及び議決権の100％を表わす。優先株式の所有者はXの稼得する米国源泉の利子に対応する支払を受け取る権利を有するので,この優先株式は条約上の不均一分配株式とされる。優先株式は公認の有価証券市場で通常取引されないので,Xは22条1(c)に基づいて条約の特典を受ける権利を有しない。

「公認の有価証券市場」とは,次のものをいう (22条5(b))。

> (i) 日本の証券取引法に基づき設立された有価証券市場
> (ii) 米国のナスダック市場及び米国の証券取引法に基づき証券取引所として証券取引委員会に登録された有価証券市場
> (iii) その他の有価証券市場で両締約国の権限のある当局が合意するもの

「通常取引される」(regularly traded) の意義については,ある課税年度の直前の課税年度中に一又は二以上の公認の有価証券市場において取引されたある種類の株式の総数が当該直前の課税年度中の当該株式の発行済株式の総数の平均

の6％以上である場合には，当該株式は当該課税年度において一又は二以上の公認の有価証券市場において通常取引されるものとされる（議定書11）。例えば，米国における公認の有価証券市場と日本における有価証券市場の双方で取引された株式を考慮に入れて「通常取引される」の定義に該当するか否かを判断することになる。授権株式のうち未発行株式は考慮に入れない。

「公開法人の子会社」のうち，その各種類の株式の50％以上が5以下の公開法人（22条1(c)(i)に規定する法人）により直接又は間接に所有されている法人（その株式が間接に所有されている場合には各中間所有者が22条1に規定する適格居住者のみである法人に限る）は，この条約のすべての特典を受ける権利を有する（22条1(c)(ii)）。

源泉徴収による課税について22条1(c)(ii)の規定を適用する場合，一方の締約国の居住者がその所得の支払が行われる日（配当については当該配当の支払を受ける者が特定される日）が課税年度終了の日である場合には当該課税年度を通じて，当該支払が行われる日が課税年度終了の日以外の日である場合には当該課税年度中の当該支払が行われる日に先立つ期間及び当該課税年度の直前の課税年度を通じて，22条1(c)(ii)に規定する要件を満たしているときに，当該居住者は当該支払が行われる課税年度について要件を満たすものとする（22条3(a)）。

米国財務省専門的説明書は，次の事例を上げている。

事例

全株式を別の日本法人に所有されている日本法人は，日本親会社の主たる種類の株式が東京証券取引所に上場されており，東京証券取引所とニューヨーク証券取引所で通常取引される場合，この条約の特典を受けることができるが，公開法人である親会社が日米いずれの居住者でなく韓国の居住者である場合にはこの条約の特典を受けることはできない。日本親会社が一連の子会社を通じて日本法人を間接に所有している場合，中間所有者となっている一連の各子会社は，当該日本法人が22条1(c)(ii)の要件を満たすために，同じく22条1(c)(ii)の要件を満たす日米いずれかの居住者

者でなければならない。

　公開法人の子会社における所有要件（22条1(c)(ii)）は，公開法人における所有要件（22条1(c)(i)）と異なる。法人の議決権及び価値の50％超を表わす種類の株式であるだけでなく，各種類の株式の50％が，公開法人によって所有されることを要する。

(4) 免税団体 (Tax Exempt Organizations)

　4条1(c)に規定する免税団体は，その受益者又は構成員がどの国の居住者であるかを問わず，この条約のすべての特典を受ける権利を有する（22条1(d)）。4条1(c)に規定する者とは，「一方の締約国の法令に基づいて組織された者で，専ら宗教，慈善，教育，科学，芸術，文化その他公の目的のために当該一方の締約国において設立され，かつ，維持されるもの」であるが，一般にその居住地国で租税を免除されるものである。

(5) 年金基金 (Pension Funds)

　年金基金（課税年度の直前の課税年度の終了の日においてその受益者，構成員又は参加者の50％を超えるものがいずれかの締約国の居住者である個人である年金基金に限る）は，この条約のすべての特典を受ける権利を有する（22条1(e)）。

(6) 所有基準及び課税ベース浸食基準 (Ownership／Base Erosion)

　22条1(f)は，一方の締約国の居住者であるすべての形態の法的団体 (legal entity) に適用される追加基準を規定する。この追加基準は，所有基準及び課税ベース浸食基準といわれるものであり，居住者が22条1(f)に基づいて特典を受けるためにこれら両方の基準を満たさなければならない。「個人以外の者」で次の①及び②の要件を満たすものは，この条約の特典を受ける権利を有する。

　① 所有基準

　　その者の各種類の株式その他の受益に関する持分の50％以上が22条1(a)，

(b), (c)(i), (d)又は(e)に掲げる一方の締約国の居住者により直接又は間接に所有されていること

所有基準を適用する場合には，次に定めるところによる（22条3(b)）。

> （ⅰ） 源泉徴収税については，一方の締約国の居住者がその支払が行われる日（配当については，当該配当の支払を受ける者が特定される日）が課税年度終了の日である場合には当該課税年度を通じて，当該支払が行われる日が課税年度終了の日以外の日である場合には当該課税年度中の当該支払が行われる日に先立つ期間及び当該課税年度の直前の課税年度を通じて，22条1(f)に規定する要件を満たしているときに，当該居住者は当該支払が行われる課税年度について要件を満たすものとする。
> （ⅱ） その他のすべての場合については，一方の締約国の居住者は，その所得の支払が行われる課税年度の総日数の半数以上の日において22条1(f)に規定する要件を満たしているときに，当該支払が行われる課税年度について要件を満たすものとする。

米国財務省専門的説明書は，信託財産について次のように述べている。

信託財産は，4条に基づき居住者として取り扱われ，22条1(f)の要件を満たす場合には22条に基づき条約の特典を受ける権利を有する。信託財産の受益に関する持分（the beneficial interest in a trust）は，各受益者の数理的持分（actuarial interest in a trust）に比例して受益者が所有するものと考えられる。信託財産の受益者の持分は，受益者の数理的持分を決定することが不可能な場合には，22条1の他の規定に基づいて特典を受ける権利を有する者が所有するものとは考えられない。

② 課税ベース浸食基準

課税年度におけるその者の総所得のうちに，その者が居住者とされる締約国におけるその者の課税所得の計算上控除することができる支出により，い

ずれの締約国の居住者にも該当しない者に対し，直接又は間接に支払われた又は支払われるべきものの額の占める割合が50％未満であること（ただし，当該支出には，事業の通常の方法において行われる役務又は有体財産に係る支払（独立企業間価格による支払に限る）及び商業銀行に対する金融上の債務に係る支払（当該銀行がいずれの締約国の居住者でもない場合には，当該支払に係る債権がいずれかの締約国内にある当該銀行の恒久的施設に帰せられるときに限る）は含まれない）

　日本の源泉徴収税について，課税ベース浸食基準を適用する場合には，米国の居住者はその所得の支払が行われる課税年度の直前の3課税年度について課税ベース浸食基準を満たしているときに，当該支払が行われる課税年度について要件を満たすものとする（22条3(c)）。ここで，「総所得」とは，一方の締約国の居住者がその事業から取得する総収入の額から当該収入を得るために直接に要した費用の額を差し引いた残額をいう（22条5(c)）。これは，一般に売上総利益に相当するが，米国ではＩＲＣ61及び関連財務省規則の"grossincome"の定義に対応している。総所得の計算上，他の者に対する支払又は支払うべきものを表わさない減価償却費は，無視される。

4　能動的事業活動基準

　一方の締約国の居住者が適格居住者基準（22条1）を満たすことができない場合であっても，居住地国において行う積極的な営業又は事業に関係する一定の所得について条約の特典を受けることができるとする能動的事業活動基準が設けられた。

　能動的事業活動基準について，22条2は(a)一般原則と(b)その条件を定める。

(1)　一般原則

　一方の締約国の居住者は，他方の締約国において取得する所得に関し，当該居住者が当該一方の締約国内において営業又は事業の活動に従事しており，当該所得が当該営業又は事業の活動に関連又は付随して取得されるものであるこ

と，及び当該居住者がこの条約の特典を受けるために別に定める要件を満たすことを条件として，この条約の特典を受ける権利を有する（ただし，当該営業又は事業の活動が当該居住者が自己の勘定のために投資を行い又は管理する活動（商業銀行，保険会社又は登録を受けた証券会社が行う銀行業，保険業又は証券業の活動を除く）である場合はこの限りでない）。

「営業又は事業」(trade or business) の定義は，条約上明記されない。3条2において条約に定義されていない用語は原則として締約国の法令において当該用語がその適用の時点で有する意義を有するものと定めているので，日本居住者が米国源泉から取得する所得，利得又は収益について22条2に基づき条約の特典を受ける権利を有するか否かを判断するとき，源泉地国である米国はこの用語を米国税法（IRC367(a)に関する財務省規則）において有する意味に従って解釈する。したがって，米国では，「営業又は事業」とは，営利目的で営む独立の経済的企業を構成し又は構成することができる個別の統一活動グループをいい，法人は当該法人の役職員が実質的な管理運営活動を行う場合に限り営業又は事業を行うものと考えられる。本部統轄業務は投資の管理であるといえるので，専ら本部統轄法人 (a headquarters company) として機能している法人は，能動的事業活動基準の適用上，積極的な営業又は事業に従事しているとは考えられない。源泉地国における所得稼得活動 (income-producing activity) が当該所得の受領者がその居住地国で行う営業又は事業の一部となる事業又は補完的な事業の線上にある場合には当該所得は営業又は事業に関して取得されるものである。

二つの活動が同一製品又は同種の製品のデザイン，製造もしくは販売又は類似のサービスの提供に関する場合，一つの事業活動は源泉地国において行う事業活動の一部となる。居住地国の事業は，源泉地国の活動との関係でみると，アップストリーム，ダウンストリーム又は平行といえる。

二つの活動が補完的とされるには，これらの活動が同種の製品又はサービスに関係する必要はないが，同じ産業の一部であり，一つの活動の成否が他方の活動の成否を生じるという意味で関係があるものでなければならない。源泉地

国で複数の営業又は事業が行われ，そのうちの一営業又は事業が居住地国で行われる営業又は事業の一部となるか又は補完的である場合，所得が帰属すべき営業又は事業を確認する必要がある。

投資所得についてみると，配当は，まず営業又は事業の収益及び利潤から分配され，次に他の収益及び利潤から分配される。利子は，合理的な方法に基づいて配分される。使用料は，その支払の基因となる無形資産が帰属すべき営業又は事業に関して生じる。

源泉地国で取得する所得の稼得が居住地国における営業又は事業の遂行を促進する場合，居住地国で行う営業又は事業に付随的である。

米国財務省専門的説明書は，次の5事例を上げている。

事例1

Aは，米国の居住者である法人であり，米国において積極的な製造業に従事している。Aは日本の居住者である法人Bの株式の100％を所有している。Bは日本においてAの製品を配給する。二法人の行う事業活動は同一製品に関係するので，Bの配給業はAの製造業の一部を成すものと考えられる。

事例2

Aは，米国の居住者である法人であり，製造業でなく，米国において研究開発を行い，日本の居住者である法人Bの株式の100％を所有している。Aは，Bを含む世界各地の関連会社に知的財産権のライセンスを与え，日米の関連会社はAデザイン製品を製造しそれぞれの市場で販売している。AとBが行う活動は同一製品ラインに関係するので，これらの活動は同じ営業又は事業の一部を成すものと考えられる。

事例3

Aは，米国の居住者である法人で，国際航空会社である。Bは，日本の

居住者である法人で，Aの100％所有子会社である。Bは，日本でAの航空機が離着陸する空港の近くに所在するホテル・チェーンを運営している。Aは，日本への旅行とBのホテルの宿泊をパッケージにした商品を販売する。両社は営業又は事業の積極的な遂行に従事しているが，一連のホテルの運営と航空会社の運営は，別々の営業又は事業である。したがって，Bの事業はAの事業の一部とならない。しかし，Bの事業は，同じ産業（旅行業）の一部であり，かつ，双方の運営の関係は相互依存関係であることを理由として，Aの事業の補完的なものと考えられる。

事例4

上記事例3においてBが日本にホテル・チェーンでなく，オフィスビルを所有すると仮定すると，オフィス・ビルを通じてAの事業のいかなる部分も行われないので，Bの事業はAの事業の一部となるか又は補完的であるとはいえない。両社は，別の産業において別々の営業又は事業に従事しているので，二つの運営の間に経済的依存関係はない。

事例5

Aは，米国の居住者である法人であり，米国その他の国で花を生産して販売している。Aは，日本の居住者である法人Bの全株式を所有している。Bは，持株会社で，営業又は事業に従事しない。Bは，日本の居住者である法人3社X，Y及びZの全株式を所有する。Xは，日本でAの花をAの商標で配給し，Yは，日本で一連の芝生ケア製品をAの商標で販売し，X及びYの製品は同じ店舗で販売され，各社の製品の販売は他社の製品の販売促進に繋がっている。Zは，米国から魚を輸入し，日本で魚の卸商に配給している。Xの事業は，Aの事業の一部となり，Yの事業はAの事業にとって補完的であり，Zの事業は，Aの事業の一部でなく，また，Aの事業にとって補完的でない。

(2) 追加条件

　一方の締約国の居住者が他方の締約国内における営業もしくは事業の活動から所得を取得する場合又は当該居住者と9条（特殊関連企業）の関係を有する者から他方の締約国内において生ずる所得を取得する場合，当該居住者が当該一方の締約国内において行う営業又は事業の活動が，当該居住者又は当該関係を有する者が当該他方の締約国内において行う営業又は事業の活動との関係において実質的なものでなければ，当該所得について22条2(a)に規定する条件を満たすことにはならない。この22条2(b)の規定の適用上，営業又は事業の活動が実質的なものであるか否かは，すべての事実及び状況に基づいて判断される(22条2(b))。

　この判断において，各締約国における営業又は事業の規模（資産価値，所得及び賃金等で測定する），活動の性格及び貢献度なども，考慮に入れることになる。この実質要件の意図は，法人が居住地国におけるデミニミスの関連事業活動（法人事業にほとんど経済的コスト又は経済的効果を及ぼさない活動）に従事することによって条約の特典を受けようとするトリーティ・ショッピングを防止することである。この実質基準を関連会社からの所得のみに限定して適用することは，条約の濫用の可能性がある場合に焦点を絞り，濫用的な活動以外の活動を阻害しないようにすることである。

　この点について，米国財務省専門的説明書は，次の事例を上げている。

事　例

　小規模の米国の研究所が日本の大規模の非関連製造会社にライセンスを与える生産工程を開発する場合，米国研究所の規模は，日本製造会社の規模に比してテストすることは不必要である。また，小規模の米国銀行が大規模な非関連の日本企業に貸付を行う場合，条約の特典を受けるために実質要件を課すことは不必要である。

　議定書12は，ある者が一方の締約国において営業又は事業の活動に従事しているか否かを決定するに当たって，その者が組合員である組合が行う活動及び

その者に関連する者が行う活動は，その者が行うものとみなす。一方の者が他方の者の受益に関する持分の50％以上（法人の場合には当該法人の株式の議決権及び価値の50％以上）を所有する場合又は第三者がそれぞれの者の受益に関する持分の50％以上（法人の場合には，当該法人の株式の議決権及び価値の50％以上）を直接又は間接に所有する場合には，一方の者は他方の者に関連を有するものとする。

5　権限のある当局による認定

新条約は，適格居住者基準（22条1）及び能動的事業活動基準（22条2）の両方に該当しない場合においても，権限のある当局が個別に認定して，条約の特典を受ける資格を与えることを認めた。22条4は，一方の締約国の居住者は，22条1(a)～(f)に掲げる者のいずれにも該当せず，かつ，22条2の規定に基づきある所得についてこの条約の特典を受ける権利を有する場合に該当しないときにおいても，この条約により認められる特典についての要求を受ける締約国の権限のある当局が，当該締約国の法令又は行政上の慣行に従って，当該居住者の設立，取得又は維持及びその業務の遂行がこの条約の特典を受けることをその主たる目的の一つとするものでないと認定するときは，この条約の特典を受けることができる。

権限のある当局は，条約の特典のすべてを与えることもできるし，一定の特典だけを与えることもできる。また，一定の期間だけ特典を認めることもできる。この意味ではこの規定は特典制限条項というよりは特典付与条項というべき規定である。米国では，権限のある当局による認定を受けるため，納税者は事実に基づきアドバンス・デタミネーションを求め，権限のある当局に事案を提出することができる。日本においては，平成16年に改正された租税条約実施特例法6条の2に次の規定を置いている。

① 国内源泉所得を有し又は有することとなる相手国居住者等は，国税庁長官から当該国内源泉所得ごとに租税条約の規定であって政令で定めるもの

の認定を受けることができる。

② 認定を受けようとする者は，氏名又は名称及び住所，認定を受けることができるとする理由その他の財務省令で定める事項を記載した申請書に財務省令で定める書類を添付して，国税庁長官に提出しなければならない。

③ 国税庁長官は，申請書の提出があった場合において，その申請につき認定をしたとき又は認定をしないことを決定したときは，当該申請書を提出した者に対し書面によりその旨を通知しなければならない。

④ 国税庁長官は，認定を受けた者について，第2項に規定する理由がなくなったと認める場合その他の政令で定める場合には，その認定を取り消すことができる。

⑤ 国税庁の当該職員は，認定又は認定の取消に関し必要な調査をすることができる。

⑥ 国税庁長官は，認定を取り消した場合には，当該認定を取り消した者に対し，書面によりその旨を通知しなければならない。

⑦ 認定を受けた者は，申請書又は添付書類の記載事項に変更があった場合には，遅滞なく，財務省令に定めるところによりその変更の内容その他の財務省令で定める事項を記載した書類を国税庁長官に提出しなければならない。

⑧ 国税庁長官は，認定をした場合には，財務省令で定めるところにより，認定を受けた者の氏名又は名称その他の財務省令で定める事項を公示するものとする。公示した事項につき変更があったとき又は認定を取り消したときについても，同様とする。

第4　導管取引を利用した濫用の防止規定

　新条約では，投資所得について相互主義に基づく画期的な源泉地国課税の排除又は軽減を行う反面，日米両国以外の国の居住者が日米租税条約の特典を享受しないよう条約濫用を防止する規定を整備した。新条約の濫用防止規定は，上記第3の包括的な特典制限条項による人的制限規定（事業体ベースの制限規定）と特定の導管取引の制限規定（取引ベースの制限規定）から成る。米国では，国内法において導管取引による各種の租税回避に対する対抗措置が立法化されているが，日本では，個別的否認規定の整備が遅れている。新条約では，日本の要請により，配当，利子，使用料及び明示なき所得の各条項において導管取引による利得に対して特典を与えないとする規定を置いている。

図2－7　濫用防止規定（イメージ）

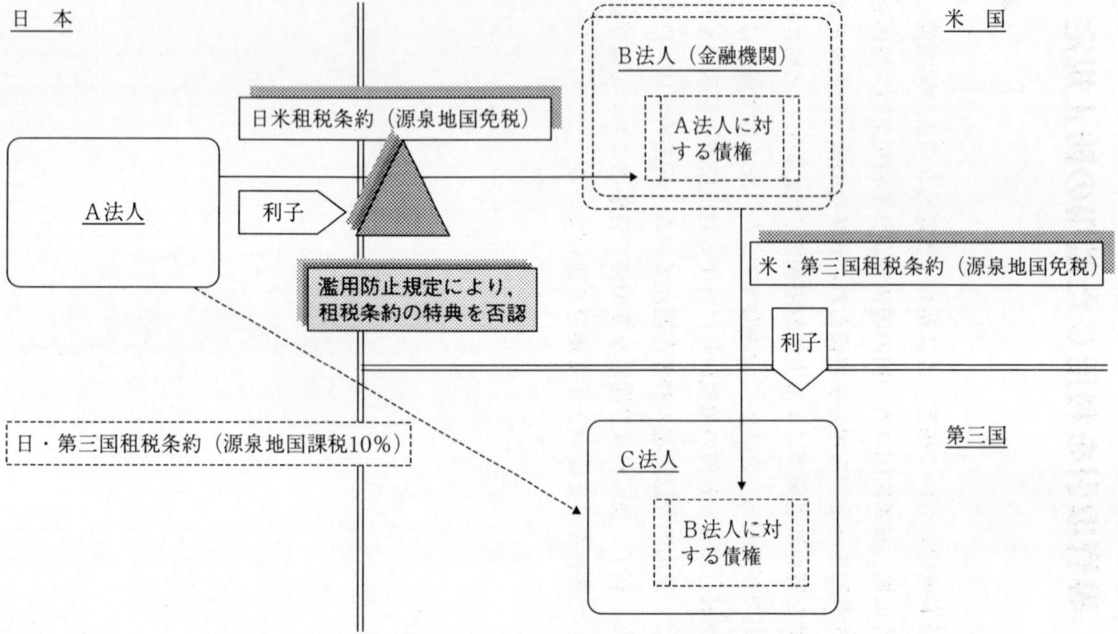

政府税制調査会資料（平成15年11月14日総3－3）

第2章 日米租税条約の重点

1 導管取引による優先株式[74]等に係る配当

　一方の締約国の居住者が優先株式その他これに類する持分(優先株式等という)に関して他方の締約国の居住者から配当の支払を受ける場合において、次の(a)及び(b)に該当する者が当該優先株式等と同等の当該一方の締約国の居住者の優先株式等を有していないとしたならば、当該一方の締約国の居住者が当該配当の支払の基因となる優先株式等の発行を受け又はこれを所有することはなかったであろうと認められるときは、当該一方の締約国の居住者は、当該配当の受益者とはされない（10条11）。

> (a) 他方の締約国の居住者が支払う配当に関し、一方の締約国の居住者に対してこの条約により認められる特典と同等の又はそのような特典よりも有利な特典を受ける権利を有しないこと
> (b) いずれの締約国の居住者でもないこと

　この規定は、一方の締約国の居住者が一定のバック・トゥ・バック優先株式アレンジメントにおける優先株式については配当の受益者とされないことを定める。この導管取引防止規定は、米国のＩＲＣ7701(l)に基づき定められた財務省規則1.881-3その他の規則を含む米国の国内法に規定された類似の防止規定に比べれば著しく狭い。このように制限された導管取引防止規定は米国モデル条約に含まれていない。米国財務省専門的説明書によれば、この規定は、日本が一定の状況の下で第三国居住者が不当にこの条約の特典を享受することを阻止できるようにしたいという日本側の要請で含めることになったということである。日本側としては、22条の事業体ベースのトリーティ・ショッピング防止規定を補完するために、このような取引ベースの濫用防止規定が必要である。これに対し、米国の国内法には、個別的否認規定や事業目的原則など多数の濫用防止原則があるので、条約の個別条項に制限された導管取引防止規定を挿入することが逆に条約の他の条項や他の租税条約における米国国内法の濫用防止

規定の適用についてマイナス効果がないかという懸念[75]があったが，そのような意図がないことを明確にしている。

米国財務省専門的説明書は，次の事例を上げている。

> **事例**
> (1) 米国居住者Aは，日本法人Xの優先株式を所有している。この優先株式によってAはXの収益を限度として毎年10xの配当を受けることができる。日本と租税条約を締結していない第三国の居住者Bは，Aの優先株式を所有している。Aの優先株式によってBはAの収益を限度として毎年10xの配当を受けることができ，さもなければ，Aが所有するXの優先株式の条件に相当する条件を与えられる。BがAの優先株式を有していなかったならば，AはXの優先株式を取得しなかったであろう。Xは15xの収益を有し，Aに10xの配当を支払う。AはBに10xの配当を支払う。この事例において，AはXからの配当の受益者と考えられず，Xからの配当について条約の特典を受けることはできない。
> (2) 事実関係は上記(1)と同じであるが，BはAの優先株式を所有する代わりに，Aに対する債権を保有し，これによってBは毎年10xの利子を受け取る。AはBに10xの利子を支払う。この場合，Xからの配当について，10条11はAに対する条約の特典を与えることを否定できない。

優秀な頭脳をもつタックス・プランナーにとっては，このような導管取引防止規定は米国が懸念するように余りにも単純で幼稚な例を掲げているようにみえるであろう。

条約交渉担当者が指摘するように，この規定は「受領者」が条約の特典を享受すべき「受益者」に該当しない場合の典型例を示しているにすぎず，仮に優先株式等を一切用いずに仕組まれた取引であるから条約の特典を受けることができると解釈すべきではない。受領者の状況を個別に考察して受益者と認めるべきかどうかを問題にする趣旨であり，受領者に経済的利益が帰属しないと認められる場合には条約の特典は与えられないのである。

2　導管取引による利子

　一方の締約国の居住者がある債権に関して他方の締約国の居住者から利子の支払を受ける場合において，次の(a)及び(b)に該当する者が当該債権と同等の債権を当該一方の締約国の居住者に対して有していないとしたならば，当該一方の締約国の居住者が当該利子の支払の基因となる債権を取得することはなかったであろうと認められるときは，当該一方の締約国の居住者は，当該利子の受益者とはされない（11条11）。

> (a)　他方の締約国内において生ずる利子に関し，一方の締約国の居住者に対してこの条約により認められる特典と同等の又はそのような特典よりも有利な特典を受ける権利を有しないこと
> (b)　いずれの締約国の居住者でもないこと

　一方の締約国の居住者は，一定のバック・トゥ・バック・ローン・アレンジメント[76]において利子の受益者とされない。この制限された導管取引防止規定とその米国国内法との関係については，上記1の説明を参照されたい。

　米国財務省専門的説明書は，次の事例を上げている。

> **事　例**
>
> (1)　米国居住者Aは日本法人Xに対する債権を保有している。この債権によりAは毎年10xの利子を取得することができる。日本との租税条約を有しない第三国の居住者BはAに対する債権を保有している。この債権によりBは毎年10xの利子を取得することができ，この債権の条件はAが保有する債権の条件に相当する。BがAに対する債権を保有しなかったならば，AはXに対する債権を有しなかったであろう。XはAに10xの利子を支払う。AはBに10xの利子を支払う。この場合，11条11に基づき，AはXからの利子の受益者とは考えられず，Xからの利子につい

て条約の特典を受けることはできない。
(2) 事実関係は上記(1)と同じである。Bは，Aに対する債権を保有する代わりに，Aの優先株式を保有し，この優先株式によってBはAの収益を限度として毎年10xを受け取ることができる。AはBに10xの配当を支払う。この場合，11条11に基づきXからの利子についてAが条約の特典を受けることを否定することはできない。

この規定の趣旨は，受領者に経済的利益が帰属しないと認められる場合には条約の特典を認めないということである。

3 導管取引による使用料

一方の締約国の居住者がある無体財産権の使用に関して他方の締約国の居住者から使用料の支払を受ける場合において，次の(a)及び(b)に該当する者が当該無体財産権と同一の無体財産権の使用に関して当該一方の締約国の居住者から使用料の支払を受けないとしたならば，当該一方の締約国の居住者が当該無体財産権の使用に関して当該他方の締約国の居住者から使用料の支払を受けることはなかったであろうと認められるときは，当該一方の締約国の居住者は，当該使用料の受益者とはされない（12条5）。

(a) 他方の締約国内において生ずる使用料に関し，一方の締約国の居住者に対してこの条約により認められる特典と同等の又はそのような特典よりも有利な特典を受ける権利を有しないこと
(b) いずれの締約国の居住者でもないこと

一方の締約国の居住者は，一定のバック・トゥ・バック使用料アレンジメントにおいて使用料の受益者とは考えられない。この制限された導管取引防止規

定と米国国内法との関係については，上記1の説明を参照されたい。

米国財務省専門的説明書は，次の事例を上げている。

> **事　例**
>
> (1)　日本と租税条約を有しない第三国の居住者Bは日本の特許権のライセンス[77]をAに与える。Aは同じ日本の特許権に係る権利のすべてを日本法人Xにサブライセンスする。Xは，サブライセンスについてAに100xの使用料を支払い，AはライセンスについてBに99xの使用料を支払う。AはBに日本の特許権に係る使用料を支払わなかったならば使用料の100xはAに支払われなかったであろう。12条5に基づき，AはXからの使用料の受益者とみなされない。
>
> (2)　事実関係は上記(1)と同じであるが，BはAに対する債権を保有する。この債権によってBはAの収益を限度として毎年99xを受けることができる。AはBに99xの利子を支払う。12条5は，Xからの使用料についてAに条約の特典を与えることを否定するために適用されない。

この規定の趣旨は，受領者に経済的利益が帰属しないと認められる場合には条約の特典を認めないということである。

4　導管取引による明示なき所得

一方の締約国の居住者がある権利又は財産に関して他方の締約国の居住者からその他の所得（明示なき所得）の支払を受ける場合において，次の(a)及び(b)に該当する者が当該権利又は財産と同一の権利又は財産に関して当該一方の締約国の居住者からその他の所得の支払を受けないとしたならば，当該一方の締約国の居住者が当該権利又は財産に関して当該他方の締約国の居住者からその他の所得の支払を受けることはなかったであろうと認められるときは，当該一方の締約国の居住者は，当該その他の所得の受益者とされない（21条4）。

> (a) 他方の締約国内において生ずるその他の所得に関し，一方の締約国の居住者に対してこの条約により認められる特典と同等の又はそのような特典よりも有利な特典を受ける権利を有しないこと
> (b) いずれの締約国の居住者でもないこと

　一方の締約国の居住者は，一定のバック・トゥ・バック・アレンジメントにおいて明示なき所得の受益者と考えられない。

　この規定の趣旨は，受領者に経済的利益が帰属しないと認められる場合には条約の特典を認めないということである。

第2章 日米租税条約の重点

第5　多様な事業体の課税上の取扱い

　一般に，国際課税にはアウトバウンド課税とインバウンド課税の二側面がある。現在，日本の所得税制では納税義務者を個人と法人に二分し，そのそれぞれを居住者・内国法人と非居住者・外国法人に二分している。人格のない社団等[78]は，みなし法人として取り扱われるが，それ以外の非法人である事業体（an entity）の課税上の取扱いについては，明確な包括税制が確立されるに至っていない。租税条約のない状態では，インバウンド課税において日本で組織された非法人も，外国で組織された非法人[79]も，別段の定めがない場合，団体課税を行うことはできず，やむを得ず構成員課税を行うことになるが，構成員課税の実効性を担保するため構成員に申告義務を課するだけでなく，その非法人にその構成員及び所得等に関する情報申告義務を課するなど所要の措置を講じる必要がある。アウトバウンド課税において日本で組織された非法人が外国で団体課税を受けるか，構成員課税を受けるか，相手国税制によって外国における課税上の取扱いが異なる。外国税の救済について，非法人に係る外国税額控除制度のあり方について筋を通す必要がある。日本における多様な外国事業体の課税上の取扱いについて，設立地の外国法，実質管理支配地又は本拠地の外国法により類型化した上で，当該外国の課税上の取扱い（納税者の選択を含む）を尊重するか，あるいは源泉地国である日本の税制のみによって外国事業体の課税上の取扱いを決定するか，その基本ルールを決める必要がある。また，日本においても，法人格を付与して法的形態としては納税義務者とするが，不動産や不良債権の証券化・資産流動化，証券投資の促進のため，資産流動型及び資産運用型の集団投資媒体として導入された特定目的会社[80]（Special Purpose Company：ＳＰＣ）又は投資法人[81]についてはその利益の大部分を構成員に配当し，支払配当に充てた金額を損金算入して課税対象から除外すること（ペイス

ルー）を認める導管型法人が存在している。米国には，日本の導管型法人の模型ともいうべき規制投資会社（Regulated Investment Company：ＲＩＣ），不動産投資信託（Real Estate Investment Trust：ＲＥＩＴ），不動産モーゲージ投資導管（Real Estate Mortgage Investment Conduit：ＲＥＭＩＣ）などが存在している。まだ，日本には存在しない類型の法人としては，米国のＳ法人[82]（S corporation）がある。これは，通常のＣ法人（C corporation）のうち一定の要件の下で全株主の同意によりＳ法人になることを選択したものであり，団体課税でなく，構成員課税を受けるものである。米国には州法により設立される有限責任会社（Limited Liability Company：ＬＬＣ）が存在する。ＬＬＣは，連邦税法上社団として取り扱われること（to be treated as an association）を選択する場合には団体課税を受けるが，特にそのような選択をしない場合にはパートナーシップとして構成員課税を受ける。日本では米国ＬＬＣは現在の実務上法人として取り扱うこととしているが，日本においても，平成17年会社法の現代化[83]改正において日本型ＬＬＣという合同会社[84]，投資事業有限責任組合契約法の改正において日本型ＬＬＰという有限責任事業組合[85]の導入が検討されている。有限責任事業組合は現行組合税制と同様に構成員課税とする可能性があるが，合同会社は米国ＬＬＣを法人であるとする論理の延長線上で整合性を求めるならば，米国のチェック・ザ・ボックス規則[86]のように「納税者の選択」を認めない限り，構成員課税とすることは困難である。しかし，日本において経済・産業・国際金融などの領域で新しい事業体として，「有限責任」と「構成員課税」を兼備する法的主体（legal entity）を求める潮流の中で，「租税回避防止」と「国際標準との調和」という観点からも優れた制度を確立する必要がある。現行の組合税制は，法令でなく，国税庁通達[87]によって運用されているが，米国のパートナーシップ税制のような精緻なルールが存在しないため，無用の議論が横行している。現行通達では構成員課税におけるパススルーについて①利益・損失分配方式（純額方式），②収入・費用分配方式（中間方式），③収入支出・資産負債分配方式（総額方式）の３方式の選択を認めている。このため，組合員が損金計上の加速化等により節税を図るスキームをめぐる議論が発生している。米国は

歴史的にノンリコース・ローン[88]に対するアットリスク・ルール[89]やパッシブ・ロス・リミテーション[90]など多様な租税回避に対する包括的否認規定や個別的否認規定を立法化して対抗措置[91]を講じてきた。日本においても，組合税制の立法化と個別的否認規定の整備が急務であろう。さらに，法人であることが即ち団体課税を意味すると割り切らず，米国のS法人のようにパススルー課税を考慮できないのか，米国LLCのように選択によりパススルー課税を行うことはできないのか，法人格のない多様な事業体だけでなく，法人格を有する事業体のパススルー課税，ペイスルー課税など課税類型の多様化と国際的調和を図る努力が必要である。

1　日本における多様な事業体に対する源泉地国課税

日米の多様な事業体が，日本又は米国で所得を取得するために，日本居住者，米国居住者又は第三国居住者によって利用される。日本又は米国が源泉地国として外国事業体の国内源泉所得に対し団体課税を行うか，構成員課税を行うか，そのルールを明らかにしなければならない。

(1)　国内法のルールと租税条約のルール

日本の現在の税制では，納税義務者は個人と法人に限られる。法的主体（legal entity）のうち「個人以外の者」には法人（団体課税）と法人以外の団体（構成員課税）が含まれる。「法人以外の団体」には組合，信託財産が含まれる。団体のこのような分類は，日本で組織された団体だけでなく，外国で組織された団体についても同様に行われる。

日本が国内で発生した所得に対し課税する場合，その所得を稼得する外国の法的主体に団体課税を行うか，又は構成員課税を行うかという問題について，特別な明文規定がないため議論の余地はあるが，実務上の取扱いとしては個別の法的主体ごとに決定してきた。米国LLCについては，連邦税法ではその選択により法人（団体課税）として取り扱われることもあれば，そのような選択を

しないときはパートナーシップ（構成員課税）として取り扱われるが，日本は組織された米国の分類を尊重するのでなく，原則として米国ＬＬＣは法人（団体課税）として取り扱うこととした（平成13年6月25日国税庁情報「米国ＬＬＣに係る税務上の取扱い」）[92]。このように両国で課税上の取扱いが異なる外国の法的主体が，その設立地国，居住地国及び源泉地国の国内法ルールによって課税される場合，国際的二重課税又は国際的不課税が発生する。このような状況に対応するため，新条約は，日米が源泉地国として日米及び第三国の多様な事業体を通じて取得された所得に対しどのようなルールで条約の特典を付与するかを明記した（4条6）。

(2) 米国の各種の法的主体

米国の法的主体は，個人，法人（普通法人及びＳ法人），パートナーシップ，信託財産及び遺産財団に大別される。

① 法　　人

典型的な法人である株式会社は，各州会社法に基づいて設立される。株式会社は，その所有者である株主から分離した独立の法人格を有する法的主体であり，その特徴は一般に（ⅰ）所有と経営の分離の原則と（ⅱ）株主有限責任原則であるといわれるが，法人税の課税根拠については伝統的な法人実在説と法人擬制説との対立[93]など論議の余地はあるが，税法上「団体課税」を受けることも特徴の一つである。しかし，株主の観点からみれば，法人の利益に対し法人段階で課される法人所得税と法人の利益の分配である配当に対し株主段階で課される個人所得税は二段階課税といわれ，経済的二重課税を受けることになる。各州会社法に基づいて設立される法人は，普通法人（regular corporation）と小事業法人（small business corporation）に大別され，連邦税法上，普通法人はＣ法人（Subchapter C corporation）といい，小事業法人はＳ法人（Subchapter S corporation）という。法人は団体課税を受けるため二段階課税を生じ，パートナーシップは構成員課税を受けるため一段階課税になっているので，事業活動を行う法形態の選択によって生ずる税負担の相

違を少なくするために，S法人制度が作られた。S法人の特徴は，法人格を有するが法人所得税を課されない法的主体であるということである。S法人は，会社法上所有と経営の分離，株主有限責任，対外信用力などについては普通法人（株式会社）と差異はないが，株主全員の同意により，団体課税の組織を構成員課税の組織に変更し，二段課税を一段階課税に変更するために利用できる法的主体である。

② パートナーシップ（Partnership）[94]

パートナーシップは，各州パートナーシップ法によって組成される法的主体（legal entity）である。各州で採用される統一パートナーシップ法6条では，パートナーシップは「二以上の者が共有する営利目的で事業を行うための団体」であると定義している。IRC761(a)は，パートナーシップには「シンジケート，グループ，プール，ジョイントベンチャーその他の法人格のない団体で，これを通じて又はこれを用いて事業，金融活動又はベンチャーを行うもの（法人，信託財産及び遺産財団を除く）」が含まれると定義している。パートナーシップの特徴としては，法人の特徴と比較すると，所有と経営の一致，パートナーの原則無限責任及び組織の柔軟性を上げることができるが，パートナーシップの本質については，法人の本質について法人実在説と法人擬制説の対立があるように，独立主体説と集合体説の対立がある。米国のパートナーシップ税制においては，パートナーシップは個々のパートナーの集合体であるという集合体説に立ち，パススルー課税（構成員課税）を行うことを基本とするが，内部取引（パートナーとパートナーシップとの取引及びパートナー間の取引）並びにパートナーシップ持分の譲渡については独立主体説，設立や清算に関する税務についてはその両説を組み合わせて租税回避防止[95]を図っている。

米国のパートナーシップは，（ⅰ）ゼネラル・パートナーシップと（ⅱ）リミテッド・パートナーシップに大別される。基本形態は，ゼネラル・パートナーシップ（パートナー全員が共同で経営を行い，無限責任を負うゼネラル・パートナーであるもの）が，所有と経営の分離及び有限責任の組織を求める経済界

のニーズに合うものとして，リミテッド・パートナーシップ（1名以上のゼネラル・パートナー（経営を行い無限責任を負うパートナー）と1名以上のリミテッド・パートナー（原則として経営に参加せず有限責任を負うパートナー）から構成されるもので，各州のリミテッド・パートナーシップ法に基づいて設立され，州政府に登録されるもの）が存在する。

日本の任意組合はゼネラル・パートナーシップに，匿名組合はリミテッド・パートナーシップに，それぞれ類似した法的主体であるとみられている。リミテッド・パートナーシップは，「法人格がないこと」（団体課税を受けないこと），「所有と経営の分離」及び「有限責任原則」のすべてを満たす法的主体であるといえる。

③　有限責任会社（limited Liability Company：ＬＬＣ）

有限責任会社（ＬＬＣ）は，各州の有限責任法に基づいて設立される。ＬＬＣは，州法では法人格を有するが，連邦法ではチェック・ザ・ボックス規則により，法人として課税されることを選択する場合には団体課税を受けるが，そのような選択をしない場合にはパートナーシップとして構成員課税を受けることができる法的主体である。ＬＬＣの特徴は，選択により，法人の特徴とパートナーシップの特徴を利用できることである。

④　信　　託（Trust）

信託は，英米などコモンローの国で発展してきた制度である。信託は，委託者の委託を受けて受託者が受益者の利益のために信託財産を有し，管理運用し又は処分する信認関係（fiduciary relationship）である。米国では，信託は（ⅰ）単純信託（simple trust）と（ⅱ）複合信託（complex trust）に大別され，そのいずれに分類されるかは各課税年度ごとに判定される。単純信託は，毎年信託証書により利益を受益者に分配するが，当該課税年度には信託元本の分配を行わないものである。これ以外のすべての信託は，複合信託となる。信託は，原則として，個人と同様に，独立の納税主体（taxable entity）である（ＩＲＣ641）。信託の課税においては，信託が受益者に分配した利益は，信託の課税所得の計算上，分配可能純利益（distributable net income：ＤＮＩ）の範

第2章 日米租税条約の重点

囲で控除することができる（IRC651, 661）。受益者は，分配を受けた額をDNIの範囲でその総所得に算入する（IRC652,662）。信託は，S法人やパートナーシップと異なり納税主体となるが，受益者が経済的二重課税を受けないように一段階課税となるペイスルーの導管型事業体として機能する。

　米国の税法では，信託を設定した委託者が設定後も信託財産又は収益に対して支配権を保留する場合には信託制度を利用して所得分割を行う租税回避を防止するため実質的に信託を否認する委託者信託（grantor trust）制度を創設した。このような場合には，信託の所得は委託者の所得として取り扱われる（IRC671）。委託者信託としては，（ⅰ）取消可能信託（revocable trust）（委託者が信託を取り消す権利を留保する信託），（ⅱ）クリフォード信託（Clifford trust）（委託者が将来の復帰権を有する信託），（ⅲ）委託者が信託から資産の低廉譲渡を受ける権利，信託から低利や無担保等有利な条件で融資を受ける権利，信託財産の管理処分権を有する場合などがある。米国では，事業活動を行うためにどのような法形態の法的主体を選択するかを決めるに当たって，まず団体課税（二段階課税）を受ける団体を選ぶか，構成員課税（一段階課税）を受ける団体を選ぶかを決めなければならない。同じ事業活動を行うために，一段階課税を選好する者は，法人形態でなく，事業信託（business trust）を選択する。事業信託は，法人の株式に相当する分割された受益証券を保有する者の利益のために受託者が事業を行う信託である。事業信託[96]は，組織論としては信託の一形態であるが，1935年の連邦最高裁判決（Morrissey v. Commissioner., 296 U.S. 344, 1935）を契機として，税法上は信託の範疇から除外され，法人として課税されることになった（Reg. 301.7701-4(b)）。有価証券を主たる投資対象とする証券投資信託（mutual fund）について金融証券市場の育成のため，1940年に一定の要件を満たす証券投資信託を税法上規制投資会社（RIC）として団体課税を行うこととしたが，RICは二段階課税を避けるため株主（受益者）に対する利益の分配を課税所得の計算上控除を認めることによってペイスルーの導管型事業体とされた。

　また，不動産を投資対象とする不動産投資信託についても，1960年に一定

の要件を満たす不動産投資信託を税法上"REIT"としてRICの規定を準用することとし、一段階課税とするようペイスルーの導管型事業体とされた。1976年には事業信託だけでなく、株式会社も税法上不動産投資信託（REIT）として取り扱われることになった。

⑤ 遺産財団（Estate）

遺産財団は、被相続人の死亡後その財産を有することになる法的主体である。米国では被相続人の死亡によりその遺産は遺産財団に帰属した後にその遺産に対して権利を有する者に分配される。遺産財団は、原則として個人と同様に独立した納税主体として課税される（IRC641）。遺産財団が受益者に分配した場合、分配可能純利益（DNI）の範囲で課税所得の計算上分配した利益の額を控除することができる（IRC661）。分配を受けた受益者は、分配額をDNIの範囲でその総所得に算入する（IRC662）。このように、遺産財団は、一段階課税となるペイスルーの導管型事業体とされる。

(3) 日本の国内法における米国の多様な事業体の取扱い

上記(2)に掲げる米国の主要な法的主体について、外国事業体の取扱いに関する詳細な規定がない日本の税法で、米国の取扱いと異なる取扱いをすべきものを特定する必要がある。日米比較を行うに当たっては、細部については捨象して、団体課税か構成員課税かという点に焦点を絞ることにする。

米国の法人は、たとえペイスルーの導管型事業体であるとしても、「団体として課税を受けるべきものとされる者」(a person who is liable to tax)であるならば、支払配当又は利益の分配が団体としての所得の計算上損金として控除されることを認めることによって実際には「団体として課税されない者」(a person who is not subject to tax)となる場合や取得した利益が認容される損金の控除によって課税所得（taxable income）を生じない者となる場合も、日本としては、米国法人を二段階課税を受けるか又は導管型事業体として一段階課税を受けるかによって区別せず、団体課税を受ける法的主体として取り扱ってきた。このため、米国で法人格を有する法的主体は、S法人、RIC、REIT、LLC

などを含めて，日本では団体課税を受ける「法人」として取り扱うことになるといえる。その結果，Ｓ法人やＬＬＣ（パートナーシップとして取り扱われることを選択するもの）について，両国の課税上の取扱いは異なることになる。

パートナーシップについては，パートナーシップとして取り扱われることを選択したＬＬＣを除き，日本においても構成員課税とすることに異論はないので，両国の取扱いに齟齬は生じない。

信託及び遺産財団については，米国では独立の納税主体として団体課税を行い，その上でペイスルーの導管型事業体としての機能を与える。しかし，日本では，信託については税法上（ⅰ）本文信託，（ⅱ）但し書信託，（ⅲ）特定信託に区分して異なる取扱いを定めている。すなわち，信託は，委託者の特定財産を受託者に移転しその財産を一定の目的のために管理させこれから得た利益を受益者に受けさせ，受益者が特定していないとき又は存在していないときは将来受益者となるべき者のために積み立てる契約である（信託法1）。信託財産の所有権は委託者から受託者に移転するので，これから生じる所得は法的に受託者に帰属するが，税法ではこの所得の法的帰属を無視して経済的帰属に則して課税することを定める（所得税法13，法人税法12）。信託を法的主体として捉えると，本文信託はパススルー課税とされる。但し書信託は，一定の集団的信託については経済的帰属に即した課税対象から除外している。この但し書信託に帰せられる収入支出は受託者の収入支出とせず，但し書信託の収益は受益者に配分されたときに受益者の所得として課税される一回課税のルールが定められている。したがって，受益者に配分されない収益が受託者に留保されている限り，課税はされない。特定信託（特定目的信託と特定投資信託）は，平成12年税制改正によりその収益に法人税を課されることとされたが，収益の分配は損金として控除するペイスルーの導管型事業体とされた（租税特別措置法68の3の3，68の3の4）。

米国の信託については，単純信託や複合信託の場合，納税主体として捉えた上で一段階課税とするようペイスルーの導管型事業体とされるので，日本のパススルー型事業体の本文信託と異なる。租税回避防止制度として信託の否認と

いわれる委託者信託は，日本にまだ存在しない制度といえる。名称としては，組織論として「信託」として扱う事業信託，不動産投資信託は，通常，法人として取り扱われる。

(4) 日本源泉所得における多様な事業体に対する租税条約の適用

日本の国内源泉所得が多様な事業体を通じて取得される場合について新条約の特典を与えるか否かに関して，4条6の適用は次のようになる。両国の課税上の取扱いが異なる法的主体の例として，上記(3)の中から米国ＬＬＣ又は第三国ＬＬＣを選んで，5つのケースについて検討する。

条約4条6の規定の解釈について，事業体については「本店所在地国」でなく，「組織された国」を前提としているのであって，必ずしもその居住地国を前提にしていないこと，及びその事業体の構成員についてはその居住地国を前提にしていることに留意しなければならない。

① 米国で組織された団体で米国で構成員課税を受けるもの

米国ＬＬＣでパートナーシップとして取り扱われることを選択したものが，源泉地国である日本の税法で団体課税をするか構成員課税をするかにかかわらず，組織された国である米国の税法で構成員課税を受ける団体である場合，このような米国ＬＬＣを通じてその構成員が日本で取得した所得として取り扱われるとき，米国居住者である構成員の所得として取り扱われる部分についてのみ，この条約の特典（当該米国居住者が直接に取得したものとした場合に認められる範囲に限る）が与えられる（4条6(a)）。

米国ＬＬＣ（米国税法上パートナーシップとして構成員課税を受けることを選択しているもの）が日本に投資して配当又は利子を取得した場合，日本の実務的な取扱いでは米国におけるチェック・ザ・ボックスの選択のいかんを問わず，米国ＬＬＣは法人格を有する団体として取り扱い，団体課税を行うことになるが，日米両国の課税上の取扱いが異なることになる。新条約のこの規定がなければ，源泉地国である日本としては，米国ＬＬＣが日本国内に恒久的施設を有する場合これらの投資所得が当該恒久的施設に帰属するときは「事業

第2章　日米租税条約の重点

所得」として課税し、それ以外の場合には米国LLCが22条の特典制限条項の要件を満たすことを条件として、米国LLCを米国居住者として配当条項又は利子条項に基づき米国LLCに条約の減免を認めることができる。

しかし、米国においてはこの米国LLCはパートナーシップであって日米租税条約の特典を受けることができる米国居住者は、この米国LLCではなく、このパートナーシップを通じて日本源泉所得を取得する米国LLCの構成員である。そこで、日本では、この米国LLCが特典制限条項を満たすか否かを検討しなければならない。この米国LLCがパススルー型の構成員課税を選択した団体であるので、条約上の居住者の定義について米国税法において「課税を受けるべきものとされる者」(a person who is liable to tax) に該当するといえるか否かはきわめて疑問であり、この定義に該当しないという解釈の下では、この米国LLCは条約の特典を受けることができず、また、その構成員も条約の特典を受けることができないという結論が導かれる。

新条約は、4条6(a)において、条約上、米国LLCが団体課税をされるか、構成員課税されるかの判定は、源泉地国である日本の税法でなく、組織された国である米国の法令に基づいて行うべきものと定め、その結果、米国で構成員課税を受ける場合には、米国居住者である構成員の所得として取り扱われる部分のみについて、日本は条約の特典を与えなければならないと規定した。

② 米国で組織された団体で米国で団体課税を受けるもの

米国公開取引パートナーシップ (Publicly traded partnership) は、その90%以上が適格パッシブ所得から成るものである場合には法人として課税される (IRC7704(d), Reg.301.7704-2, 1.7704-3)。しかし、日本ではパートナーシップはたとえ公開取引パートナーシップであったとしても納税主体でなく、構成員課税を受ける。このような要件に該当する公開取引パートナーシップが源泉地国である日本の税法で団体課税をするか、構成員課税をするかにかかわらず、組織された国である米国の税法で団体課税を受ける団体である場合、このような公開取引パートナーシップを通じて日本で取得した所得で米

国の税法でこの公開取引パートナーシップの所得として取り扱われるとき，この公開取引パートナーシップが米国の居住者であり，かつ，22条の特典制限条項の要件を満たす団体である場合に限り，この条約の特典（米国居住者が取得したものとした場合に認められる特典に限る）が与えられる（4条6(b)）。

米国では適格パッシブ所得には配当，利子，不動産賃貸料，不動産譲渡益，一定の天然資源活動からの所得，資本資産（capital asset）及び所得稼得のために保有する一定の資産の譲渡益並びに商品の譲渡益が含まれる。パートナーシップは，公認の有価証券市場で取引されているか又はセコンダリーマーケットで取引される場合には公開取引されるものとされる。

日本から支払われる配当等について，新条約の免税又は限度税率は米国居住者である公開取引パートナーシップに支払われたとされる全額について適用されることになる。この公開取引パートナーシップの構成員が米国居住者のみならず，日本居住者および第三国居住者であったとしても，実際にはこれらの構成員が受益者である部分も含めて条約の特典が与えられるのである。

③　第三国で組織された団体で米国で構成員課税を受けるもの

第三国で組織された団体，例えばオーストラリア閉鎖法人（Australian proprietary company）は，日本では法人であるとの理由で団体課税を受けるが，米国ではパートナーシップとして取り扱われる。第三国で組織された団体が源泉地国である日本の税法又は組織された国である第三国の税法で団体課税をするか構成員課税をするかにかかわらず，米国の税法で構成員課税を受ける団体である場合，このような第三国の団体であるオーストラリア閉鎖法人を通じてその構成員が日本で取得した配当等について，米国居住者である構成員（この条約に別に定める要件を満たすものに限る）の所得として取り扱われる部分についてのみ，この条約の特典（当該構成員が直接に取得したものとした場合に認められる特典に限る）が与えられる。

④　第三国で組織された団体で米国で団体課税を受けるもの

フランスではジョイントベンチャーはその選択により法人税の納税義務者になることがある。米国でもジョイントベンチャーはその選択により法人と

して取り扱われる。

しかし，日本ではジョイントベンチャーは法的主体でなくその構成員の集合体（not as an entity but rather as an aggregate of its owners）として取り扱われる。

第三国で組織された団体，例えばフランスのジョイントベンチャーでその選択によりフランスや米国で法人として取り扱われるものが，源泉地国である日本で団体課税を受けるか構成員課税を受けるかにかかわらず，米国の税法で団体課税を受けることになる場合，たとえその構成員の中に米国居住者が含まれているとしても，この条約の特典は与えられない。

⑤　日本で組織された団体で米国で団体課税を受けるもの

日本で組織された団体，例えば有限会社は日本で法人として団体課税されるが，米国ではともに営利目的で営業又は事業を行い構成員（株主又はパートナー）を有する法人とパートナーシップの分類基準として1997年前のキントナー原則[97]の下ではIRSの定めた六つの法人の特性のうち，次の4要素（組織の負債・義務に関する有限責任，存続性，経営の集中，持分譲渡の自由）の3要素を満たす団体を法人として課税することとしていた当時，日本の有限会社はその要件を満たさないものとして法人でなくパートナーシップとして扱われることがあった。1997年のチェック・ザ・ボックス原則では，選択の余地なく法人とされる団体（mandatory corporations）を除くすべての団体（any organization other than mandatory corporations）が適格団体（eligible entity）として法人として課税されるか，パートナーシップとして課税されるかを選択することができることになった。日本の有限会社は，米国居住者である構成員が米国で直接課税を受けないように団体課税を選択することができる。

その場合，米国で団体課税を受ける団体として，日本で有限会社を通じて取得する所得について，この条約の特典は与えられない。

2 米国源泉所得における多様な事業体に対する租税条約の適用

米国の国内源泉所得について，米国が多様な事業体に対して新条約の特典を与えるか否かに関して，4条6の適用は次のようになる。

① 日本で組織された団体で日本で構成員課税を受けるもの

日本で設定された信託は，日本の税法では（ⅰ）本文信託，（ⅱ）但し書信託，（ⅲ）特定信託に区分され，本文信託は原則として受益者課税（パススルー課税），但し書信託は原則として受益者課税であるが現実に分配を受け取る時点で課税，（ⅲ）特定信託は受託者課税を受けることとされている。米国では信託は原則として納税主体（taxable entity）とされる。信託は，「分配可能純所得」（distributable net income：ＤＮＩ）を限度として受益者に対する分配を控除することができるので，ペイスルーの導管型事業体と考えられる。新条約では，米国の税法を考慮に入れ，信託財産を条約上の「者」（person）に含まれるものと明記した。米国の信託については実質的には導管として機能しているが，納税主体とされているため，条約上の「者」であり，米国で課税を受けるべきものとされる者(a person who is liable to tax)であるので「居住者」（resident）とされるが，日本の信託は本来「者」に該当するのか，該当するとしても「居住者」に該当するか否かは問題のあるところである。但し書信託は，分配されない間は課税されない点に着目して利用されるので，ここでの事例として取り上げる。日本で設定された但し書信託を通じて米国源泉所得を取得する場合，米国の税法で団体課税とするか構成員課税とするかを問わず，日本居住者である構成員の所得として取り扱われる部分についてのみこの条約の特典を与えられる。

② 日本で組織された団体で日本の税法で団体課税を受けるもの

日本の有限会社[98]は，有限会社法に基づいて組織される法人であるが，米国では法人として課税を受けるかパートナーシップとして課税を受けるかを選択することができる適格団体（eligible entity）とされる。このため，両国で

課税上の取扱いが異なる場合が生じる。しかし，源泉地国である米国の税法で団体課税とするか構成員課税とするかを問わず，有限会社が日本居住者であり，かつ，この条約に別に定める要件を満たす場合にのみ，この条約の特典（日本居住者が取得したものとした場合に認められる特典に限る）を与えられる。この有限会社の構成員が日本居住者，米国居住者又は第三国居住者であっても，有限会社の段階で米国源泉所得についてこの条約の特典を受けることができる。

③ 第三国で組織された団体で日本で構成員課税を受けるもの

ベルギーの持分有限パートナーシップ（limited partnership with shares）は，1人以上の無限責任パートナーが組織の経営に当たりその持分（shares）保有者の責任はその出資に限定され，法人格を有する。日本は，源泉地国としては組織された国の税法上法人として取り扱われないことを選択した米国ＬＬＣを法人格を有することを根拠に法人として取り扱う考えを有するが，外国法で法人格を与えられている団体が実質的にはパートナーシップであっても，日本では法人として扱うのか，その実体に応じてパートナーシップとして扱うのか，現行税法では外国事業体の課税上の取扱いについて不明瞭な部分がある。第三国で組織された公開取引パートナーシップは，日本では構成員課税を受けるが，米国では一定の要件の下で法人として団体課税を受ける。第三国で組織された公開取引パートナーシップを通じて米国源泉所得を取得する場合，米国又は第三国の税法で団体課税とするか，構成員課税とするかを問わず，日本居住者である構成員の所得として取り扱われる部分についてのみ，この条約の特典（当該構成員が直接に取得したものとした場合に認められる特典に限る）を与えられる。

④ 第三国で組織された団体で日本で団体課税を受けるもの

オーストラリア閉鎖法人（Australian proprietary company）は，法人という団体であるため日本では法人として団体課税を受けるが，米国ではパートナーシップとして構成員課税を受けることを選択することができる。オーストラリア閉鎖法人を通じて米国源泉所得を取得する場合，米国でこの条約の

特典を受けられない。
⑤　米国で組織された団体で日本で団体課税を受けるもの
　米国LLCは，米国では適格団体（eligible entity）としてパートナーシップとして取り扱われることを選択することができるが，日本ではこれを法人として取り扱う。その場合，米国LLCを通じて米国源泉所得を取得する場合，源泉地国である米国が米国LLCを団体課税するか，構成員課税するかを問わず，この条約の特典を与えられない。

第6 源泉地国課税の排除と租税回避の防止

1 新条約の目的

　日本産業の国際競争力を強化し，構造改革を推進する諸政策を実現するため，税制改正が行われている。新条約の調印に当たり，平成15年11月6日に財務省は，（ⅰ）戦略的パートナーである米国との投資交流を税制面から支援することを目的として条約改正を行ったこと，（ⅱ）新条約はOECDモデル条約を基本とし，（ⅲ）積極的に日米投資交流の促進を図るため投資所得に対する源泉地国課税を大幅に軽減するとともに，（ⅳ）条約濫用による租税回避防止規定を設けたことを公表した。このことは，政府税制調査会でも日米租税条約の趣旨は，日本と米国の緊密な経済関係を反映して積極的に投資交流の促進を図り併せて租税回避防止のための措置をとること等であることを明らかにしている。

　この点は，米国側も同様である。条約交渉担当者バーバラ・M・アンガス[99]は，新条約に関する議会証言において，（ⅰ）世界の経済大国（全世界GDPに占める割合は一位の米国は30％，二位の日本は12％）の経済関係の近代化のために米国は租税条約を手段として国際貿易及び投資の不要な障害の除去に専念したこと，（ⅱ）そのため課税権の配分に当たって源泉地国の課税権を排除又は制限することとし，（ⅲ）米国及び米国企業に最大の経済的利益を与えること，（ⅳ）相互主義で相手国の居住者に与える条約の特典を第三国居住者に利用されないようトリーティ・ショッピング防止のための包括的規定を整備したことを強調した。旧条約と比較すると，新条約の特徴は，日米両国の公式発表で強調されているとおり，①源泉地国課税の排除又は制限と②条約濫用防止等租税回避防

止規定の充実であるといえる。

2 投資所得に対する源泉地国課税の排除又は制限

　先進国間租税条約の模範としてのOECDモデル条約 (100)では，配当所得及び利子所得については課税権を居住地国と源泉地国の双方に配分した上で，源泉地国の源泉徴収税率の限度税率を定め，使用料については課税権を居住地国のみに配分している。米国の租税条約締結方針はさらに一歩を進め，1996年米国モデル条約 (101)では，配当所得については課税権を居住地国と源泉地国の双方に配分した上で源泉地国の源泉徴収税率の限度税率を定め，利子所得及び使用料については課税権を居住地国のみに配分している。

　このような米国の基本的な考えからみれば，日本が発展途上国であれば別として，世界二位の経済大国になっている日本との条約としては，旧条約の投資所得課税ルールは望ましくない状態であったことは否定できないであろう。新条約の投資所得課税ルールは，日米経済関係や投資交流の現状及び将来の状況に適合するよう旧条約のルールを抜本的に変更するものとなった。新条約の投資所得に対する課税ルールについて，変更点の検討を試みる。

3 配当所得

　一方の締約国の居住者である法人が他方の締約国の居住者に支払う配当に対しては，当該他方の締約国において租税を課することができる (10条1)。この規定は，OECDモデル条約及び米国モデル条約と同文の規定であり，株主である配当の受領者の居住地国に課税権を配分するものである。その他の源泉から居住者に支払われる配当に関しては，21条（明示なき所得）が居住地国に排他的課税権を与える。また，一方の締約国の居住者である法人が他方の締約国の居住者に支払う配当に対しては，これを支払う法人が居住者とされる締約国においても当該締約国の法令に従って租税を課することができる (10条2)。この

規定は，OECDモデル条約と同様に，配当所得について，源泉地国にも課税権を配分するものである。重要なことは，配当の受益者が他方の締約国の居住者である場合，源泉地国課税は次の制限を受けることである（10条2及び3）。

(1) 源泉地国課税の制限

源泉地国における配当総額に対する源泉徴収税の限度税率は，次のとおりである。

OECDモデル条約では，限度税率を親子会社間配当（資本の25％以上を直接に所有する法人株主）5％，一般配当15％と定め，米国モデル条約では，親子会社間配当（議決権のある株式の10％以上を直接に所有する法人株主）5％，一般配当15％と規定している。この点について，新条約は，親子会社間配当について限度税率はOECDモデル条約や米国モデル条約と同様に5％としているが，親子会社要件について持株比率は米国モデル条約と同様に10％とされ，OECDモデル条約よりも有利であるが，その所有形態については直接又は間接所有を認める点で直接所有に限定するOECDモデル条約及び米国モデル条約に比して有利である。さらに，新条約は，受益者が次の要件を満たす場合，特定親子会社間配当と認め，源泉地国課税を排除（免税）する（10条3）。一方の締約国の居住者である法人が他方の締約国の居住者に支払う配当について，特定親子会社間要件は，(a)受益者が他方の締約国の居住者であり，かつ，「配当の支払を受ける者が特定される日」をその末日とする12ヶ月の期間を通じ，配当支払法人の議決権のある株式の50％超の株式を直接に又はいずれかの締約国の一もしくは二以上の居住者を通じて間接に所有する法人株主であること，並びに(b)次のいずれかに該当するものであることとされる。

（ⅰ）　一定の公開会社及びその関連会社（22条1(c)(i)又は(ii)）
（ⅱ）　所有基準及び課税ベース浸食基準，能動的事業活動基準を満たす法人
　　　（22条1(f)(i)及び(ii)並びに22条2）
（ⅲ）　権限のある当局による認定を受けた法人

受益者の区分		限度税率
親子会社間配当	議決権のある株式の10％以上を直接又は間接に所有する法人株主	5％
	議決権のある株式の50％超を所有する法人で特典制限条項の要件を満たす法人株主及び年金基金	0％
一　般　配　当		10％
条約の適用がない配当		日本20％ 米国30％

(2) 受益者概念の導入

　旧条約では，「配当の受領者」という概念を用いるだけであったが，ＯＥＣＤモデル条約及び米国モデル条約では10条１項に規定する「居住者に支払う」という文言の意味を明確にするために10条２項において源泉地国の課税権を譲歩する要件として「居住者が配当を直接受領する」だけでなく，「配当の受益者 (beneficial owner)」であることを要件とする。ＯＥＣＤコメンタリー[102]は，受益者要件を設ける趣旨は二重課税の排除のみでなく，ほ脱と租税回避の防止であることを明記する。配当の受益者は，源泉地国の税法で配当所得が帰属すべき者 (a person to which the dividend income is attributable) である。受領者が代理人又は名義人の資格で配当の直接の受領者となっている場合に源泉地国課税の減免を認めることは，直接の受領者が居住者として適格性を有するとしても当該配当所得の所有者でないため二重課税は生じないのであり，実際に当該所得のベネフィットを受ける第三者のための導管として行動する者に条約の特典を与えることになるので，条約の趣旨に反することになる。支払者と受益者との間に代理人又は名義人などの中間介在者を介在させる場合，受益者が締約国の居住者である限り，原則として，源泉地国課税の減免を受けることができる。

　新条約は，ＯＥＣＤモデル条約及び米国モデル条約に準拠して，受益者要件を採用している。この受益者要件は，利子所得（11条）及び使用料（12条）等にも採用されている。もっとも，条約には「受益者」の定義は規定されていないので，各国の国内法において定義されることになる。パートナーシップ等の課

税上透明な事業体を通じて株式を保有する法人は，4条6の原則に従い，中間介在事業体 (intermediate entity) が保有する株式の比例的持分を保有しているものとされる。したがって，課税上透明な事業体を通じて株式を保有する法人は，一定の要件の下で源泉地国課税の減免を受けることができる。中間介在事業体の保有する株式の比例的持分が10％所有要件を満たす場合には10条2(a)の5％の特典を受けることができる。

(3) 所 有 要 件

株式の所有要件 (ownership threshold) の判定は，配当の受領者が特定される日による。日本については，配当の支払を受ける者が特定される日は，利得の分配に係る会計期間の終了の日である（交換公文4）。

(4) 米国条約ポリシーと特定親子会社要件の緩和

法人の所得計算を法人課税問題の中心に置く日本と異なり，米国は法人・株主関係を法人課税問題の中心に置き，法人を課税上独立の実体とした上で法人の形成と生活の各段階の事象に応じた課税理論を実体法として体系化してきた。法人・株主関係の中心は，法人利益の分配である。配当部分に係る法人所得の二重課税[103]はその配当決定に影響を及ぼす。高額所得者は配当課税を回避するため配当政策を抑制し内部留保を厚くし，内部留保による株価上昇を期して株式譲渡を行い，キャピタル・ゲインの低税率による税負担の減少を図る。法人の資金調達のために伝統的に借入金の課税上の有利性が認められてきたが，配当課税を免れ内部留保による資金利用の利点も同様に認識されてきた。米国では個人所得税の回避のために法人利益の内部留保と配当の抑制という典型的な濫用を阻止するために留保利益税[104] (Accumulated Earnings Tax) と同族持株会社税[105] (Personal Holding Company Tax) という罰則的課税によって法人利益の分配を促進している。配当は，法人事業の成果の分配であり，本来，収益及び利益 (earnings and profits) の存在があって可能となるものである。しかし，経済的機能をみると，配当は法人から株主への資産移転であり，そのための多

様な手段の可能性とその課税上の取扱いの差異が配当概念をめぐり種々の論議を生じてきた。

　その一として閉鎖法人の配当二重課税の回避のために試みられる仮装配当（disguised dividends）及び認定配当（constructive dividends）の問題[106]がある。法人間受取配当に係る受取配当控除や特殊関連法人における法人利益の分配に関して租税回避の問題が認識されている。

　国際取引の発展と資本フロー政策の動向は、米国の配当課税に重要な影響を与えている。米国の法人独立納税主体説に基づく二段階課税制度を維持する立場では、資本輸入国としての米国の立場から米国に企業進出する外資系米国法人が外国親会社に支払う配当に対する課税は重要な税収源であり、これを回避する形態である外国法人の米国支店が外国本店に対する利益送金に対してこれを「配当相当額」として支店利益税[107]（Branch Profits Tax）を課する必要が生じた。さらに、支店利益税を回避する課税ベースエロージョンを防止するためその補完税として支店利子税[108]（Branch-Level Interest Tax）を課税する必要が生じた。したがって、このように米国が配当の源泉地国として外国法人に支払う配当に対する課税権を確保することを重視する立場をとってきた。しかし、米国は資金需要を満たす必要から外資系企業や外国法人の米国源泉所得の米国への再投資のみならず、海外進出で外国利益を生じた米国法人や米国資本の外国子会社が米国へ資金送金することを奨励し始めた。そのためには、米国法人の外国子会社の利益を配当の形で米国に償還することが重要であり、外国の源泉地国課税を減少させできる限り全額を米国に送金させるように工夫している[109]。そのためには、相互主義を前提とする配当の源泉地国課税の排除（免税）は、米国と相手国との投資交流の均衡がとれている場合でなければ、一方的に米国の税収減となるので、相手国を選択してこの取決めを行うことにしている。このような条約締結ポリシーに基づいて配当の源泉地国免税とする相手国に値いする国として日本は米国によって選ばれたといえる。米国が配当の源泉地国免税を認めた相手国[110]は、これまでのところイギリス、オーストラリア、メキシコ及びオランダだけであり、特定親子会社要件の持株比率も80％以上として

いる。この持株比率を日本については破格の50％以上と緩和したことは，重要な意味をもつと考える。それだけに，米国の意図に反して配当の源泉地国免税が利用されないよう特典制限条項の抑制効果を高める必要があり，ＬＯＢ条項だけではトリーティ・ショッピング防止に十分といえない状況を作り出すため法人組織再編成が行われることを防止する規定を設けている（10条3(a)）。

米国財務省専門的説明書は，次の事例を上げている。

> **事例**
>
> 　Xは第三国の居住者である法人である。Xは，米国法人Aと日本法人Bの発行済議決権のある株式100％を直接所有している。Bは，消費財を製造する法人であり，AはBの製品を米国で販売する法人である。XはBにA株式のすべてを拠出する場合，AがBに支払う配当は22条2の能動的事業活動基準を満たすが，当該第三国が米国との租税条約を有しないので配当の源泉徴収税の免除を受けられないXがこの特典を受けることができることになる。このようなことを認めると，トリーティ・ショッピングを奨励することになってしまう。この種のトリーティ・ショッピングを防止するため，Aは22条2（能動的事業活動基準）を満たすだけでなく，22条1(f)（所有基準及び課税ベース浸食基準）を満たさなければならない（10条3）。Aは，その各種類の株式の50％以上を日本居住者で別に定める基準により条約の特典を受けることができるものが所有すること及びいずれの締約国の居住者でもない者に対する支払で控除できるものがAの総所得の50％未満であることという条件を満たさない限り，源泉徴収税の免除を受けることはできない。
>
> 　法人は，22条1(c)の公開取引基準を満たすか又は22条4の権限のある当局による認定を受ける場合には，源泉徴収税の免除を受けることができる。法人は，22条2の能動的事業活動基準又は22条1(f)の所有基準もしくは課税ベース浸食基準のいずれかを満たすだけでは不十分であるが，その双方を満たす場合には条約の特典を受けることができる。

> 　法人が公開取引基準又は所有基準もしくは課税ベース浸食基準及び能動的事業活動基準によって源泉地国の源泉徴収税の免除を受けることができない場合でも，22条4の権限のある当局による認定を受けることができる。源泉地国の権限のある当局は，当該法人の設立，取得又は保有及びその活動の主たる目的が条約の特典の享受でないと認定する場合には，配当に係る特典を与えることができる。

(5) 年金基金が受益者である配当

「年金基金」(pension fund) とは，次のすべての要件を満たす者をいう（3条1(m)）。

> (ⅰ)　一方の締約国の法令に基づいて組織されること
> (ⅱ)　一方の締約国において主として退職年金その他これに類する報酬（社会保障制度に基づく給付を含む）の管理又は給付のために設立され，かつ，維持されること
> (ⅲ)　(ⅱ)にいう活動に関して一方の締約国において租税を免除されること

　一方の締約国において課税を受けるべきものとされる者（a person who is liable to tax）でなければ，「一方の締約国の居住者」とされないが，「一方の締約国の法令に基づいて組織された年金基金」は一方の締約国の居住者に含まれることとされる（4条1(b)）。

　一方の締約国の居住者で別に定める要件を満たし，かつ，適格者基準（課税年度の直前の課税年度の終了の日においてその受益者，構成員又は参加者の50％を超えるものがいずれかの締約国の居住者である個人である年金基金に限る）を満たす年金基金は，この条約の特典を受けることができる（22条1(e)）。

　締約国の居住者である年金基金が受益者である配当について源泉地国課税を

免除することを定められた (10条3(b))。当該配当が年金基金が直接又は間接に事業を遂行することにより取得されたものでない場合に限る。

(6) ペイスルーの導管型法人が支払う配当

ペイスルーの導管型法人は、パススルー型事業体と区別され、原則として税法上「課税されるべきものとされる者」（a person who is liable to tax）として条約上居住者となり得るが、その課税所得の計算上支払配当控除（dividends paid deduction：ＤＰＤ）を認められ、利益の全部を支払配当に充てた場合には非課税法人と同様に所得導管として機能する法人である。ペイスルー法人が支払う配当については、親子会社間配当の減免（10条2(a), 3(a)）を適用しないこととしている（10条4）。

① 米国の規制投資会社（ＲＩＣ）又は不動産投資信託（ＲＥＩＴ）が支払う配当

米国の代表的なペイスルー型法人である規制投資会社（Regulated Investment Company：ＲＩＣ）又は不動産投資信託（Real Estate Investment Trust：ＲＥＩＴ）が支払う配当については、一般配当（ポートフォリオ配当）として取り扱われ、親子会社間配当や特定親子間配当に対する源泉地国課税の減免を認められない（10条4）。ＲＩＣの支払う配当の限度税率は、配当額の10％であるが、年金基金が受益者である配当については免税とされる。

ＲＥＩＴの支払う配当については、次のいずれかに該当する場合に限り、一般配当の限度税率（10％）及び年金基金が受益者である場合の免税が認められる。

(ⅰ) 配当の受益者がＲＥＩＴの10％以下の持分を保有する個人又はＲＥＩＴの10％以下の持分を保有する年金基金である場合

(ⅱ) 配当がＲＥＩＴの一般に取引される種類の持分に関して支払われ、かつ、配当の受益者がＲＥＩＴのいずれの種類の持分についてもその5％以下の持分を保有する者である場合

(ⅲ) 配当の受益者がＲＥＩＴの10％以下の持分を保有する者であり、かつ、

ＲＥＩＴが分散投資している場合

「分散投資」の定義については，ＲＥＩＴはその有するいずれの不動産の持分の価値も，その有する不動産の持分の全体の10％を超えない場合に分散投資しているものとされる。譲渡担保財産として取得した不動産であって受戻権が消滅したものは，不動産の持分とされない。これらの者がパートナーシップの持分を保有している場合には，これらの者は，当該パートナーシップが有する不動産の持分をこれらの者が有する当該パートナーシップの持分に応じて直接に所有するものとして取り扱う（議定書6）。

この制限規定の趣旨は，これらのペイスルーの導管型法人を利用して不当に米国税の減少を図ることを防止することである。

米国財務省専門的説明書は，次の事例を上げている。

> 事　例
>
> 日本居住者である法人で米国法人株式の分散化されたポートフォリオを保有することを望むものは，当該ポートフォリオを直接保有することができるが，その場合その受取配当の全部に対し10％の源泉徴収税を課される。この法人がＲＩＣの10％以上の持分を購入することによって同じ分散化されたポートフォリオを保有することも可能である。ＲＩＣが純粋の導管である場合には，この所有連鎖にＲＩＣを介在させることに関して米国税は課されない。10条4の特則がない場合には，ＲＩＣを通じることによって米国の源泉徴収税率の限度税率を5％に引下げ又は免税とすることが可能になる。
>
> 米国不動産を直接保有する日本居住者は，総所得に対する30％の源泉徴収税又は純所得に対する累進税率で課税される。10条4の特則がない場合には，ＲＥＩＴに不動産を保有させることによって，投資家は不動産所得（不動産所在地国課税の原則を適用される）を10条に規定する限度税率の適用により著しく米国税を減免することができる配当所得に変形させることができる。直接不動産投資とＲＥＩＴを導管とする不動産投資との間の差異

> とこれを利用する租税回避を除去するために，10条4の特則が必要である。逆にいえば，10条4によりＲＥＩＴの配当が10％の限度税率を適用される場合には，ＲＥＩＴの持分の保有はＲＥＩＴ保有不動産の直接保有とはみなされないことになる。

② 日本のペイスルーの導管型法人が支払う配当

　日本では平成10年に資産流動化法が制定され，特定目的会社の設立が認められ，金融システム改革法により証券投資信託法が改正され，証券投資法人の設立が認められた。平成12年にこれらの二法が改正され，新たに信託形態の流動化媒体として特定目的信託が導入された。特定目的会社及び投資法人はペイスルーの導管型法人であり，一定の要件の下で配当に充てた金額を損金算入して課税対象から除外することが認められる。特定目的信託及び特定投資信託（合わせて「特定信託」という）の所得は法人税の課税対象とされるが，利益の分配の額及び収益の分配の額は一定の条件の下で損金算入し，課税対象から除外することが認められる。これらのペイスルーの導管型法人を新条約では「日本国における課税所得の計算上受益者に対して支払う配当を控除することができる法人」といい，このような法人が支払う配当については，親子会社間配当の限度税率及び特定親子会社間配当の免税（10条2(a)及び3(a)）の規定を適用しないと規定している（10条5）。法人の有する資産のうち日本国内に存在する不動産により直接又は間接に構成される部分の割合が50％以下である場合は，当該配当が支払う配当については，10％の限度税率及び年金基金が受益者である場合の免税（10条2(b)及び3(b)）の規定が適用される。

　法人の有する資産のうち日本国内に存在する不動産により直接又は間接に構成される部分の割合が50％を超える場合は，当該法人が支払う配当については，次のいずれかに該当するときに限り，10％の限度税率及び年金基金が受益者である場合の免税（10条2(b)及び3(b)）の規定が適用される（10条5）。

(a) 配当の受益者が当該法人の10％以下の持分を保有する個人又は当該法人の10％以下の持分を保有する年金基金である場合
(b) 配当が当該法人の一般に取引される種類の持分に関して支払われ，かつ，当該配当の受益者が当該法人のいずれの種類の持分についてもその5％以下の持分を保有する者である場合
(c) 配当の受益者が当該法人の10％以下の持分を保有する者であり，かつ，当該法人が分散投資している場合（法人が分散投資しているか否かを決めるルールは，議定書6において定められている）

(7) 配当の定義

10条6は，この条において，「配当」とは，株式その他利得の分配を受ける権利（信用に係る債権を除く）から生ずる所得及び支払者が居住者とされる締約国の租税に関する法令上株式から生ずる所得と同様に取り扱われる所得をいうと規定する。この定義は，一般的定義条項（3条2）に従い源泉地国の税法によって決められる法人に対するエクイティ投資に係るリターンを生じるすべてのアレンジメント及び将来開発されるアレンジメントを含む広い定義である。この定義には，（ⅰ）株式その他の権利（源泉地国の税法上債権として取り扱われるものを除く）から生じる所得，（ⅱ）源泉地国の税法上株式から生ずる所得と同様に取り扱われる所得，（ⅲ）関連会社間の非独立企業取引（non-arm's length transaction）から生じるみなし配当（constructive dividend）（11条8，12条4及び21条3に規定する特則の適用を受けることがある），（ⅳ）過少資本法人の支払利子で源泉地国の税法上負債をエクイティとみなされる範囲で配当とみなされるものが，含まれる。米国では，（ⅰ）株式の売却もしくは株式償還又は組織再編成における株式の移転において米国税法上のみなし配当として取り扱われる金額，（ⅱ）米国税法上法人として課税される米国公開取引リミテッド・パートナーシップ（U.S. publicly traded limited partnership）の分配，を10条の配当に含めるが，ＬＬＣが米国税法上法人として課税される団体（an association taxable as a corporation）として分類されないことを条件として，ＬＬＣの分配は，米国では配当として分類せず，10条の適用上の配当とされない。米国の課税においてみなし配当概念は広義で使用されるが，米国法人の株式を譲渡した場合，当該米国法人のＥ＆Ｐまでの金額をみなし配当とするＩＲＣ304の適用・解釈について注意しなければならない。

　日本では，所得税法24条において配当所得の定義を設け，法人の利益の配当，剰余金の分配，基金利息並びに投資信託及び特定目的信託の収益の分配に係る所得とする。また，同法25条においてみなし配当の定義を設け，法人の株主等が一定の事由により金銭その他の資産の交付を受けた場合，その金銭の額及び金銭以外の資産の価額の合計額が当該法人の資本等の金額又は連結個別資本等の金額のうちその交付の基因となった当該法人の株式に対応する部分の金額を超えるときはその超える金額は利益の配当又は剰余金の分配とみなすこととしている。同法161条（国内源泉所得）5号においては「内国法人から受ける24条1項に規定する配当等」と規定し，25条のみなし配当を除外しているとの解釈があり得るが，25条により利益の配当又は剰余金の分配の額とみなされる結果として，24条が適用されると解すべきである。

(8) 恒久的施設に実質的な関連を有する配当

　10条7は，一方の締約国の居住者である配当の受益者が，当該配当を支払う法人が居住者とされる他方の締約国内において当該他方の締約国内にある恒久的施設を通じて事業を行う場合，当該配当の支払の基因となった株式その他の持分が当該恒久的施設と実質的な関連を有するものであるときは，10条1から10条3までの規定は適用せず，7条を適用すると規定している。すなわち，この規定は，源泉地国にある恒久的施設の事業用資産の一部を形成する持分について支払われる配当を源泉地国課税の制限規定の範囲から除外し，当該恒久的施設の所在地国の居住者に一般的に適用される税率と課税方法により純所得に対して課税することとしている。この例としては，証券業者が販売のために保有する株式又は証券から当該証券業者が取得する配当を上げることができる。

一方の締約国の企業が他方の締約国内にある恒久的施設を通じて当該他方の締約国内において事業を行っていた場合，当該企業が当該恒久的施設を通じて当該他方の締約国内において事業を行うことを止めた後，当該恒久的施設に帰せられる利得を得たとき，当該利得に対しては7条に定める原則に従って当該他方の締約国で課税される（議定書4）。

(9) 追掛け課税の禁止

OECDモデル条約10条5は，追掛け課税の禁止を規定する。しかし，米国及びカナダは，国内にある恒久的施設に帰属する法人収益に対する支店税の課税権を留保している。旧条約では，追掛け課税の禁止規定を置いていなかった。米国は，レーガン税制改革において支店利益税を導入した時，追掛け課税禁止の観点から批判を浴びたが，1996年米国モデル条約では支店利益税（10条8）の規定を設けるとともに，追掛け課税禁止（10条7）の規定を設けることとしている。したがって，米国としては，原則として追掛け課税の禁止を定め，その例外として支店利益税の規定を定めることにしているのである。新条約の規定ぶりは，このような米国モデル条約に沿ったものとなった。

一方の締約国は，他方の締約国の居住者である法人が支払う配当及び当該法人の留保所得について，これらの全部又は一部が当該一方の締約国内において生じた利得又は所得から成る場合であっても，当該配当（当該一方の締約国の居住者に支払われる配当及び配当の支払の基因となった株式その他の持分が当該一方の締約国内にある恒久的施設と実質的な関連を有するものである場合の配当を除く）に対して課税することはできず，また，当該留保所得（10条9の規定により租税を課される所得を除く）に対して課税することはできない（10条8）。一方の締約国は，外国法人が当該一方の締約国源泉の収益及び利得（E＆P）から支払う配当に対し，第二次源泉徴収税を課することを禁じられる。米国については，IRC861(a)(2)(B)に基づく米国源泉所得を有する外国法人が支払う配当に対してIRC871及び882(a)に基づいて課税することが，10条8により禁止されることになる。米国の留保収益税及び同族持株会社税は，連邦所得税として，対象税目に含ま

れる（2条）。米国は，7条により，所得が米国内の恒久的施設に帰属する範囲を除き，他方の締約国の居住者の所得に対してこれらの税を課すことはできない。

重要な点は，米国財務省専門的説明書が指摘するように，一方の締約国が他方の締約国の居住者である法人の留保収益に関し自国の居住者である株主に課税する権利を10条8によって禁止されるものではないということである。米国は，外国同族持株会社税，サブパートF [111]や米国資産に投資される収益の増加に対する租税，適格ファンドであるパッシブ外国投資会社の所得に対する租税はこの条約のこの規定によって禁止されないと考えている。

⑽ 支店利益税 （Branch Profits Tax）
① 米国の支店利益税制定の趣旨と租税条約オーバーライド

米国は，IRC882による租税に加えて，外国法人に対し当課税年度における配当相当額に30％の租税（支店利益税）を課する（IRC884）。配当相当額とは，一定の調整を行った当課税年度における外国法人の実質的関連を有する収益及び利得（E&P）である。実質的関連を有する収益及び利得とは，米国の営業又は事業の遂行に実質的関連を有する所得に帰属する収益及び利得である。支店利益税は，米国が世界有数の資本輸入国であるため，外国法人の米国進出形態が子会社（外資系米国法人）である場合には米国源泉所得に対し二段階課税（子会社段階の法人税とその配当に対する源泉徴収税）を行うことができるが，支店形態を選択する場合にはその米国源泉所得を本店に送金する場合も一段階課税（支店段階の法人税のみで配当課税を行うことができない）のみで資本輸入の中立性が進出形態の差異によって損なわれることに着眼して，課税上進出形態の差異による配当課税の回避を防止するために，導入された。米国がその法制において後法優先原則に基づき1986年の税制改正により導入された支店利益税は，1971年に締結された旧条約をオーバーライドすることになる。米国は，外国法人の居住地国たる外国と租税条約を締結し，かつ，当該外国法人が当該外国の「適格居住者」である場合には，支店利益税を免

除することができると定めていた。「適格居住者」とは，次の場合を除く外国の居住者である外国法人をいう。
（ⅰ） 当該外国法人の株式の価値の50％以上が当該外国の居住者でなく，かつ，米国市民もしくは居住外国人でない個人によって所有される場合（IRC883(c)(4)）又は
（ⅱ） 当該外国法人の所得の50％以上が当該外国の居住者でなく，かつ，米国市民もしくは米国居住者でない者に対する負債の返済のために直接もしくは間接に用いられる場合

　当該外国の居住者である外国法人は，当該外国法人の株式が公認の有価証券市場で主としてかつ通常取引されるか又は当該外国法人が当該外国で設立されその株式が同様に取引される他の外国法人によって直接もしくは間接に全部所有されている場合には，当該外国の適格居住者として取り扱われる。また，当該外国の居住者である外国法人は，当該外国法人が内国法人によって直接又は間接に全部所有され，かつ，当該内国法人の株式が公認の有価証券市場で主としてかつ通常取引される場合には，当該外国の適格居住者として取り扱われる。内国歳入庁は，任意に，一定の要件に該当すると認定する場合には，当該外国法人は当該外国の適格居住者として取り扱われる。

② 米国モデル条約の規定

　米国モデル条約も，10条8において支店利益税について次の規定を設けている。

　「一方の締約国の居住者である法人で，他方の締約国に恒久的施設を有するもの又は他方の締約国において6条（不動産所得）もしくは13条（譲渡収益）1により租税を課することができる所得に対し純所得を課税標準として租税を課されるものに対しては，この条約の他の規定により減免される租税に加えて当該他方の締約国において租税を課することができる。もっとも，このような租税は，当該法人の事業所得のうち当該恒久的施設に帰せられる部分並びに6条又は13条1により租税を課される所得のうち米国についてはこのような利得又は所得の配当相当額を表わす部分及び……については配当相当

額に類似する金額である部分のみに対して課することができる。」

米国は，この国内法ルールに基づき，租税条約締結国である日本に対し支店利益税の適用を事実上回避した。

③ 支店利益税に対する日本の対応

日本は，外国との合意は守らなければならないとする国際法に照らし，条約優先主義の立場で旧条約の諸条項を遵守するが，米国は後法優先原則により条約違反の課税ができるという相互主義に反する状況については，官民ともに不満であり，批判が多く，新条約の交渉に当たって，このような状況を発生しないように条約上措置することを要望する声が大きかった。しかし，現実の交渉においては，米国の法制として後法優先主義を否定せず，また，支店利益税についても否定せず，源泉地国課税の徹底的な排除を通じて現実に支店利益税の課税が発生しないように措置したといえる。

④ 新条約における支店利益税

新条約における支店利益税の規定は，米国モデル条約の規定に沿った内容であるが，次のいずれかに該当する法人については適用しないことを明記している。

(i) 一定の公開会社又はその関連会社（22条1(c)(i)又は(ii)）
(ii) 個人以外の者で所有基準及び課税ベース浸食基準（22条1(f)(i)及び(ii)）を満たす法人で能動的事業活動基準（22条2）を満たすもの
(iii) 権限のある当局による認定を受けたもの（22条4）

支店利益税に関し，「活動が法律上独立した団体により行われたとしたならば支払われたとみられる配当の額に相当する所得の額」は，各課税年度において当該活動から生ずる税引き後の所得の額に，支店利益税を課する締約国における当該法人の投資の額の変動を考慮に入れて調整を加えた額とする」(議定書7)。この額は，支店が分離した子会社として活動していたならば，課税年度に支払ったであろう配当の額に近似する。米国は，日本居住者である法人の事業所得で，米国の営業又は事業と実質的な関連を有するが，恒久的施設に帰属せず，6条又は13条1により米国で課税されないものに対し支

店利益税を課さないことができる。

米国財務省専門的説明書は，次の事例を上げている。

> **事 例**
>
> 日本法人が米国支店に帰属するが当該支店に再投資されない利得について支店利益税を課される場合，当該日本法人が公開取引基準を満たすか，又は所有基準及び課税ベース浸食基準の双方を満たし，かつ，能動的事業活動基準を満たす場合，支店利益税を排除するために22条9を適用することができる。逆に，日本法人がこれらの基準を満たさない場合には，権限のある当局による認定によって支店利益税を排除することを認められないときは，支店利益税を課される。

日本は，現在，支店利益税を課さないが，将来このような税を課すことになれば，このような税の課税標準は議定書7に規定する金額に制限される。

支店利益税は，10条2(a)に規定する率（直接投資の配当の限度税率5％）を超える源泉徴収税率で課税してはならない。この制限は，支店利益税の免税条件を満たさない場合にのみ適用される（10条10）。

4　利子所得

一方の締約国内において生じ，他方の締約国の居住者に支払われる利子に対しては，当該他方の締約国において租税を課することができる（11条1）。この規定は，OECDモデル条約と同文の規定であり，利子の受領者の居住地国に課税権を配分するものである。米国モデル条約では，利子の受益者の居住地国のみに排他的課税権を配分する（11条1）。

(1)　源泉地国課税の制限

源泉地国における利子総額に対する源泉徴収税の限度税率は，10％である（11条2）。OECDモデル条約の限度税率も10％と定められる。この限度税率

は，OECDモデル条約コメンタリーにおいて，合理的な最大限度の税率であるとされる。配当条項と同様に，源泉地国の課税は，利子の受益者が他方の締約国の居住者である場合に限度税率で行われる。

「受益者」については，上記3(2)（配当所得の受益者概念の導入）を参照されたい。

(2) 居住地国への排他的課税権の配分（源泉地国課税の排除）

一方の締約国内において生ずる利子で，次のいずれかの場合に該当するものについては，課税権は受益者の居住地国のみに配分され，源泉地国課税は排除される（11条3）。

> (a) 利子の受益者が，他方の締約国，当該他方の締約国の地方政府もしくは地方公共団体，当該他方の締約国の中央銀行または当該他方の締約国が全面的に所有する機関である場合

中央銀行及び締約国が全面的に所有する機関とは，次のものをいう（11条4）。
① 日本については（ⅰ）日本銀行，（ⅱ）国際協力銀行，（ⅲ）独立行政法人日本貿易保険，（ⅳ）日本が資本の全部を所有するその他の類似の機関で両締約国政府が外交上の交換公文により随時合意するもの
② 米国については，（ⅰ）連邦準備銀行，（ⅱ）合衆国輸出入銀行，（ⅲ）海外民間投資公社，（ⅳ）米国が資本の全部を所有するその他の類似の機関で両締約国政府が外交上の交換公文により随時合意するもの

> (b) 利子の受益者が，他方の締約国の居住者であって，利子が当該他方の締約国の政府，当該他方の締約国の地方政府もしくは地方公共団体，当該他方の締約国の中央銀行又は当該他方の締約国が全面的に所有する機関によって保証された債権，これらによって保険の引受が行われた債権又はこれらによる間接融資に係る債権に関して支払われる場合

> (c) 利子の受益者が，次のいずれかに該当する他方の締約国の居住者である場合
> （ⅰ） 銀行（投資銀行を含む）
> （ⅱ） 保険会社
> （ⅲ） 登録を受けた証券会社
> （ⅳ） （ⅰ）～（ⅲ）に掲げるもの以外の企業で，利子の支払が行われる課税年度の直前の3課税年度において，その負債の50％を超える部分が金融市場における債券の発行又は有利子預金から成り，かつ，その資産の50％を超える部分が当該居住者と9条1(a)又は(b)の特殊関連関係を有しない者に対する信用に係る債権から成るもの

　ノンバンク金融機関（例えば商業金融会社又は消費者信用会社）は，その借入資金の50％超を一般大衆からの借入により入手することを条件として源泉地国課税の免除の対象とされる。「債券」には，担保が付されているか否かにかかわらず，債券，コマーシャル・ペーパー及び中期債（ミディアムターム・ノート）が含まれる。私募債で転売制限の対象となるものは，金融市場で発行されたものとされない（ただし，米国1933年証券法の規則144Ａの規定又は日本の法令における類似の規定に基づき証券登録の義務が免除される募集についてはこの限りでない）（交換公文5）。この基準は，定性的基準により金融業務を行うものを金融機関等に含めるものであり，米国金融グループについて配慮して，交渉担当者の討議記録（Record of Discussions, 2004年5月19日）において「負債の50％を超える部分が金融市場における債券の発行又は有利子預金から成る企業については資産条件は財務内容の公開又は負債の発行に係るその他の規制上の目的のために作成された当該企業の連結財務諸表においてそれらの条件が満たされる場合には満たされたものとされること，すなわち，それらの条件が満たされるか否かは当該企業の資産とかかる目的のために当該企業に連結されるその子会社の資産とを連結して判断することが了解される。ただし，当該企業の負債とかかる目的のために当該企業に連結されるその子会社の負債とを連結したものの50％以上が

金融市場における債券の発行又は有利子預金以外から成る場合には適用しない。」資産基準及び負債基準は，利子が支払われる課税年度に先立つ3課税年度の各末日における企業の資産及び負債のそれぞれの平均に基づいて適用される。例えば，企業が金融市場における債券発行から1年目にその負債の30％，2年目にその負債の60％，3年目にその負債の70％を調達する場合，4年目に先立つ3課税年度にその負債の50％超を金融市場における債券発行から調達したものとされる。

> (d) 利子の受益者が，他方の締約国の居住者である年金基金であって，当該利子が当該年金基金が直接又は間接に事業を遂行することにより取得されたものでない場合
> (e) 利子の受益者が，他方の締約国の居住者であって，当該利子が当該他方の締約国の居住者により行われる信用供与による設備又は物品の販売の一環として生ずる債権に関して支払われる場合

(3) 利子の定義

11条5は，この条において「利子」とは，すべての種類の信用に係る債権（担保の有無及び債務者の利得の分配を受ける権利の有無を問わない）から生じた所得，特に，公債，債券又は社債から生じた所得（公債，債券又は社債の割増金及び賞金を含む）及びその他の所得で当該所得が生じた締約国の租税に関する法令上貸付金から生じた所得と同様に取り扱われるものをいう。10条（配当）で配当として取り扱われる所得は，この条約の適用上利子に該当しないと規定する（11条5）。

米国が利子として取り扱う金額には，（ⅰ）割引債の償還差益，（ⅱ）延払販売に係るみなし利子（ＩＲＣ483），（ⅲ）ストリップ債ルールによる利子又は発行差金（ＩＲＣ1286），（ⅳ）市場金利を下回る金利ルールにより発行差金として取り扱われる金額（ＩＲＣ7872），（ⅴ）パートナーシップの利子のうちパートナーの分配持分（ＩＲＣ702），（ⅵ）実質的には資産取得のために名目上の借手の借

入であるファイナンス・リース又は類似の契約により支払われる定期的支払の利子部分、(vii) REMICの残余持分の保有者の所得に含まれる金額（IRC 860E）及び(viii)実質的に不定期支払であるとの理由で貸付金として分類される想定元本契約（notional principal contracts）に係る利子が含まれる。

　日本では、条約上の利子は、所得税法161条4号及び6号の国内源泉所得である。割引債の償還差益は、旧条約では利子とされていなかったが、新条約では利子に含まれることになった。また、これまで、所得分類について疑義のあった品貸料などの取扱いは、議定書8において次のとおり明瞭にされた。

　「一方の締約国の居住者が支払う有価証券の貸付に関連する料金、保証料及び融資枠契約に係る手数料で他方の締約国の居住者が受益者であるものに対しては、当該他方の締約国においてのみ租税を課することができる。ただし、当該受益者が当該一方の締約国内において当該一方の締約国内にある恒久的施設を通じて事業を行う場合において、当該有価証券の貸付に関連する料金、保証料及び融資枠契約に係る手数料が当該恒久的施設に帰せられ、又は当該有価証券の貸付に関連する料金、保証料及び融資枠契約に係る手数料の支払の基因となった権利が当該恒久的施設と実質的な関連を有するものであるときは、この限りではない。」この規定により、「有価証券の貸付に関連する料金、保証料及び融資枠契約に係る手数料」は、支払者の居住地国では、原則として課税されないことが確認された。言い換えれば、金融機関が取得するこれらの利得は、利子でなく、事業所得として取り扱われることになる。

(4) 恒久的施設に実質的に関連する利子

　一方の締約国の居住者である利子の受益者が、当該利子を生じた他方の締約国内において当該他方の締約国内にある恒久的施設を通じて事業を行う場合、当該利子の支払の基因となった債権が当該恒久的施設と実質的な関連を有するものであるときは、11条1～3の規定は適用しない。この場合には、7条の規定を適用する（11条6）。

　この場合、議定書4により、一方の締約国の企業が他方の締約国内にある恒

久的施設を通じて当該他方の締約国内で事業を行っていた場合に当該企業が当該恒久的施設を通じて当該他方の締約国内で事業を行うことを止めた後，当該恒久的施設に帰せられる利得を得たときは，当該利得に対しては7条に定める原則に従って当該他方の締約国において課税することができる。恒久的施設に帰属する利子で当該恒久的施設の存在中に発生したが存在しなくなってから受け取るものは，11条でなく，なお7条に基づいて源泉地国において課税されるのである。

(5) 利子の源泉地国の決定（ソースルール）

　OECDモデル条約は，利子の源泉地国課税において債務者主義又は支払者主義を採用している。米国モデル条約は，1977年財務省モデル条約や1981年財務省モデル条約にはOECDモデル条約と同様の規定を含んでいたが，1996年米国モデル条約では利子のソースルールは削除された。旧条約では，包括的源泉規定（6条）において利子のソースルールを債務者主義又は支払者主義に基づいて規定した。

　新条約のソースルールは，次の2つの部分から成る。

① 原　　則（支払者が一方の締約国の居住者である場合）
　　利子は，その支払者が一方の締約国の居住者である場合，当該一方の締約国内において生じたものとされる（11条7本文）。
② 但 し 書（債務が恒久的施設によって負担される場合）
　　利子の支払者（いずれの締約国の居住者であるかを問わない）がその居住地国以外の国に恒久的施設を有する場合，当該利子の支払の基因となった債務が当該恒久的施設について生じ，かつ，当該利子が当該恒久的施設によって負担されるものであるときは，（ⅰ）当該恒久的施設が一方の締約国内にある場合，当該利子は当該一方の締約国内において生じたものとされ，（ⅱ）当該恒久的施設が第三国にある場合，当該利子はいずれの締約国内においても生じなかったものとされる（11条7但し書）。

第三国に所在する恒久的施設が負担する利子はこの条約の特典を受けることはできないが，当該第三国と利子の受益者の居住地国との間に租税条約がある場合にはその租税条約の特典を受けることができる。このルールの適用上，利子が恒久的施設の課税所得に配分される場合には，当該利子が当該恒久的施設によって負担されると解される。

　ＯＥＣＤモデル条約の利子のソースルール（11条5）では，利子の支払者が第三国に有する恒久的施設について当該利子の支払の基因となった債務が生じ，かつ，当該恒久的施設によって負担される場合について取扱いを明記していない[112]。そのため，ソースルールから除外された次の二つの場合についてコメンタリーは以下のように説明している。

（ⅰ）利子の受益者と支払者の双方が両締約国の居住者であるが，借入金が支払者が第三国に有する恒久的施設のために借り入れたものであり，かつ，その利子が当該恒久的施設によって負担される場合

　但し書は適用できないので，本文のみが適用され，利子は支払者の居住地国で生じたものとされ，源泉地国と受益者の居住地国の双方で課税されるため，二重課税が発生する。この二重課税は両締約国における取決めによって回避されるが，この利子が第三国に所在する恒久的施設によって負担される場合，当該第三国が源泉地国として課税するとき，両締約国との間で発生する二重課税は回避することができない。新条約は，この場合，両締約国が源泉地国としての課税権を放棄する解決策を採用した点で，ＯＥＣＤモデル条約より進歩したものとなった。

（ⅱ）支払者の居住地国と資金借入国であり利子を負担する恒久的施設が所在する第三国とが当該利子に対する課税権を主張する場合

　両国が同一の利子について源泉地国課税を主張する場合，源泉地国の競合による二重課税が発生し，受益者の居住地国の課税権と合わせて，複雑な課税関係を生ずる。

　ＯＥＣＤモデル条約は，その解決策を示していないが，新条約は支払者の居住地国の源泉地国としての課税権を放棄させることによる解決策

を採用した点で，OECDモデル条約より進歩したものとなった。

(6) 支店利子税 (Branch Level Interest Tax)

11条10は，一方の締約国が他方の締約国の居住者である法人に対し支店利子税を課することができると規定している。支店利子税は，支店利益税の補完税である。当該法人の所得のうち次の(a)又は(b)に該当する金額の計算上控除できる利子の額が，一方の締約国内にある当該法人の恒久的施設により支払われる利子の額又は一方の締約国内に存在する不動産により担保された債務に関して支払われる利子の額を超える場合には，当該超過分の額は当該一方の締約国内において生じ，かつ，当該他方の締約国の居住者が受益者である利子とみなされ，このみなし利子に対して，当該法人が当該一方の締約国において租税を免除される11条3(a)〜(e)に規定する者に該当する場合を除くほか，当該一方の締約国において，11条2の限度税率（10%）を超えない率によって租税を課することができる。

(a) 当該恒久的施設に帰せられるもの
(b) 6条又は13条1もしくは2の規定に従って当該一方の締約国において租税を課されるもの

支店利子税は，1986年税制改革法により支店利益税とともに導入された。支店利益税は，配当相当額に課されるが，配当相当額は外国法人の米国支店の税引き後利益に米国純財産増減により調整することとされ，米国における再投資により米国純財産が増加するとその増加額を税引き後所得から控除することによって減少し，米国純財産が減少するとその減少額を税引き後所得に加算することによって増加する。このシステムの目的は，①海外への利益送金を抑制し，米国における再投資を促進すること，及び②資本輸入の中立性を維持するため米国進出形態の差異による税負担の不均衡を是正することであったが，これを回避するため外国法人が支払利子の増加により課税ベース・エロージョンを利

図2-8 支店利子税（イメージ）

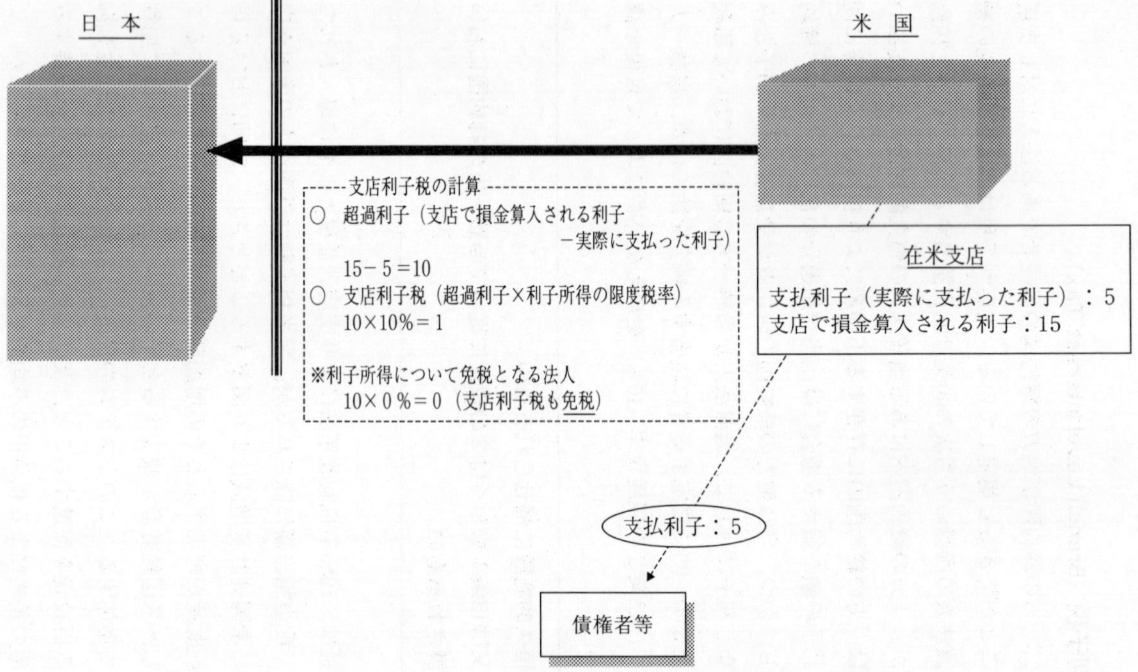

米 国

在米支店
支払利子（実際に支払った利子）：15
支店で損金算入される利子：15

債権者等 ← 支払利子：5

○ 支店利子税の計算
　超過利子（支店で損金算入される利子
　　　　　　－実際に支払った利子）
　15－5＝10
○ 支店利子税（超過利子×利子所得の限度税率）
　10×10％＝1

※利子所得について免税となる法人
　10×0％＝0（支店利子税も免税）

日 本

政府税制調査会資料（平成15年11月14日総3-3）

134

用することが予想されたので,これを抑止する措置として支店利子税が考案されたのである。租税条約オーバーライドの問題が生じ,日本企業は支店利益税については旧条約でも「無差別待遇条項」の解釈等により事実上課税されなかったが,この支店利子税を課されることに苦慮していた。条約交渉に当たって,日本産業界は日本企業に対する支店利子税の課税を排除することを要望していたが,後法優先原則により支店利子税が課されることを是認した上で,利子の源泉地国課税の排除によりその反射的効果として支店利子税も事実上免除される形で問題を解決したといえる。この点について,日本側交渉担当者は,「利子条項において受取利子について源泉地国において免税となる者(金融機関等)については支店利子税を課さないことを明記した」と述べている。

5 使用料

12条は,一方の締約国で生じ他方の締約国の居住者である受益者に支払われる使用料に対する課税ルールを規定する。日本は,OECDモデル条約において,オーストラリア,韓国,メキシコ,ニュージーランド,ポーランド,ポルトガル,スペイン及びトルコとともに,源泉地国としての課税権を留保し,旧条約でも,限度税率を10%とする源泉地国課税を規定していたが,新条約ではこの条約ポリシーを転換した。

(1) 源泉地国課税の排除(居住地国への排他的課税権の配分)

12条1は,一方の締約国内において生じ,他方の締約国の居住者が受益者である使用料に対しては,当該他方の締約国においてのみ課税することができると規定する。

これは,OECDモデル条約及び米国モデル条約に沿った規定である。日本は,全世界ベースの使用料の収支は支払超であること,OECDモデル条約でも源泉地国としての課税権を留保してきたことなどを考慮すると,新条約において非常に大きい変化を示したことになる。これは,今後の無体財産権の活用

の促進や技術交流及び投資交流の促進により日本経済の活性化に期待するところが大きいことを示すものに他ならない。

「受益者」概念について条約上の定義はないので，各国の国内法の定義に従う。一般に，使用料の受益者は，源泉地国の法令により使用料が帰属する者である。「受益者」については，上記3⑵（配当所得の受益者概念の導入）を参照されたい。

⑵ 使用料の定義

12条2は，この条において，「使用料」とは文学上，芸術上もしくは学術上の著作物（映画フィルム及びラジオ放送用又はテレビジョン放送用のフィルム又はテープを含む）の著作権，特許権，商標権，意匠，模型，図面，秘密方式もしくは秘密工程の使用もしくは使用の権利の対価として，又は産業上，商業上もしくは学術上の経験に関する情報の対価として受領されるすべての種類の支払金等をいうと規定する。この規定は，OECDモデル条約の規定（12条2）とほぼ同じで，著作物の例示として旧条約と同様に「ラジオ放送用又はテレビジョン放送用のフィルム又はテープ」を追加している点で異なる。これを例示する趣旨は，ラジオ放送又はテレビジョン放送の分野における技術の進歩による「技術の使用の対価」が使用料の範囲に含まれることを明示することである。所得税法161条7号は，①工業所有権その他の技術に関する権利，特別の技術による生産方式もしくはこれらに準ずるものの使用料又は「その譲渡による対価」，②著作権（出版権及び著作隣接権その他これに準ずるものを含む）の使用料又は「その譲渡による対価」，③機械，装置その他政令で定める用具の使用料，を国内源泉所得と規定する。旧条約は，ノウハウを例示しているほか，「船舶又は航空機（船舶又は航空機を国際運輸に運用することに従事していない者が賃貸するものに限る）の使用又は使用の権利の対価としてのすべての種類の支払金」「14条⑶(a)に掲げる財産又は権利（船舶及び航空機を除く）の売却，交換その他の処分から生ずる収益で対価を得て行うそれらの処分によって実現するもののうち，その財産又は権利の生産性，使用又は処分に応ずる部分」を「使用料」の範囲に含めていた。しかし，新条約では，使用料の源泉地国課税の排除に伴い，使用料

の範囲から「財産又は権利の生産性，使用又は処分に応ずる対価」であるか否かにかかわらず，「使用料を生ずるすべての財産又は権利の譲渡から生ずる収益」を除外している。このような「使用料を生ずるすべての財産又は権利の譲渡から生ずる収益」は，13条（譲渡収益）において取り扱われるが，この条約では一般に，使用料と同じ取扱いを受けることになる。使用料の定義に用いられる一定の用語は，条約上，定義されていないので，国内法の定義に従うことになる。例えば，米国では，「秘密方式又は秘密工程」の意義は，ＩＲＣ351及びＩＲＣ367において示されている。一方の締約国の居住者である芸能人が他方の締約国における公演を記録し，その記録につき著作権を留保し，当該記録の売却又は上映等において当該記録を使用する権利の対価を受け取る場合，使用料条項が適用されるべきか，芸能人条項が適用されるべきかということが問題になった。米国では，このような対価に対する他方の締約国の課税については使用料条項が適用されるとされた（Boulez v.Commissioner, 83 T.C.584 (1984), aff'd, 810F. 2d 209 (D.C.Cir.1986))。この問題は微妙であり，芸能人が他方の締約国において上映される映画に出演することから得た所得（例えば上映の宣伝のための芸能人の写真の使用）が，12条に規定する権利の一に帰属する場合には，このような所得が16条の対象とされるときは，このような所得に適用される規定は12条でなく，16条である。

コンピュータ・ソフトウエアは，世界各国の著作権法で保護されている。新条約では，コンピュータ・ソフトウエアの使用又は使用の権利の対価は，その支払金を生ずる取引の事実と状況により使用料又は事業所得として取り扱われる。12条2においてコンピュータ・ソフトウエアという用語は明記されていないが，それにもかかわらず，コンピュータ・ソフトウエアが著作権法により保護されるという理由で，コンピュータ・ソフトウエアの使用又は使用の権利の対価を使用料として取り扱うことができる。

米国財務省専門的説明書によれば，コンピュータ・ソフトウエアの使用又は使用の権利の対価を使用料と事業所得のいずれに扱うべきかの判定基準の主たる要素は，移転される権利の性格であるとされる（Reg. 1.861-18）。取引が著

作権法上ライセンスとされる事実が決定的ではない。シュリンク・ラップ・ソフトウエアの小売販売は、たとえ著作権法上ライセンスとして分類されるとしても、使用料を生ずると解されない。コンピュータ・ソフトウエアの移転方法にかかわらず、ソフトウエアが電子的に移転されるが譲受人の取得する権利がプログラム複製物の権利である場合にはその対価は事業所得と解される。

　ノウハウは、旧条約では明示的に例示されていた。ノウハウについては、ＯＥＣＤモデル条約12条のコメンタリーに詳細に説明されている。ノウハウの定義について、産業財産保護協会（Association des Bureaux pour la Protection de la Propriete Industrielle：ＡＢＰＰＩ）は、ノウハウとは、特許権の対象となり得るか否かにかかわらず直接かつ同一の条件で産業上の製造又は工程の再生に必要なあらゆる秘密の情報をいうと定義している。ノウハウ契約により一方の当事者は他方の当事者に対してノウハウの提供に合意し、他方の当事者は実施権者として自己の計算で非公開で特別な知識と経験を使用することができる。ノウハウの提供者は、提供した方式の適用において役割を担うことは要求されず、使用の結果について保証しない。ノウハウ提供の対価と役務提供の対価の区別が問題になる。ＯＥＣＤモデル条約コメンタリーでは、次の基準をこの二種類の対価を区別する基準として掲げている。

① 　情報提供契約は、既存の情報でパラグラフ11に示す種類の情報（ノウハウ）に関係しているか又は創造・開発の後の同種の情報の提供に関係しているものであって、当該情報の機密に関する規定を含むものである。

② 　役務提供契約は、提供者が特別の知識、技術及び経験の当該提供者による使用を必要とする役務提供を行うが、この特別の知識、技術又は経験を他方の当事者に移転しないものである。

次の対価は、ノウハウ提供の対価でなく、役務提供の対価として取り扱われるべきであるとされる。

① 　アフターサービスの対価として得た支払金
② 　売主が買主に対して保証に基づいて提供する役務の対価
③ 　純粋な技術援助に対する支払金

④　技術者，弁護士又は会計士により提供される専門的助言に対する支払金

⑤　電子的に提供される助言，専門技術者との電子的手段による通信又はコンピュータ・ネットワークを通じたトラブルシューティング・データベースへのアクセスに対する支払金

　ノウハウと技術援助の提供の双方を含む混合契約については，この契約に含まれる情報又は一定の合理的な配分方法により約定対価の総額を按分し各部分について適正な取扱いをする。

(3)　コンピュータ・ソフトウエアの対価

　コンピュータ・ソフトウエアの対価については，旧条約及び新条約に特別な規定を設けていない。その意味について，各国の国内法によって取り扱われると解する者とOECDモデル条約に沿って取り扱われるべきであると解する者に分かれる。

　コンピュータ・ソフトウエアの対価が事業所得とされるか，使用料とされるかという所得分類の問題は，旧条約では，使用料の源泉地国課税と恒久的施設なければ課税せずの原則により源泉地国非課税との間で課税上の取扱いの差を生じたが，新条約では使用料の源泉地国課税が排除された結果，差異を生じなくなった。OECDモデル条約コメンタリーは，コンピュータ・ソフトウエアの対価の使用料と事業所得の区別について1992年と2000年に改正を行い，次のような考えを示している。

①　ソフトウエアは，一つ又は一連のプログラムとして表現され，多様な媒体を通じて移転される。

②　コンピュータ・ソフトウエアの移転を含む取引により受領する支払金は，譲受人がプログラムの使用及び開発に係る契約に基づいて取得する権利の性質によって分類される。コンピュータ・プログラムの権利は，知的財産権の一形態とされ，著作権法で保護される。本来，コンピュータ・ソフトウエアは，知的財産権という著作権を含むプログラムとこれを含む媒体の双方を意味するが，各国の著作権法では「プログラムの著作権」と著作権

によって保護されるプログラムの複製物を含む「ソフトウエア」を区別する。しかし，ソフトウエアに係る権利の移転は，プログラムの著作権の権利のすべての譲渡からその使用を制限する製品の譲渡まで多様な形態で行われるので，その対価について使用料か否かを区別する基準を設けることは困難である。譲受人の権利は，プログラムの複製物が有形媒体に記録されるか電子的に提供されるかを問わず，その基礎となる著作権の全部又は一部の権利により構成されるものと，そのプログラムの複製物の全部又は一部の権利により構成されるものに分かれる。実施許諾がなければ著作権侵害となる方法でプログラムを使用する権利を付与するための対価は，譲渡者が著作権を完全に譲渡するものでなく，著作権の一部の権利を付与するものである場合には，使用料とされる。

③　譲受人がプログラムの複製について一定の権利を付与される場合には，著作権に関して取得する権利はユーザーによるプログラム操作に必要なものに限られる。多くの国の著作権法は，ユーザーが，自己のコンピュータ・ハード・ディスクやランダム・アクセス・メモリーにプログラムをコピーし，保存するためにコピーすることを認めている。複製することに係る権利がユーザーのプログラム作動に係るものである場合には，その取引の対価は事業所得とされる。コンピュータ・プログラムの譲受人への移転方法は，重要ではない。譲受人が自己の事業だけに運用することを目的としてプログラムの複製物を作成する権利を取得する売買契約は，一般に，サイトライセンス，企業ライセンス又はネットワークライセンスといわれる。この権利は，実施権者のコンピュータやネットワークでプログラムの操作を可能にするため必要なものに限られ，それ以外の目的で複製することは実施許諾契約で許されていない。このような契約に基づく支払金は事業所得とされる。

④　ソフトウエア企業やコンピュータ・プログラマがプログラムの基礎となるアイデアや原理に関する情報の提供に合意する場合には，秘密方式の使用又は使用の権利，著作権では保護されない産業上，商業上又は学術上の

経験に関する情報の対価であるものは，使用料とされる。
⑤ 著作権のすべての権利の移転に対する対価は，使用料には該当しない。次のものを含む権利の一部の譲渡である場合には区分が困難である。
（ⅰ） 一定期間又は一定地域においてソフトウエアを排他的に使用する権利
（ⅱ） ソフトウエアの使用に関して追加的に支払われる対価
（ⅲ） 実質的に一括払いの形をとる対価

権利の全部又は一部が譲渡される場合にはその対価は権利の使用の対価とされないという事実から，その取引の譲渡としての基本性格は対価の形式や支払方法の違いによって左右されず，その譲渡対価は使用料でなく，事業所得又は譲渡収益とされる。

⑥ 混合契約に基づいてソフトウエアの対価の支払が行われる場合，その対価の総額は当該契約に含まれる情報を基礎とし，又は合理的な配賦方法により，それぞれの要素に分解され，それぞれの分割された部分ごとに妥当な課税上の取扱いが適用される。このような取引の支払が使用料に該当するか否かを決定するとき，当該支払が本質的に何に対する支払であるかを識別することが重要である。

（ⅰ） デジタル商品を電子的にダウンロードすることを顧客に許諾する取引

対価が著作権における権利の使用又は使用の権利以外のものに対する支払であり，著作権の使用が顧客のコンピュータ，ネットワーク又はその他の蓄積，展示もしくは表示装置の上でのダウンロード，蓄積及び操作を可能にするために要求される権利のみに限定される場合には，著作権の使用は当該支払の性質の分類に影響しない。

（ⅱ） 顧客自体の使用又は享受を目的としてデジタル商品をダウンロードすることを許諾する取引

支払は，デジタル信号の形式で伝達されるデータの取得のためのものであるため，使用料でなく，事業所得又は譲渡収益とされる。

(iii) 支払に対する代償が電子的にダウンロードされたデジタル商品における著作権の使用の権利の付与である取引

この支払は，単なるデジタル・コンテンツの取得の対価でなく，デジタル商品における著作権の使用の権利の取得に対する対価であるため，使用料とされる。

⑦ 芸術家の活動（例えば管弦楽団のコンサートや音楽家のリサイタル）について，音楽演奏の報酬は，ラジオやテレビジョンの生放送の対価とともに，芸能人条項に該当する。同一の契約か別個の契約かを問わず，当該演奏が録音され，録音に対する著作権を根拠に，録音物の販売又は大衆に向けた再生について芸術家が使用料の支払を主張する場合には，使用料として当該芸術家が受け取る支払金は12条で取り扱われるが，音楽録音物における著作権は，関係する著作権法又は契約条件のいずれかにより，当該演奏家が自己の役務の提供を契約上合意した者又は第三者に帰属する場合には，支払金が録音物の売上に対応するものであったとしても，当該支払金は12条でなく，事業所得又は芸能人条項の対象とされる。

(4) 恒久的施設に実質的に関連する使用料

一方の締約国の居住者である使用料の受益者が，当該使用料の生じた他方の締約国内において当該他方の締約国内にある恒久的施設を通じて事業を行う場合，当該使用料の支払の基因となった権利又は財産が当該恒久的施設と実質的な関連を有するものであるときは，使用料の源泉地国課税の排除を定める12条1の規定は適用しない。この場合には7条（事業所得）の規定を適用する。7条7の規定は，恒久的施設に実質的に関連する使用料に適用される。恒久的施設に帰属する使用料で，当該恒久的施設が存在する間に発生するが，当該恒久的施設が存在しなくなった後に受け取るものは，12条でなく，7条の適用対象とされる。

6　譲渡収益

(1)　不動産の譲渡収益

一方の締約国の居住者が他方の締約国に存在する不動産の譲渡によって取得する収益に対しては，当該他方の締約国において課税することができる（13条1）。この規定は，OECDモデル条約の規定（13条1）とほぼ同文である。この規定は，不動産の譲渡に帰属する収益に対する所在地国の第一次課税権（non-exclusive right to tax）を認める。議定書9は，不動産投資信託（REIT）が米国に存在する不動産の譲渡によって取得する収益に基づいて行う分配に対しては，13条1の規定に従って課税することができることを明記している。13条1は，13条2との結合により，日本居住者が米国に所在する不動産の譲渡に帰属する収益や一定の不動産保有法人の株式の譲渡に帰属する収益に対し，IRC897（米国不動産投資の処分）を適用することを認める。

(2)　不動産保有法人の株式等の譲渡

一般の株式の譲渡については，13条7において源泉地国課税の排除を定めているが，一定の不動産保有法人の株式等の譲渡については13条2において不動産の間接譲渡（indirect alienation of real property）とみなして不動産所在地国の第一次課税権（non-exclusive right to tax）を認めている。一方の締約国の居住者が他方の締約国の居住者である法人（その資産の価値の50％以上が当該他方の締約国内に存在する不動産により直接又は間接に構成される法人に限る）の株式その他同等の権利の譲渡によって取得する収益に対しては，当該他方の締約国において課税することができる（13条2(a)本文）。ただし，当該譲渡に係る株式と同じ種類の株式が22条5(b)に規定する公認の有価証券市場において取引され，かつ，当該一方の締約国の居住者及びその特殊関係者の所有する当該種類の株式の数が当該種類の株式の総数の5％以下である場合は，この限りでない（13条2(a)但し書）。現在，日本において，不動産保有法人の株式等の譲渡に対して不動産所在地国として課税権を行使する規定がない[113]ため，この規定は相互主義の規定と

なっているが，現実には，米国がその国内法（ＩＲＣ897(c)）に基づいて米国不動産保有法人（U.S. real property holding companies）に課税することを一方的に認めるものである[114]。但し書は，公開株式等の適用除外を規定するので，適用除外の要件を満たす場合には，通常の株式の譲渡として譲渡者の居住地国のみに課税権が配分されることになる。

(3) 不動産保有パートナーシップ持分の譲渡所得

一方の締約国の居住者がパートナーシップ，信託財産及び遺産の持分の譲渡によって取得する収益に対しては，これらの資産が他方の締約国内に存在する不動産から成る部分に限り，当該他方の締約国において課税することができる（13条2(b)）。

(4) 公的資金援助を受けた金融機関株式の譲渡所得

次の条件を満たす場合，一方の締約国の居住者が（ⅱ）に規定する株式を譲渡（（ⅰ）の資金援助が最初に行われた日から5年以内に行われる譲渡に限る）することによって取得する収益に対しては，他方の締約国において課税することができる（13条3(a)）。

（ⅰ） 他方の締約国（日本については預金保険機構を含む）が当該他方の締約国の金融機関の差し迫った支払不能に係る破綻処理に関する法令に従って，当該他方の締約国の居住者である金融機関に対して実質的な資金援助を行うこと
（ⅱ） 当該一方の締約国の居住者が当該他方の締約国から当該金融機関の株式を取得すること

13条3(a)の規定は，一方の締約国の居住者が金融機関の株式を他方の締約国から，この条約の発効（平成16年3月30日）前に取得した場合又はこの条約の発効前に締結された拘束力のある契約に基づいて取得した場合には，適用しない

(13条3(b))。

　この規定は，これまでの条約例にない新しい種類の規定である。その趣旨は，金融機関の破綻処理過程で政府の公的資金援助が行われ，その結果として当該金融機関が再生できた段階で非居住者又は外国法人である株主がその株式を売却して得た譲渡益に対し，源泉地国として課税権を放棄することは不合理であるので，一定期間内に限り，課税できることとするものである。この規定は，相互主義に基づき，両締約国に適用される規定となっているが，現在のところ，日本における金融機関の破綻処理を強く意識した規定といえる。「差し迫った支払不能に係る破綻処理に関する法令」とは，日本においては，金融機能の再生のための緊急措置に関する法律（金融再生法）及び預金保険機構法をいう。

(5) 恒久的施設の事業用資産である動産の譲渡所得

　一方の締約国の企業が他方の締約国内に有する恒久的施設の事業用資産を構成する財産（不動産を除く）の譲渡から生ずる収益（当該恒久的施設の譲渡又は企業全体の譲渡の一部としての当該恒久的施設の譲渡から生ずる収益を含む）に対しては，当該他方の締約国において課税することができる（13条4）。この規定は，OECDモデル条約13条2に沿った規定であり，恒久的施設所在地国にこのような譲渡益に対する第一次課税権（non-exclusive right to tax）を認めるものである。

　米国では，米国で事業を行うパートナーシップのパートナーである日本居住者は，パートナーシップの活動の結果として米国内に恒久的施設を有するものとされる（Rev. Rul. 91-32, 1991-1 C.B. 107）。この場合，米国内のパートナーシップの事業用資産の一部を成す動産の処分時に当該パートナーシップが実現した所得のパートナー分配持分に対し，米国は課税することができる。

(6) 国際運輸に運航する船舶又は航空機の譲渡所得

　日本では所得税法上船舶又は航空機を「不動産等」という概念に含めている（所法26）が，OECDモデル条約では船舶及び航空機を不動産とみなさず（6条2），13条3は国際運輸に運用する船舶もしくは航空機の譲渡，内陸水路運輸

に従事する船舶の譲渡又はこれらの船舶もしくは航空機の運用に係る動産の譲渡から生ずる収益に対しては，企業の実質管理の場所が存在する締約国のみにおいて課税することができると規定している。旧条約では，日米の居住者が国際運輸に運用する船舶又は航空機でそれぞれの居住地国に登録されているものの売却，交換その他の処分によって取得する収益について相手国の租税を免除すると規定していた（10条(1)及び(2)）。新条約では，一方の締約国の居住者が国際運輸に運用する船舶又は航空機及びこれらの船舶又は航空機の運用に係る財産（不動産を除く）の譲渡によって当該居住者が取得する収益に対しては，当該一方の締約国においてのみ課税することができると規定する（13条5）。

この規定は，このような譲渡収益が当該一方の締約国の居住者が他方の締約国内に有する恒久的施設に帰属する場合であっても，上記(5)ではなく，13条5の規定が適用される。この結果は，8条1の課税権の配分と一致する。

(7) 国際運輸に使用するコンテナーの譲渡所得

一方の締約国の居住者がコンテナー（コンテナー運送のためのトレーラー，はしけ及び関連設備を含む）の譲渡によって取得する収益に対しては，当該コンテナーが他方の締約国内においてのみ使用された場合を除くほか，当該一方の締約国においてのみ課税することができる。1996年米国モデル条約13条4は，一方の締約国の企業が国際運輸に運用しもしくは使用する船舶，航空機もしくはコンテナー又はこれらの船舶，航空機もしくはコンテナーの運用もしくは使用に係る動産の譲渡によって取得する収益に対して当該一方の締約国においてのみ課税することができると規定し，新条約13条5及び6を併合した規定となっている。この結果は，8条4の課税権の配分と一致する。

(8) その他の財産の譲渡所得

13条1～6に規定する財産以外の財産の譲渡から生ずる収益に対しては，譲渡者が居住者とされる締約国においてのみ課税することができる（13条7）。重要なものとしては，株式（13条2，3又は4に規定する株式を除く），債務証書及び

各種の金融証券は，他の条において課税される所得とされない限り，譲渡者の居住地国においてのみ課税される。また，有形資産（13条4に規定する有形動産を除く）の譲渡から生ずる収益も，同様である。一方の締約国の居住者による第三国に所在する不動産の売却は，たとえ他方の締約国に所在する恒久的施設に帰属するとしても，当該他方の締約国において課税されない。

7 不動産所得

(1) 不動産所在地国の第一次課税権

一方の締約国の居住者が他方の締約国内に存在する不動産から取得する所得（農業又は林業から生ずる所得を含む）に対しては，当該他方の締約国において課税することができる（6条1）。この規定は，OECDモデル条約及び米国モデル条約と同文である。

この規定は，旧条約と同様に，不動産所在地国に第一次課税権(primary right to tax）を与えるものであって，排他的課税権（exclusive taxing right）を与えるものではない。

新条約では，米国モデル条約6条5の規定を採用しなかった。米国モデル条約6条5においては,「一方の締約国の居住者で他方の締約国内に存在する不動産から生ずる所得に対して当該他方の締約国において租税を課されることとなる者は，いずれの課税年度においても，当該所得が当該他方の締約国内の恒久的施設に帰属すべき事業所得であるかのように純額による当該所得に対する租税を算定することを選択することができる。当該財産が存在する締約国の権限のある当局が当該選択を終了させることに合意しない限り，当該選択はその選択の課税年度及びその後のすべての課税年度において拘束力を有する」と規定する。日米の国内法に基づき，納税者は純額ベースの課税され，所得が恒久的施設に帰属すべき事業所得として課税されるか又は不動産所得として課税されるかを問わず，納税者は不動産所在地国において同じ課税上の取扱いを受けることができる。

(2) 不動産の定義

6条2は、「この条約において、「不動産」とは、当該財産が存在する締約国の法令における不動産の意義を有するものとする。不動産には、いかなる場合にも、これに附属する財産、農業又は林業に用いられる家畜類及び設備、不動産に関する一般法の規定の適用がある権利、不動産用益権並びに鉱石その他の天然資源の採取又は採取の権利の対価としての料金（固定的な料金であるか否かを問わない）を受領する権利を含む。船舶及び航空機は、不動産とはみなさない」と規定する。この定義規定は、OECDモデル条約の規定と同文である。OECDモデル条約では不動産の概念を財産所在地国(the situs State)の国内法に委任することにより解釈の困難を回避しようとする一方で常に不動産とするべき資産及び権利を明記し、逆に船舶及び航空機の除外も明記している。「不動産により担保された債務から生ずる所得」は11条（利子所得）において問題を解決することとしている。米国モデル条約の規定は、簡潔であり、「当該財産が存在する締約国の法令によるものとする」と定める（6条2）。米国について、不動産とは、財務省規則1.897－1(b)に規定する意義を有する。日本については、不動産所得は、不動産、不動産の上に存在する権利、船舶又は航空機（不動産等という）の貸付（地上権又は永小作権の設定その他他人に不動産等を使用させることを含む）による所得（事業所得又は譲渡所得に該当するものを除く）をいう（所法26条1項）とし、国内源泉所得とされる不動産所得としては、「国内にある不動産、国内にある不動産の上に存する権利もしくは採石権の貸付（地上権又は採石権の設定その他他人に不動産、不動産の上に存する権利又は採石権を使用させる一切の行為を含む）、租鉱権の設定又は居住者もしくは内国法人に対する船舶もしくは航空機の貸付による対価」と定めている（所法161条3号）。

しかし、日本における「船舶又は航空機の貸付による所得」は新条約において明示的に不動産所得の範囲から除外されている。6条2の「不動産」の定義は、この条約の全体に適用されるが、特に10条（配当）や13条（譲渡収益）において用いられる。

(3) すべての形式による使用から生ずる所得

6条3は,「6条1の規定は,不動産の直接使用,賃貸その他のすべての形式による使用から生ずる所得について適用する」と規定する。この規定は,OECDモデル条約の規定と同文である。「不動産の持分の処分からの所得」は,不動産から生ずるものと解されず,6条では取り扱われない。この所得は,13条(譲渡収益)で取り扱われる。「不動産担保につき支払われる利子」や「米国不動産投資信託の分配」は,6条では取り扱われない。これらの所得は,10条(配当),11条(利子)又は13条(譲渡収益)で取り扱われる。「米国不動産保有法人の支払う配当」は,不動産の使用から生ずる所得と解されず,10条(配当)又は13条(譲渡収益)で取り扱われる。

(4) 企業の不動産から生ずる所得

6条4は,「6条1及び3の規定は,企業の不動産から生ずる所得についても,適用する」と規定する。この規定は,OECDモデル条約の規定と同文である。この規定は,不動産所在地国(the situs country)は当該所在地国内にある恒久的施設に帰属しない場合に他方の締約国の居住者の不動産所得に対し課税することができることを明記する。

この規定は,源泉地国で課税する前提条件として所得が恒久的施設に帰属するものでなければならないという事業所得の帰属主義の原則の例外規定である。

8 事業所得

新条約の事業所得条項(7条)は,OECDモデル条約の7条にほぼ沿った規定ぶりとなっている。その相違点は,同条4項の相違である。OECDモデル条約では7条4に「プロラタ方式」を認める規定を置いているが,新条約はこれを採用せず,「一方の権限のある当局が入手できる情報が不十分である場合にはその国内にある恒久的施設を有する者に対し国内法により課税することができる」というきわめて重要な「推計課税」規定を置いている。

(1) 恒久的施設課税と帰属主義の原則

　一方の締約国の企業の利得に対しては，その企業が他方の締約国内にある恒久的施設を通じて当該他方の締約国内において事業を行わない限り，当該一方の締約国においてのみ課税することができる。一方の締約国の企業が他方の締約国内にある恒久的施設を通じて当該他方の締約国内において事業を行う場合には，その企業の利得のうち当該恒久的施設に帰せられる部分に対してのみ，当該他方の締約国において課税することができる（7条1）。この規定は，OECDモデル条約の規定と同文であり，第一文は「恒久的施設なければ課税せず」という恒久的施設課税の原則を定め，第二文は「帰属主義」の原則を定める。「企業」はあらゆる事業の遂行について用い（3条1(g)），「一方の締約国の企業」及び「他方の締約国の企業」とは，それぞれ一方の締約国の居住者が営む企業及び他方の締約国の居住者が営む企業をいう（3条1(h)）。「恒久的施設」とは，事業を行う一定の場所であって企業がその事業の全部又は一部を行っている場所をいう（5条1）。条約には「利得」（profits）の定義は含まれていないが，米国ではこの用語は米国モデル条約7条7に規定する「事業所得」（business profits）と同じ意義を有すると解している。OECDモデル条約や国連モデル条約には「事業所得」の定義はないが，米国モデル条約では「事業所得とは，営業又は事業（企業が人的役務の提供及び有形動産の賃貸から生じる所得を含む）から生じる所得をいう」と定義している。すなわち，「利得」は一般にあらゆる営業又は事業から生じる所得(income derived from any trade or business)をいうので，この広範な定義に従い，想定元本契約（notional principal contracts）その他の金融商品（other financial instruments）に帰属する所得（当該所得がこのような金融商品を取引する営業もしくは事業に帰属すべきであり又は積極的な営業もしくは事業から生じる通貨リスクをヘッジするために締結する想定元本契約のように営業もしくは事業に関連する範囲に限る）は，「利得」に含まれる。このような金融商品から生ずるその他の所得は，別段の規定がある場合を除き，21条（明示なき所得）で取り扱われる。企業が人的役務の提供から取得する所得も，事業所得に含まれる。例えばコンサルタント会社についてみると，一方の締約国の居住者であるコンサル

タント会社で、パートナーや従業員が他方の締約国において恒久的施設を通じて人的役務を提供するものは、当該他方の締約国において、従業員の所得のみに適用される14条（雇用からの所得）でなく、7条（事業所得）により純額ベースで課税される。企業が人的役務の提供から取得する所得は事業所得とされる結果、一方の締約国の居住者であるパートナーが取得する所得で、他方の締約国内にある恒久的施設を通じて他方の締約国において提供する人的役務に帰属すべきものも、事業所得とされる。パートナーシップが行う人的役務の提供（当該パートナーか他のパートナー又は従業員のいずれが行うかを問わない）に係る恒久的施設に帰属すべきすべての所得及びこのような人的役務の提供に付随する活動からの所得も、事業所得とされる。

　米国は、サービス・パートナーシップ（a service partnership）の事業所得課税を重視している。

　米国財務省専門的説明書は、この問題につき、次の事例を上げている。

> **事例**
>
> 　法律事務所（パートナーシップ）には5人のパートナーがいるが、そのうち4人が日本居住者であり、その本部（事務所A）のある日本のみで人的役務を提供しているが、1人は米国内にある恒久的施設（事務所B）で人的役務を提供している。日本居住者であるパートナーシップの4人のパートナーは米国内にある恒久的施設（事務所B）に帰属すべき所得についてその持分に応じて米国において課税される。恒久的施設に帰属すべき所得を生ずる役務は、1人の米国居住者であるパートナーが提供した役務のみならず、4人の日本居住者であるパートナーが米国を訪問して事務所Bの事案に関して働いた場合などによる役務の対価を含む。

　議定書4は、IRC864(c)(6)の原則を採用し、次のとおり規定している。

「一般に、一方の締約国の企業が他方の締約国内にある恒久的施設を通じて当該他方の締約国内において事業を行っていた場合において、当該企業が当該恒久的施設を通じて当該他方の締約国内において事業を行うことを止めた後、当

該恒久的施設に帰せられる利得を得たときは、当該利得に対しては、条約7条に定める原則に従って、当該他方の締約国において課税することができる」この原則は、7条（事業所得）だけでなく、10条（配当）7、11条（利子）6、12条（使用料）3及び21条（明示なき所得）2においても適用される。

(2) 独立企業原則＝事業所得の恒久的施設への帰属に関する原則

　7条3の規定に従うことを条件として、一方の締約国の企業が他方の締約国内にある恒久的施設を通じて当該他方の締約国内において事業を行う場合には、当該恒久的施設が同一又は類似の条件で同一又は類似の活動を行う別個のかつ分離した企業であって、当該恒久的施設を有する企業と全く独立の立場で取引を行うものであるとしたならば当該恒久的施設が取得したとみられる利得が、各締約国において当該恒久的施設に帰せられるものとする（条約7条2）。この規定は、独立企業原則といわれるが、米国では事業所得の恒久的施設への帰属に関する原則 (rules for the attribution of business profits to a permanent establishment) としてこの規定を捉えている。この規定は、OECDモデル条約の規定（7条5）と同文である。OECDモデル条約では、7条2は9条（特殊関連企業）に対応して独立企業原則を採用している。この原則により決定される利得は、妥当な企業会計によって決定される利得と同一である。恒久的施設に帰属すべき利得を検証するため、恒久的施設の事業勘定を利用することができる。その際、税務当局は必要な調整を行うことができるが、このような勘定が本店と恒久的施設との間又は恒久的施設相互間の合意に基づくものである場合、内部合意が法的拘束力を有するものではないにせよ、企業の各部門の機能を反映する範囲でそのような事業勘定を受け入れることができる。この点について重要なことは、税務当局は事実と無関係に「利得の創造」を行うべきでないことと同様に、事業勘定が各部門の現実の経済的機能でなく巧妙な取決めを反映した内部合意に基づく場合には適切な調整を行うべきであることである。税務当局による恒久的施設の事業勘定の調整は、典型的な例としては、本店と恒久的施設との間又は恒久的施設相互間における物品の送り状の価格が独立企業原則に適

第2章 日米租税条約の重点

合しない場合に必要である。物品の移転については，独立企業間価格の問題だけでなく，譲渡益の実現のタイミングの問題が生じる。法的には同一企業の内部移転について，国境を越えて物品を移転する場合，「利益の実現」という概念が各国によって同じではないので，本店所在地国と恒久的施設所在地国との間又はある恒久的施設所在地と他の恒久的施設所在地国との間において実現利益の認識に時間的なずれが生じ，課税のタイミングもずれが生じる。また，資産の移転に関する問題は，負の資産の移転，例えば不良債権の移転についても重要な問題となる。

米国では，国内法において「恒久的施設」概念を有しないこと，及び「帰属する」概念を有しないことから，租税条約において用いるこれらの概念について米国の実質的関連原則との関連を検討する必要がある。この点について，財務省技術説明書は，新条約7条2の「帰属する」概念（"attributable to" concept）はIRC864(c)における「実質的関連」概念（"effectively connected" concept）に類似しているが，必ずしも同義ではないと述べている。恒久的施設に帰属する利得には，国内源泉所得であるものと国外源泉所得であるものがある。米国は，恒久的施設に帰属する利得の決定のために7条2に規定する独立企業基準（arm's-length standard）をOECD移転価格ガイドラインに適合する方法で解釈する。この考えは，交換公文2において，次のように示されている。

「恒久的施設に帰せられる利得を決定するために条約9条1に定める原則を適用することができる。条約7条の規定は，恒久的施設が当該恒久的施設と同一又は類似の活動を行う別個のかつ分離した企業であるとしたならば，その活動を行うために必要な資本の額と同額の資本の額を有しているものとして締約国が当該恒久的施設を取り扱うことを妨げるものではない。締約国は，金融機関（保険会社を除く）に関して，その自己資本の額を当該金融機関の資産（危険の評価を考慮して算定した資産）のうち，その各事務所に帰せられるものの割合に基づいて配分することにより，恒久的施設に帰せられる資本の額を決定することができる。」

この独立企業原則の適用に当たって，分離した法的主体でなく単一の法的主

体を通じて活動することから生じるさまざまな合理性を考慮する必要がある。米国財務省専門的説明書は，次の事例を上げている。

> **事例**
>
> 　分離した子会社でなく支店を通じて活動する事業体の資本要件は，当該事業体の負債の全部を支えるために当該事業体の資産の全部を充てることができるので，相対的に低い。この理由から，商業銀行や保険会社は子会社でなく支店を通じて活動する傾向がある。この資本コストが低いことから得られる経済的利益は，妥当な方法で各支店にも配分される。分離した子会社を通じて活動する企業については，各事業体を別々に資本化し，保証を通じて資本を供給する別の事業体には対価を支払う必要があるので，事情が異なる。米国では「内部取引」(internal transaction) は，法的には意味がないので，一般には認識しないが，交換公文2では内部取引が同じ企業内のリスク配分を正確に反映する場合には，当該内部取引を用いて所得を配分することができる。グローバル・トレーディングの場合，トレーダーが特定の種類のリスク管理の専門知識を有するとき，銀行は内部スワップ取引を利用してリスクを一支店からセンターに移転することができる。銀行は，移転価格税制に関する財務省規則1.482－1(c)により「最適方法」として，内部スワップ取引を利用して各支店間に所得を配分することができる。
>
> 　恒久的施設の独立企業間利得を決定するため，分離の会計以外の方法を用いることは，その方法が9条1の原則の下で認められるならば，認められる。「利益法」の利用が9条1及び7条2の原則の下で認められるので，米国はOECDモデル条約7条4（プロラタ方式）に対応する規定を置く必要を認めない。

米国モデル条約7条2は，「恒久的施設に帰せられる事業所得は，当該恒久的施設の資産又は活動から生ずる利得のみを含むものとする」と規定するが，新条約はこのような文言を明示的に規定しなかった。OECDモデル条約もこ

のような制限規定を明示的に規定していないが，米国財務省専門的説明書は，米国モデル条約のこの制限規定が，ＯＥＣＤモデル条約７条１において黙示的に含まれていると解している。

(3) 経費配賦

　恒久的施設の利得を決定するに当たっては，経営費及び一般管理費を含む費用で当該恒久的施設のために生じたものは，当該恒久的施設が存在する締約国内において生じたものであるか他の場所において生じたものであるかを問わず，控除することを認められる（７条３）。この規定は，ＯＥＣＤモデル条約７条３の規定と同文である。この規定は，事業所得に対する課税が純額ベースで行われることを確実にする。控除されるべき費用は，専ら恒久的施設のために生じた費用（expenses incurred exclusively for the purpose of the permanent establishment）に限定されず，企業全体のために生じた費用（expenses incurred for the purpose of the enterprise as a whole）又は企業の一部のために生じた費用（expenses incurred for the purpose of the part of the enterprise）を含む。控除は，恒久的施設のために生じた費用である限り，当該企業のどのような会計単位が当該費用を記帳しているかにかかわらず，認められる。恒久的施設に帰属する利得を決定するに当たっては，９条１の原則が適用されるので，恒久的施設は当該恒久的施設のために提供されたサービスの対価として本店又は他の恒久的施設に支払った金額を控除することができる。

　ＯＥＣＤモデル条約では，恒久的施設のために生じた費用は，どこで生じたものであろうと，控除されることを認めるが，控除されるべき費用の額は，本来，実額でなければならないと解される。また，古典的な問題として，本店から恒久的施設に対する貸付につき，恒久的施設が支払う内部利子の問題がある。ＯＥＣＤモデル条約コメンタリーは，内部利子の問題を債権者・債務者関係の存否の問題としてでなく，独立企業間利子の問題として取り扱うべきであるという。また，本店の負債がその活動資金として使用されるか，専ら恒久的施設の活動資金として使用されるか，という問題が生ずる。これは，過少資本の問

題を含む。

　上記(2)で述べた交換公文2は、恒久的施設の資金調達をすべて負債で行うことはできず、恒久的施設が別個のかつ分離した企業であるかのように活動するために十分な資本を有する必要があると定める。恒久的施設が十分な資本を有しない範囲で、一方の締約国はこのような資本を当該恒久的施設に帰属させ、このような資本の帰属を反映するため必要な範囲で利子の控除を否認することができる。米国は、財務省規則1.882-5により、このような資本帰属を行う方法を定め、同規則1.882-5(a)(2)は租税条約に基づいて恒久的施設の事業所得に帰属すべき支払利子の金額を決定するに当たって用いるべき方法を規定する。

　独立企業にとって、普通の株式その他の資産で市場リスクや信用リスクのあるものを支えるために必要な資本に比して、完全にヘッジされた財務省証券を支える資本は少なくてよい。場合によっては、財務省規則1.882-5により、納税者は適正な水準を超えて多額の資本を米国に配分しなければならず、支払利子の控除を減らすことを余儀なくされる。このような場合に、交換公文2では、納税者は事業を行うさまざまな国における資産リスクを考慮に入れた柔軟な対応をすることを可能にしている。

　しかし、日本においては、国内法により「総合主義」を採用し、国外源泉所得に対する課税権を放棄している上で、租税条約により「帰属主義」を採用しているため、日本の国内にある恒久的施設については課税対象となる利得は国内源泉所得に限定されるが、控除される費用には、国外で生じた費用も含まれるという論理的帰結について、不合理な問題がある。

(4) 推計課税

　一方の締約国の権限のある当局が入手することができる情報が恒久的施設に帰せられる利得を決定するために十分でない場合には、この条のいかなる規定も、当該恒久的施設を有する者の納税義務の決定に関する当該締約国の法令の適用に影響を及ぼすものではない。ただし、当該情報に基づいて恒久的施設の

利得を決定する場合には，この条に定める原則に従うものとする（7条4）。米国では，仮にこのような特別な規定がない場合でも，IRSは推計課税の権限を有する。推計課税においても，恒久的施設の利得の決定は，この条に規定される独立企業の原則に適合するものでなければならず，源泉地国は独立企業間価格と妥当な費用の控除を求めなければならない。

(5) 単純購入非課税の原則

恒久的施設が企業のために物品又は商品の単なる購入を行ったことを理由としては，いかなる利得も，当該恒久的施設に帰せられることはない（7条5）。この規定は，OECDモデル条約の規定（7条5）と同文であり，米国モデル条約の規定（7条4）と本質的に同一のものである。購入のみのために設置された組織は，恒久的施設の除外例（5条4(d)）に該当するため，条約上の恒久的施設とされない。この規定が取り扱うのは，他の事業を行っているが本店のために購入活動も行う恒久的施設であり，恒久的施設の利得は購入から生じる想定利得を加算して増額してはならないと同時に，購入活動から生じる費用も，恒久的施設の課税所得の計算において控除してはならない。

(6) 継続性の原則

7条1～5の規定の適用上，恒久的施設に帰せられる利得は，毎年同一の方法によって決定する。ただし，別の方法を用いることにつき正当な理由がある場合はこの限りでない（7条6）。この規定は，OECDモデル条約の規定（7条6）と同文であり，米国モデル条約の規定（7条5）と本質的に同一のものである。配分方法を決めた場合には，ある年において他の方法がよいという理由だけでこれを変更してはならないことを明確化し，予測可能性を与えるため，継続的かつ一貫した課税上の取扱いを保障するものである。

(7) 他の所得との関係

他の条で別個に取り扱われている種類の所得が企業の利得に含まれる場合に

は，当該他の条の規定はこの条の規定によって影響されることはない（7条7）。この規定は，OECDモデル条約の規定（7条7）と同文であり，米国モデル条約の規定（7条6）と本質的に同一のものである。OECDモデル条約コメンタリーによれば，「利得」という用語は，7条及び他の条で用いられる場合，「企業活動を遂行する際に得られるあらゆる所得を含む」広範な意義を有すると解されるべきであるという。企業の利得に他の条で別個に取り扱われる種類の所得が含まれている場合，当該利得の課税は特別な条によって行われるか，又は7条によって行われるか，という問題が生じ，「利得」の解釈につき，条約適用の不確実性が生じている。特別な条によっては，その優先適用を認める明示規定が含まれる（6条4，10条4，11条4，12条3及び21条2）。しかし，これらの不動産所得，配当，利子，使用料等は，恒久的施設に帰属する場合には，7条が適用され，源泉地国で純額ベースで課される。

　7条は1条4(a)のセービング・クローズの対象とされる。条約上日本居住者である米国市民が米国内にある恒久的施設に帰属しない利得を米国から取得する場合，米国は，23条3の特別な外国税額控除を除くほか，米国税を免除する7条1の規定にかかわらず，当該利得に対し，当該市民の全世界所得の一部として課税することができる。また，7条の特典は22条の特典制限条項の対象とされる。米国の営業又は事業と実質的な関連を有する所得を取得する日本企業は，当該企業を行う居住者が22条により特典を受ける権利がない限り，7条の特典を受けることはできない。

9　恒久的施設の定義

　5条は，この条約の数条において重要な用語である「恒久的施設」を定義する。一方の締約国が他方の締約国の居住者の事業所得に対して課税するためには，一方の締約国内に恒久的施設が存在することが必要である。10条，11条及び12条は，配当，利子及び使用料が受領者の源泉地国内に有する恒久的施設に帰属しないときだけ，他方の締約国の居住者に対する支払の時における源泉地

国課税の限度税率を定める。恒久的施設概念は，一定の譲渡収益（13条）及び一定の明示なき所得（21条）にどの締約国が課税するかを決定する時に関係する。ＯＥＣＤモデル条約は，2000年改正において14条（自由職業その他独立の性格を有する活動からの所得）を削除し，自由職業所得も7条の適用を受けることになった。当初は「恒久的施設」概念は商業上及び産業上の活動について用いられ，自由職業その他独立の性格を有する活動については「固定的施設」概念を用いることとされていたが，7条と14条との間に利得の算定や税額の算定に差異がないので，14条を別個の条項として置く必要がないと考えて14条は削除され，これに伴い，従来「固定的施設」を構成するとされたものに対しても，「恒久的施設」の定義が適用されることになった。

(1) 恒久的施設の定義

5条1は，この条約の適用上，「恒久的施設」とは，事業を行う一定の場所であって企業がその事業の全部又は一部を行っている場所（a place of business through which the business of an enterprise is wholly or partly carried on）をいうと定義する。この一般的定義は，ＯＥＣＤモデル条約の規定（5条1）と同文である。これには，次の条件が含まれている。

① 「事業を行う場所」が存在すること
② 事業を行う場所は「一定」でなければならないこと
③ 事業を行う場所を通じて企業の事業が行われること

「事業を行う場所」は，企業の事業を行うために使用するあらゆる建物，設備又は装置を含む。これは，企業の自由になる一定の広さの場所を有する場合に存在するとされる。「通じて」という文言は，事業活動がその目的のために企業の自由となる特定の場所で行われるあらゆる状況に適用するため，広範な意義を与えられるべきである。

事業を行う場所は「一定」のものでなければならず，事業を行う場所と地理的位置との間に繋がりがなければならない。事業の性質に照らして活動が移動する特定の場所的範囲が商業的・地理的にまとまったものとされる場合には，

事業を行う単一の場所が存在すると考えられる。事業を行う場所は一定でなければならないので，恒久的施設は事業を行う場所がある程度の「恒久性」を有する場合（一時的性質のものでない場合）にのみ存在するとみなされるといえるが，実際には短期間のみ存在する場合でも恒久的施設となる。恒久的施設とされるには，企業が全部又は一部の事業をその場所を通じて行うことが必要であるが，その活動は「生産的性格」を有する必要はないとされる。

(2) 恒久的施設の例示

5条2は，「恒久的施設」として，(a)事業の管理の場所，(b)支店，(c)事務所，(d)工場，(e)作業場，(f)鉱山，石油又は天然ガスの坑井，採石場その他天然資源を採取する場所，を例示する。これは，OECDモデル条約の規定（5条2）と同文である。「管理の場所」は必ずしも「事務所」であるとは限らないので，別個に掲げられている。OECDで議論されているが，結論が出ない問題として，「天然資源の探査」に関する問題がある。探査活動から生ずる所得の性質の決定と課税権の帰属をめぐる基本問題については，両締約国で，(ⅰ) 恒久的施設を有しないこととする，(ⅱ) 恒久的施設を通じて活動を行うこととする，(ⅲ) 特定期間を超えて活動が継続する場合に恒久的施設を通じて活動を行う，のいずれかとする具体的な規定を挿入することに合意することができる。新条約は，探査活動については，特に5条3において言及している。

(3) 建設PE

5条3は，建設工事現場，建設もしくは据付の工事又は天然資源の探査のために使用される設備，掘削機器もしくは掘削船については，これらの工事現場，工事又は探査が12ヶ月を超える期間存続する場合には，恒久的施設を構成すると規定する。この規定のうち「建設工事現場，建設もしくは据付の工事」についてはOECDモデル条約の規定（5条3）と同文である。OECDモデル条約コメンタリーによれば，「建設工事現場，建設もしくは据付の工事」という用語は，建物の建設のみならず，道路，橋又は運河の建設並びに建物，道路，

橋又は運河の修繕，パイプラインの敷設並びに掘削及び浚渫を含むと述べているが，新条約では「天然資源の探査のために使用される設備，掘削機器もしくは掘削船」を明示的に建設ＰＥ条項で12ヶ月基準で恒久的施設とすることとした。新条約のこの規定は，米国モデル条約5条3の規定に沿った内容になっている。12ヶ月基準は，個別の現場又は工事ごとに適用される。当該現場又は工事の存続期間の判断に当たっては，当該現場又は工事と全く関係のない他の現場又は工事に関して過去に費やした期間を計算に入れるべきではない。例えば，建設工事現場は，複数の契約に基づくものであっても全体として商業的及び地理的に一つのまとまりである場合には一単位とみなされる。契約を12ヶ月を超えない期間に分割し同一グループ内の複数企業に請け負わせることは，12ヶ月基準の濫用である。現場の存続期間は，請負企業が建設工事を行う国で作業（準備作業を含む）を開始する日から完結する日までとし，一時的中断や季節的中断の期間も含めるものとされる。総合建設請負業者が当該工事の一部を下請業者に下請けさせた場合には，当該下請業者が費やす期間を総合建設請負業者の費やす期間に含める。課税上透明な事業体（fiscally transparent entity）であるパートナーシップの場合，パートナーシップ自体の活動につき，パートナーシップ段階で12ヶ月基準が適用される。請負企業の活動が工事進行に応じて連続的又は断続的に地理的に移動する必要がある場合，単一の工事とみなされる。12ヶ月基準を超える場合，現場又は工事は活動の初日から恒久的施設を構成する。

　新条約5条3は，天然資源の「探査」(exploration) を建設ＰＥに含めるが，「採取」(exploitation) はこれに含めていない。その理由は，採取活動は5条2(f)に基づき恒久的施設を構成すると定義されているからである。井戸が6ヶ月ドリルされる場合にそのドリルリグ(a drilling rig)は恒久的施設を構成しないが，翌月から生産が開始する場合には当該井戸は生産開始日に恒久的施設となる。

(4) 恒久的施設の除外

　5条4は，5条1～3の規定にかかわらず，次のことは「恒久的施設」とな

らないとし,「恒久的施設の除外」について規定する。

> (a) 企業に属する物品又は商品の保管,展示又は引渡しのためにのみ施設を使用すること。
> (b) 企業に属する物品又は商品の在庫を保管,展示又は引渡しのためにのみ保有すること。
> (c) 企業に属する物品又は商品の在庫を他の企業による加工のためにのみ保有すること。
> (d) 企業のために物品もしくは商品を購入し又は情報を収集することのみを目的として,事業を行う一定の場所を保有すること。
> (e) 企業のためにその他の準備的又は補助的な性格の活動を行うことのみを目的として,事業を行う一定の場所を保有すること。
> (f) (a)〜(e)に掲げる活動を組み合わせた活動を行うことのみを目的として,事業を行う一定の場所を保有すること。ただし,当該一定の場所におけるこのような組合せによる活動の全体が準備的又は補助的な性格のものである場合に限る。

　この規定は,OECDモデル条約の規定(5条4)と同文である。OECDモデル条約コメンタリーによれば,5条4は,5条1(一般的定義)の例外規定であり,恒久的施設とされない事業活動を規定している。これらの活動に共通する特徴は,「準備的又は補助的な活動」である。この規定の趣旨は,一方の締約国の企業が他方の締約国内において純粋に準備的又は補助的な活動を行う場合には,他方の締約国において課税されることがないようにすることである。OECDモデル条約5条3(e)は,準備的又は補助的な性質を有する活動だけを目的として,企業が事業を行う一定の場所を保有することを「恒久的施設」とみなさないことを規定するが,5条1の例外となるべきものを(a)〜(d)のように列挙するまでもなく,包括的かつ抽象的に含む規定である。しかし,「準備的又は補助的な性格を有する活動」と「準備的又は補助的な性格を有しない活動」

第 2 章　日米租税条約の重点

を区別することは，困難であるが，コメンタリーは，その決定基準は，企業全体としての活動の「本質的かつ重要な部分」を成すか否かであるという。一般企業にとっては補助的な活動であっても，そのような活動を本業とする企業にとっては当該企業の一般的目的と同一の目的をもって事業を行う一定の場所はもはや準備的又は補助的な活動を行う場所といえない。

　多国籍企業が，世界各国の子会社や支店等に関して財務会計等の管理を目的として事務所を設置した場合，この事務所は当該企業グループの補助的な管理機能を分担する場合，この事務所は（ⅰ）事務所であること，（ⅱ）機能的に本店機能の一部である「管理の場所」であること，（ⅲ）当該企業の「本質的かつ重要な部分」を成すこと，を理由として，単なる準備的又は補助的な性質を有する活動といえず，「恒久的施設の除外」に該当するという主張は否定される。

　企業がアフターサービスのため顧客に供給した機械の補修部品を供給し，当該顧客の機械の維持修理のために事業を行う一定の場所を維持することは，（ⅰ）単なる「引渡し」を超える活動を行っていること，（ⅱ）これらの活動は企業のサービスの本質的かつ重要な部分を成すこと，を理由として，単なる準備的又は補助的な性質を有する活動といえず，「恒久的施設の除外」に該当するという主張は否定される。

　5条4(f)については，OECDモデル条約と米国モデル条約では相違がある。

　企業が(a)〜(e)に規定する事業を行う場所を複数有する場合にはそれぞれの事業を行う場所を別個に切り離して観察する。(a)〜(e)の組合せが全体として準備的又は補助的な性格を有する活動である場合にはこれらの活動の組合せが恒久的施設とされることはないが，米国モデル条約では，組合せはその構成要素である各活動と別個のものとして準備的又は補助的であることという要件を加えずに恒久的施設とならないとみなされる。準備的又は補助的な活動が組み合わされる場合，その組合せは一般に準備的又は補助的な性格を有する。そうでなければ，このような活動の組合せから恒久的施設が生じることもある。

(5) **代理人ＰＥ（従属代理人）（a dependent agent）**

　5条5は、「企業に代わって行動する者（6の規定が適用される独立の地位を有する代理人を除く）が、一方の締約国内で、当該企業の名において契約を締結する権限を有し、かつ、この権限を反復して行使する場合には、当該企業は、その者が当該企業のために行うすべての活動について、当該一方の締約国内に恒久的施設を有するものとされる。ただし、その者の活動が5条4に掲げる活動のみである場合は、この限りでない」と規定する。この規定は、ＯＥＣＤモデル条約の規定（5条5）及び米国モデル条約の規定（5条5）と同文である。企業が5条1～2にいう「事業を行う一定の場所」を有しない場合であっても、企業のために行動する代理人がいるときは、その代理人が独立代理人（5条6）でなく、従属代理人であるならば、恒久的施設を有するものとして取り扱われる。この規定は、従属代理人の要件として、（ⅰ）企業の名において契約を締結する権限を有すること、及び（ⅱ）この権限を反復して行使すること、を明記している。この要件を回避するために、企業を拘束する契約であるが、企業の名において締結したものでない契約を締結する代理人も存在するが、このような代理人も恒久的施設とされる。契約を締結する権限は、企業の固有の事業を構成する業務に関連する契約の締結権であることを要する。この点については、ＯＥＣＤモデル条約のコメンタリーが「たとえ契約が企業の名において締結されていない場合でも、当該企業を拘束する契約を締結する者を恒久的施設とする」趣旨であると述べている。

(6) **独立代理人（an independent agent）**

　5条6は、企業は通常の方法でその業務を行う仲立人、問屋その他の独立の地位を有する代理人を通じて一方の締約国内で事業を行っているという理由のみでは、当該一方の締約国内に恒久的施設を有するものとされないと規定する。この規定は、ＯＥＣＤモデル条約の規定（5条6）及び米国モデル条約の規定（5条6）と同文である。

　代理人が本人である企業から独立しているか否かの事実認定は、代理人が当

該企業に負う責任の範囲に左右される。企業のために行う商業上の活動が当該企業の詳細な指示と包括的な管理下に置かれる場合には，独立性を認められず，企業リスクの負担者が代理人であるか，本人である企業であるかも，重要な判定基準となる。本人の数も考慮に入れるが，必ずしも決定的なものではない。代理人の活動が，危険負担，企業家としての技能と知識の利用により報酬を得て遂行する自立的な事業を構成するか否かを決定するためには，すべての事実及び状況を考慮に入れなければならない。特定の活動が代理人の「事業の通常の過程」の範疇に入るか否かを決定するに当たって，代理人が行う他の事業活動でなく，独立の代理人としての取引において慣習的に行われる事業活動を検証する必要がある。

(7) 関連会社

一方の締約国の居住者である法人が，他方の締約国の居住者である法人もしくは他方の締約国内において事業(恒久的施設を通じて行われるものであるか否かを問わない)を行う法人を支配し，又はこれらに支配されているという事実によっては，いずれの一方の法人も，他方の法人の恒久的施設とはされない（5条7）。この規定は，OECDモデル条約の規定（5条7）と同文である。ある法人が関連法人の恒久的施設になるか否かは，5条1～6に定める事実のみに基づいて決定されるのであって，法人間の所有関係又は支配関係に基づくものでない。

10　国際運輸業所得[115]

船舶又は航空機の運用による国際運輸業所得については，相互主義に基づき源泉地国課税の排除を規定する。旧条約では，登録要件の下で相互免税を定めていたが，調印当時の日米経済関係を考慮に入れ，米国の居住者が運用する船舶又は航空機については米国登録のものに限り免税としたが，日本の居住者が運用する船舶又は航空機については日本登録のものに限らず，賃借する船舶又は航空機も免税とされた。旧条約では，日本は源泉地国として米国居住者の国

際運輸業所得を登録要件の下で免税とし，米国が源泉地国として日本居住者の国際運輸業所得を企業体主義により免税とした。ＯＥＣＤモデル条約では，企業の実質管理の場所にのみ課税権を与え，源泉地国課税を排除している。

　新条約では，企業の居住地国のみに課税権を与えることとした。国際運輸業を営む事業体は，通常，多数の国に多数の恒久的施設を有しているので，国際運輸業所得に７条（事業所得）を適用すると，国際運輸業所得のうち恒久的施設に帰属する部分を計算する。

(1)　国際運輸業所得の相互免税

　一方の締約国の企業が船舶又は航空機を国際運輸に運用することによって取得する利得に対しては，当該一方の締約国においてのみ課税することができる（８条１）。「一方の締約国の企業」とは，一方の締約国の居住者が営む企業をいい（３条１(h)），「国際運輸」とは，一方の締約国の企業が運用する船舶又は航空機による運送(他方の締約国内の地点の間においてのみ行われる運送を除く)をいう（３条１(i)）。７条（事業所得）７は国際運輸業所得については８条（国際運輸業所得）の優先適用を認めているので，一方の締約国の居住者が取得する国際運輸業所得は，たとえ企業が他方の締約国内に恒久的施設を有する場合でも，当該他方の締約国において課税されない。したがって，米国航空会社が日本国内にチケット・オフィスを有している場合でも，日本は７条により当該チケット・オフィスに帰属する利得に課税することはできない。

(2)　国際運輸業所得の範囲の拡大

①　船舶又は航空機の賃貸によって取得する所得

　８条２は，この条の適用上，船舶又は航空機を運用することによって取得する利得には「船舶又は航空機の賃貸によって取得する利得」（裸用船による船舶又は航空機の賃貸によって取得する利得については当該賃貸が船舶又は航空機の国際運輸における運用に付随するものである場合に限る）が含まれる。船舶又は航空機の国際運輸における直接運用から取得する所得のほか，このような国際

運輸活動に密接な関連を有する一定の賃貸所得も，次のとおり国際運輸業所得に含まれる。

（ⅰ）　一方の締約国の企業が船舶又は航空機のフルベースの賃貸から取得する所得は，当該船舶又は航空機が国際運輸において使用される場合，貸主の船舶又は航空機の国際運輸における運輸からの所得であり，他方の締約国において免税される。

（ⅱ）　船舶又は航空機の裸用船によるリースからの所得は，貸主の船舶又は航空機の国際運輸における運用からの別の所得に付随する場合，上記（ⅰ）に含まれる。

新条約8条の範囲は，OECDモデル条約8条と一致するが，米国モデル条約の範囲よりも狭い。米国モデル条約では，借主による船舶又は航空機の運用に付随しない裸用船リースの賃貸料も免税範囲に含めている。一方の締約国の企業が船舶又は航空機の賃貸料から取得する所得で，8条の対象外となる種類の所得は，他方の締約国内にある恒久的施設に帰属すべき範囲に限り，他方の締約国において課税される。

② 国内運送によって取得する利得

いずれかの締約国内における貨物又は旅客の国内運送によって取得する利得は，当該運送が国際運輸の一部として行われる場合には，船舶又は航空機を国際運輸に運用することによって取得する利得として取り扱う。

米国の運輸会社が貨物を日本から米国の都市に運搬する契約を締結し，その契約の一部として，その貨物を出発点から日本の空港までトラックで運送し，又はトラック会社と貨物を空港まで運送する契約を締結する場合，米国の当該運輸会社が陸上輸送から稼得する所得は米国においてのみ課税される。8条は，貨物の国際運輸の一部としてはしけ運送からの所得にも適用される。

③ 付随する国内運送業務による利得

運輸会社が行う業務の統合部分である一定の運送以外の活動は，8条2には規定されていないが，8条1において規定されていると解される。一航空会社が他の航空会社のためにメンテナンス・サービスやケータリング・サー

ビスを提供することは、航空会社自体のサービス提供に付随する場合には、国際運輸業所得に含まれる。

OECDモデル条約のコメンタリーでは、国際運輸業の付随業務として、(ⅰ)他の企業のために行うチケットの販売、(ⅱ)空港と市内を結ぶバス輸送の運用、(ⅲ)広告又は商業的な宣伝、(ⅳ)海港又は空港と倉庫を結ぶトラックによる物品の運送、などを例示している。国際運輸業に従事する企業が運輸に関連して他方の締約国の荷受人に貨物を直接引き渡すことを引き受ける場合、この内陸運送は、国際運輸業の射程内にあると解される。国際運輸に船舶又は航空機を運用するために資産又は職員を必要とするが、企業が他の運送企業のために物品又は役務を提供することから所得を取得する場合、当該企業自体の船舶又は航空機の運用に関連していないので、当該所得は、通常、8条の対象範囲には含まれないが、当該企業の国際運輸における船舶又は航空機の運用に補助的又は付随的に第三者に物品又は役務を提供する場合にはこのような物品又は役務の提供による利得は、8条の対象範囲に含まれる。

国際運輸会社が別個の事業としてホテルを保有する場合、一般に、このような施設から生ずる利得は国際運輸業所得に含まれないが、ホテルの保有目的がトランジット旅客の宿泊施設を提供することであり、そのサービスの対価が航空券の価格に含められている場合には、当該ホテルを一種の待合室として考えることができる。

(3) 地方税の免除

いかなる米国の地方政府又は地方公共団体も日本の企業が船舶又は航空機を国際運輸に運用することにつき日本における住民税又は事業税に類似する租税を課さないことを条件として、米国の企業は、船舶又は航空機を国際運輸に運用することにつき日本において住民税及び事業税を免除される（8条3）。

地方税は、日米租税条約の一般対象税目とされていない。しかし、8条3がなかったとすれば、日本は米国の国際運輸会社に対し地方税を課すことになる。

国際運輸業所得に対する源泉地国課税を排除するには，国税のみならず地方税も排除しなければその目的を達することができない。旧条約では，「国際運輸業所得に対する地方税の相互免除に関する交換公文」において日本の事業税と米国の州政府その他の地方政府の「日本の事業税と実質的に類似する租税」を相互免税とする取扱いをしてきた。米国において連邦国家であるが故に連邦政府は州税及び地方税に干渉できず，州政府は外国との条約締結権がないために，地方税を租税条約の対象税目に含められないという特殊事情を考慮に入れて，日米両国政府は新条約においても交換公文において次の約束を交わした。

「条約8条3に規定する住民税又は事業税の賦課を回避するため，米国政府は米国の地方政府又は地方公共団体が日本の企業が船舶又は航空機を国際運輸に運用することによって取得する利得で，条約により連邦所得税が課されないものに対し，日本における住民税又は事業税に類似する租税を課そうとする場合には，当該地方政府又は地方公共団体に対し当該租税を課することを差し控えるよう説得するために最善の努力を払う。」米国財務省の理解によれば，米国において日本の国際運輸会社に対して現在米国のいかなる州税・地方税も課されていない。

(4) 国際運輸業におけるコンテナーに係る利得

一方の締約国の企業がコンテナー（コンテナーの運送のためのトレーラー，はしけ及び関連設備を含む）[116]を使用し，保持し又は賃貸することによって取得する利得に対しては，当該コンテナーが他方の締約国内においてのみ使用される場合を除くほか，当該一方の締約国においてのみ課税することができる（8条4）。米国は，コンテナーに係る相互免税の確保に努めている。この規定は，米国モデル条約の規定（8条3）とほぼ同文である。米国モデル条約では「企業が国際運輸における貨物の輸送のために使用されるコンテナーの使用，保持又は賃貸から取得する利得」の免税を規定している。3条（一般的定義）1（ⅰ）の「国際運輸」の定義は一方の締約国の企業が運用する船舶又は航空機による運送に限定されているので，8条4において「国際運輸」という用語を用いる

と，第三国の企業が運用する船舶による国際運輸における使用のためにコンテナーを賃貸する米国企業の場合には，米国モデル条約に一致しない結果を生じることを考慮に入れ，「国際運輸」という用語の使用を避けていることに留意すべきである。したがって，8条4は，所得の受領者が国際運輸に船舶又は航空機を運用することに従事しているか否か，企業が他方の締約国内に恒久的施設を有するか否かを問わず，一方の締約国の企業がコンテナーから取得する利得について当該他方の締約国における租税を免除することを規定しているのである。OECDモデル条約のコメンタリーは，国際運輸に従事する企業が船舶又は航空機の国際的な運用に補完的又は付随的にコンテナーを賃貸することによって取得する利得は，8条の適用範囲に含まれると述べている。この点で，新条約の免税の範囲は，OECDモデル条約の予定する範囲と異なる。

(5) 共同計算等

　8条1～4の規定は，共同計算，共同経営又は国際経営共同体に参加していることによって取得する利得についても，適用する（8条5）。この規定は，OECDモデル条約の規定（8条4）と同文である。国際運輸業には多様な国際協力が共同経営から生じる収入の配分に関する運賃プール契約等の慣習を形成してきた。この規定は，一方の締約国の企業が共同計算，共同経営又は国際経営共同体に参加する場合に取得する利得の課税関係を明確にするものである。

(6) 他の条との関係

　この条は，1条4(a)のセービング・クローズの対象となる。日本居住者である米国市民が国際運輸における船舶又は航空機の運用から利得を取得する場合，8条1に規定する居住地国の排他的課税権にもかかわらず，米国は，23条3に規定する特別な外国税額控除を条件として，米国市民の全世界所得の一部として当該利得に課税することができる。8条に基づく源泉地国課税の排除は，企業が22条（特典制限条項）により特典を受けることができる場合にのみ，適用される。

11 明示なき所得（Other Income）

　21条は，6条～20条に規定する所得に該当しない条約に明示なき所得の取扱いを定める。俗に「ごみため規定」(Catch-all provision) といわれる包括規定として，21条は，条約において個別に規定された所得以外のすべての所得に対する課税権の配分を決定する重要な規定である。

　明示なき所得については，先進国としては源泉地国課税を排除するため，居住地国のみに課税権を配分するが，発展途上国としては源泉地国に課税権を配分することを望む傾向がある。ＯＥＣＤモデル条約では，明示なき所得は，①明示的に規定されていない種類の所得と②明示的に規定されていない源泉から生じる所得及び③一方の締約国で生ずる所得だけでなく第三国から生ずる所得を含むものとした上で，これに対する排他的課税権を居住地国に与えている。旧条約では，締結当時の日本の対米ステータスは，当初条約締結時に比べればすでに先進国の仲間に入っていたとはいえ，なお相対的には先進国に対する発展途上国の立場であり，税収確保のため国内法どおりの課税を行うことを意図して「明示なき所得」条項を置かなかったのである。いま，日米は対等の戦略的パートナーとして相互の地位を認める以上，このような排他的課税権を居住地国に与える包括的規定を置かざるを得ない。どうしても，国内法どおりの課税を行う所得については，条約においてその旨を規定する必要がある。新条約では，匿名組合の利益の分配がその好例といえる。

　国連モデル条約は，輻輳した「明示なき所得」条項を有している。原則的には居住地国に排他的課税権を与えるが，3項においては源泉地国にも課税権を認めている。日本の条約例も，ＯＥＣＤモデル条約に準拠するものと源泉地国課税とするものに分かれている。

　21条の「明示なき所得」には，賭博，罰則的な損害賠償，不競争契約などからの所得，一定の金融商品からの所得などが含まれる。新条約では，一方の締約国で発生する使用料については12条で規定するが，第三国で発生する使用料で恒久的施設に帰属しないものは，21条の適用対象となる。議定書8により，

一方の締約国の居住者が支払いかつ他方の締約国の居住者が受益者である有価証券の貸付に関連する料金，保証料及び融資枠契約に係る手数料については，受益者の源泉地国における恒久的施設に帰属しない限り，居住地国のみで課税されることと定めているが，このルールは条約の他の各条で取り扱われない所得に適用されるべき「明示なき所得」条項のルールと一致する。米国では，パートナーシップのパートナーは，毎年「パートナーシップの所得」(partnership income) の「分配持分」(distributive share) を自己の所得に算入するので，「パートナーシップの分配」それ自体は所得を生じないという理論で，パートナーシップからの分配は所得を構成しないが故に，21条によっても取り扱われないということになる。このことは，「信託からの分配」(distributions from trusts) も同様である。信託の所得と分配は，「分配可能純所得」(distributable net income：ＤＮＩ) の性格を有するため，別の条項が適用されるべきものとされている。

(1) 居住地国に排他的課税権を付与する原則

一方の締約国の居住者が受益者である所得（源泉地を問わない）で，前各条に規定がないもの（明示なき所得という）に対しては，当該一方の締約国においてのみ課税することができる（21条1）。

(2) 恒久的施設に実質的関連を有する明示なき所得

21条1の規定は，一方の締約国の居住者である所得（不動産から生ずる所得を除く）の受益者が，他方の締約国内において当該他方の締約国内にある恒久的施設を通じて事業を行う場合において，当該所得の支払の基因となった権利又は財産が当該恒久的施設と実質的な関連を有するものであるときは，当該所得については，適用しない。この場合には7条の規定を適用する（21条2）。

日本居住者の米国外源泉所得であって米国内にある恒久的施設に帰属するものは，7条の規定に基づき米国によって課税される。このことは，米国居住者が日本国外源泉所得であって日本国内にある恒久的施設に帰属するものは，この条約上，同様に7条の規定に基づき日本によって課税されると解されるが，

現実には，日本の国内法上，非居住者又は外国法人に対する課税権を「国内源泉所得」に制限しているため，たとえ恒久的施設に帰属する国外源泉所得であったとしても，「国外源泉所得」であるとの理由で課税権を放棄している。日米両国の相互主義を貫くために，条約上の帰属主義により国内にある恒久的施設に帰属する国外源泉所得に対しても課税することができるよう国内法の改正を検討すべきであろう。

(3) 匿名組合の利益の分配

新条約では，日本における「匿名組合」[117](a sleeping partnership) について次の特別な規定を設けた（議定書13）。

(a) 条約の適用上，米国は（ⅰ）匿名組合契約（a sleeping partnership contract）又はこれに類する契約によって設立された仕組み（an arrangement created by a sleeping partnership contract or similar contract）を「日本居住者でないもの」として取り扱い，かつ，（ⅱ）「当該仕組みに従って取得される所得」(income derived subject to such an arrangement) 及び「当該仕組みに従って行われる分配」(distributions made pursuant to the arrangement) に各国の税法を適用することができるものとする。米国は，当該仕組みに従って取得される所得は，「当該仕組みの参加者によって取得されないもの」として取り扱うことができる。この場合，当該仕組み又は当該仕組みの参加者のいずれも，「当該仕組みに従って取得される所得」について条約の特典を受ける権利を有しない。

(b) 条約のいかなる規定も，日本が匿名組合契約又はこれに類する契約に基づいてある者が支払う利益の分配でその者の日本における課税所得の計算上控除されるものに対して，日本の法令に従って，源泉課税することを妨げるものではない。

日本の税法では，当該仕組みに従って取得される所得は，営業者(active partner or operator) の所得として取り扱われる。営業者は，匿名組合員 (sleeping partner or investor) に支払う金額を課税所得の計算上損金として控除することができる。匿名組合員は，「当該仕組みに従って行われる分配」として課税所

得に算入する。

　商法上の匿名組合は，「匿名組合契約」として規定され，当事者の一方が相手方の営業のために出資をなし，その営業より生ずる利益を生ずる利益を分配すべきことを約するによりてその効力を生ずると定められている（商法535条）。通説では，匿名組合は，商法上の契約であり，税法上の納税主体（taxable entity）であり，事業主体は営業者であり，税法上も納税主体とされるが，営業者は事業に係る利益の分配の額を課税所得の計算上控除することができるため，実際には当該事業に課税されず，結局匿名組合員が匿名組合の利益の分配を自己の所得に算入して課税を受けるものとされている。新条約では，「組合」を団体と認めているので，匿名組合を団体と認める立場に立つとき，「課税されるべきものとされる者」といえるが，現行通達の下ではこれは団体課税される団体ではなく，構成員課税される団体であるということになる。同じく構成員課税される団体として民法上の任意組合があるが，日本においては，匿名組合の性格について，営業者を中心に「ペイスルー型事業体」と捉え，「パススルー型事業体」である民法上の任意組合の性格と区別する考えがある。パススルー型事業体であるかペイスルー型事業体であるかを問わず，構成員課税するためには，誰が構成員となっているか，事業体としての所得金額はいくらであるか，契約上の利益の配分（allocation）はどのように行われているか，実際に利益の分配（distribution）がどのように行われているか，などの情報が課税庁に提供されなければ，構成員の申告だけでは適正な課税は実現不可能である。逆にいえば，匿名組合は，いわゆる「使い勝手のよい事業体」としてＴＫ人気を呼んだ。しかし，匿名組合を利用した租税回避のためのスキームが国境を越えて外国の匿名組合員によって活用される場合，適正な課税を行うため，日本は次のような対抗措置を講じてきた。

　① 平成14年度税制改正前
　(ⅰ) 匿名組合員が10人以上で国内に恒久的施設がある場合
　　　匿名組合契約等に基づく利益の分配に対し20％の税率による源泉徴収を行い，その後に総合課税を行う。

(ⅱ)　匿名組合員が10人以上で国内に恒久的施設がない場合

　　　匿名組合契約等に基づく国内源泉所得である利益の分配に対し源泉徴収を行う。

(ⅲ)　匿名組合員が10人未満で国内に恒久的施設がある場合

　　　匿名組合契約等に基づく利益の分配は,「国内にある資産の運用又は保有により生じる所得」に該当するため, 1号所得して総合課税を行う。

(ⅳ)　匿名組合員が10人未満で国内に恒久的施設がない場合

　　　上記(ⅲ)と同じ。

　匿名組合の利益の分配は,事業所得とすると,国内に恒久的施設がない場合に課税できないため,「国内にある資産の運用又は保有により生じる所得」と分類し,恒久的施設がなくても課税できるという論理で,基本的に確定申告による総合課税を行うこととしていた。この制度には,匿名組合に情報申告義務を課さずに国外の匿名組合員に申告義務を課している点や,匿名組合員が10人以上か否かで,源泉徴収義務の有無の基準としている点に,租税回避を誘発する原因があった。

② 　平成14年度税制改正

　外国法人の匿名組合契約等に基づく利益の分配に関する規定を改正した。改正前の11号所得は「国内において事業を行う者に対する出資につき匿名組合契約(これに準ずる契約を含む)について政令で定めるものに基づいて受ける利益の分配」であったが,改正後の11号所得は「国内において事業を行う者に対する出資につき匿名組合契約(これに準ずる契約として政令で定めるものを含む)に基づいて受ける利益の分配」とした。旧政令では,11号に規定する匿名組合の範囲は,(ⅰ)事業者が10人以上の匿名組合員と締結している匿名組合契約,(ⅱ)事業者の一方が相手の営業のために出資をし相手方がその事業から生ずる利益を分配することを約する契約で当該事業を行う者が10人以上の出資者と締結しているもの,とされていた。しかし,改正後は,「当事者の一方が相手方の事業のために出資をし,相手方がその事業から生ずる利益を分配することを約する契約」と改め,匿名組合員の人数にかかわらず,

図2−9 匿名組合契約に係る課税関係

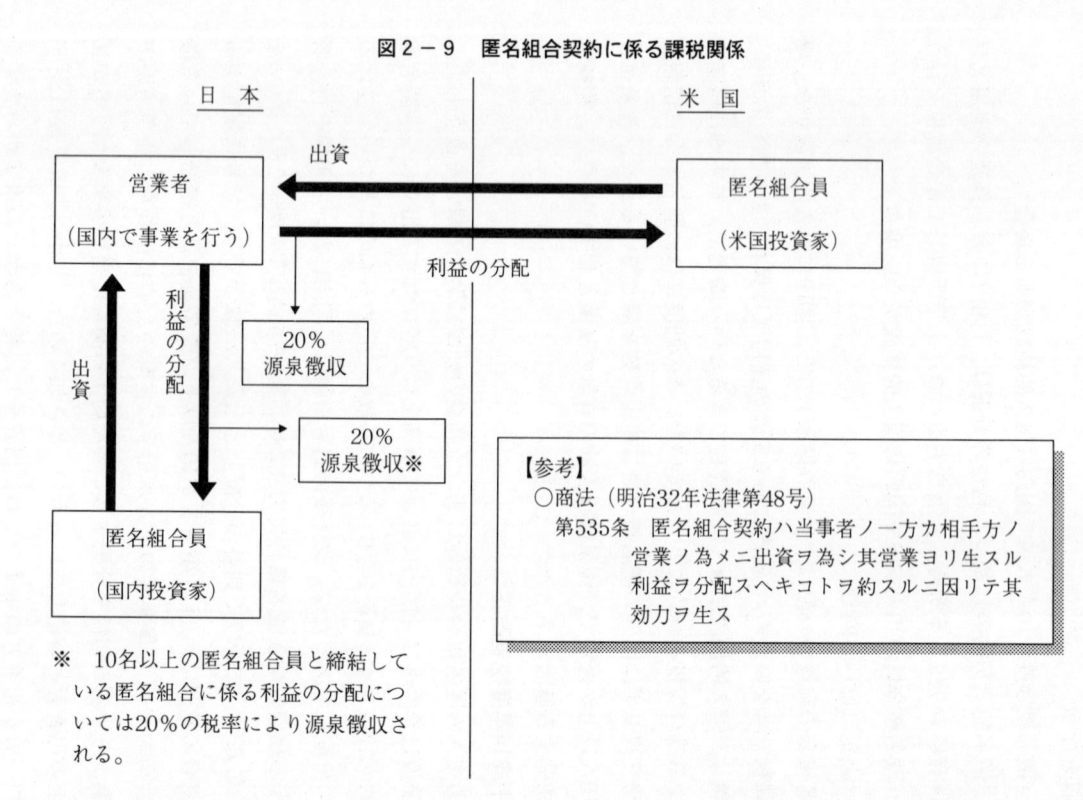

米 国

匿名組合員
(米国投資家)

[参考]
○商法（明治32年法律第48号）
第535条 匿名組合契約ハ当事者ノ一方カ相手方ノ営業ノ為メニ出資ヲ為シ其営業ヨリ生スル利益ヲ分配スヘキコトヲ約スルニ因リテ其効力ヲ生ス

日 本

営業者
(国内で事業を行う)

匿名組合員
(国内投資家)

出資
利益の分配
20% 源泉徴収
20% 源泉徴収

※ 10名以上の匿名組合員と締結している匿名組合に係る利益の分配については20%の税率により源泉徴収される。

政府税制調査会資料（平成15年11月14日総3−3）

第2章　日米租税条約の重点

匿名組合契約に基づき受け取る利益の分配は，1号所得でなく，11号所得とされ，源泉徴収により課税されることになった。

③　租税条約の適用関係

匿名組合の利益の分配の所得分類については，学説としては，（ⅰ）事業所得説，（ⅱ）利子説，（ⅲ）明示なき所得説などがある。適正な課税を行うため，源泉徴収を可能にするために11号所得とする改正が行われたが，改正前，匿名組合員の人数に応じて10人以上である場合には11号所得とし，10人未満の場合には「国内にある資産の運用又は保有により生じる所得」として，11号に該当しなくても，また，恒久的施設がない場合にも総合課税が行われるようにしていたことを考慮に入れる必要がある。このような理由から，日本は匿名組合の利益の分配を事業所得とすることができなかった。その論理的な結果として，租税条約における所得分類は，「明示なき所得」として考えられてきた。このような論理を利用して，米国法人がオランダ事業体を匿名組合員とする匿名組合を日本において組成し，その利益の分配に対して，日本及びオランダの租税条約の「明示なき所得」条項（源泉地国免税）を適用して日本で課税されず，オランダの国内法の免税制度や米国及びオランダの租税条約（80％所有要件を満たす親子会社間配当の免税）などを活用した節税スキームが合法的に成立する。ここに「課税の空白地帯」（non-double taxation）が生じる。

(4)　**新条約における匿名組合を利用した租税回避の防止**

上記③のような租税回避を防止するため，（ⅰ）日本の匿名組合契約に基づき米国から取得する所得，（ⅱ）日本の匿名組合から米国の匿名組合員に支払われる利益の分配について，議定書により租税条約の特典を与えず，両国の国内法に従って課税を行うこととした。

第7 特殊関連企業＝移転価格課税[118]

　9条は，OECD移転価格ガイドライン[119]及び米国の移転価格税制[120]（IRC482及び財務省規則）並びに日本の移転価格税制を考慮に入れている。関連企業の国際取引については価格操作による海外への所得移転が行われる可能性が多い。税負担を減少させるための海外への所得移転は，基本的には高税率国から低税率国へ行われると考えられるので，ほとんど同程度の税率で課税が行われる日米両国間では多国籍企業にとって所得移転のメリットがないはずであり，徒に移転価格課税を試みることは両国間の経済取引を阻害するという学説がある。この説は，企業の設定する移転価格を徒に否定することにより国際取引に著しい租税障害（tax barriers）を惹き起こすおそれがあることを警告する点では正しいが，同程度の税率をもつ二国間では所得移転が行われるはずがないという仮説は経済取引の実態を無視した教条的な仮説である。このような二国間取引で移転価格を利用した所得移転の実態は，（ⅰ）子会社の設立後事業が軌道に乗るまでは赤字状態が続くので，グループ企業としては子会社に所得移転をする方がグループ全体の税負担を減少させることができること，（ⅱ）子会社の資金調達の方法として出資形態をとると子会社が黒字化した時点で二段階課税を受け，融資形態をとると親会社が利子課税を受けるが，価格操作による資金供給ではこれらの課税を回避することができること，（ⅲ）寄附金課税や交際費課税，さらに使途不明金課税，使途秘匿金課税を回避するために価格操作による所得移転が利用されること，（ⅳ）特殊関連者間におけるマネーロンダリングのために典型的な手法として価格操作による所得移転が利用されること，（ⅴ）子会社の黒字化後二段階課税を回避するため「利益の抜き取り」や「隠れた配当」という目的で価格操作により親会社への利益償還を図ること，（ⅵ）第三国の介在法人を利用した見せ掛けの取引の価格操作により子会社及び親会社

の双方から第三国への所得移転を図ること，など枚挙にいとまがない。米国は，最も早くから国内及び国外の関連者間取引による「独立企業間価格」以外の価格を利用した所得移転に対応してきたが，OECD租税委員会においても特殊関連企業間における独立企業間価格以外の価格で行われた国際取引に関する利得の適当な調整 (appropriate adjustment) に適用すべき方法や原則の確立に努めてきた。OECDの努力の最初の成果は，1995年6月25日に「多国籍企業と税務当局のための移転価格決定に関する指針」と題する報告書である。この報告書は，国際的に合意された原則を表明し，独立企業原則の適用に関する指針を示すものであるが，その後のOECD租税委員会の検討の進展を反映するため，数次にわたり改定されている。

1 移転価格税制の概要

(1) 米国の移転価格税制

IRSは，複数の組織，営業又は事業が同一の持分 (the same interests) により支配され又は所有される場合に所得，所得控除又は税額控除を再配分することができる (IRC482, Reg. 1.482-1A, 1.482-2A, 1.482-1～1.482-6及び1.482-8)。米国では「支配」(control) という用語には法的強制力の有無を問わず，直接又は間接のあらゆる種類の支配が含まれる。「共通の支配を受ける納税者」(commonly controlled taxpayers) には，究極的に同一の持分によって支配される親会社とその子会社及び親会社によって直接に支配される兄弟姉妹会社が含まれる。この定義は，米国では法人だけでなく，共通の支配を受ける信託財産，遺産財団，パートナーシップその他の団体を含む。組織，営業又は事業が米国において法人格を与えられるか，設立されるか，又は関連されるかということは，IRSの再配分の権限を行使する際，無関係である。米国では，IRSの権限行使の前提条件は，共通の持分によって支配されるこれらの組織，営業又は事業の(ⅰ)脱税を防止するため又は(ⅱ)所得を明瞭に反映するため必要であると認めることである。

(a) 関連法人間の配分

IRC482の配分ルールは，被支配法人が別個の申告をするか，連結申告をするかを問わず，共通に支配されるすべての法人に適用される。IRSの真実の課税所得を決定する権限は，被支配法人の課税所得が「独立企業基準」(arm's length standard) に適合しないすべての場合に行使される (Reg. 1.482－1 A(b), 1 A(c), 1(a)及び1(f))。IRSは，「脱税の意図」を立証する必要がなく，取引（一連の取引を含む）の所得が実現したか否かにかかわらず，再配分を行うことができる。明瞭に所得を反映し又は租税回避を防止するために必要である場合，共通の被支配法人間の再配分を行うIRSの権限は，法人設立による損益の不認識，資産交換による損益の不認識などのIRCの不認識条項 (non-recognition provisions) に優先することができる。

(b) 外国所得の阻止

IRSが所得を創造し又はみなし所得を帰属させる権限を有するか否かという問題は，所得は発生しているが外国法令によって分配されず，また，外貨規制等によって支払われない場合にIRSがそのような外国所得を認識するよう納税者に要求できるか否か，また，いつの時点で要求することができるかという問題とは別の問題である。

外国規制が非関連者に類似の方法で影響している場合には，関連者間取引の独立企業間価格の決定においても考慮に入れられる (Reg. 1.482－1(h)(2))。

(c) IRSの再配分の回避

IRSの再配分を回避するため，被支配法人は取引において独立企業基準を満たす必要がある。しかし，類似の非関連者が用いる標準的な価格，コストその他の基準が必ずしも明確ではない。IRSは，関連者間取引の結果が独立企業幅 (arm's length range) 内に入る場合には，再配分の回避を認めることができる (Reg. 1.482－1(e))。

また，IRSの再配分の回避は，事前価格確認 (advance pricing agreements) 制度の活用によって行われる (Rev.Pro.99－32, 1999－2 C B 296)。

第2章 日米租税条約の重点

① 一般的な再配分基準

　被支配法人の真実の課税所得を決定するため，すべての場合に適用される基準は，非関連者との独立企業間取引を行う場合の「独立企業基準」である（Reg. 1.482－1(b)(1)）。関連者間取引は，非関連者が同一の状況で同一の取引に従事している場合に実現する結果と一致するときは，独立企業基準を満たすものとされる。IRSは，どのような取引についても「正確な独立企業間価格」（a precise arm's-length price）を要求するものでなく，関連者間取引の価格又は結果が独立企業幅の範囲内に入ることが立証される限り，再配分を行わない。関連者の真実の課税所得を反映するために必要な再配分の範囲を決定するに当たって，IRSは複数の取引の組み合わせた効果を考慮する。また，納税者の選択した取引形態を認めるとしても，被支配法人の行為がその契約に合致しない場合には，IRSはその契約上の取決めを無視することができる。また，IRSは，複数年度の比較対象取引や被支配法人に関する情報を考慮することができる。独立企業基準を決定する方法は，被支配法人が行う取引の種類によって異なる。関連者間取引の典型的な種類としては，（ⅰ）有形資産の譲渡，（ⅱ）有形資産の使用，（ⅲ）無形資産の譲渡，（ⅳ）無形資産の使用，（ⅴ）貸付金及び前渡金，（ⅵ）サービスの提供，などがある。資産の譲渡に関連してサービス提供を行うような関連取引について，IRSは，関連取引を最も合理的に審査するには分離して判断する方がよい場合，異なる方法を適用することができる。複数の方法が採用できる場合，取引の事実と状況の下で最も信頼できる基準を提供する方法によって独立企業間業績を決定しなければならない（Reg. 1.482－1(c)(1)）。最良の方法の選択に当たって考慮すべき要素としては，（ⅰ）使用する資料の完全性・正確性，（ⅱ）比較可能性の程度，（ⅲ）仮定の信頼性，（ⅳ）調整の程度及び正確性などがある。移転価格税制の重要な要素である関連取引と非関連取引との比較可能性の評価は，米国では，次の要素によって行われる。

　（ⅰ）関連者と非関連者の機能，（ⅱ）関連者が負担するリスクが稼得する所得に相応するか否か，（ⅲ）関連者が負担するリスクと非関連者が負担するリ

スクとの比較可能性，(ⅳ)請求されもしくは支払われる価格又は稼得される利得に影響する契約条件，(ⅴ)請求されもしくは支払われる価格又は稼得される利得に影響する経済条件，(ⅵ)関連取引と非関連取引において移転される資産又はサービスの類似性，などがある（Reg. 1.482－1(d)(1)）。

② 有形資産の譲渡に関する方法

関連者の有形資産の譲渡における独立企業間価格の決定において，次の五つの方法が定められている（Reg. 1.482－3(a)）。

（ⅰ） 独立価格比準法（comparable uncontrolled price method：CUP）

（ⅱ） 再販売価格法（resale price method：RP）

（ⅲ） 原価加算法（cost plus method：CP）

（ⅳ） 利益比準法（comparable profits method：CPM）

（ⅴ） 利益分割法（profit split method：PS）

米国では，利用可能なこれらの方法の優先順位を決めず，「最適方法」を選択することが認められる。

③ 無形資産の譲渡に関する方法

無形資産（当該資産の使用の権利を含む）の譲渡は，無形資産の譲渡の独立企業間対価が当該無形資産に帰属する所得に相応するものでなければならないという点で，他の資産の譲渡と異なる。関連者の無形資産の譲渡における独立企業間価格の決定は，次の方法によるものとされる。

（ⅰ） 独立取引比準法（comparable uncontrolled transaction method：CUT）

（ⅱ） 利益比準法（comparable profits method：CPM）

（ⅲ） 利益分割法（profit split method：PS）

④ 貸付金及び前渡金に関する方法

負債発生の日から返済されるまで関連者間の貸付金又は前渡金について利子を支払うべきである。関連者間の貿易の未収金については，発生月の翌3ヶ月目の初日前においては，利子の請求をする必要はない（Reg. 1.482－2(a)(1)(ⅲ)(B)）。債権者が通常貸付業に従事している場合，独立企業間利子を請求すべきである。このような請求が行われない場合，ＩＲＳは利子を認定

することができる。債権者が貸付業に従事していない場合には，事実及び状況に基づく独立企業間金利又はセーフヘイブン金利のいずれかが認められる。ただし，セーフヘイブン金利は，利息又は元金が米ドル以外の通貨で表示された貸付金又は前渡金には適用されない。1986年5月9日以後の貸付金又は前渡金につき支払われる利子又は支払われることとなる利子については，当該貸付金又は前渡金の契約日におけるAFRの100%～130%とされる（IRC 1274(d)）。

⑤ サービスの提供に関する方法

関連者間サービス提供が独立企業間対価未満で行われる場合には，IRSは当該サービス提供の独立企業間対価を反映するよう適当な調整を行うことができる。独立企業間対価は，当該サービスが両当事者の事業活動の統合的な部分とされる場合を除き，当該サービスを提供する当事者が負担する直接もしくは間接の費用又は所得控除に相当するものとされる。

⑥ 有形資産の使用に関する方法

関連者が有形資産を使用する場合，独立企業間賃貸料を請求する必要がある。いずれの当事者も賃貸業に従事していない場合，1986年5月9日以後のリースについては，セーフハーバー賃貸料が適用される。セーフハーバー賃貸料は，資産の減価償却費及び減価償却の帳簿価額の3%の合計額並びに当該資産に係る直接又は間接費用（支払利子を除く）に相当するものとされる。

(2) 日本の移転価格税制[121]

日本は，昭和61年（1986年）に移転価格税制，平成4年（1992年）に過少資本税制を導入した。移転価格税制は，米国が1928年，フランスが1933年，イギリスが1970年，ドイツが1972年に導入しているなど，OECD加盟国についてみても，日本の導入はきわめて遅れていた。しかし，日本も，企業の多国籍化の進展に対応する必要性やタックス・ヘイブン対策税制の補完税制の必要性，さらに，国際社会と共通の制度の下で税収の国外流出を防止する必要性を痛感し，移転価格税制を有する国になった。

日本の制度は，法人が国外関連者との間で行う取引を「独立企業間価格」より低い価格で販売し，高い価格で仕入れるなど，課税所得を減少させる場合には，その取引は独立企業間価格で行われたものとみなして課税所得を計算する制度である。米国では個人及び法人を適用対象者とするが，日本では法人のみを適用対象とした。対象取引について，米国では国内取引及び国際取引の双方を含めるが，日本では国際取引のみに限定した。適用対象取引（国外関連取引）は，（ⅰ）法人とその国外関連者との間における資産の販売，購入，役務の提供その他の取引であり，（ⅱ）法人が国外関連者から受ける対価が独立企業間価格に満たない取引又は法人が国外関連者に支払う対価が独立企業間価格を超える取引である。国外関連者は，（ⅰ）二法人のいずれか一方の法人が他の法人の株式等の50％以上を直接又は間接に保有するか，（ⅱ）二法人が同一の者によってそれぞれの株式等の50％以上を直接又は間接に保有されるか，あるいは（ⅲ）役員派遣や事業活動の相当部分の依存関係など二法人のいずれか一方が他方の法人の事業方針の全部又は一部につき実質的に決定することができる関係，など「特殊の関係」がある外国法人である。

　独立企業間価格の算定方法としては，①基本三法として（ⅰ）独立価格比準法，（ⅱ）再販売価格基準法，（ⅲ）原価基準法，②その他の方法（基本三法が使用できない場合に用いる方法）として（ⅰ）基本三法に準ずる方法，（ⅱ）利益分割法，（ⅲ）取引単位営業利益法[122]が認められる。米国では，利益比準法（CPM）が認められているが，日本ではこれを認めていない。

2　新条約における特殊関連企業(Associated Enterprises)と移転価格課税

　9条1は，次の(a)又は(b)に該当する場合であって，そのいずれの場合においても，商業上又は資金上の関係において，双方の企業の間に，独立企業間に設けられる条件と異なる条件が設けられ又は課されているときは，その条件がないとしたならば，一方の企業の利得となったとみられる利得であってその条件

のために当該一方の企業の利得とならなかったものに対しては，これを当該一方の企業の利得に算入して課税することができる。

> (a) 一方の締約国の企業が他方の締約国の企業の経営，支配又は資本に直接又は間接に参加している場合
> (b) 同一の者が一方の締約国の企業及び他方の締約国の企業の経営，支配又は資本に直接又は間接に参加している場合

この規定は，OECDモデル条約の規定（9条1）と同文である。

この規定は，移転価格税制を適用する前提条件としての「特殊関連企業」を定義する。「特殊の関係」の存否を判定する要素は，米国のIRC482の基準でもある「実質的な支配」(effective control) である。この規定においては，すべての種類の支配が含まれる。議定書5は，「企業の利得の決定に当たって，9条にいう独立企業原則（the arm's-length principle）は，一般に，当該企業とその関連企業との間の取引の条件と独立企業間取引の条件との比較に基づいて適用される。」と企業利得の決定の根拠を明瞭に述べている。

比較対象取引が存在しないか又は企業として比較対象取引のデータが入手できないため独立企業間取引に基づく分析が不可能であるので，「一般に」基準を満たすとされるものを用いる必要がある。議定書5は，比較可能性に影響を与える要因として次の五つの要素を明記している。

（ⅰ）移転された財産又は役務の特性
（ⅱ）当該企業とその関連企業が使用する資産及び引き受ける危険を考慮した上での当該企業及びその関連企業の機能
（ⅲ）当該企業とその関連企業との間の契約条件
（ⅳ）当該企業とその関連企業の経済状況
（ⅴ）当該企業とその関連企業が遂行する事業戦略

この比較可能性の五つの要因は，OECD移転価格ガイドラインで定められたもの[123]及び米国の移転価格税制[124]（Reg. 1.482-1(d)）並びに日本の移転

価格税制[125]に合致するものである。日米両国が, シークレット・コンパラブルの問題[126]や米国における利益比準法（CPM）をめぐる問題[127]を解決するため, OECD移転価格ガイドラインを遵守することによって問題に対処することで合意した。交換公文3は,「二重課税は, 両締約国の税務当局が移転価格課税事案の解決に適用されるべき原則について共通の理解を有している場合にのみ回避し得る。このため, 両締約国は, この問題についての国際的コンセンサスを反映しているOECD移転価格ガイドラインに従って, 企業の移転価格の調査を行い, 及び事前価格取決めの申請を審査するものとする。各締約国における移転価格課税に係る規則（移転価格の算定方法を含む）は, OECD移転価格ガイドラインと整合的である限りにおいて条約に基づく移転価格課税事案の解決に適用することができる。」と規定した。

関連企業間取引であるという事実だけで, 一方の締約国は, 9条に基づいて一方又は双方の企業の所得又は損失を調整することはできない。たとえ関連企業間取引であったとしても, 当該取引の条件が独立企業間で設けられる条件と一致する場合には, 当該取引から生じる所得は, 9条の調整の対象とされない。また, 特殊関連企業が①コスト・シェアリング・アレンジメントやゼネラル・サービス契約を締結したという事実だけでは, 両企業が9条1により調整すべき非独立企業間取引（non-arm's-length transaction）を締結したことにはならない。このようなアレンジメントについては, それが独立企業基準を満たすか否かを調査しなければならない。

1986年税制改革法によりIRC482に追加された無形資産の移転価格の決定に関する「所得相応基準」(the commensurate with income standard) は, 独立企業基準に合致するように導入された。両締約国は, 関連者間の調整に関する国内法の規定を適用する権利を留保し, 脱税や租税詐欺の場合に調整する権利を留保する。

9条は, 税務当局が過少資本問題を取り扱うことを認める。OECDモデル条約のコメンタリーでは, 過少資本について, (a)9条は過少資本に関する国内法の適用の効果が借手の利得を独立企業であれば発生したであろう利得に接近

させるものである限り，国内法の適用をさまたげないこと，(b) 9条は融資契約の利率が独立企業間利率であるか否かの決定に関係するだけでなく，表見的な融資が別の支払か出資かの判定にも関係すること，(c)過少資本の規定は独立企業間利得を超えて国内企業の課税所得を増額すべきでないことと定めている。

3　対応的調整

　一方の締約国において租税を課された当該一方の締約国の企業の利得を他方の締約国が当該他方の締約国の企業の利得に算入して租税を課する場合において，当該一方の締約国が，その算入された利得が，双方の企業の間に設けられた条件が独立企業間に設けられたであろう条件であったとしたならば当該他方の締約国の企業の利得となったとみられる利得であることにつき当該他方の締約国との間で合意するときは，当該一方の締約国は，当該利得に対して当該一方の締約国において課された租税の額について適当な調整を行う。この調整に当たっては，この条約の他の規定に妥当な考慮を払う（9条2）。

　この規定は，OECDモデル条約の規定（9条2）と同文である。

　この規定は，旧条約においては，設けられていなかった（11条）。9条1により，他方の締約国で移転価格課税が行われ，他方の締約国の企業の行為計算が否認された結果，同一取引から生じる同一所得が双方の締約国で課税されることになる。このような二重課税は，同一の者が双方の締約国で課税される法的二重課税に対して，経済的二重課税といわれている。しかし，このような経済的二重課税を放置すると，両国間の国際取引は著しく阻害されるので，独立企業原則に基づき，必要かつ適当な調整を行うことが必要となる。これを「対応的調整」（correlative adjustment又はcorresponding adjustment）という。旧条約では，対応的調整を義務づける規定はなかったが，現実に日本企業の米国子会社等が米国で移転価格課税を受けた場合に，日本において対応的調整を可能にするよう国内法（租税条約実施特例法7条）において，日本企業の更正の請求に基づき減額更正ができる規定を設けた。この対応的調整の前提として，日米両国

の権限のある当局の条約に基づく合意が必要であることとし，その合意は相互協議（25条）によるものとしていた。新条約では，ＯＥＣＤモデル条約の規定に従う形で，両締約国の合意を条件として対応的調整を行うことを条約上明記した。ＯＥＣＤモデル条約のコメンタリーでは，他方の締約国による増額更正を理由として一方の締約国による減額更正が自動的に行われると解すべきでなく，このような減額更正は両締約国が合意する場合にのみ行われるべきであると述べている。対応的調整が行われた場合，一方の当事者は独立企業原則によれば有することのできない資金を占有することになる。この資金をどのように取り扱うべきかという問題が生じる。ＯＥＣＤモデル条約のコメンタリーでは，「第二次調整」は，取引が独立企業原則に基づいて行われた場合と同一の状況を設定するため必要とされるものであるが，個別事案の事実関係に依存するので，国内法で第二次調整が認められる場合には９条２はこの調整を妨げるものではないといい，特に第二次調整の取扱いを拘束しない。米国では，一般慣行として，当事者の関係に応じて，このような資金を配当又は資本の拠出とみなすこととしている。一定の状況において，当事者はこのような資金を独立企業原則に基づいて有することになる当事者に戻すことを認められ，この資金の返還を行うための未払勘定を設けることも認められる（Rev. Pro. 99-32, 1999-2 CB296）。

　米国における第二次調整によりみなし配当として源泉徴収税が課されることについて日本産業界はこのような取扱いを止めさせるように要望していたが，この要望は実現しなかった。日本では，第二次調整は行わないこととしている。この点については，相互主義は貫かれていない。

　対応的調整が行われる場合，これを行う締約国の国内法における期間制限その他の手続上の制限によって相互協議の結果合意に達したにもかかわらず，減額更正による救済が受けられないようなことが起こらないように措置すべきである。ＯＥＣＤモデル条約のコメンタリーでは，対応的調整の義務については期間の制限はないとするが，期間制限を設けるか否かは各国内法に委ねるともいう。

4　移転価格課税の期間制限

　一方の締約国は，9条1にいう条件がないとしたならば，当該一方の締約国の企業の利得として更正の対象となったとみられる利得に係る課税年度の終了時から7年以内に当該企業に対する調査が開始されない場合には，1にいう状況においても，当該利得の更正をしてはならない。9条3の規定は，不正に租税を免れた場合又は定められた期間内に調査を開始することができないことが当該企業の作為もしくは不作為に帰せられる場合には，適用しない（9条3）。

　日本の更正期間制限は，通常の場合3年であるが，移転価格課税の場合6年とされている。これに対して，米国では賦課期間は通常の場合3年であり，総所得の25％超の除外や同族持株会社の無申告などの場合6年とされるが，「賦課期間延長の同意」制度があるため，事実上，無制限で移転価格課税が行われる。税務当局からみれば，これは優れた制度であるが，在米企業の立場からみれば，帳簿等の長期保存や利子税の問題など過大な負担を強いられる状態が続いていた。新条約の交渉に当たって改善を求める要望が大きい問題であった。日本の条約例にも，移転価格課税の更正の期間制限を定めるものが，現われてきた。カナダは7年，韓国は10年，マレイシアは10年と定めている。

　新条約では，「更正の対象となったとみられる利得に係る課税年度の終了時から7年以内に当該企業に対する調査が開始されない場合」と規定し，「更正の期間制限」ではないが，「調査の期間制限」を定めることに成功した。租税実務家は，「税務調査の開始」概念が明瞭でないため，米国において「更正の期間制限」にどの程度実効性があるかと懸念する[128]が，旧条約の場合に比べると，在米企業の予測可能性が高まり，実務的な負担の軽減に役立つ規定になると思われる。

5　独立企業間価格を超える所得

　新条約では，利子，使用料及び明示なき所得の各条項において独立企業間価

格を超える所得に対して5％以下の税を課することとした。

(1) 独立企業間利子を超える超過分

　利子の支払の基因となった債権について考慮した場合において利子の支払者と受益者との間又はその双方と第三者との間の特別の関係により，当該利子の額が，その関係がないとしたならば支払者及び受益者が合意したとみられる額を超えるときは，11条の規定は，その合意したとみられる額についてのみ適用する。この場合には，支払われた額のうち当該超過分に対しては，当該利子の生じた締約国において当該超過分の額の5％を超えない額の租税を課することができる（11条8）。

　「特別の関係」の定義がない。米国としては，ＩＲＣ482における「支配」の定義に対応する9条に規定する関係を含む用語であると考える。この考えは，ＯＥＣＤモデル条約のコメンタリーと一致する。条約における超過分の取扱いは，米国モデル条約11条4及び米国の国内法における結果と一致する。米国モデル条約11条4は，「支払われた利子の額が，支払者と受益者との間又はその双方と第三者との間の特別の関係により，その支払の基因となった債権を考慮する場合，その関係がなかったならば支払者及び受益者が合意したとみられる額についてのみ適用する。この場合，支払われた額のうち超過分に対しては，この条約の他の規定に妥当な考慮を払った上，各締約国の法令に従って租税を課することができる。」と規定する。条約に特別な規定がない場合，米国は当事者間の関係に応じて当該超過分を配当又は資本の拠出とみなし，それぞれ当該額に課税する。受益者が配当の支払法人の議決権株式の10％以上を直接又は間接に所有する法人である場合，5％の限度税率が配当に適用される。日本では，利子，配当などの投資所得及び明示なき所得の一般慣行は，独立企業間価格を超える超過分に対して国内税率で源泉徴収税を課することである。この点について，米国財務省専門的説明書は，次の事例を上げている。

第2章 日米租税条約の重点

> **事 例**
>
> 　日本法人が外国親会社に利子を支払い，日本が当該利子の額が独立企業間利子を超えると認定する場合，日本は超過分の損金算入を否認し，日本法人が国内法に基づき支払利子に適用される源泉徴収税率（20％）で課税される支払利子として取り扱う。新条約では，当該超過分は5％の源泉徴収税率を適用される。

　しかし，11条8は，独立企業間利子より低い利子の取扱いについては言及していない。この場合には，取引はその実体を反映するように分類され，11条5の利子の定義に合致するように利子をみなすことができる。米国では，9条と一致するよう，ＩＲＣ482又は7872を適用してみなし利子（imputed interest）の額を決定することになる。

(2) 独立企業間使用料を超える超過分

　使用料の支払の基因となった使用，権利又は情報について考慮した場合において，使用料の支払者と受益者との間又はその双方と第三者との間の特別の関係により，当該使用料の額が，その関係がないとしたならば支払者及び受益者が合意したとみられる額を超えるときは，この条の規定は，その合意したとみられる額についてのみ適用する。この場合には，支払われた額のうち当該超過分に対しては，当該使用料の生じた締約国において当該超過分の額の5％を超えない額の租税を課することができる（12条4）。この規定は，米国モデル条約の規定（12条4）と一致する。このルールについては，上記(1)の説明を参照されたい。

(3) 独立企業間価格を超える明示なき所得の超過分

　その他の所得の支払の基因となった権利又は財産について考慮した場合において，21条1に規定する一方の締約国の居住者と支払者との間又はその双方と第三者との間の特別の関係により，当該その他の所得の額が，その関係がない

としたならば当該居住者及び当該支払者が合意したとみられる額を超えるときは，この条の規定は，その合意したとみられる額についてのみ適用する。この場合には，支払われた額のうち当該超過分に対しては，当該その他の所得が生じた締約国において当該超過分の額の5％を超えない額の租税を課することができる（21条3）。

21条3は，11条8及び12条4における利子及び使用料に関するルールに対応するものである。このルールは，例えば，エクイティ・スワップなどの金融商品による支払金に適用される。この規定は，ＯＥＣＤモデル条約や米国モデル条約には存在しないが，ＯＥＣＤモデル条約21条のコメンタリーでは，ある種の新金融商品から生ずる所得の取扱いについて当事者が特別の関係を有する場合に困難に直面しているので，そのような場合にオプションとしてこの規定と同趣旨の規定を21条に追加してよいと述べている。この規定については，上記(1)の説明を参照されたい。

第8　人的役務所得

　旧条約では，人的役務提供の対価である報酬等について，①独立の資格に基づくものと②勤務に基づくものに大別し，前者については第17条（自由職業者及び芸能人等）で取り扱い，後者については第18条（給与所得及び役員報酬）ならびに第23条（退職年金）で取り扱っていた。新条約では，OECDモデル条約に準拠して，自由職業者所得を第7条事業所得として取り扱い，給与所得と役員報酬を別条として整理し，第14条給与所得，第15条役員報酬，第16条芸能人等及び第17条退職年金等という構成となっている。

1　給与所得

(1)　役務提供地国の課税権

　勤務について取得する給料，賃金その他これらに類する報酬（以下「給与所得」という）については，原則として居住地国のみに課税権を配分するが，給与所得の基因となる勤務が条約相手国内で行われる場合にはその相手国に役務提供地国としての課税権を与える（14条1）。しかし，給与所得が，役員報酬（15条），退職年金等（17条）及び政府職員の報酬（18条）に該当する場合には，これらの規定が優先適用される。使用人等がストック・オプション制度により受ける利益の取扱い[129]については，議定書10において規定されている。日米両国のストック・オプションの課税上の取扱いが相違しているために生ずる二重課税の排除につき，特に「ストック・オプションに関する交渉当事者間の了解事項」（2003年11月6日）が公表された。

(2) ストック・オプション制度に基づく利益

　ストック・オプション制度に基づき従業員等が享受する利益でストック・オプションの付与から権利行使までの期間に関連するものを新条約14条の「その他これらに類する報酬」とし，次の要件を満たす場合には権利行使時に従業員等が居住者とならない締約国はストック・オプションの利益のうち権利付与から権利行使までの期間に当該締約国内で行った勤務に関連する金額のみに対して課税することができる（議定書10）。

　①　その勤務に関してストック・オプションを付与されたこと。
　②　ストック・オプションの付与から行使までの期間に両締約国内で勤務を行ったこと。
　③　権利行使日に勤務を行っていること。
　④　権利行使益が両締約国の法令に基づいて課税されること。

　米国財務省専門的説明書に添付された「ストック・オプションに関する交渉担当者間の了解事項」では，（ⅰ）従業員が行使年度と売却年度に日本の居住者であり，付与と行使との間が5年，従業員がそのうち4年間は米国の居住者で米国内で勤務を行い，残りの1年間は日本の居住者で日本内で勤務を行っている場合，（ⅱ）従業員が行使年度と売却年度に米国の居住者であり，付与と行使との間が5年，従業員がそのうち4年間は日本の居住者で日本内で勤務を行い，残りの1年間は米国の居住者で米国内で勤務を行っている場合，（ⅲ）従業員が行使年度に日本の居住者であり，売却年度に米国の居住者であり，付与と行使との間が5年，従業員がそのうち4年間は米国の居住者で米国内で勤務を行い，残りの1年間は日本の居住者で日本内で勤務を行っている場合，及び(ⅳ)従業員が行使年度に米国の居住者であり，売却年度に日本の居住者であり，付与と行使との間が5年，従業員がそのうち4年間は日本の居住者で日本内で勤務を行い，残りの1年間は米国の居住者で米国内で勤務を行っている場合，という4類型を設定し，各類型につき（ⅰ）両国非適格，（ⅱ）両国適格，（ⅲ）日本適格・米国非適格，（ⅳ）日本非適格・米国適格の4ケース，合計16ケースを検討し，両国で二重課税が発生するが新条約，議定書，両国の国内法では排除でき

ないケースがあることを理解し，その場合には相互協議により二重課税の排除に努めることに合意した。この16ケースの前提として，(ⅰ)行使価格15（権利付与時の株式の時価），(ⅱ)権利付与日から5年目で権利行使（その時の株価20），(ⅲ)権利行使により取得した株式を40で譲渡，(ⅳ)権利行使者は付与日から行使時までの期間に両国のいずれかの居住者として勤務を行っていること，(ⅴ)権利行使時及び株式売却時に両国のいずれかの居住者であること，という仮定を設定している。この検討においては，どの類型においても両国がともに税制適格又は税制非適格とするケースでは外国税額控除による二重課税排除が可能であるが，どの類型においても両国の取扱いが異なる場合には二重課税排除が困難なケースが生じる。新条約により非居住者の国内源泉所得であるストック・オプションの権利行使益につき，雇用主が日本に恒久的施設を有する米国法人である場合を除き，米国居住者は日本の納税管理人を選定して申告しなければならない。日本子会社の勤務については，短期滞在者免税の適用について混乱を生じないように，より明確な取扱いのガイダンスが必要になろう。

(3) 短期滞在者免税

役務提供地国課税の例外として「短期滞在者免税」を次の3要件の下で認める（14条2）。新条約のこれらの要件は，OECDモデル条約及び米国モデル条約の規定に準拠するものとなっている。

(a) 当該課税年度において開始又は終了するいずれの12ヶ月の期間においても，報酬の受領者が当該他方の締約国内に滞在する期間が合計183日を超えないこと。
(b) 報酬が当該他方の締約国の居住者でない雇用者又はこれに代わる者から支払われるものであること。
(c) 報酬が雇用者の当該他方の締約国内に有する恒久的施設によって負担されるものでないこと。

旧条約では，短期滞在者免税の要件は，次の3要件であった（18条(2)）。

> (a) 一方の締約国の居住者である個人が当該課税年度を通じて合計183日を超えない期間他方の締約国内に滞在すること。
> (b) その個人が当該一方の締約国の居住者の使用人であること又は当該一方の締約国以外の国の居住者の恒久的施設が当該一方の締約国内に存在する場合にその個人がその恒久的施設の使用人であること（以下これらの居住者はその恒久的施設を有する法人その他の団体を含めて「雇用者」という）。
> (c) その報酬が当該他方の締約国内に雇用者の有する恒久的施設により報酬として負担されないこと。

　新旧条約の(a)は，いずれも183日基準といわれるが，183日の計算方法は異なる。

　OECDモデル条約の183日基準における183日の期間は，1963年モデル条約及び1977年モデル条約では，「当該課税年度に超えないこと」と規定されていたが，両締約国の課税年度が一致しない場合に困難を生じ，例えば一年の後半の5月2分の1と翌年の前半の5月2分の1の間滞在する方法で容易に操作を行う場合，租税回避を容認せざるを得ないため，現行モデル条約では「報酬の受領者が当該課税年度に開始又は終了する12ヶ月の期間を通じて合計183日を超えない期間当該他方の締約国内に滞在すること」と規定している（15条2(a)）。旧条約も当時のOECDモデル条約に準拠するものであったが，近年のOECDモデル条約の改正には適合しない規定となっていたので，新条約では最新のOECDモデル条約に適合する規定とした。OECDモデル条約15条コメンタリー・パラ5では，183日の期間計算は物理的な滞在日数により，一日の一部，到着日，出発日，土曜日，日曜日，国民の休日，活動前後又は活動中の休日，短期休暇，疾病の日数，家族の死亡又は疾病の日数，等一切の日数を含めて滞在日数を計算すべきことを明らかにしている。

　新条約の(b)は，OECDモデル条約に準拠するものであるが，OECDモデル条約15条コメンタリー・パラ6.1が指摘するように，課税上透明な事業体（fiscally transparent entity）であるパートナーシップの場合には適用が困難とな

第2章　日米租税条約の重点

る。このパートナーシップは,「雇用者」としての適格性は認められるが,4条に規定する「居住者」としての適格性は認められないからである。したがって,パートナー段階で(b)要件を適用することは,この要件のすべてを無意味にする。同パラ6.2は,(b)の趣旨目的が源泉地国において雇用者は居住者でなく恒久的施設を有しないために雇用者は源泉地国で課税対象とされないという理由で給与所得が源泉地国において控除できる経費として認められない限り短期滞在者の給与所得について源泉地国課税を避けることであること,また,(b)要件は短期滞在者の勤務について源泉地国における所得控除要件を課することは雇用者が源泉地国の居住者でなく,また,源泉地国に恒久的施設を有しない場合には過大な負担となるという事実によって正当化されること,を指摘し,課税上透明な事業体であるパートナーシップの場合,(b)要件はパートナー段階で適用されると解すべきであり,(b)の「雇用者」概念及び「居住者」概念は課税上透明な事業体であるパートナーシップ段階でなく,パートナー段階で適用すべきであると述べている。新条約でもこの点の解釈は重要な意味をもつが,OECDモデル条約の文言と同一の規定であり,同様に解すべきものと考える。

(c)要件は,雇用者が勤務を行う国に恒久的施設を有する場合には当該恒久的施設によって報酬を負担しないという条件を満たすときのみ短期滞在者免税が認められる。

「負担される」という文言は,「短期滞在者免税は所得控除の対象とされる報酬には適用されない」という(c)要件の趣旨に照らして解釈される。雇用者が恒久的施設に帰属すべき利得を算定する場合に当該報酬を実際に控除するか又は控除しないかという事実は決定的なことではないとOECDモデル条約15条コメンタリー・パラ7は指摘する。

(4) 短期滞在者免税の濫用の防止

近年労働者の国際的なハイアリングアウトによる短期滞在者免税の濫用が多発し,OECDモデル条約15条コメンタリー・パラ8も,この問題を取り上げている。国際的ハイアリングアウトは,外国人労働者を183日以内の一定期間

197

雇用するある国の雇用者Aが，外国で設立され，雇用者と称して外国人労働者を有料で派遣する仲介者Bを通じて当該外国人労働者を採用する場合，これらの外国人労働者は勤務を行う国において短期滞在者免税の3要件を満たすことを理由にその適用を要求するものである。この場合，「雇用者」概念をどのように解釈すべきかについて争いを生じる。条約上，「雇用者」の定義がないため，「雇用者」とは，上記外国人労働者の「仲介者」B又は「利用者」Aのいずれであるかを決めなければならない。濫用防止のため，どのような場合に「仲介者」が短期滞在者免税の要件における「雇用者」となる必要条件を欠くこととするかを締約国は決めることが望ましいが，新条約では特に明確な基準を明文化していない。

　ＯＥＣＤモデル条約15条コメンタリー・パラ8は，次のような状況により真の雇用者は，勤務に対して権限を有し，関連する責任と危険を負う者であると考え，仲介者でなく，利用者であると決めることができることを示唆している。

① 雇用主と称する仲介者が使用人の労働により生産された結果について責任又は危険を負担していないこと。

② 労働者に指示する権限が利用者にあること。

③ 労働が利用者の監督と責任で行われること。

④ 雇用主と称する仲介者に対する報酬は利用された時間に基づいて計算されるか又はこの報酬と使用人が受領する賃金の間に他の点でなんらかの関連があること。

⑤ 使用人が自由に使用できる道具と材料が専ら利用者によって提供されること。

⑥ 使用人の数及び能力が雇用主と称する仲介者だけで決定されるものでないこと。

(5) 国際運輸業における給与所得

　国際運輸に運用する船舶又は航空機において行う勤務に係る給与所得については，役務提供地国の判定が困難であるので，国際運輸を営む企業の居住地国

に課税権を与えている（14条3）。

　旧条約は，源泉規定（6条(6)）において，国際運輸に運用する船舶又は航空機の乗務員として役務を提供する個人の給与所得はその個人が「正規の乗務員」であるときは国際運輸を営む企業の居住地国で生じたものとして取り扱うこととし，当該居住地国以外の国でその役務提供が行われたとしてもそのような国の課税は免除されると規定していた（18条(4)）。ここで「正規の乗務員」とは，国際運輸を営む企業の正規の従業員という意味でなく，主として運航中の船舶又は航空機で役務提供を行う乗務員は正規の乗務員とされると解されていた。米国モデル条約15条3も「正規の乗務員」(regular complement) 概念を用いるが，この用語は乗務員（crew）を含む概念であり，例えばクルーズ船で，船会社がその航海中船上のサービスのために雇い入れた芸能人や公演者など乗務員以外の者も含むと解されている。OECDモデル条約では「企業の実質的な管理が行われる場所」が所在する締約国に課税権を与えるが，米国モデル条約は「企業の居住地国」のみに課税権を与えることとしている（15条3）。新条約は，米国モデル条約に準拠して「企業の居住地国」に課税権を与えているが，「正規の乗務員」という用語を用いず，また，「企業の居住地国」のみに課税権を与えるという規定を避けている点に注意すべきであろう。

2　役員報酬

　一方の締約国の居住者が他方の締約国の居住者である法人の役員の資格で取得する役員報酬その他これに類する支払金に対しては，当該他方の締約国（当該法人の居住地国）に課税権を与える（15条）。新条約のこの規定は，OECDモデル条約の規定（16条）と同じである。役務提供地国に課税権を与えられる他の人的役務の対価と区別して「役員報酬」について特別な規定を設ける理由は，OECDモデル条約16条コメンタリー・パラ1が述べるように，役員の役務提供の場所を判断することが困難である場合があるからである。この規定には，いくつかの問題がある。その一は，「役員」の定義がなく，役員の範囲は各国

の国内法により解釈すべきものとされている点である。日本では,商法上「役員」の定義はないが,税法上「役員」の範囲には「取締役,監査役,理事,監事及び清算人」,ならびに「使用人以外の者で法人の経営に従事しているもの」が含まれるものとされている(法法2十五,法令7)。日本では,内国法人の役員(使用人兼務役員を除く)としての勤務で国外において行うものは,国内における勤務等とみなされる(所法161八,所令285①)。この点で,国内法は,OECDモデル条約及び新条約の規定に沿うものである。

現行米国モデル条約では,「一方の締約国の居住者が他方の締約国の居住者である法人の役員としての資格で当該他方の締約国において提供した役務に関し取得する役員報酬その他の報酬に対しては,当該他方の締約国において租税を課することができる」と規定する(16条)。米国は,役員報酬については法人の居住地国は非居住者である当該法人の役員に対し当該国で提供された役務に対する報酬についてのみ課税することができるとしているのであり,OECDモデル条約16条コメンタリーにおいても,米国は「役員報酬に対して課されるいかなる租税もその源泉地国において提供された役務から稼得された所得を限度として課されることを要求する」との留保を付している。

旧条約の締結当時の米国財務省モデル条約には役員報酬条項は存在していなかった。その理由としては,役員が使用人の資格で受け取る報酬については給与所得条項,それ以外の報酬については自由職業所得条項を適用すると考えていたからである。旧条約は,役員報酬を従属的人的役務条項に含める規定となっており,役員報酬を「勤務に関する使用人の報酬」とみなし,かつ,法人を雇用主とみなし,通常の人的役務に係る規定を適用し,短期滞在者免税も適用することとしていた。日本の過大報酬や役員賞与の損金不算入の規定を考慮に入れて,法人の居住地国で役員報酬が「利得の分配として取り扱われ損金算入を否認されるもの」に該当する場合には,例外として課税できると定めていた(18条(5))。旧条約は,OECDモデル条約や日本の国内法のように役員となっている法人の居住地国に単純に第一次課税権を与えるのでなく,米国の考えに従い,役務提供地国課税を原則としつつ,役員報酬のうち支払法人の損金不算

入とされる部分について例外として法人の居住地国に課税権を与える規定であった。この点では、新条約は1996年米国モデル条約の「当該他方の締約国において提供した役務に関し」という文言を削除してOECDモデル条約に準拠することとしたことは、重要な意味をもつ。

過去においては、旧条約が基本的に米国の影響で役務提供地国課税を原則とし法人の居住地国の課税権は例外的に制限的に認められていたことを故意又は過失でOECDモデル条約（法人の居住地国に第一次課税権が与えられる）のルールを適用する租税専門家が少なくなかった。例えば、日本企業Aが自社の役員Xを米国子会社Bの役員として米国に派遣し、毎月1回1週間程度本国に呼び返し、親会社の役員として日本で勤務させる場合、Xは日本の居住者でなく米国の居住者である。XはBの役員としてBから役員報酬を受け取るほか、Aの非常勤役員としてAから役員報酬を受け取る。日本においてXがAから受け取る役員報酬に対して短期滞在者免税を適用したり、旧条約18条(5)を根拠に損金算入を否認されない役員報酬については日本では課税されないと主張するなど誤った指導を行う租税専門家がいた。新条約では、このような事例について、誤解を招くような解釈が行われるおそれは少なくなったといえる。OECDモデル条約16条コメンタリー・パラ2は、法人の役員が例えば通常の使用人、顧問、コンサルタントなど当該法人との間で役員以外の職務を有する場合、役員以外の職務について支払われる報酬には役員報酬条項の適用がないことを明らかにしている。

3　退職年金等

退職年金等及び保険年金等については、「過去の勤務の対価」としての性格があるが、通常の給与所得と同様に役務提供地国課税の原則を適用すると、種々の問題が生ずるので、報酬の受益者の居住地国においてのみ課税できることとする（17条1及び2）。

OECDモデル条約18条は、「過去の勤務につき一方の締約国の居住者に支払

われる退職年金その他これに類する報酬に対しては，当該一方の締約国においてのみ租税を課することができる」と規定している。OECDモデル条約の規定は，シンプルであるが，OECDモデル条約18条コメンタリー・パラ1において，この規定が，寡婦年金及び遺児年金ならびに過去の勤務に関して支払われる保険年金その他の類似の給付金，国又は地方公共団体に提供した役務に関する退職年金で19条2の規定の対象とならないものに適用されることを明らかにしている。旧条約でも，個人が受け取る退職年金及び保険年金に対しては，その個人の居住地国のみに課税権を与えていた（23条）。

(1) 退職年金等

退職年金等の受益者の居住地国における所得税額が少額である場合，役務提供地国で課税されるとすれば，この税額を外国税額控除により救済することが困難になるかもしれない。一般に，退職年金等に対しては受益者の居住地国に排他的な課税権を与えることが望ましいが，新条約もOECDモデル条約に準拠している。退職年金等には，定期的給付金及び一括払給付金の双方が含まれ，また，3条1(m)に規定する「年金基金」又は過去の勤務の対価として私的な退職プラン及びアレンジメントが行う他の支払金が含まれる。政府職員の年金は，一般に17条には含まれず，18条（政府職員）2を適用される。17条1は，社会保障給付金（social security benefits）に対する居住地国の排他的課税権を規定する。旧条約と同様であるが，米国モデル条約と異なり，一方の締約国が他方の締約国の居住者に支払う社会保障給付金は，当該他方の締約国のみで課税される。

米国モデル条約では，次のように規定する（18条1及び2）。

> ① 19条（政府職員）の規定が適用される場合を除くほか，一方の締約国の居住者が受益者である退職年金の分配金その他これに類する報酬（定期払いか一括払いかを問わない）に対しては，その分配前に他方の締約国において課税所得に算入されない範囲に限り，当該一方の締約国においての

み租税を課することができる。
②　前項の規定にかかわらず，一方の締約国が当該国の社会保障又はこれに類する法律の規定により他方の締約国の居住者又は合衆国の市民に支給する支払金に対しては，当該一方の締約国においてのみ租税を課することができる。

　日本では退職年金等に該当するものは所得税法35条に規定する公的年金等であり，米国では適格年金，個人退職年金，適格保険年金であり，社会保障制度に基づく給付には，社会保障（old－age, survivors and disability insurance：OASDI）及び Tier I Railroad Retirement Benefits が含まれる。

(2)　保険年金

　一方の締約国の居住者が受益者である保険年金（annuity）に対しては，受益者の居住地国のみが租税を課することができる（17条2）。「保険年金」とは，適正かつ十分な対価（役務の提供を除く）に応ずる給付を行う義務に従い，終身にわたり又は特定のもしくは確定することができる期間中所定の時期において定期的に所定の金額が支払われるものをいう。役務提供の対価として受け取る金額は，繰延報酬（deferred compensation）として取り扱われ，17条でなく，7条（事業所得）又は14条（給与所得）に従って課税される。この規定は，米国モデル条約18条3に準拠する規定である。

(3)　アリモニー

　書面による別居もしくは離婚に関する合意又は別居，離婚に伴う扶養料等に関する司法上の決定に基づいて行われる配偶者もしくは配偶者であった者又は子に対する定期的な金銭の支払であって，一方の締約国の居住者から他方の締約国の居住者に支払われるものについては，当該一方の締約国（支払者の居住地国）のみに課税権を与える（17条3）。支払者の居住地国における支払者の課税所得の計算上当該支払金を控除することができないとされる場合には，双方の

締約国で課税することができないものとする（17条3ただし書）。

　米国モデル条約18条4は，「一方の締約国の居住者が他方の締約国の居住者に支払いかつ当該一方の締約国において経費として控除できる扶養料に対しては，当該他方の締約国においてのみ租税を課することができる」と規定し，同条5は，「一方の締約国の居住者が他方の締約国の居住者に支払う前項において定めない定期的支払金で，別居合意書，離婚判決に従って行われる未成年者の扶養料，別居手当又は強制的扶助料については，両締約国において租税を免除する」と規定する。「扶養料」とは，別居合意書，離婚判決に従って行われる定期的支払金，別居手当又は強制的扶助料で，その支払金に対して受領者が居住者である締約国の法令により租税を課されるものをいう。新条約と米国モデル条約を比較すると，条文の内容が異なるようにみえるが，米国財務省専門的説明書は，次のように説明して，新条約の結果は米国モデル条約と同じであると述べている。

　「新条約17条3は，支払者の居住地国で支払金が控除できる場合を除き，一方の締約国の居住者が他方の締約国の居住者に対し行った支払金は，双方の締約国で租税を免除する。

　この支払金が支払者において控除できない場合には一方の締約国の居住者が他方の締約国の居住者に行った支払金はいずれの締約国においても課税されない。逆にいえば，控除できる支払金は，専ら受領者の居住地国で課税できる。」

4　芸能人及びスポーツマン

　新条約16条は，他方の締約国の居住者である芸能人（artistes or entertainers）及びスポーツマン（sportsmen or athletes）がその人的役務の提供の対価に対する一方の締約国における課税について規定する。この規定は，①芸能人又はスポーツマンが自己の計算で役務提供を行った場合の所得と②他人の従業員として又は他のアレンジメントに従って他人の計算で役務提供を行った場合の所得の双方について適用される。この規定は，一定の条件の下で，7条（事業所得）

及び14条(給与所得)の規定に優先適用される。この規定は,芸能人及びスポーツマンの所得についてのみ適用されるのであって,プロデューサー,監督,技術者,マネージャー,コーチなどの役務提供の報酬については,7条及び14条の規定を適用される。旧条約では,芸能人及びスポーツマンの所得は,17条(2)(c)(自由職業所得条項)又は18条(給与所得条項)において規定されていた。すなわち,自由職業者のうち芸能人及びスポーツマンが源泉地国で提供する人的役務から取得する所得は,活動が短期間に行われるが高額であり,外国で行われる活動とその所得を居住地国で捕捉することはきわめて困難であり,また,その活動を行うために通常の自由職業者のような固定的施設を必要としないため,役務提供の場所で役務提供の時に源泉地国で課税する方が捕捉しやすい。旧条約も,芸能人及びスポーツマンについては,自由職業者の源泉地国課税の要件と異なる要件を次のとおり設定していた(17条(2)(c))。

① その個人が1課税年度を通じて合計90日を超えて源泉地国に滞在する場合,又は,
② その所得が1課税年度を通じて合計3,000米ドルもしくは日本円によるその相当額を超える場合

したがって,滞在期間が1課税年度90日以下であり,かつ,報酬金額の合計額が3,000米ドル以下である場合には,源泉地国課税は免除される。

また,旧条約では,芸能人及びスポーツマンの報酬等が第三者である芸能法人等に支払われる場合として,18条3に規定するワンマン・カンパニーの要件に該当する場合,8条5により源泉地国で課税できることとしていた。

(1) 芸能人又はスポーツマン

16条1は,一方の締約国が他方の締約国の居住者である芸能人又はスポーツマンの役務提供の所得に課税することができる条件を定める。他方の締約国の居住者が一方の締約国において芸能人又はスポーツマンとして行った活動から取得した所得は,当該課税年度の総収入(gross receipts)が1万米ドル又は日本

円によるその相当額を超える場合当該一方の締約国で課税される。この場合には，1万米ドルを超える総額が課税対象とされる。新条約は，旧条約と異なり，滞在期間を問わず，源泉地国の課税を認める。

OECDモデル条約は，金額限度や滞在期間の制限なしに，芸能人又はスポーツマンの報酬に対する役務提供地国の課税権を認めている（17条1）。新条約は，金額の限度額を定め，芸能人及びスポーツマンを①第1グループ（相当多額の報酬を受け取るが滞在期間が相当短期間であり，14条の標準的な人的役務所得のルールにより源泉地国免税とされる芸能人及びスポーツマン）と②第2グループ（少額の報酬しか受け取らないので，他の種類の人的役務所得と同様の14条のルールを適用すべき芸能人及びスポーツマン）に区分する。米国は，OECDモデル条約17条コメンタリーにおいて「第1項を芸能人又はスポーツマンが特定の金額を得る場合に限定して適用する権利」を留保している。役務提供者は，7条又は14条により免税とされる場合であっても，16条1により課税される。また，役務提供者が16条により源泉地国で免税になるが，7条又は14条により課税される場合，そのいずれかの規定によって租税を課される。

米国財務省専門的説明書は，次の事例を上げている。

事　例

役務提供者が独立の資格で行う活動から報酬を取得し，役務提供地国に恒久的施設を有しない場合，当該役務提供者が7条により源泉地国で免税とされる事実にもかかわらず，その年間報酬が1万米ドルを超える場合には16条により源泉地国で課税される。役務提供者の受け取る年間報酬が1万米ドル未満であり，16条では課税されないが，7条又は14条により源泉地国課税の要件を満たす場合には，源泉地国で課税される。独立の請負契約をする芸能人が一方の締約国で稼得した所得は暦年に7,000米ドルにすぎないが，この所得が当該芸能人の当該一方の締約国における恒久的施設に帰属する場合には，当該一方の締約国は7条により当該所得に対し課税することができる。

OECDモデル条約17条コメンタリー・パラ9は，次のように述べている点に留意しなければならない。

「芸能人及びスポーツマンは，実際の出演料のほか使用料，スポンサー料，広告料などの所得を得ることがある。一般に，当該所得が関係国における出演と直接関係がない場合には他の条項が適用される。知的財産権の使用料については，17条でなく，12条が適用されるが，広告料やスポンサー料等については12条の適用外である。特定の国における活動や出演と直接又は間接に関係のある広告料，スポンサー料等については17条が適用される。同様の所得であっても当該活動や出演に帰せられないものについては，7条又は15条の標準的なルールが適用される。」このように，新条約についても，16条は，芸能人の役務提供に関するすべての所得（例えば出演料，賞品，懸賞及び入場料など）に適用される。他方の締約国の居住者が一方の締約国から取得する実際の出演料以外の所得（例えばレコード販売の使用料，生産保証料など）は，16条を適用されず，12条又は7条の適用対象とされる。

米国財務省専門的説明書は，次のような事例を上げている。

> **事例**
>
> 芸能人がライブショーのレコードの販売から使用料を受け取る場合，金額限度額を超える場合に16条により役務提供それ自体からの所得に対して源泉地国で課税されるが，その役務提供が源泉地国で行われたとしても，この使用料は12条により源泉地国で免税とされる。

所得が16条に該当するか他の条項に該当するかを決定するとき，判定要素は問題の所得が主として役務提供それ自体に帰せられるか，他の活動又は財産権に帰せられるかということである。この点について，米国財務省専門的説明書は，次のような事例を上げている。

> 事　例
>
> 　役務提供者が参加する興行の保証料は，役務提供それ自体と緊密な関係があると考えられるので，通常は16条を適用される。企業が興行に名称を掲げる権利の対価であるスポンサー料もまた役務提供と緊密な関係があるので，16条を適用される。

　OECDモデル条約17条コメンタリー・パラ9によれば，活動が中止になった場合に支払われるキャンセル料は，新条約16条でなく，7条又は14条を適用される。OECDモデル条約17条コメンタリー・パラ4では，個人が公演の演出と同時に自らも出演し，テレビ番組や映画を監督し製作すると同時に自らも出演することがあることを指摘し，この場合，役務提供地国で個人が実際に何を行っているかに着目し，個人の活動の大部分が出演者としての性格のものである場合には，その個人が当該国で稼得するすべての所得に17条を適用すべきであり，そのような性格の要素が活動全体の中で取るに足りない程度であれば，その所得全体に17条を適用すべきでなく，その他の場合には要素に応じて所得を配分しなければならないと述べている。米国財務省専門的説明書は，選手とコーチや俳優と監督など出演者とそれ以外の二重の役割をもつ個人について，新条約においても，同様の考えをすべきことを明らかにしている。

　14条と整合性をとるため，16条は役務提供の対価の実際の支払のタイミングにかかわらず，適用される。特定の課税年度に他方の締約国で提供した役務につき一方の締約国の居住者に支払われるボーナスは，当該課税年度末後に支払われる場合であっても，16条を適用される。

(2) 芸能法人等の所得

　役務提供者の所得が当該役務提供者に直接帰属せず，他人に帰属する場合，16条1のルールの適用を回避することを防止するために，新条約は16条2を規定する。外国人の芸能人及びスポーツマンは，法人その他の者の従業員として又はこれらの者との契約に基づき役務提供を行うことが少なくない。雇用主と

従業員との関係が16条1の適用を回避するためでなく真実の関係である場合もあれば，雇用主が役務提供者が設立し所有する法人で役務提供の報酬に係る名目的な受領者として行為するもの（スターカンパニーという）であり，役務提供者はこの法人から少額の給与を受け取る従業員として行為し，当該役務提供による所得を後で別の形(配当又は清算分配など)で当該法人から受け取る場合もある。後者の場合，16条2がなければ，このスターカンパニーが事業所得を得るが役務提供地国には恒久的施設を有しないことを理由に役務提供地国の課税を免れる。役務提供者も16条1の金額限度額以下の少額の給与を受け取るという方法で役務提供地国の課税を免れる。そこで，一方では役務提供者とその役務を提供する者（芸能法人等）との間に合法的な雇用主と従業員との関係がある場合に納税者が条約の特典を受けることができるようにするが，他方ではこの種の濫用を防止するため，16条2は，所得が役務提供者である芸能人及びスポーツマン以外の者（芸能法人等）に帰属する場合，役務提供の基因となる契約により役務提供者以外の者（芸能法人等）が当該役務提供を行うべき個人（芸能人及びスポーツマン）を指定することができる場合を除き，7条又は14条の規定にかかわらず，芸能法人等の所得に対し役務提供地国が租税を課することができると規定する。旧条約では，①個人が芸能法人等の議決権のあるすべての種類の株式の総議決権の25％以上又はすべての種類の株式の総価額の25％以上を直接又は間接に所有し，あるいは②芸能法人等の資産の25％以上について直接もしくは間接に権利を有し又は芸能法人等の利得の25％以上に対して権利を有する場合，当該個人が雇用主である芸能法人等の「実質的な所有者」として取り扱うこととし，その芸能法人等の国内源泉所得の50％以上がその「実質的な所有者」である個人の人的役務の提供から生ずるものであるときは，芸能法人等の所得に対し源泉地国が課税することができると規定していた（18条(3)）。

このようなルールは，米国の外国同族持株会社（foreign personal holding company）[130]の「外国同族持株会社所得」（foreign personal holding company income）として一定の人的役務提供契約からの所得を特定する国内法令（ＩＲＣ552及び553）に基づいている。

米国財務省専門的説明書は，次の事例を上げている。

> **事例**
>
> 　日本の居住者である法人Aはオーケストラを事業としている。法人Aが米国で2回公演し，法人Bが法人Aに20万米ドルを支払う契約を法人Bと締結した。この契約では，オーケストラの一部として出演すべき指揮者とフルート演奏者の2人を指定しており，他のメンバーは法人Aが指定することとしている。この契約は法人Aが指揮者又はフルート演奏者が契約に基づいて人的役務を提供するか否かを決める裁量権を認めていないので，20万米ドルのうち指揮者とフルート演奏者の人的役務に帰すべき部分に対しては，16条2に基づき米国が租税を課することができる。20万米ドルのうち法人Aが指定することができる演奏者の人的役務に帰すべき部分に対しては，16条2に基づき米国が租税を課することはできない。16条2の適用上，芸能法人等が役務提供者の役務による総所得に対する支配を有し又はこれを受け取る権利を有する場合には，当該所得は芸能法人等に帰すべきものとみなされる。条約は両締約国のいずれかの居住者のみに適用されるので，この芸能法人等が両締約国のいずれかの居住者でない場合には，当該芸能法人等の所得は，条約の特典を与えられない。

(3) 芸能人及びスポーツマンの定義

　この条約上，「芸能人」及び「運動家（スポーツマン）」の定義はない。したがって，各国の国内法における定義に従うことになる。OECDモデル条約17条コメンタリーでは，「芸能人」という用語を正確に定義することは不可能であるが，17条1では演劇，映画，ラジオもしくはテレビジョンの俳優，音楽家を例示している。これらは網羅的なものでなく，舞台芸能人，映画俳優，テレビ広告の役者を含むが，講演会に招待された講演者や管理補助スタッフ（例えば映画カメラマン，プロデューサー，映画監督，演出家，技術スタッフ，ポップ音楽グループの遠征随行員等）は含まない。「運動家」という用語の正確な定義はないが，

伝統的な運動競技の参加者（例えば陸上競技のランナー，ジャンプ競技選手，水泳選手）のみに限らず，例えばゴルファー，騎手，サッカー選手，クリケット選手，テニス選手，レーシング・ドライバー等を含み，娯楽の性質を有すると考えられる活動（例えばビリヤード，スヌーカー，チェス，ブリッジ）の選手も含む。

5 他の非課税制度

旧条約では，人的交流の促進という政策によって金額基準の非課税制度が学生，事業修習者，教授等について認められてきた。新条約でも，これらの個人について非課税制度が認められた。

(1) 学生及び事業修習者

一方の締約国内に滞在する学生又は事業修習者であって，他方の締約国の居住者又は滞在の直前に他方の締約国の居住者であったものがその生計，教育又は訓練のために受け取る給付（国外から支払われる給付に限る）については，滞在地国の課税を免除する（19条）。

旧条約では，詳細な規定を設け，次のいずれかを主目的とする一時滞在者は，次の給付について滞在地国の租税を免除される（到着日から5課税年度を超えない期間）（20条(1)）。

① 主　目　的
　（ⅰ）　大学その他の公認された教育機関で勉学を行うこと。
　（ⅱ）　職業上の又は専門家の資格に必要な訓練を受けること。
　（ⅲ）　政府又は宗教，慈善，学術，文芸もしくは教育の団体から交付金，手当又は奨励金を受領する者として勉学又は研究を行うこと。

② 給　　付
　（ⅰ）　生計，教育，勉学，研究又は訓練のための海外からの送金。
　（ⅱ）　交付金，手当又は奨励金。
　（ⅲ）　滞在地国内で提供する人的役務によって取得する所得であって一課

　　　　税年度に合計2,000米ドル又は日本円によるその相当額を超えないもの。

　派遣国の居住者の使用人として又は当該居住者との契約に基づいて次のいずれかを主目的とする一時滞在者は，その人的役務によって取得する所得で合計5,000米ドル又は日本円によるその相当額を超えないものにつき，滞在地国の租税を免除される（継続する12ヶ月の期間）（20条(2)）。

（ⅰ）　派遣国の居住者以外の者から技術上，職業上又は事業上の経験を習得すること。

（ⅱ）　大学その他の公認された教育機関で勉学を行うこと。

　滞在地国の政府が主催する計画への参加者として訓練，研究又は勉学を主目的として一時的に滞在する者は，訓練，研究又は勉学に関する人的役務によって取得する所得で合計1万米ドル又は日本円によるその相当額を超えないものにつき，滞在地国の租税を免除される（1年を超えない期間）（20条(3)）。

　新条約では，旧条約の内容を次のように改正した。

（ⅰ）　免税対象を生計，教育又は訓練のために受け取る給付（国外から支払われるもの）に限定されたこと。

（ⅱ）　免税の適用期限は，学生については無期限とされ，事業修習者について訓練開始日から1年とされたこと。

　滞在地国の免税は，滞在地国外からの支払のみに限定されている。支払者が滞在地国外に所在する場合には，支払は滞在地国外からのものと考えられる。一方の締約国の雇用主が他方の締約国の従業員に送金する場合，訓練生が滞在地国に滞在中の生計又は訓練のために海外の雇用主から受け取る支払金は，滞在地国で租税を免除される。支払者を識別するとき，実質主義の原則が適用される。滞在者が訓練を受ける米国人の直接又は間接に行う支払金が，米国外の源泉（例えば外国銀行口座）を通じて迂回してきた場合には，米国外で生じたものとして取り扱われない。

(2) 教　　授

　一方の締約国内に一時的に滞在する個人で他方の締約国の居住者であるものがその教育又は研究につき取得する報酬については，到着日から2年を超えない期間，滞在地国の租税を免除する（20条）。

　これは，教授条項といわれるが，学術文化交流の促進という政策目的から認められる免税措置である。OECDモデル条約にはこのような規定は存在しない。特定の職業だけを課税上特に優遇する点と同じ職業でも国内勤務より国外勤務を優遇する点において課税の公平という視点で問題があるとの指摘がある。米国モデル条約では教授条項を規定していない。米国では米国にとって必要な教授等が外国へ流出し，米国人の教授等が外国からの教授等との競争に晒されるとの懸念がある。日本でも同様に教授等が本国で非居住者となり滞在地国で非課税となるため「課税の真空地帯」が生じる問題を認識しているが，教育，学術文化交流の促進を重視して多数の条約に教授条項を規定してきた。しかし，最近の条約においてはこのような規定を設けないものも存在する。旧条約では教授等の免税要件として，①大学その他の公認された教育機関の招請があること，②教育又は研究を行うために一時的に滞在すること，③免税期間は通常2年を超えないこと，④一方の締約国を訪れた当初に他方の締約国の居住者であった個人であること，⑤公的な利益のためでなく主として特定の者の私的利益のために行われる研究から生ずる所得でないこと，を要求している（19条）。

　新条約では，免税要件を次のように定めた。

①　滞在者は引き続き他方の締約国の居住者であること。

②　滞在目的が大学，学校その他の教育機関において教育又は研究を行うこと。

③　免税期間は2年を超えないこと。

④　主として1又は2以上の特定の者の私的利益のために行われる研究から生ずる所得でないこと。

　これらの免税要件のうち「滞在者が引き続き他方の締約国の居住者であること」という要件は，最も重要な改正点である。

滞在者は，他方の締約国の居住者（4条1）でなければならない。4条1に規定する居住者とは，4条2及び4条3の振り分けを行う前の「居住者」の判定原則により居住者とされる者をいう。個人は，20条の適用上，他方の締約国の居住者であれば，4条2又は4条3により二重居住者の振り分けの結果として条約の他の条項の適用上他方の締約国の居住者でなくなるとしても，20条の免税の特典を受けることができる。滞在地国を訪問する個人は，4条1に列挙する判定基準によって他方の締約国において租税を課されるべきものとされる者(be liable to tax)である場合には4条1に基づき他方の締約国の居住者として取り扱われる。米国では，米国市民又は合法的に米国に永住することを認められた外国人は，その全世界所得に対し米国で租税を課されるべきものとされるので，たとえ身体的に米国に滞在していなくとも，4条1により米国居住者とされる。日本では，日本政府に雇用される個人は，その全世界所得に対し日本で租税を課されるべきものとされるので，たとえ身体的に日本に滞在していなくとも，4条1により日本居住者とされる。

　米国議会課税合同委員会（ＪＣＴ）は，その条約案説明書において，次の問題点を指摘している。

　ＩＲＣ911により2004年から2007年まで8万米ドルは米国税を免除され，一定の生計費が控除される。日本に滞在する米国の教授等の報酬が8万米ドル未満であればその所得は無税となる。日本では米国滞在中も日本居住者とみなされる個人は，米国における教育又は研究に係る所得について米国税を免除されるが，当該所得につき日本で租税を課されるべきものとされる。経済的に同様の状況にある納税者を異なるように取り扱う点でこの取扱いは水平的公平の原則に反する。米国滞在中日本居住者とみなされない個人は，米国では免税を受けられず，米国税を課される。日本政府によって雇用される個人（公的機関の教授及び研究者を含む）は，たとえ身体的には日本に滞在していなくとも，日本居住者とみなされるが，私立の教育機関に雇用される教授等は身体的に日本に滞在しない場合には日本居住者とされない。このように両国を比較すると，クロスボーダーの教育又は研究は，米国の教授等にとって魅力的なものとなる。すな

わち，米国市民や永住権者は，教授等としては米国に残るよりも日本に滞在する方が税引き後の手取りを多く受け取ることができる。日本の教授等については，公的な機関の教授等については旧条約と変化はないが，私立の教育機関の教授等については旧条約では「課税の真空地帯」となっていたが，新条約では米国で課税されることに改正された。

　現在米国の租税条約は50以上あるが，教授等の免税条項を規定するものは30あり，より制限的な免税条項を規定するものが10あり，最近のデンマーク，エストニア，ラトビア及びリトアニアなどとの4条約には教授条項は含まれない。米国の政策の今後の動向と米国モデル条約の改正が注目される。

第9　二重課税の排除（外国税額控除）

　租税条約は，別名「所得税条約」又は「二重課税条約」といわれるように，本来の主たる目的は国際取引に関する二重課税の予防又は排除である。これまでに述べてきたように，国際的二重課税の発生原因のうち，二重居住者の振分け（居住地国課税権の競合の排除），源泉ルールの設定（源泉地国課税権の競合の排除）及び課税権の配分（居住地国課税権と源泉地国課税権との競合の排除）を条約上取決めることによって国際的二重課税の発生を予防するとともに，それでもなお現実に発生した国際的二重課税を救済するため，各国は国内法及び条約においてこれを除去する。OECDモデル条約では，法的二重課税（同一の所得又は財産が二以上の国によって同一の者に対して課税される場合）につき，居住地国による二重課税の排除方式として，①免除方式と②税額控除方式を認めている。日米両国は，ともに，税額控除方式を採用している。

1　日本における外国税額控除

　日本以外の国において納付される租税を日本の租税から控除することに関する日本の法令の規定に従い，

(a)　日本の居住者がこの条約の規定に従って米国において租税を課される所得を米国において取得する場合には，当該所得について納付される米国の租税の額は，当該居住者に対して課される日本の租税の額から控除する。ただし，控除の額は，日本の租税の額のうち当該所得に対応する部分を超えないものとする（23条1(a)）。

(b)　米国において取得される所得が，米国の居住者である法人により，その議決権のある株式の10％以上を配当の支払義務が確定する日に先立つ6ヶ月の

期間を通じて所有する日本の居住者である法人に対して支払われる配当である場合には、日本の租税からの控除を行うに当たり、当該配当を支払う法人によりその所得について納付される米国の租税を考慮に入れるものとする（23条１(b)）。

この１の規定の適用上、日本の居住者が受益者である所得でこの条約の規定に従って米国において租税を課されるものは、米国内の源泉から生じたものとみなす。

新条約の外国税額控除の規定は、「日本の法令に従い」というように、国内法に定める外国税額控除制度を条約において確認する規定（いわゆる確認規定）である。ただ、納税者にとって有利な部分については、条約の規定が優先する。例えば、間接税額控除の対象となる親子会社間の持株比率は、国内法上「発行済株式の総数又は出資金額の25％以上」の保有としているが、条約上、「議決権のある株式の10％以上」の保有と緩和されている。この持株比率の緩和は、旧条約から引き続き米国の国内法における親子会社間の持株比率の要件に合わせたものであるが、相互主義に基づき日米企業の相手国への進出競争条件を合わせたものとして評価される。

条約では控除限度額について国別限度額方式を認める規定になっているが、日本の国内法で納税者にとって有利な一括限度額方式を採用しているので、特に問題は生じない。

23条１の最後の文は、この項の対象所得のみなし源泉規定（a re-sourcing rule）である。この規定の趣旨は、条約が一定の所得につき米国の第一次課税権（U.S. primary taxing rights）を配分する場合に日本居住者が納付した米国税を日本で外国税額控除で救済されることを確実にすることである。すなわち、この条約に従って米国が日本居住者が受益者である所得に課税することができる場合に、日本の外国税額控除の適用上、当該所得は、米国内の源泉から生じたものとみなされる。この「みなし源泉規定」は、重要である。日本の国内法では、日本源泉所得に対して外国で課税された場合、その外国税額は控除限度額の計算上考慮されない（所令222、法令142）が、この条の規定により米国で課税され

る所得は米国源泉所得とみなされ，控除限度額の計算に算入される。もっとも，23条3は，日本居住者が米国市民，元市民又は元長期居住者で専ら1条4の規定のみを理由として米国において租税を課されるものである場合の特別なルールを定めている。

2 米国における外国税額控除

米国は，米国の法令の規定及び当該法令上の制限に従い，米国の居住者又は市民に対し，次のものを米国の租税から控除することを認める（23条2）。

> (a) 市民もしくは居住者又はこれらに代わる者により支払われた又は支払われるべき日本の租税
> (b) 米国の居住者である法人で，日本の居住者である法人の議決権のある株式の10％以上を所有し，当該日本居住者である法人から配当を受けるものについては，当該配当に充てられる利得に関して当該日本居住者である法人又はこれに代わる者により支払われた又は支払われるべき日本の租税

この23条2の規定の適用上，2条1(a)及び2に規定する租税は，当該所得の受益者に課された日本の租税とみなす。この23条2の規定の適用上，米国の居住者が取得する米国の法令に基づき総所得の項目とされる所得で，この条約の規定に従って日本において租税を課されるものは，日本に源泉があるものとみなす。

この条約に基づく米国の外国税額控除は，米国法の制限規定（ＩＲＣ901-908）に従うべきである。例えば，米国税からの税額控除は，適切な外国税額控除限度額のカテゴリーの範囲内の純外国源泉所得に係る米国税額に制限され（ＩＲＣ904(a)及び(d)），かつ，税額控除の金額は米国通貨取引ルール（ＩＲＣ986）に従って決定される。控除限度超過額の繰越期間の決定等にも米国法が適

用される。代替的ミニマム・タックスが課される場合，代替的ミニマム・タックス外国税額控除は，代替的ミニマム・タックスの90％に制限される。

　23条2の最後の文は，同項の対象となる総所得のみなし源泉規定（a re-sourcing rule）を定める。この規定の趣旨は，条約が一定の総所得に対し日本に第一次課税権を与える場合に米国居住者が納付した日本税を米国で外国税額控除で救済されることを確実にすることである。米国モデル条約にはこのみなし源泉規定は含まれていないが，旧条約では，「日本に納付される租税に関する米国の税額控除の適用上，所得の源泉の決定に当たっては，6条（源泉規定）に定める規則を適用する」と類似の規定を定めており，他の条約例においても定めている。この条約により日本が米国居住者の取得する一定の総所得に課税する場合，米国はその一定の総所得を米国の外国税額控除の適用上日本国内源泉の総所得とみなす。ただし，米国所有外国法人については，このみなし源泉規定の対象となる所得に係る米国の外国税額控除の算定にＩＲＣ904(g)(10)が適用される。

　この条約の締結後，2004年10月に成立した米国雇用創出法（American Jobs Creation Act of 2004）による税制改正において，米国の外国税額控除制度が次のように改正された[131]。

① 　包括的国内損失のリキャラクタライゼーション
② 　外国税額控除バスケット及びベースの差異
③ 　非関連法人からの配当に関するルックスルー・ルールの適用
④ 　ＩＲＣ367(d)（外国法人への無形資産の譲渡に関する特則）によるみなし払いの外国税額控除の取扱い
⑤ 　実用通貨以外の通貨で納付した外国税に関し平均為替レートを使用しない選択
⑥ 　外国法人の支払う配当に係る第二次源泉徴収税の排除
⑦ 　外国パートナーシップの支払利子と外国法人の支払利子との取扱いの整合性
⑧ 　外国税額控除の10年繰越と1年繰戻し

3 米国市民，元市民又は元長期居住者の取扱い
（スリーバイト・ルール）

日本における外国税額控除の適用において，米国の市民権課税，租税回避目的の市民権放棄や移住に対する対抗措置として認められている元市民課税や元長期居住者課税との調整を図るため，特に次の規定を設けている（23条3）。

> 23条1及び2の規定の適用上，1条4の規定に従い，米国が日本居住者である米国市民又は元市民もしくは元長期居住者とされる者に対して租税を課する場合には，次に定めるところによる。
> (a) 日本は，23条1の規定に従って行われる控除の額の計算上，米国が米国市民又は元市民もしくは元長期居住者とされる者でない日本居住者が取得した所得に対しこの条約の規定に従って課することができる租税の額のみを考慮に入れるものとする。
> (b) (a)に規定する所得に対する米国の計算上，米国は，(a)の規定に従って控除を行った後の日本の租税を米国の租税から控除することを認める。そのようにして認められた控除は，(a)の規定に従って日本の租税から控除された米国の租税の額を減額させないものとする。
> (c) (a)に規定する所得は，(b)の規定に従って米国が控除を認める場合においてのみ，当該控除を認めるために必要な範囲に限り，日本国内において生じたものとみなす。

1条4には，米国がこの条約が存在しないものとして米国市民に課税することができるセービング・クローズと一定の状況の下で米国が元米国市民及び元長期居住者に課税するルールが含まれている。米国市民は，その全世界所得に対し法定税率で米国税を課されるので，日本居住者である米国市民の米国源泉所得に対する米国税は，米国市民でない日本居住者が取得する米国源泉所得に対しこの条約の下で課される米国税を超えることになる。同様に，元米国市民

や元米国長期居住者である日本居住者の米国源泉所得に対する米国税は、元米国市民や元米国長期居住者でない日本居住者が取得する米国源泉所得に対しこの条約の下で課される米国税を超えることになる。この23条3の規定は、米国がこの条約の規定（1条4を除く）に従う方法で米国市民、元米国市民又は元米国長期居住者に対して課税する限り、適用されない。

　23条3(a)は、米国モデル条約に従い、米国内源泉所得について、日本に関し、特別な外国税額控除ルールを定める。このルールは、米国市民、元米国市民又は元米国長期居住者でない日本居住者が受け取る場合にこの条約の規定により米国税を免除されるか又は米国税を軽減される米国源泉所得に適用される。

　米国財務省専門的説明書は、次の事例を上げている。

> **事　例**
>
> 　日本居住者である米国市民が米国源泉所得であるポートフォリオ配当を受け取る場合、日本が認める外国税額控除は、当該配当の10％に限定される（たとえ株主が米国市民であるとの理由で米国において純所得課税を受けるとしても、条約10条2(b)のポートフォリオ配当の限度税率に限定される）。使用料については、このような日本居住者である米国市民は条約12条により米国税を免除されるとの理由で、日本は外国税額控除を認めない。

　23条3(b)は、23条3(a)により米国市民、元米国市民又は元米国長期居住者である日本居住者に課される米国税が全額救済されないために生ずる二重課税を排除する方法を定める。この規定は、23条3(a)の適用後の日本税を米国税から控除することを定め、その外国税額控除に当たって、米国は23条3(a)によって日本で考慮に入れた米国税の額を減額させないことを定める。

　23条3(a)に規定する「米国市民又は元米国市民もしくは元米国長期居住者でない日本居住者が取得した所得」は米国源泉所得であるので、米国が日本税を税額控除するためには当該所得の一部を日本のみなし源泉とする特別なルールが必要になる。このみなし源泉規定が23条3(c)である。

　米国財務省専門的説明書は、次の事例を上げて、その計算方法を示している。

> **事 例**
>
> 日本居住者である米国市民が保有期間が1年未満の株式に係る米国源泉のポートフォリオ配当を受け取る場合，日本居住者に適用される米国の税率は，10条2(b)により10％とされ，米国市民に対する米国所得税率は36％とする。例1においては，米国市民である日本居住者に対する日本所得税率は25％とし，例2においては，このような日本居住者に対する日本所得税率は40％とする。
>
> | | 例1 | 例2 |
> |---|---|---|
> | 23条3(a) | | |
> | 　米国配当 | 100.00 | 100.00 |
> | 　想定米国源泉徴収税 | 10.00 | 10.00 |
> | 　日本の課税所得 | 100.00 | 100.00 |
> | 　税額控除前の日本税 | 25.00 | 40.00 |
> | 　日本の外国税額 | 10.00 | 10.00 |
> | 　外国税額控除後の日本税 | 15.00 | 30.00 |
> | 23条3(b)及び(c) | | |
> | 　米国の課税前所得 | 100.00 | 100.00 |
> | 　米国の税額控除前の市民課税 | 36.00 | 36.00 |
> | 　想定米国源泉徴収税 | 10.00 | 10.00 |
> | 　外国税額控除対象米国税 | 26.00 | 26.00 |
> | 　日本源泉とみなされる所得 | 41.67 | 72.22 |
> | 　みなし日本源泉所得に対する米国税 | 15.00 | 26.00 |
> | 　日本税の米国外国税額 | 15.00 | 26.00 |
> | 　外国税額控除後の米国税 | 11.00 | 0.00 |
> | 　米国税の合計額 | 21.00 | 10.00 |

23条3(a)の適用により，日本は米国市民である日本居住者に対する日本税から10％の米国税を控除する。外国税額控除後の日本税は，例1では15であり，例2では30である。23条3(b)及び(c)の適用により，税額控除前の米国税36から，米国は10の源泉徴収税（いかなる意味でも外国税額控除を認めることはできない）を差し引く。日本税からの税額控除を要求できる米国税は，36－10＝26である。当初は，すべての所得が米国源泉所得とされているが，米国の外国税額控除を

第2章　日米租税条約の重点

行うとき日本税の全額を控除するには，当該所得のうち適当な金額を23条3(c)により日本源泉所得とみなすことが必要になる。

　この場合，みなし源泉所得の金額は，日本居住者である米国市民が米国の外国税額控除を要求する日本税の金額によって左右される。例1では，日本税は15であるので，米国税から控除できる金額は，15÷36（米国税率）＝41.67となり，この金額が日本源泉所得とみなされる。日本税がこのみなし源泉所得に対する米国税から控除され，外国税額控除後の米国税は，26－15（日本税）＝11となる。その結果，米国税の合計額は，11＋10（米国源泉徴収税）＝21となる。例2では，日本税は30であるが，米国税36－10（米国源泉徴収税）＝26が日本税と相殺できる金額である。日本源泉所得とみなされる金額は，26の日本税につき米国の外国税額控除が行える金額に制限され，26÷36（米国税率）＝72.22となる。このみなし源泉所得に対する米国税から日本税を控除すると，26（米国税）－26（日本税）＝0となり，米国税は0となる。その結果，米国税の合計額は，0＋10（米国源泉徴収税）＝10となる。

第10　無差別待遇

　新条約は，国際課税の一般原則である課税上の差別禁止規定を設けている（24条）。無差別待遇（Non-Discrimination）条項は，ＯＥＣＤモデル条約，国連モデル条約及び米国モデル条約のいずれにも存在する。日米両国間には友好通商航海条約があり，①「いずれか一方の締約国の国民で他方の締約国の領域内に居住する者及びいずれか一方の締約国の国民又は会社で，当該他方の締約国の国民又は会社が負担する課徴金又は要件よりも重い課徴金又は要件を課されることはない」（11条1）及び②「いずれか一方の締約国の国民及び会社も他方の締約国の領域内において所得，資本，取引，活動その他の客体について課される租税，手数料その他の課徴金又はその賦課及び徴収に関する要件についていかなる場合にも第三国の国民，第三国に居住する者及び第三国の会社が負担する課徴金又は要件よりも重い課徴金又は要件を課されることはない」（11条3）という原則を定めている。旧条約7条も，（ⅰ）国籍無差別，（ⅱ）ＰＥ無差別，（ⅲ）資本無差別について規定していた。新条約は，旧条約の規定に支払先無差別（24条3）及び支店利益税及び支店利子税の認容（24条5）に関する規定を追加している。

　ＯＥＣＤモデル条約の規定は，（ⅰ）国籍無差別，（ⅱ）無国籍者無差別，（ⅲ）ＰＥ無差別，（ⅳ）支払先無差別，（ⅴ）資本無差別，から成る。国籍無差別の規定（24条1）は，租税に関し国籍を理由とする差別が禁止されること，相互主義の条件の下に一方の締約国の国民が他方の締約国において同様の状況にある当該他方の締約国の国民よりも不利に取り扱われてはならないという原則を定める。この規定は，「一方の締約国の居住者である国民」だけでなく，「すべての国民」（第三国の居住者である国民を含む）を対象とする。「同様の状況にある」とは，税法の適用について法律上・事実上実質的に同様の状況にある

第2章　日米租税条約の重点

納税者（個人，法人，パートナーシップ及びその他の団体）を意味する。この規定では，同じ国の居住者である二人の者が異なる国籍を有することを理由として異なる取扱いを受ける否かが問題とされる。法人とその設立の準拠法を有する国との法律関係が個人の場合の国籍の関係に類似している点に鑑み，法人，パートナーシップ及びその他の団体について個人と同視することは正当化され，「国民」の定義が規定される。無国籍者無差別の規定（24条2）は，1954年9月28日に締結された無国籍者の地位に関する条約29条により無国籍者にも内国民待遇を与えるべきだという考えに対し，一方の締約国の国民との取扱いの平等に関する条項の適用範囲を当該一方の締約国又は他方の締約国の居住者である無国籍者だけに限定することを目的とする。ＰＥ無差別の規定（24条3）は，企業の現実の所在地に基づく差別の禁止規定であり，恒久的施設に対する租税が同一の活動を行う所在地国の企業に対して課される租税よりも不利に課されることはないという原則を定める。支払先無差別の規定（24条4）は，受領者が居住者である場合には制限なく認める利子，使用料その他の支払金の控除を受領者が非居住者である場合には制限又は禁止するような差別を禁止する規定である。しかし，このような形で利益の抜き取りが行われる租税回避にこの規定が利用されないように，二国間条約でこの規定を修正することができる。資本無差別の規定（24条5）は，一方の締約国がその内国法人であってもその資本の全部又は一部が他方の締約国の一又は二以上の居住者により直接又は間接に所有され又は支配されている企業を不利益に取り扱うことを禁止している。過少資本に関係するが，支払利子の控除については24条4が優先する。また，移転価格税制の執行については通常の要件よりも情報提供要件や立証責任の転換等で加重要件を要求されることがあるが，このようなことは禁止されるべき差別とされることはない。ＯＥＣＤモデル条約について米国は支店利益税及び支店利子税を課税する権利を留保し，非居住者である米国市民に対してその全世界所得税に課税するので，非居住者である米国市民はその他の非居住者と同様の状況にあるわけでないとの所見を公表している[132]。米国は，国際貿易・投資の不要な障害として「外国における差別課税」の防止を重視し，租税条約

を通じてこれを防止するポジションを公言している[133]。

1　国籍無差別

　一方の締約国の国民は，他方の締約国において，特にすべての所得（当該一方の締約国内に源泉のある所得であるか否かを問わない）について租税を課される者であるか否かに関し，同様の状況にある当該他方の締約国の国民に課されておりもしくは課されることがある租税もしくはこれに関連する要件以外の又はこれらよりも重い租税もしくはこれに関連する要件を課されることはない。この規定は，いずれの締約国の居住者でもない者にも，適用する（24条1）。

　1992年のOECDモデル条約の改正において，大部分の国が居住者にはその全世界所得に課税するが，非居住者には国内源泉所得のみに課税するという事実を反映するため，「特に居住者であるか否かに関して」という文言を追加した。米国では，非居住者である米国市民にもその全世界所得に課税するので，新条約は，米国モデル条約と同様に，OECDモデル条約の「特に居住者であるか否か」という文言でなく，「全世界所得に課税されるか否か」という文言に書き換えている。この規定に基づいて，第三国の居住者である米国市民は，同様の状況にある（第三国の居住者である）日本国民と同様の課税を日本で受ける権利がある。「国民」の定義は，3条1(j)において，日本については，日本の国籍を有するすべての個人及び日本において施行されている法令によってその地位を与えられたすべての法人その他の団体をいい，米国については，米国の市民権を有するすべての個人及び米国において施行されている法令によってその地位を与えられたすべての法人，パートナーシップその他の団体をいうと規定されている。

2　ＰＥ無差別

　一方の締約国の企業が他方の締約国内に有する恒久的施設に対する租税は，当該他方の締約国において，同様の活動を行う当該他方の締約国の企業に対して課される租税よりも不利に課されることはない。この規定は，一方の締約国に対し，家族の状況又は家族を扶養するための負担を理由として当該一方の締約国の居住者に認める租税上の人的控除，救済及び軽減を他方の締約国の居住者に認めることを義務づけるものと解してはならない（24条2）。この規定は，ＯＥＣＤモデル条約の規定（24条3）と同じである。同一の活動を行う米国企業はその全世界所得に対して課税されるが，日本企業の米国恒久的施設が当該恒久的施設に帰属する所得のみに課税されるという事実，非居住者と居住者，又は外国法人と内国法人が異なる方法で課税されるという事実だけでは，差別待遇にならない。この規定の目的は，恒久的施設に対する事業活動に基づく課税が同じ分野の活動を行う居住者である企業と比較して不利に取り扱われることとなるすべての差別を禁止することである。米国では，ＩＲＳが外国企業の情報を入手することは，米国企業の情報を入手する場合に比べて困難であるので，米国企業の情報提供要件と異なる情報提供要件を外国企業に課しているが，これはＰＥ無差別条項に違反するとは考えていない。この要件を遵守しない外国企業に罰則を課すこと（ＩＲＣ874(a)，882(c)(2)）も，ＰＥ無差別条項に違反するものではない。ＩＲＣ1446（実質的関連所得の外国パートナーシェアに対する源泉徴収）は，米国の営業又は事業と実質的な関連を有するパートナーシップに外国パートナーに配分される金額に対する源泉徴収義務を課するが，その義務は当該パートナーシップ所得のうち日本居住者であるパートナーのシェアであって，米国恒久的施設に帰属するものについて履行しなければならない。米国居住者であるパートナーの分配シェアについてはこれに類する義務はない。この相違はＰＥ差別にはならないと解されている。この考えについて，財務省専門的説明書は，次の理由を上げている。

> (ⅰ) 税法では米国パートナーシップと外国パートナーシップの両方とも外国人パートナーのパートナーシップ・シェアについて源泉徴収義務があると定めていること
> (ⅱ) 米国パートナーと外国パートナーを区別するとき，米国パートナーのシェアでなく，外国人パートナーのシェアに関し源泉徴収義務を課することは差別課税でなく，非居住外国人に対する源泉徴収と同様に，継続的に米国に滞在しない者で，そうしなければ米国の課税権行使が困難であるものから徴税する合理的な方法であること

3 支払先無差別・債務者無差別

9条1（特殊関連企業の移転価格課税），11条8（独立企業間利子を超える超過分の5％税），12条4（独立企業間使用料を超える超過分の5％税）又は21条3（独立企業間価格を超える超過分の5％税）の規定が適用される場合を除くほか，一方の締約国の居住者が他方の締約国の居住者に支払った利子，使用料その他の支払金については，当該一方の締約国の居住者に支払われたとした場合における条件と同様の条件で控除するものとする。また，一方の締約国の居住者の他方の締約国の居住者に対する債務については，当該一方の締約国の居住者の課税対象財産の決定に当たって，当該一方の締約国の居住者に対する債務であるとした場合における条件と同様の条件で控除するものとする（24条3）。債務者無差別の規定は，日米相続税条約には無差別待遇条項がないことを考慮に入れて設けられた。「その他の支払金」(other disbursements) には，経営費及び一般管理費，研究開発費その他の費用で，関連者グループのために生じたものの合理的な配賦額が含まれると解されている。

締約国が租税回避防止規定を適用することが適切である濫用取引に関しては，無差別条項の適用除外とされる。この規定では，支払先無差別条項の適用除外となるべき条項が列挙されているが，米国税法に規定する「一定の負債利子の

控除制限」（IRC163(j)）に基づく一定の利子控除の否認又は繰延も，11条8に係る除外に含まれる。

4　資本無差別

　一方の締約国の企業であってその資本の全部又は一部が他方の締約国内の一又は二以上の居住者により直接又は間接に所有され又は支配されているものは，当該一方の締約国において，当該一方の締約国内の類似の他の企業に課されておりもしくは課されることがある租税もしくはこれに関連する要件以外の又はこれらよりも重い租税もしくはこれに関連する要件を課されることはない（24条4）。

　米国税法では，法人が子会社の完全な清算により分配された資産を受け取るとき，いかなる損益も認識されない（IRC332）。また，法人が株主に被支配法人の株式等を分配するとき，これを受け取る株主はいかなる損益も認識されない（IRC355）。米国法人が外国法人にIRC355の分配又はIRC332の清算を行うとき，収益が認識される（IRC367(e)）。このように，米国資本の法人には「収益不認識」の取扱いが認められるが，外国資本の法人にはこの取扱いは認められない。米国側の論理では，外資系法人と米資系法人の類似性がないので，IRC367(e)に基づき外国株主に対する分配につき分配法人に課税することは，資本無差別条項に違反しない。

　また，米国税法では株主が非居住外国人である米国法人はS法人になることを選択できない。これは，資本無差別に違反しない。非居住外国人は，ネットベースで米国税を課されないので，一般に，損失，所得控除又は税額控除を考慮に入れない。米国側の論理では，S法人が非居住外国人株主のいる法人を除外する理由は，株主が外国人であるからではなく，ネットベースの納税者でないからである。

5　支店利益税及び支店利子税の容認

　24条のいかなる規定も、いずれかの締約国が10条9（支店利益税）又は11条10（支店利子税）に規定する租税を課することを妨げるものと解してはならない（24条5）。

　旧条約において米国の支店利益税は租税条約オーバーライドの問題を惹き起こす，日本との課税関係においては条約上の無差別待遇条項に違反するとの理由で事実上の課税は回避されてきた。形式的には、子会社には課されない税が恒久的施設に対して課税されるため、支店利益税はＰＥ無差別の規定に反することになる。新条約においては、支店利益税及び支店利子税を課する米国の租税政策を容認し、現在、日本には類似の税制は存在しないが、将来日本に導入する可能性もあるという前提で、10条9及び11条10の規定を相互主義の原則の下に置いた上で、現在は米国だけがこのような課税を行うことについても無差別待遇条項違反となるか否かの疑義を生じないよう明記した。

6　適用対象税目

　24条の規定は、2条（対象税目）及び3条1(d)（租税の定義）の規定にかかわらず、一方の締約国又は一方の締約国の地方政府もしくは地方公共団体によって課されるすべての種類の租税に適用する（24条6）。この規定は、「すべての種類の租税」に適用されることを定める。

第11　相互協議

1　異議申立と相互協議[134]

　OECDモデル条約では，条約の適用から生じる困難な問題を解決するため広範な意味で相互協議手続を定める（25条）。この規定は，①権限のある当局が，「この条約の規定に適合しない課税」を受ける納税者の状況を合意（mutual agreement）により解決するよう努力すべきこと，②この条約の解釈・適用の疑義を合意により解決し，又はこの条約に定めのない場合における二重課税の除去のために相互協議すること，を定める。

　条約に適合しない課税が生ずる場合，納税者はそのような課税を生じた国で訴訟を行い，法的権利救済を求めることができるほか，この規定により専らその居住地国（国民である国で手続を開始する場合を除く）において相互協議の開始を求めることができる。納税者が異議申立を行うことができる場合は，納税者が「この条約の規定に適合しない課税」が行われたと認められるか又は行われると認められる場合に限られる。相互手続は，国内法上の紛争と異なり，この条約の規定に適合しない課税が現実に行われるまでもなく，そのような危険の蓋然性があると認められる場合に納税者によって開始される点にその特色がある。OECDモデル条約のコメンタリーは，相互協議で問題になるものとして，次のようなものを例示している。

① 　恒久的施設に配賦される企業の経営費及び一般管理費（7条3）
② 　支払者と受益者が特別の関係にある場合，独立企業間価格を超える超過分に対して支払者の居住地国で課される租税（9条，11条6，12条4）
③ 　債務者である法人の所在地国が利子を配当とみなす過少資本税制（9条，11条6）

④　居住地国の判定（4条2）
⑤　恒久的施設の存在（5条）
⑥　短期滞在者の認定（15条2）
⑦　移転価格課税と対応的調整（9条）

納税者は，二つの要件（3年の期間制限と居住地国の権限のある当局への異議申立）を満たさなければならない。納税者は，申立対象とされる課税が居住地国で行われたか他方の締約国で行われたかを問わず，また，二重課税を生ずるか否かを問わず，当該課税が行われ又は行われようとする年度において居住者である国の権限のある当局に申し立てなければならない。一方の締約国の国民であって他方の締約国の居住者である者が，他方の締約国で無差別待遇条項（24条）による差別的な課税又は措置を受けるという不服を申し立てる場合，居住地国でなく，国民である締約国の権限のある当局に対して申し立てることを認める方が適切と考えられ，いずれの締約国の居住者ではないが，一方の締約国の国民である者にも，その国民である当該一方の締約国の権限のある当局に申し立てることを認めるべきである。両締約国は，望ましいと考える場合には，いずれの締約国の権限のある当局に申し立てるかの選択を納税者に与えることができる。

相互協議は，国内法制度の範囲外の手続である。納税者は国内法の法的救済手続を尽くしたか否かにかかわらず，異議申立を行うことができる。この申立を受けた権限のある当局がこの申立を正当と認める場合，申立対象の課税の全部又は一部が居住地国の措置によるときは，正当と認める調整又は救済措置を講じなければならない。申立対象の課税の全部又は一部が他方の締約国の措置によるときは，相互協議手続の開始が義務づけられる。権限のある当局は，交渉義務を負い，相互協議を通じて合意に達するよう最善の努力を行う義務を負うが，その結果に到達しなければならない義務はない。納税者は，相互協議と並行して訴訟を提起することができ，また，居住地国の裁判所で判決を得た場合，相互協議を続行するか否かについて，判決により拘束される国もあるが，拘束されない国もある。この点について，裁判所の判決と相互協議の合意との

乖離・矛盾について，納税者の有利選択を是認する国と，これを相互協議の濫用とみて相互協議の合意を受け入れ，かつ，合意により解決した点については訴訟の取下げを条件とする国もある。

2　新条約の相互協議手続

(1)　一方の又は双方の締約国の措置によりこの条約の規定に適合しない課税を受けたと認める者又は受けることになると認める者は，当該事案について，当該一方の又は双方の締約国の法令に定める救済手段とは別に，自己が居住者である締約国の権限のある当局に対して又は当該事案が国籍無差別の規定の適用に関するものである場合には自己が国民である締約国の権限のある当局に対して，申立をすることができる。当該申立は，この条約の規定に適合しない課税に係る措置の最初の通知の日から3年以内にしなければならない（25条1）。この条約において，権限のある当局は，3条1(j)において，日本については財務大臣又は権限を与えられたその代理者，米国については財務長官又は権限を与えられたその代理者と定義されている。具体的にいえば，日本については権限のある当局は国税庁長官とされ（租税条約実施特例法省令12①），関連事務は国税庁長官官房国際業務課及び相互協議室の所掌事務とされている（財務省組織規則389一，406）。

　　日米間の典型的な事案は，移転価格調整から生じる経済的二重課税であるが，もとよりこれに限定されない。OECDモデル条約のコメンタリーが例示するように，米国が日本居住者である法人が取得する所得を在米恒久的施設に帰属する所得とみなし，当該法人が当該所得は当該恒久的施設に帰属しないものであるとか又は恒久的施設は米国に存在しないと信じている場合，当該法人はその不服を日本の権限のある当局に申し立てることができる。米国モデル条約では申立の期間制限を定めていないが，新条約は，OECDモデル条約と同様に3年の期間制限を設けた。

(2)　権限のある当局は，上記(1)の申立を正当と認めるが，満足すべき解決を与

えることができない場合には、この条約の規定に適合しない課税を回避するため、他方の締約国の権限のある当局との合意によって当該事案を解決するよう努める。成立したすべての合意は、両締約国の法令上のいかなる期間制限その他の手続上の制限（当該合意を実施するための手続上の制限を除く）にもかかわらず、実施されなければならない（25条2）。

米国では、納税者が不服申立をする前に米国と最終合意（クロージング・アグリーメント）を行っている場合には、米国の権限のある当局は専ら日本から対応的調整を取り付けるように努める（Rev.Pro.2002-52, 2002-31 I.R.B. 242, 7.04）。プリザベーション・クローズ（1条2）により条約は納税者の税負担を増加するものでなく、手続的な制限は追加税を課すためでなく、還付のためにのみ条約によってオーバーライドされると考えられている。

3　条約の解釈・適用の困難・疑義を解決するための合意等

権限のある当局は、条約の解釈・適用の困難又は疑義を合意により解決すべきである。異議申立に係る個別事案に限らず、一般的な性質の困難又は疑義についても、解決の対象となる。OECDモデル条約のコメンタリーは、この規定により権限のある当局が行うことができることとして、特に次のことを例示している。

① 条約における用語の定義が不完全又は不明瞭である場合、その定義を完全かつ明瞭なものとすること
② 一方の締約国の税制改正が行われた場合に生じ得る困難を解決すること
③ 過少資本税制の下で源泉地国で利子が配当とみなされるか、受益者の居住地国で配当として親子会社間配当として救済されるか、等を決定すること
④ 条約に規定されない事案、例えば両締約国に恒久的施設を有する第三国居住者の取扱いを決めること

(1) 米国モデル条約における例示

米国モデル条約は，権限のある当局が合意できることとして特に次のことを例示している。

(a) 一方の締約国の企業の所得，所得控除，税額控除又はその他の租税の減免を他方の締約国に存在する恒久的施設へ帰属させること
(b) 二以上の「者」間における所得，所得控除，税額控除又はその他の租税の減免の配分
(c) 特定の所得についての分類
(d) 「者」の分類
(e) 特定の所得に対する源泉規定の適用
(f) この条約に用いられる用語の意義
(g) 事前価格決定取決め（Advance Pricing Arrangement：ＡＰＡ）
(h) 加算税，罰金及び利子税に関する法令の適用

(2) 新条約における合意

両締約国の権限のある当局は，この条約の解釈又は適用に関して生ずる困難又は疑義を合意によって解決するよう努める。特に，両締約国の権限のある当局は，次の事項について合意することができる（25条3）。次の事項とは，上記(1)の米国モデル条約の(a)～(g)を例示している。

両締約国の権限のある当局は，また，この条約に定めのない場合における二重課税を除去するため，相互に協議することができる。

第12　　国際的税務協力[135]

1　情報交換

(1)　情報交換の必要性

現代ではどの国の企業も世界各国で活動し国外源泉所得を稼得し，どの国もこれらの企業の居住地国として人的管轄権に基づきその国外源泉所得を含む全世界所得に対し課税することとしているが，どの国も地理的な意味で外国において自国の課税権及び徴収権を直接行使することは外国の領土主権を侵害することとなり，国際法上許されない。

全世界所得課税の原則により居住地国課税を行うことを規定する税法を執行するため，どの税務当局もこれらの企業の申告情報のほかその国外源泉所得や国外資産に関する情報を必要とする。しかし，外国の領土内で自ら税務調査や情報収集活動を行うことができないため，国内税法の適正な執行には必要な外国情報を外国との情報交換を通じて入手することが不可欠である。また，租税条約の適用に関連する事実を確定するため，締約国の情報を入手する必要がある。このように，国内税法の規定及び租税条約の規定を適用するには，両締約国の相互主義に基づき国際的税務協力として情報交換を行うことが必要である。ＯＥＣＤモデル条約においても，国際的二重課税の排除と並ぶ柱として，両締約国が最も広範な情報交換を可能にする規定を同じ条約の枠組みの中に置くことにしている。ＯＥＣＤモデル条約のコメンタリーでは，情報交換を行う場合として次のような事例を掲げている。

①　租税条約の適用
　(a)　12条の適用について，受益者の居住地国は支払者の居住地国に対し送金された使用料の金額に関する情報を要求すること

(b) 12条の免税を認めるため，支払者の居住地国は受益者の居住地国に対し「受益者が居住者でありかつ使用料の受益者であるか」否かの事実確認をすること

(c) 複数国に所在する関連法人の間における利得の配分，本店と恒久的施設との間における利得の調整に関する情報を要求すること

② 国内税法の適用

(a) 一方の国の法人が他方の国の法人に物品を輸出した場合，一方の国は他方の国の法人が支払った代金の金額を確認する情報を要求すること

(b) 一方の国の法人が第三国の法人を通じて他方の国の法人に物品を輸出する場合，第三国との租税条約がないとき，一方の国は他方の国の法人が支払った代金の金額を確認する情報を要求すること

(c) 一方の国は領土内の法人に課税するため他方の国に対し当該法人が請求した価格を直接比較するため当該法人が事業関係を有しない他方の国の法人が請求する価格に関する情報を要求すること

　情報交換の方法としては，①要請に基づく情報交換，②自動的情報交換，③自発的情報交換，又は④これらの組合せがある。このほか，両締約国は，同時調査，海外税務調査及び産業別情報交換などの手法を利用することができる。

　国際的税務協力として情報交換を実行可能なものとするため，受領した情報について秘密として取り扱われることが重要である。OECDモデル条約では，受領した情報は，国内法令に基づいて得た情報と同様に秘密として取り扱うものとし，この条約の適用される租税の賦課もしくは徴収，これらの租税に関する執行もしくは訴追又はこれらの租税に関する不服申立についての決定に関与する者又は当局（裁判所及び行政機関を含む）に対してのみ開示することができると規定している（26条1）。

　情報交換は，相互主義に基づいて行われるべきものである。要請に基づく情報交換について，被要請国は自国の法令及び行政上の慣行を超える義務を負わない，すなわち，被要請国の法令や慣行の下で許されない行政上の措置を実施し又は要請国の法令もしくは行政の通常の運営においては入手することができ

ない情報を提供する必要はない。被要請国は，他方の締約国が必要とする情報を自国の課税に関係する場合と同じ方法で収集しなければならない。被要請国は，自国の課税のために必要とならない場合であっても，自国の課税のために国内法令によって与えられた調査権限を行使しなければならない。OECDモデル条約のコメンタリーについて，日本は次の所見を付してきた。

① 日本は，国内法令に基づいて得た情報を公開する手続に係る厳格な国内法令及び行政慣行に鑑み，要請国がこの手続に関し同等の国内法令及び行政手続を有しない限り，要請された情報を提供することは困難であることを指摘する。

② 日本は，自国の租税債務が問題になっていない場合には，本条は，一方の締約国のために調査を実施する義務を実施する義務を課するものではないとの見解をとる。何故ならば，このような調査の実施は，日本の国内法令及び行政慣行に反するからである。

米国は，情報交換を妨げ又は禁ずる銀行秘密ルールを有する国とは租税条約を締結しない。これは，米国の条約締結交渉を開始する場合の数少ない"non-negotiable matter"である。米国は，情報交換のためならばタックス・ヘイブンの国・地域とも積極的に協定を締結する。新条約においても，日本はこれまでの態度を変えざるを得なかった。

日本は，新条約の締結を契機として，方針を転換した。新条約では，自国の課税上の必要性の有無にかかわらず，相手国の要請する情報を収集することができるように必要な措置を講じることを義務づけた。平成15年度税制改正により租税条約実施特例法9条として「情報交換のための調査権限」を規定するとともに，国税庁は「租税条約に基づく相手国との情報交換手続について（事務運営指針）」通達を発遣した。

米国は，条約締結方針として，税務行政における情報交換を重視し，「租税条約の情報交換を妨げ又は禁ずる銀行秘密ルールを有する国とは租税条約を締結しない」という原則を公言している。条約交渉に当たって，情報交換は，米国が"non-negotiable"とする数少ない問題であり，米国は公式に交渉を開始

する前に相手国に確認することとしている。

(2) 新条約における情報交換
① 情報交換

両締約国の権限のある当局は，この条約の規定又は両締約国が課するすべての種類の租税に関する両締約国の法令（当該法令に基づく課税がこの条約の規定に反しない場合に限る）の規定の実施に関連する情報を交換する。情報の交換は，1条1の規定による制限を受けない。一方の締約国の権限のある当局から特に要請があった場合には，他方の締約国の権限のある当局は，文書（帳簿書類，計算書，記録その他の書類を含む）の原本の写しに認証を付した形式で，この条に基づく情報の提供を行う（26条1）。

各締約国の国内税法に係る情報の交換は，国内税法に基づく課税がこの条約に反しない場合に限る。たとえ情報が関連する取引が要請国における国内取引であり，この条約の実施のための交換でないとしても，情報交換が行われる。米国法人と日本法人が第三国居住者を通じて事業取引を行う場合，両国とも第三国との租税条約を有しないとき，各国がそれぞれの法人の取引について国内税法を適用するため，それぞれの法人が第三国居住者との取引において受払いした対価の金額に関する情報が交換される。米国モデル条約では，情報交換の対象となる情報の例示規定を置いているが，新条約はOECDモデル条約と同様に，このような例示規定を設けていない。米国モデル条約では，「この条約の適用を受ける租税の賦課もしくは徴収，これらの租税に関する執行もしくは訴追又は不服申立の決定に係る情報を含む」を規定しているが，このような例示を省略したことは，新条約において情報交換ができる事項を制限することを意図するものではない。したがって，米国財務省専門的説明書は，103ページで「権限のある当局は，税務調査（examination）もしくは犯罪捜査（criminal investigation），徴収，不服審判又は訴追（prosecution）に係る租税事案に関する情報を要請し，また，提供することができる。」と明記している。米国側の公式見解では，この規定は脱税等の査察情

報の要請と提供ができることを意味する。この点については，米国は国際的租税回避スキームの解明や濫用的租税回避スキームの追及，その多くがIRS犯罪捜査局（IRS-CI）が担当し，脱税事案として立件していくために外国情報を必要とするため，新条約26条に期待するところが大きい。しかし，日本は，情報交換については国際社会の中で非難を受けるほど消極的な態度を示してきた経緯がある上，国内法における質問検査権の規定に付された括弧書規定「犯罪捜査のために認められるものと解してはならない」の解釈や黙秘権及び捜索差押に関する令状主義などを保障する憲法に抵触するとの消極説に基づき「外国税務当局への情報提供のための調査権限」を税務職員に付与する租税条約実施特例法9条の新設に当たっても，「相手国からの情報提供要請が同国の「刑事事件の捜査」に係るものである場合」には権限を行使し得ないことを明記している。このため，新条約26条についての日米の各国内向けの公式説明は異なる内容を示すことになった。また，新条約により，第三国居住者に関する情報も，要請し，また，提供することができる。例えば，第三国居住者が日本国内に恒久的施設を有し，米国企業と取引を行う場合，米国は当該恒久的施設の情報を日本に要請することができる。また，第三国居住者が日本において銀行口座を有し，当該銀行口座における資金を米国に申告していないと信じる相当の理由がある場合，米国は日本に対し，当該銀行口座に関する情報を要求することができる。

② 提供された情報の取扱い

26条1の規定に基づき一方の締約国が受領した情報は，当該一方の締約国がその法令に基づいて入手した情報と同様に秘密として取り扱うものとし，26条1に規定する租税の賦課，徴収もしくは管理，これらの租税に関する執行もしくは訴追もしくはこれらの租税に関する不服申立についての決定に関与する者もしくは当局（裁判所及び行政機関を含む）又は監督機関に対してのみ，かつ，これらの者もしくは当局又は監督機関がそれぞれの職務を遂行するために必要な範囲でのみ，開示される。これらの者もしくは当局又は監督機関は，当該情報を公開の法廷における審理又は司法上の決定において開示

することができる (26条2)。交換公文6は，租税の「管理」に関与する「当局 (裁判所及び行政機関を含む)」には，租税の賦課もしくは徴収，これらの租税に関する執行もしくは訴追又はこれらの租税に関する不服申立についての決定に直接に関与する政府機関に対して法律的な助言を行うが，それ自体は当該機関の一部でない当局を含み，米国については，内国歳入庁首席法務官事務所を含むといい，交換公文7は，「監督機関」には，締約国の政府の行政全般を監督する当局を含むという。米国では，米国議会税法起草委員会などの立法機関やGAOに情報を開示することができる。

③ 被要請国の義務の範囲

いかなる場合にも，一方の締約国に対し，次のことを行う義務を課するものと解してはならない (26条3)。

(a) 一方の締約国又は他方の締約国の法令及び行政上の慣行に抵触する行政上の措置をとること
(b) 一方の締約国又は他方の締約国の法令の下において又は行政の通常の運営において入手することができない情報を提供すること
(c) 営業上，事業上，産業上，商業上もしくは職業上の秘密もしくは取引の過程を明らかにするような情報又は公開することが公の秩序に反することになる情報を提供すること

情報が要請国において利用できる手続又は措置よりも広範な手続又は措置によらなければ入手できないものである場合には，被要請国はこのような情報の提供を拒否することができる。しかし，交換公文8では，各締約国の権限のある当局が情報を入手するための権限には，金融機関，名義人又は代理人もしくは受託者が有する情報 (法律事務代理人がその職務に関してその依頼者との間で行う通信に関する情報であって当該締約国の法令に基づいて保護されるものを除く) 及び法人の所有に関する情報を入手するための権限を含むこと，並びに各締約国の権限のある当局はこれらの情報を条約26条の規定に基づいて交換

することができると定めている。交換公文 8 は，米国モデル条約26条 3 と同じ内容の規定である。

④ 情報交換のための国内措置の整備

各締約国は，26条 1 に規定する情報交換を実効あるものとするため，当該締約国が自らの課税のために必要とするか否かを問わず，当該締約国の権限のある当局に対し，当該情報の交換のために情報を入手する十分な権限を当該締約国の法令上付与することを確保するために必要な措置（立法，規則の制定及び行政上の措置を含む）を講ずる（26条 4 ）。この規定は，米国モデル条約の規定（26条 3 ）の第二文に相当する。

日本では，平成15年度税制改正前には外国の要請による情報を入手するため国税職員が調査を行うことは各税法の「質問検査権」の規定では認められていなかったが，国税職員の調査権は自国の課税のために認められるものであって，他国の課税のために認められるものでないという日本の立場は，ＯＥＣＤモデル条約のコメンタリーの所見において表明していたが，国際社会では批判されてきた。外国情報は，日本の国内税法の適用に当たって必要であるが，条約上情報交換の規定がある場合でも，相互主義に基づいて実施されるため，日本が要請を受けても対応できないことを相手国だけに要請することはできないというジレンマがあった。このような状況を解消するため，租税条約に基づいて相手国から要請があった場合にこの要請に応じて情報を提供するため，国税職員に質問検査権を付与する措置を講じた（租税条約実施特例法 9 ）。

2　徴収共助

徴収に関する情報交換は，26条において取り扱われるが，経済の国際化，資金移動の自由が認められ，自国の納税者が国境を越えて移動し，事業を行い，投資し，海外資産を有することが普通になった現代においては，租税債権を確保する最後の段階である徴収についても情報交換を越えた国際的税務協力が必

要になる。しかし，各国の法制は，国家主権の行使である「徴収」について，外国に委任することにつき差異があり，また，外国の委任を受けることにつき差異がある。OECD税務相互援助条約（OECD Convention on Mutual Assistant in Tax Matters）があり，米国は1991年1月30日に批准しているが，この条約では援助形態として情報交換，及び文書送達とともに租税債権の回収（Recovery of Tax Craims）について規定している[136]。さらに，OECDモデル条約に相手国の租税の徴収共助の規定（27条）が新設された。日本の条約例では，このような本格的な徴収共助には至らないが，条約の特典が第三国居住者によって享受されることを防止するための徴収共助に関する規定を設けてきた。この種の規定は，旧条約（27条）をはじめ，ヴィエトナム条約（26条），オランダ条約（26条のB），カナダ条約（24条のA），シンガポール条約（27条），スウェーデン条約（25条のA），韓国（27条），トルコ条約（27条），ノールウェー条約（27条），パキスタン条約（15条(2)），フィンランド条約（27条），フランス条約（27条），南アフリカ条約（26条），メキシコ条約（26条），ルクセンブルグ条約（29条）に存在する。日本では，締約国政府から徴収の嘱託を受けたときは，相手国の租税につき国税徴収の例によりこれを徴収することとし，その租税及び滞納処分費の徴収の順位はそれぞれ国税及びその滞納処分費と同順位とする（租税条約実施特例法11条）。米国モデル条約においても，26条4が次のように，日本の条約例と同様の規定を定めている。

「各締約国は，この条約により他方の締約国によって課される租税の救済がこのような特典を享受する権利を有しない者によってこの特典が享受されることのないようにするため，必要な金額を他方の締約国に代わって徴収するように努めるものとする。この項は，いずれの締約国に対しても自国の主権，安全又は公の秩序に反するような行政上の措置をとる義務を課さないものとする」

(1) 徴収共助

各締約国は，この条約に基づいて他方の締約国の認める租税の免除又は税率の軽減がこのような特典を受ける権利を有しない者によって享受されることの

ないようにするため，当該他方の締約国が課する租税を徴収するよう努める。その徴収を行う締約国は，このようにして徴収された金額につき当該他方の締約国に対して責任を負う（27条1）。

(2) 徴収共助義務の制限

27条1の規定は，いかなる場合にも，上記(1)の租税を徴収するよう努めるいずれの締約国に対しても，当該他方の締約国の法令又は行政上の慣行に抵触し又は公の秩序に反することになる行政上の措置をとる義務を課するものと解してはならない（27条2）。

第13　　米国の後法優先原則に対する措置

　米国では条約と連邦法は同順位に置かれ，一般に後法優先原則[137]（Leges posteriores, priores contrarias abrogant）が支持されている。日本では，条約と国内法との優先適用について，一般に条約優先の原則が支持されている。条約締結後，日本ではその条約に違反する国内法を意図的に立法することにより条約オーバーライドの加害者になることはないと考え，相手国もまたそのようなことをするはずがないと期待し，条約被害者にならないように予防措置を講じてこなかった。現実には，約30年前に旧条約を締結した後，米国は多くの国内法改正によって条約オーバーライドを生じてきた。

　その例としては，①1980年不動産外国投資税法（FIRPTA），②1986年租税改革法による支店利益税（branch profits tax），③支店利子税，④1988年TAMRA，⑤1989年アーニング・ストリッピング規定（earning stripping provision, IRC163(j)），⑥1995年迂回融資規制（IRC7701(l), Reg.1.7701(l)）などがある。米国では自動的に国内法に組み込まれた条約は，他の国内法より優位に置かれることがなく，後法が前法を無効にする。新条約では，米国が条約締結後立法によって条約オーバーライドを生じることを理解した上で，外国が米国の条約オーバーライドを生じる国内立法を阻止できない以上，そのような国内立法によって失われる条約の特典を回復するため，条約改正を行い，改正後の条約がその国内立法の後法として優先適用の地位を回復する必要がある。税制改正とその通知義務については，OECDモデル条約（2条4）や米国モデル条約（2条2）と同様に，2条2において規定しているが，単なる税制改正通知義務規定だけでは条約オーバーライドに対抗することはできない。そこで，米国において条約関連法令に実質的な改正が行われたと認める場合又は行われることとなると認める場合，日本は米国の改正が条約上の特典の均衡に影響を及ぼす効

果を決定するため，また，条約の特典について適当な均衡に到達するために条約改正を行うため，米国に対し，書面で協議の要請をすることができ，この要請を受けた米国はその要請を受けた日から3ヶ月以内に日本と協議する義務を負うこととした（29条）。

(注)
- (33) 本庄資「米国財務省発表－調印した新日米租税条約」『税経通信』59巻829号，pp. 147〜163．同「新日米租税条約の実務上問題となる重要ポイント」『税経通信』59巻830号，pp. 138〜158．
- (34) 内国歳入法典とは，"Internal Revenue Code" をいう。米国は，日本のような個別税法でなく，すべての内国税を法典化している。
- (35) U.S. Department of the Treasury *Department of the Treasury Technical Explanation of Convention between The Government of the United States of America and the Government of Japan for the Avoidance of Double Taxation and the Prevention of Fiscal Evasion with respect to Taxes on Income and on Capital Gains,* signed at Washington on November 6, 2003. 米国では各租税条約ごとに財務省が公式の説明書 "Technical Explanation" を作成し，上院で審議が行われる段階で公表され，議会の課税合同委員会（JCT）がこれをベースに作成する説明書 *Explanation of the Proposed Income Tax Treaty* とともに議会で承認されている。
- (36) 本庄資『アメリカの州税』財経詳報社，1986。
- (37) 企業の定義

    旧条約では，「企業」の定義はなかったが，新条約では，「企業はあらゆる事業の遂行について用いる」と定義している（3条1(g)）。その上で，「一方の締約国の企業」及び「他方の締約国の企業」とは，それぞれ一方の締約国の居住者が営む企業及び他方の締約国の居住者が営む企業をいうと定義している（3条1(h)）。
- (38) 受益者の定義

    OECDモデル条約は，投資所得（配当，利子及び使用料）条項において条約の特典を受ける居住者に「受益者」（beneficial owner）要件を導入している（10条2，11条2，12条1）。OECDコメンタリーが説明するとおり，この規定は相手国の居住者が投資所得の直接の「受領者」であるという理由だけで源泉地国としての課税権を譲歩する義務はないということを明確にするものであり，この用語は二重課税の排除及び脱税・租税回避の防止を含む条約の趣旨・目的に照らして理解すべきである。代理人又は名義人という中間介在者を支払者と受益者の間に介在させた場合にも，受益者が締約国の居住者である限り，一定の条件の下で条約の特典を受けることがあり得るが，代理人又は名義人が締約国の居住者であるというだけで直

第2章 日米租税条約の重点

接の受領者であるという理由で条約の特典を受けることはできない。また，相手国の居住者が第三者のための導管として行為する場合にこのような導管に条約の特典を与えることは条約の趣旨・目的に反する。旧条約では，受益者要件を採用していなかったが，新条約はOECDモデル条約に準拠して，受益者要件を導入した（10条2，11条2，12条1）。

(39) 国民の定義

旧条約では，米国については「合衆国の市民」，日本については「日本国の国民」をいうと定義していた（2条(1)(g)）。日本には「国民」概念に相当する「市民」概念は存在しないが，米国でも「市民」概念と「国民」概念には差異がある。属領で生れた者は市民権を有しないが，国民としての義務を負うとされる。新条約では，旧条約のように個人に限らず，「国民」を広く定義し，米国については「合衆国の市民権を有するすべての個人及び合衆国において施行されている法令によってその地位を与えられたすべての法人，パートナーシップその他の団体」，日本については「日本の国籍を有するすべての個人及び日本国において施行されている法令によってその地位を与えられたすべての法人その他の団体」と規定する（3条1(j)）。

(40) 「者」の定義

OECDモデル条約では，「者」(person)には個人，法人及び法人以外の団体を含むと定義している（3条1(a)）。OECDモデル条約のコメンタリーは，「「者」には法人格を与えられないが租税に関し法人格を有する団体として取り扱われる主体が含まれる（例えば財団）。パートナーシップは，「法人」の定義に該当するか又は該当しなくても「法人以外の団体」を構成するとの理由で「者」である」という。米国モデル条約では，「者」には個人，遺産財団，信託財産，パートナーシップ，法人及びすべての他の団体を含むと定義している（3条1 a）。遺産財団，信託財産及びパートナーシップは，明示的に「者」に含まれることを確認している。旧条約ではOECDモデル条約と同様に「者とは個人，法人又は法人以外の団体をいう」と定義した（2条(1)(d)）。新条約では，OECD条約どおり「者には個人，法人及び法人以外の団体を含む」と定義した（3条1(e)）上で，議定書2で「法人以外の団体」には遺産，信託財産及び組合（英語正文ではパートナーシップ）を含むことを明記した。

(41) 「居住者」の定義

旧条約では，「日本の居住者」と「米国の居住者」を書き分けて，「日本の居住者」とは，(a)日本の法人，(b)日本の租税に関し日本における居住者とされるその他の者をいうと定義し（3条(1)），「米国の居住者」とは，(a)米国の法人，(b)米国の租税に関し米国における居住者とされるその他の者（法人又は米国の法令により法人として取り扱われる団体を除く）をいうと定義した（ただし，遺産又は信託財産はその取得する所得のうち居住者の所得として米国の租税を課される部分に関する限り米国の居住者とされる）（3条(2)）。旧条約の米国財務省専門的説明書（Technical Explanation）により，各国の居住者を別々に定義した理由は，次のように説明されている。

① 米国内で営業又は事業に従事する外国法人で結果として米国税法の適用上「居住外国法人」（a resident foreign corporation）として取り扱われるものは，旧条約上，米国の居住者でないことを明確にすること。
② 日本は税法上外国法人を日本の居住者として取り扱うことは全くないので，①のようなことを明確にする必要がないこと。
③ 米国では遺産財団又は信託財産が受け取る所得のうち居住者の所得として米国税を課される範囲に限り居住者として取り扱われる。米国では，パートナーシップは米国居住者として米国税を課されることは全くなく，遺産財団又は信託財産はしばしば課されないことがある。旧条約では，米国について，遺産財団又は信託財産はその所得が米国で課税される場合を除き条約の特典を受けることができないので，受益者の段階のみで課税される所得のステータスは，当該受益者の居住性によって左右される。遺産財団又は信託財産の段階で課税される所得については，当該遺産財団又は信託財産の居住性が基準となる。この点では，日本の税法では類似の問題は生じないので，この規定は相互的なものでない。
④ パートナーシップの所得はパートナーの段階のみで課税されるので，パートナーシップは特にこの規定には含まれない。条約の適用上，パートナーシップの分配する所得について重要なことはパートナーの居住性であって，パートナーシップの居住性ではない。

新条約では，各国の居住者の定義を書き分けず，各国法令により一定の基準により「課税を受けるべきものとされる者」（a person who is liable to tax）をいうと定義している（4条1）。

(42) 権限のある当局

新条約では「権限のある当局」とは，日本については財務大臣又は権限を与えられたその代理者，すなわち，国税庁長官とされ，その所掌事務は国税庁長官官房国際業務課及び相互協議室の事務とされている。米国については財務長官又は権限を与えられたその代理者をいうと定義している（3条1(k)）。米国では財務長官は内国歳入庁長官（the Commissioner of Internal Revenue）に権限を授与し，内国歳入庁長官は国際部長（Director, International（ＬＭＳＢ））と次席法律顧問官（the Associate Chief Counsel (International)）に権限を授与している。

(43) プリザベーション・クローズとは，この条約と国内法又は他の国際協定が競合する場合に国内法又は他の国際協定が納税者にとって有利であるときは，これらがこの条約の規定に優先適用されることを確認する規定である。租税条約が主として国際的二重課税の排除を目的として締結された時代には疑問の余地なく受け入れられた考えである。最近のように，租税条約が脱税・租税回避の防止を目的として締結される時代には，再検討を要する。

(44) サービスの貿易に関する一般協定をいう。

(45) いわゆる内国民待遇（equal national treatment）の規定である。

(46) セービング・クローズとは，自国の居住者に対する課税を国内法どおりに確保し

第2章　日米租税条約の重点

ようとする規定である。
(47)　居住外国人と非居住外国人の定義
　　1985年IRC改正により居住外国人と非居住外国人の定義が規定された（IRC7701(b)(A)(B)）。
　　米国で次の場合には外国人は居住者とされ，その全世界所得に課税される。
　　（ⅰ）　合法的永住者である場合
　　（ⅱ）　実質的滞在基準（substantial presence test）を満たす場合
　　（ⅲ）　一定要件を満たす者で選択した場合
　　非居住外国人は，米国市民でなく，また，居住外国人に該当しない外国人をいう。
(48)　設立地主義又は準拠法主義
　　米国は，税法上内国法人を判定する基準として設立地又は準拠法を採用する。法人又はパートナーシップに適用される「内国」（domestic）とは，米国において設立されもしくは組織され又は米国法もしくは各州法に基づいて設立されもしくは組織されることをいう（IRC7701(a)(4)）。
(49)　所得税法2条1項3号，3条。
(50)　本店所在地基準
　　日本は，税法上，内国法人を国内に本店又は主たる事務所を有する法人と定義する（所得税法2条①六，法人税法2条三）。税法上の「内国法人」概念は，いわゆる借用概念ではない。商法上外国会社が日本に本店を設けることを予定し，「擬制外国会社」というが，外国で設立された外国会社であっても，日本に本店を有する外国会社は，税法上，内国法人として取り扱われる（商法482条）。
(51)　管理支配基準
　　法人の設立地，設立準拠法，形式的な本店所在地にかかわらず，法人の管理支配が行われている場所を基準として内国法人か否かを決定する考えを管理支配基準という。日本及び米国は，管理支配基準を採用していない。新条約では，居住者の判定基準の例示から「管理の場所」（place of management）を除外している（4条1）。OECDモデル条約のコメンタリーによれば，「実質的管理の場所」は，法的主体の事業活動において必要となる重要な経営上及び商業上の意思決定が実質的に行われる場所であり，通常，最高経営責任者又はその責任者の集団がその決定を行う場所である。
(52)　年金基金
　　新条約では，「年金基金」とは，次の要件のすべてを満たす者をいうと定義している（条約3条1(m)）。
　　（ⅰ）　一方の締約国の法令に基づいて組織されること。
　　（ⅱ）　一方の締約国において主として退職年金その他これに類する報酬（社会保障制度に基づく給付を含む）の管理又は給付のために設立され，かつ，維持されること。
　　（ⅲ）　（ⅱ）にいう活動に関して一方の締約国において租税を免除されること。
　　日本については，所得税法35条3項に規定する公的年金等年金基金（国民年金，

厚生年金，共済年金，過去の勤務に基づき使用者であった者から支給される年金，適格退職年金，恩給，確定拠出型年金，確定給付型年金等）が含まれ，米国については個人退職年金，適格年金，適格保険年金が含まれる。
(53) 国内源泉所得又は恒久的施設に帰属する所得のみに課税される者

新条約では，「一方の締約国の居住者には，当該一方の締約国内に源泉のある所得又は当該一方の締約国内にある恒久的施設に帰せられる利得のみについて当該一方の締約国において租税を課される者を含まない」と定める（4条1但し書）。この規定は，OECDモデル条約の規定（4条1但し書）に準拠するものである。OECDモデル条約のコメンタリーによれば，この規定の趣旨は，導管法人を誘引するための特権によってその国外所得に対する課税を免除される外国人支配の法人を居住者の定義から除外することである。しかし，この規定を文字どおり当てはめれば，領土主義を原則とする国のすべての居住者を除外することになる。
(54) ペイスルー型事業体

法人格を有する法的主体（legal entity）であっても，一定要件の下に利益の分配を損金の額に算入することができるものである場合には，実際には課税されないこととなるが，当該要件を満たさない場合には課税される。このような法的主体をペイスルー型事業体と呼ぶ。これらは，条約上，課税されるべきものとされる者（a person who is liable to tax）とされ，「居住者」とされる。米国では信託（トラスト）もペイスルー型事業体とされる。
(55) 本庄資『国際租税計画』税務経理協会，2000, pp.125～129。
(56) 米国の市民

米国は，OECDモデル条約のコメンタリーにおいて，この条約にかかわらず，一定の元市民及び元長期居住者を含む市民及び居住者に対して課税する権限を留保する。
(57) 米国ではパートナーシップ，遺産財団又は信託財産を課税上透明な事業体という。パススルー型事業体又はペイスルー型事業体を意味する。それ自体が形式上又は実質上の納税主体（taxable entity）とならないという意味で「税務上無視される団体」ということも多い。米国財務省専門的説明書ではこの用語を使用している。
(58) 非永住者

非永住者とは，居住者のうち国内に永住する意思がなく，かつ，現在まで引き続いて5年以下の期間国内に住所又は居所を有する個人をいう（2条①四）。非永住者の課税所得の範囲は，所得税法161条（国内源泉所得）に規定する国内源泉所得及びこれ以外の所得で国内において支払われ又は国外から送金されたものに限られる（7条①二）。その意味で，非永住者は制限納税義務者である。旧条約では，非永住者について条約の特典が日本で課税される部分についてのみ与えられる旨の規定を課税上の一般原則として明記していた（4条7）が，新条約でも，同趣旨の規定を設けている（4条5）。
(59) 課税上の取扱いが異なる事業体

ある国で納税主体とされる団体（団体課税される団体）が他の国では納税主体と

第2章　日米租税条約の重点

されない団体（構成員課税される団体）として取り扱われるもの，又はその逆のものをいう。

(60) パートナーシップ（IRC Subchapter K）

米国ではパートナーシップはそれ自体には課税されずそのすべての租税項目（所得，所得控除，税額控除等）が持分所有者であるパートナーにパススルーされ，その租税項目におけるシェアをパートナーの申告書に反映させるべきものとされ，それ故にパススルー事業体（pass-through entity）といわれる。これは，投資媒体として利用されている。投資家はパートナーシップに金銭又は資産を拠出し，見返りにパートナーシップ持分（partnership interest）を受け取る。パートナーシップの種類は，ゼネラル・パートナーシップ（各パートナーは団体の負債（租税債務を含む）に無限責任を負う），リミテッド・パートナーシップ（1以上のゼネラル・パートナーと他のリミテッド・パートナー（拠出額の範囲で団体の負債に責任を負う）から成る），リミテッド・ライアビリティ・パートナーシップ（ＬＬＰ），リミテッド・ライアビリテイ・リミテッド・パートナーシップ（ＬＬＬＰ），公開取引パートナーシップ（総所得の90％以上が適格パッシブ所得から成る場合を除き法人として課税される）など多様である。

(61) 遺産財団及び信託財産（IRC Subchapter J）

遺産財団（an estate）は納税者が死亡した時に組成され，信託財産（a trust）は資産が受益者のために受託者に移転される時に組成される。遺産財団及び信託財産（委託者信託を除く）は課税所得の計算上分離の課税単位とされる法的主体である。それにもかかわらず，「分配可能純所得」（distributable net income：ＤＮＩ）の範囲内で受益者に分配する額を控除することができるので，導管として機能している。その意味で，これらはペイスルー型事業体とされる。

(62) 任意組合又は民法上の組合

任意組合は民法上の組合（民法667～688条）をいい，「各当事者が出資をなして共同の事業を営むことを約する契約」（組合契約）であり，法的主体とならず，税務上の取扱いにおいても，法人税基本通達1－1－1（法人でない社団の範囲）及び所得税基本通達2－5（法人でない社団の範囲）から民法667条（組合契約）の規定による組合を明示的に除外している。したがって，現行通達の下で，民法上の組合は納税主体（taxable entity）ではないとされる。しかし，現行通達の根拠になる民法学説は，組合と社団の二分論であったが，近年の民法学説で民法上の組合が団体性を有することを否定する者はいなくなっており，経済取引の実態としても納税義務のない団体として機能していることが判明してきた。税務上，民法上の組合が団体であると認識すると，現行通達の改廃を行い，民法上の組合が「法人でない団体」であることを前提として税法上の「人格のない社団等」に該当するか否か，「みなし法人」として法人税の課税単位とされるべきか，パススルー型事業体（構成員課税とすべき団体）から団体課税すべき団体へと課税上の取扱いを変更すべきか，理論的には人格のない団体であることを認めた上で政策的にペイスルー型事業体（納税主体として団体課税とした上で利益の分配を控除することを認め，実質的には構成

員課税とされる団体）とするか，決定すべき時期を迎えている。新条約では，米国のパートナーシップの訳語として日本語正文で「組合」という用語を当て，条約上「法人以外の団体」に「組合」が含まれることを明記している（議定書2）。組合に法人格が付与される場合には，その組合は当然法人であることは古くから認められている。梅謙次郎『民法要義巻之三債権編』昭和59年復刻版，780～782頁，松田二郎『株式会社法の基礎理論』昭和17年，91頁，星野英一『民法概論Ⅳ』昭和61年，300頁）。増井良啓「組織形態の多様化と所得課税」『租税法研究30号』有斐閣，2002，pp. 1～27。高橋祐介「組合課税－簡素・柔軟・公平な組合課税の立法提案」『租税法研究30号』有斐閣，2002，pp. 28～50。水野忠恒『租税法』有斐閣，2005，pp. 318～329。

(63) 匿名組合

匿名組合は，商法上の匿名組合（商法535～542条）をいい，「当事者の一方が相手方の営業のために出資をなしその営業より生ずる利益を分配すべきことを約する匿名組合契約」であり，法的主体とならず，税務上の取扱いにおいても，法人税基本通達1－1－1（法人でない社団の範囲）及び所得税基本通達2－5（法人でない社団の範囲）から商法535条（匿名組合契約）の規定による匿名組合を明示的に除外している。したがって，匿名組合は納税主体（taxable entity）ではないとされる。経済取引の実態としては，匿名組合の利用方法は現行の課税上の取扱いを考慮に入れて多様である。匿名組合契約は，営業者と匿名組合員との二当事者間の契約であり，営業者が同一事業について複数の組合員と契約を締結している場合には法的にみれば別個独立の匿名組合が複数存在することになる。匿名組合における営業者と匿名組合員との関係に応じてその利益の分配の所得区分について，既存の学説は実態の一側面のみをみて，共同事業を行っているとみる立場では事業所得説，投資を行っているとみる立場では配当説，融資を行っているとみる立場では利子説など，区々に分かれている。しかし，明確な税法の規定を設けずに解釈論としてこのような不毛の議論を続ける状態を脱して，徒に個別に延々と裁判に委ねることを止め，立法レベルで匿名組合の団体性，営業者と匿名組合事業との関係，などを検討し，現行通達を改廃し，税務上匿名組合が団体であることを認識した上で，これを団体課税とするか，その場合にも法人課税とするか，ペイスルー型事業体とするか，パススルー型事業体として構成員課税とするか，を決定することが必要である。新条約では，現行の税務上の取扱いを前提として，議定書13において匿名組合契約又はこれに類する契約によって設立された仕組みを日本の「居住者」の範囲から除外し，当該仕組みを通じて取得する所得について，当該仕組みもその参加者も条約の特典を受けることができないこと，匿名組合契約又はこれに類する契約に基づいて支払われる利益の分配に対して日本が源泉課税することを明記した。

谷口勢津夫「匿名組合の課税問題－ＴＫスキームに関する租税条約の解釈適用」『日税研論集55』日本税務研究センター，2004，pp. 143～188。水野忠恒『租税法』有斐閣，2005，pp. 330～333。さくら綜合事務所『ＳＰＣ＆匿名組合の法律・会計税務と評価－投資スキームの実際例と実務上の問題点』清文社，2005。藤本幸彦・鬼

第 2 章 日米租税条約の重点

頭朱実『投資ストラクチャーの税務－クロスボーダー投資と匿名組合／任意組合』税務経理協会, 2005。

(64) 日本の信託

　税法上，信託は（i）本文信託，（ii）但し書信託，（iii）特定信託，に区分される（所得税法13条，法人税法12条，2条二十九の三）。本文信託は原則として受益者課税とされ，但し書信託は原則として受益者課税とされるが，現実に利益の分配を受け取った時点で課税されるとされているため，課税繰延が認められている。特定信託は受託者課税とされる。現行の税務上の取扱いとしては，信託は納税主体（taxable entity）とされず，団体課税を受ける団体とされていない。経済取引の実態としては，集団投資媒体として利用されているという事実もあり，国際的租税回避を防止する視点も重要である。今後，多様な信託の課税をめぐって徒に解釈論に委ね不毛の論議を個別に裁判に委ねることを止め，立法レベルで信託を団体課税とするか，構成員課税とするかを決定すべきである。現在，信託法の現代化が検討され，「事業信託」の利用が検討されている。米国では事業信託は法人として取り扱われる。また，租税回避防止のために委託者課税信託（grantor trust）制度が存在する。日本でも信託課税は数年内に税法改正を要する重要な課題である。新条約では，議定書2において「信託財産」が「法人以外の団体」であることを明記した。英語正文trustを日本語正文で「信託財産」と翻訳していることから，いずれの信託についても「信託財産」がある以上，それは「法人以外の団体」であり，条約上の「者」（a person）に該当することは明らかになった。

(65) 米国のリミテッド・ライアビリティ・カンパニー（ＬＬＣ）

　米国ＩＲＳのＬＬＣの定義によれば，すべてのＬＬＣは団体の負債に関しすべての構成員の有限責任を認める州法に基づいて設立された団体で，連邦税法の適用上パートナーシップとして分類されるものである。日本の多くの租税専門家が米国ＬＬＣについて間違いを犯して徒に混乱を生じている論点は，米国のＬＬＣについて語る時，州法レベルの話か連邦レベルの話か明確にせずに議論することによって惹き起こされる。ＬＬＣは各州のＬＬＣ法に基づいて設立される団体（organization）であり，法人（company）である。しかし，連邦税法の適用上，ＬＬＣは「適格事業体」（eligible entity）とされ，財務省規則Reg.301.7701－3．に基づき自己の分類を選択することができる。この選択はＩＲＳ Form 8832 "Entity Classification Election" により行う。ＬＬＣが積極的に「法人」（corporation status）又は「社団」（association）として課税されることを選択しない場合には，ＩＲＳは当該ＬＬＣを「パートナーシップ」として取り扱う。このルールは，チェック・ザ・ボックスといわれる（Check-the-Box Regulations）。したがって，州法上のＬＬＣは，（i）連邦税法上「法人」とされるものと（ii）連邦税法上「パートナーシップ」とされるもの（連邦税法上これをＬＬＣと呼ぶ）に分けられる。

(66) 米国の信託

　米国のＬＬＣについて注65で述べたように，米国の信託についても，州法上の信託と連邦税法上の信託を区別しないと，混乱に陥る。米国では信託と法人の類似性

と相違点について議論が盛んに行われ，証券取引及び証券化等の金融取引にとって租税障害を排除することと租税回避の防止を図ることを両立させるべく，信託を導管とするか，法人として二段階課税を行うか，理論というより政策論の領域において国家は決定を迫られてきた。米国の現在の信託について，その概要をまとめると，次のように要約できる。

1 連邦税法上の信託
(1) 通常の信託（ordinary trust）

通常の信託は，受託者が信託財産の権限を取得し受益者のために管理する契約である。連邦税法上，信託は原則として独立の納税主体（taxable entity）とされるが，受益者に分配する利益は信託の課税所得から控除され（IRC651, 661），直接受益者が課税される（IRC652(a), 662(a)）。信託に留保される所得に対しては個人最高税率で課税される。信託はペイスルー型事業体とされる。

(2) 委託者課税信託（grantor trust）

委託者課税信託は，信託財産に帰属する所得，所得控除及び税額控除等の租税項目が委託者に帰属するものとみなされる（IRC671）。この制度は，委託者が受託者に財産を信託するがその財産から生ずる利益に対して実質的な支配を有する場合における「信託を利用する租税回避」を防止する目的で，委託者に課税するものであるが，自益信託である委託者課税信託はそれ自体はパススルー課税される団体となる。

(3) 事業信託（business trust）

事業信託や受益者が複層化している信託は，税法上「社団」（association）として法人と同様に取り扱われ，連邦税法上の信託には含まれない。州法上の信託であっても，（ⅰ）事業目的を有する場合，（ⅱ）受益権が複層化している場合，（ⅲ）受託者が投資内容の変更権限を有する場合には，連邦税法上の信託として取り扱われない。

2 立法による「導管」の創設

IRCサブチャプターMにおいて一定要件を満たす法的主体を「導管」とする制度を規定している。1935年に最高裁判決で事業信託が法人として課税されることになった後，米国は1936年に規制投資会社（Regulated Investment Company：RIC）制度を創設し，投資信託がこの要件を満たす場合には二段階課税を排除できることとした。RICは，1940年投資会社法に基づく米国法人であることを要する（IRC851～855, 860）。1960年に不動産投資信託（Real Estate Investment Trust：REIT）制度を創設した（IRC856～859）。1985年にシアーズ規則により受益権の複層化が制約された後，1986年に不動産モーゲージ投資導管（Real Estate Mortgage Investment Conduit：REMIC）制度を認めた（IRC860A～860G）。1996年に金融資産証券化投資信託（Financial Asset Securitization Investment Trust：FASIT）を創設した（2004年米国雇用創出法により廃止された）。

(67) 第6のケース
米国財務省専門的説明書，p.20。
(68) トリーティ・ショッピング防止規定
本庄資『国際的脱税・租税回避防止策』大蔵財務協会，2004，pp.650～717。同『国際租税法（四訂版）』大蔵財務協会，2005，pp.479～489。
(69) 特典制限条項による源泉徴収義務者の過重な負担への懸念が租税専門家から表明されている。
須藤一郎「適格居住者の判断基準の明確化」『旬刊経理情報』2004，No.1048，p.12。八田陽子「租税条約の新しい動向と移転価格税制の今後の課題」『租税研究大会記録56回』日本租税研究協会，2005，p.126。
(70) ＯＥＣＤモデル条約のコメンタリーにおける包括的な特典制限条項の検討
ＯＥＣＤモデル条約1条（人的範囲）に関するコメンタリーにおいて，（ⅰ）パートナーシップに対する条約の適用，（ⅱ）条約の濫用，（ⅲ）導管法人の事例，（ⅳ）租税優遇制度の特典を享受する団体に対する規定，（ⅴ）特定の種類の所得に対する規定，（ⅵ）特定の種類の所得の源泉課税を扱う濫用防止規定などについて説明しているが，（ⅲ）導管法人の事例において包括的な特典制限条項に言及している（パラグラフ20）。
(71) 本庄資『アメリカン・タックス・シェルター基礎研究』税務経理協会，2003，p.297。
(72) ibid, pp.293～295。
(73) ibid, pp.295～296。
(74) 優先株式とは，利益の配当又は残余財産の分配について普通株式に優先する権利を認められた株式をいう。
(75) U.S. Joint Committee on Taxation "Anti-Conduit Rules" Explanation of Proposed Income Tax Treaty between the United States and Japan, pp.103～104。
(76) バック・トゥ・バック・ローン（back-to-back loan）
例えば海外子会社が現地通貨の資金調達が困難な場合に親会社がその海外子会社との間で相互に締結する異種通貨の貸出契約をいい，スワップ取引の原型とされる。
(77) ライセンスは，権利者（ライセンサー）が知的財産の利用を他人（ライセンシー）に許諾することをいう。
(78) 人格のない社団等
人格のない社団等とは，法人でない社団又は財団で代表者又は管理人の定めがあるものをいう（所得税法2条①八，法人税法2条八）。人格のない社団等は，法人とみなして法律の規定を適用する（所得税法4条，法人税法3条）。人格のない社団等は，収益事業を営む場合には普通法人と同様に課税することとされている（法人税法4条①）。現行通達では，民法上の組合及び匿名組合は「法人でない社団」の範囲から明示的に除外されている（法人税基本通達1－1－1，所得税基本通達2－5）。この通達は，古い民法学説に基づく組合と社団の二分論に基づいているが，組合の団体性に異論がほとんどない現在，この通達を維持する理由は存在しない。組合が

「法人でない社団」の範囲内にあると考えれば，法人格を付与されていない組合であっても，「みなし法人」として団体課税すべき団体とすることが考えられる。私法万能主義者は，税法上の「人格のない社団等」と民事法上の「権利能力なき社団」との異同を議論するが，「権利能力の有無」を税法上議論する必要性があるとすれば，通達でなく，法律で明記すべきであろうが，税法上の「人格のない社団等」は「権利能力のある社団」を除外して「権利能力のない社団」に限定することを明確にしている訳ではない。さらに，税法では「財団」を「人格のない社団等」概念に取り込んでいる。非法人の課税ルールの構築に当たって，「人格のない社団等」の範囲を法律上確定する必要がある。新条約において，さまざまな事業体について的確にルールを当てはめることができるよう今後創出する法的主体も含めてその本質を明らかにし，税法上の取扱いに解釈の疑義を残さないようにすべきであろう。

(79) 日本公認会計士協会『外国事業体課税のあり方』租税調査会研究報告第6号，2002。増井良啓「投資ファンド税制の国際的側面－外国パートナーシップの性質決定を中心として－」『日税研論集55』2004，pp.75～142。

(80) 特定目的会社による特定資産の流動化に関する法律（平成10年法律106号2条2項）

(81) 金融システム改革のための関係法律の整備等に関する法律（平成10年法律107号2条11項）

投資信託及び投資法人に関する法律（平成12年法律97号）

(82) S法人

法人は一般に州法に基づいて設立される。法人は連邦税法に基づきS法人として取り扱われることを選択することができる。S法人は，通常の法人（regular corporation）又はC法人と異なり，租税項目（所得，所得控除，税額控除及び損失）を株主にパススルーさせ，それ自体は法人段階で課税されない。この点で，S法人は，法人格を有するにもかかわらず，パートナーシップに類似している。しかし，パートナーシップと異なり，S法人の株主は有限責任を負い，S法人は収益，損失，所得，所得控除又は税額控除を株主間で配分することはできず，各株主はすべての租税項目を日割りで持株割合で配分される。非居住外国人は，S法人の株主にはなれない。

(83) 会社法の現代化

法制審議会会社法部会は，平成16年12月8日「会社法制の現代化に関する要綱案」を決定した。政府は，2006年度から施行する考えである。会社に係る制度間の規律の不均衡の是正，最近の社会経済情勢の変化への対応等の観点から，（ⅰ）公開会社の委員会等設置会社とその他の会社との間の規律の不均衡の是正，（ⅱ）株式譲渡制限をした株式会社と有限会社との間の規律の不均衡の是正，（ⅲ）合同会社（LLC）制度の創設，（ⅳ）会計参与制度の創設，（ⅴ）組織再編における対価の柔軟化など，体系的かつ抜本的な見直しを行う。要綱案の特徴は，（ⅰ）株式会社と有限会社の一本化と有限会社制度の廃止，（ⅱ）規制緩和（合併等対価の柔軟化，株式譲渡制限に係る定款自治の拡大，会社に対する金銭債権の現物出資に係る検査役調査

の省略，株主に対する利益の還元方法の見直し，取締役の責任に関する規定の見直し），(ⅲ) 会社経営の健全性の確保，(ⅳ) 新会社類型の創出，などである。
(84) 合同会社（日本型ＬＬＣ）
　　会社法制の現代化に関する要綱案は，有限会社の人的会社的な側面を強化した会社形態としてＬＬＣを提案した。最低資本金制度を設けないので，債権者保護のため社員は出資持分につき全額払込を行うことを要し，社員の退社による持分の払戻しについては払戻しの額が剰余金の額を超える場合には業務執行社員の決定をもって債権者保護手続を経ることとし，利益配当（剰余金の分配）の財源規制については株式会社と同様にすることとした。内部規律については，合名会社の規律と一体化する。ＬＬＣは，法人格を有する団体で，全社員が有限責任を認められ，内部ルールを構成員が自由に決定でき，構成員課税が認められるものとされるべく構想されている。従来の租税論では，政策的に非課税法人と規定されない限り，ペイスルーの導管型法人を除き，法人であってパススルー型法人とされるものは認められない。これまで，日本で通達によりパススルー型事業体として取り扱われてきた民法上の組合でさえ，通達を改廃して「法人でない社団」の範囲内に含め，団体課税とする方向で理論構成することも考えられる。
(85) 有限責任組合（日本型ＬＬＰ）
　　経済産業省は2004年9月17日に有限責任事業組合制度に関する研究会を設置した。有限責任事業組合契約に関する法律が平成17年4月27日に可決成立し，同年5月6日に公布された。有限責任組合は，民法組合の特例として，①出資者全員の有限責任，②内部自治の徹底，③構成員課税という特徴をもつ制度と理解されている。現行通達により民法上の組合がパススルー型事業体であり，今後もこの取扱いが改正されないと信じて，日本型ＬＬＣは法人であるが故に日本ではパススルー型事業体とすることが理論的に不可能であると考え，「組合」形態でパススルー型事業体を創設しようとする構想が浮上した。組合と社団の二分論に依存した古い考えが税務上今後も維持されるならば，この構想はパススルー型事業体の創設を実現できるであろう。日本パーソナルコンピュータソフトウエア協会『日本版ＬＬＰ制度に関する調査研究』（平成16年度ＬＬＣ／ＬＬＰ研究会報告書），2004。
　　高澤美有紀「有限責任事業組合（日本版ＬＬＰ）の創設」『調査と情報　第479号』国立国会図書館，2005。
(86) チェック・ザ・ボックス規則
　　米国では，1997年前には法人の6特性（corporate characteristics）の過半数を有する団体は，「法人として課税される社団」（an association taxed as a corporation）として課税されることとされていた。このルールは，キントナー原則といわれた。しかし，この原則の適用に難点があることが認められ，1997年に法的主体が法人として課税されるか，パートナーシップとして課税されるか，いいかえれば，団体課税を受けるか，構成員課税を受けるか，を選択できる規則を導入した。この規則をチェック・ザ・ボックス規則という（Reg. 1.761－1, Reg. 301.6109－1, Reg. 301.7701－1, 301.7701－2, 301.7701－3, 301.7701－4, Reg. 1. 301.7701－

6）。
(87) 法人税基本通達第14章特殊な損益の計算，第1節特殊な団体の損益，第1款組合事業による損益。本庄資『ゼミナール国際租税法』大蔵財務協会，2002，pp.322～331。
(88) ＩＲＣ49(a)(1)(A)。本庄資『アメリカン・タックス・シェルター基礎研究』税務経理協会，2003，pp.7，244。
(89) 本庄資　前掲書，pp.7～9，219，221，241，244，245，252，274，275。
(90) 本庄資　前掲書，pp.8～9，15，18，22，234，237，241，252，281～282。
(91) 本庄資　前掲書，pp.179～337。
(92) 米国ＬＬＣの日本の税務上の取扱い

　　国税庁は，質問に対する回答の形でＬＬＣ法に準拠して設立された米国ＬＬＣについて次の理由等から原則的に日本の私法上外国法人に該当するものと考えられる。したがって，ＬＬＣが米国の税務上法人課税又はパススルー課税のいずれの選択を行ったかにかかわらず，原則的には日本の税務上「外国法人」として取り扱うのが相当である。ただし，米国のＬＬＣ法は個別の州において独自に制定され，その規定振りは個々に異なることから個々のＬＬＣが外国法人に該当するか否かの判断は，個々のＬＬＣ法（設立準拠法）の規定等に照らして個別に判断する必要がある。
　　① ＬＬＣは商行為をなす目的で米国の各州のＬＬＣ法に準拠して設立された事業体であり，外国の商事会社であると認められること
　　② 事業体の設立に伴いその商号等の登録等が行われること
　　③ 事業体自らが訴訟の当事者等になれるといった法的主体となることが認められていること
　　④ 統一ＬＬＣ法においては「ＬＬＣは構成員と別個の法的主体（legal entity）である」「ＬＬＣは事業活動を行うための必要かつ十分な個人と同等の権利能力を有する」と規定されていること
　　また，平成13年（2001年）2月26日の国税不服審判所裁決では，米国ニューヨーク州ＬＬＣ法を設立準拠法とするＬＬＣに対する日本の課税上の取扱いについて，次の理由により外国法人として取り扱うべきであるとの判断を示し，パススルー課税（構成員課税）を認めなかった。
　　① 商行為をなすを業とする目的でニューヨーク州ＬＬＣ法に従った設立手続を経て設立されていること
　　② 契約，財産の所有，裁判，登記等の当事者となる資格が与えられていること
　　③ ニューヨーク州ＬＬＣ法で「ＬＬＣは構成員とは別個の独立した法的主体であると明記されていること
　　④ ＬＬＣの事業活動の実態面でもＬＬＣは構成員と異なる権利義務の主体として活動していること
(93) 金子宏「法人税の性質と配当課税のあり方」『所得課税の法と政策』有斐閣，1996。
(94) ＩＲＣ Subchapter K-Partners and Partnerships；ＩＲＣ701～777。
(95) 本庄資『アメリカン・タックス・シェルター基礎研究』税務経理協会，2003，pp.

36~45, 253~258。
- (96) 林麻里子「信託のパススルー課税について―ＦＡＳＩＴ導入に至るまでの米国の導管制度を参考に―」『金融研究20巻1号』2001。三菱信託銀行研究会『信託の法務と実務』金融財政事情研究会，伊藤公哉『アメリカ連邦税法』中央経済社，pp.480~481。
- (97) 1997年前には，ＩＲＳは「法人の特性」とみなされる六つの特性のうち過半数を有する団体を「法人として課税される社団」として課税されるべきものとして取り扱ってきた。パートナーシップと法人は双方とも営利のために営業又は事業を行うために組織され，社員（associates）を有するので，残りの四つの特性（団体の負債に対する有限責任，存続性，経営の集中及び持分譲渡の自由）の三つを有する事業体は法人として課税されることとされた。
- (98) 平成16年12月8日に決定された会社法の現代化の要綱案においては，有限会社法を商法に取り込むだけでなく，「株式会社の監査等に関する商法の特例に関する法律」を合体させて新会社法を創設する。有限会社制度の廃止は，株式会社と有限会社の一本化を意味している。日本の商法は大規模公開会社を考慮に入れて構築されたが，有限会社は商法の例外として譲渡制限株式会社を考慮に入れて構築されてきた。それぞれのもつ特性が変化することになる。
- (99) U.S. Office of Public Affairs *Testimony of Barbara M. Angus, International Tax Counsel, United States Department of the Treasury before the Senate Committee on Foreign Relations On Pending Income Tax Agreements,* February 25, 2004。
- (100) ＯＥＣＤモデル条約10条，11条及び12条。
- (101) 米国モデル条約10条，11条及び12条。本庄資『アメリカの租税条約』大蔵省印刷局，1997，pp.152~217。
- (102) ＯＥＣＤモデル条約10条に関するコメンタリーパラグラフ12。同11条に関するコメンタリーパラグラフ8，同12条に関するコメンタリーパラグラフ4。
- (103) 水野忠恒『アメリカ法人税の法的構造』有斐閣，2003，pp.102~103，110~118。
- (104) ＩＲＣ531~532。本庄資『国際的脱税・租税回避防止策』大蔵財務協会，2004，pp.332~334，水野忠恒，前掲書，pp.110~118。
- (105) ＩＲＣ541~542。本庄資，前掲書，pp.246, 337, 476，水野忠恒，前掲書，pp.111~113。
- (106) 水野忠恒，前掲書，pp.125~126，137~146。
- (107) 本庄資，前掲書，pp.334~336，同『アメリカの租税条約』大蔵省印刷局，1997，pp.172~176，464~471。
- (108) 本庄資，前掲書，p.464。同「新日米租税条約の実務上問題となる重要ポイント」『税経通信』59巻830号，pp.146~147。
- (109) 本庄資「ブッシュ政権の租税政策―米国の利益の追求について―」『税経通信』60巻849号，pp.169~187。
- (110) イギリス条約（2003.3.31発効），オーストラリア条約（2003.5.12発効），メキ

シコ条約（2003．6．3発効），オランダ条約（2004.12.28発効）。
(111) ＩＲＣ952。
(112) 本庄資「新日米租税条約の適用・解釈に関する問題点について」『国際税制研究』No.14, p.92。
　　　ＯＥＣＤモデル条約11条5から除外されている事例について，11条に関するコメンタリーパラグラフ28〜31。
(113) 平成17年度税制改正において，日米租税条約の改正で不動産保有法人の株式譲渡益に対し不動産所在地国に第一次課税権が配分されたことに伴い，非居住者等に対する不動産化体株式の譲渡益課税制度を創設することとした。
(114) ＩＲＣ897。本庄資『アメリカの租税条約』大蔵省印刷局，1997, pp.218〜223, 478〜484。
(115) 国際運輸業所得に係るタックス・ヘイブン対策税制について米国は重要な改正を行った。2004年米国雇用創出税法（American Jobs Creation Act of 2004）により，サブパートF所得（ＩＲＣ951〜964）に外国基地会社の船舶所得を含めてきたルールを改正した。この改正は，米国に拠点を置き，タックス・ヘイブンに外国基地会社を設けて，船舶又は航空機の運航及びリースを行うタックス・プランニングに影響を及ぼす。
(116) コンテナー関連設備には，コンテナー専用船，コンテナー運搬船，ガントリー・クレーン，フォークリフト，トランステイナー，シャーシーなど，通常，コンテナーと一体として使用されるもの又はコンテナーとともに賃貸されるものが含まれる。旧条約では交換公文で国際運輸業所得に含まれる範囲を確認しているが，新条約では明文の確認規定はない。条約交渉担当者の間では，当該交換公文の範囲については，引き続き了解しているものと解される。
(117) 日本公認会計士協会「匿名組合に係る税制について」『租税調査会研究報告第9号』2003。
(118) 本庄資『国際的脱税・租税回避防止策』大蔵財務協会，2004, 508648, 同『ゼミナール国際租税法』大蔵財務協会，2002, pp.190〜248。
(119) ＯＥＣＤ Transfer Pricing Guidelines for Multinational Enterprises and Tax Administrations.
(120) ＩＲＣ482, Reg. 1.482−0, 1.482−1, 1.482−2, 1.482−3, 1.482−4, 1.482−5, 1.482−6, 1.482−7, 1.482−8, 1.482−1A, 1.482−2A。
(121) 山川博樹『我が国における移転価格税制の執行－理論と実務』税務研究会出版局，1996。
(122) OECD Transfer Pricing Guidelines for Multinational Enterprises and Tax Administrations, Chapter III Other Methods.
(123) ibid, Chapter I, C. i) b). 1.Characteristics of property or services, 2. Functional analysis, 3.Contractual terms, 4.Economic circumstances, 5. Business strategies.

第 2 章　日米租税条約の重点

(124)　Factors for determining comparability
　　（ⅰ）　Functional analysis
　　（ⅱ）　Contractual terms
　　（ⅲ）　Risk
　　（ⅳ）　Economic conditions
　　（ⅴ）　Property or services
(125)　措置法通達66の4(2)－3（比較対象取引の選定に当たって検討すべき諸要素）
　　(1)　棚卸資産の種類，役務の内容等
　　(2)　取引段階（小売又は卸売，一次問屋又は二次問屋等の別をいう）
　　(3)　取引数量
　　(4)　契約条件
　　(5)　取引時期
　　(6)　売手又は買手の果たす機能
　　(7)　売手又は買手の負担するリスク
　　(8)　売手又は買手の使用する無形資産
　　(9)　売手又は買手の事業戦略
　　(10)　売手又は買手の市場参入時期
　　(11)　政府の規制
　　(12)　市場の状況
(126)　本庄資「待望される日本型移転価格税制ガイドライン」『移転価格情報』1 巻10号，2001．同「移転価格調査の現状とその留意点」『税経通信』56巻14号，2001。
(127)　本庄資『ゼミナール国際租税法』大蔵財務協会，2002，pp.213～217。
(128)　八田陽子「租税条約の新しい動向と移転価格税制の今後の課題」『租税研究大会56回』日本租税研究協会，2005，p.132。
(129)　ストック・オプションの国際課税については，本庄資『国際租税法（四訂版）』大蔵財務協会，2005，pp.299～311，同「日本のストック・オプション裁判の忘れ物－外国親会社から日本子会社の役員に付与されたストック・オプションの国際課税問題について－」『税務弘報』Vol.53／No.4，pp.157～167，同「外国親会社から日本子会社役員に付与されたストック・オプションの所得区分」『ジュリスト』No.1284，pp.157～159。
(130)　ＩＲＣ551～558。
(131)　本庄資「ブッシュ政権の租税政策－米国企業のための税制改正－」『税経通信』Vol.60／No.7／850，pp.141～155。
(132)　Observations on the Commentary by the United States
　　　24条に関するコメンタリーパラグラフ62．
(133)　The Office of Public Affairs Testimony of Barbara M. Angus, International Tax Counsel, United States Department of the Treasury before the Senate Committee on Foreign Relations on Pending Income Tax Agreements February 25. 2004。

(134) 羽床正秀『国際課税問題と政府間協議』大蔵財務協会, 2002。
(135) 青山慶二「国際的税務協力の現状と課題」『国際課税の理論と課題（二訂版）』税務経理協会, 2005, pp.255～274。
(136) 日本は批准していない。
　　　ＯＥＣＤ税務相互援助条約は, 1986年7月ＯＥＣＤ租税委員会で,
　　　1987年4月　欧州評議会閣僚会議で条約案として採択され,
　　　1987年6月　欧州評議会で署名のために開放することが決定され,
　　　1988年1月　欧州評議会加盟国及びＯＥＣＤ加盟国に署名のために解放され,
　　　　　　　　　1995年4月1日に発効した。
(137) 本庄資「調印した新日米租税条約における各界の改正要望事項の実現度」『税経通信』59巻831号, pp.135～140。

第3章

今後の検討課題

日本公認会計士協会租税調査会は，平成13年8月1日に日米両国が租税条約の改定交渉を開始することに合意したことから重要な論点について租税専門家としての要望事項をまとめ，平成14年3月25日研究報告第5号「日米租税条約に関する実務上の諸問題」を公表したが，新条約の締結後，その多くの論点が解決されたと評価した上で，解釈上の疑義や今後の運用において明確化されるべき論点を整理し，平成16年11月1日に研究報告第12号「新日米租税条約のポイントと実務上の課題」を公表した。

　国際租税法の学者として論点を指摘する前に，この研究報告をベースに実務家として問題とする論点を整理することとする。

第1 日本公認会計士協会の評価と指摘する検討課題[138]

1 米国の後法優先主義

　不動産保有法人株式の譲渡益について新たに課税権を認め，両国間の課税権を均衡させている。新条約では保有期間の条件が明示されていない。米国への投資については，米国財務省専門的説明書でＩＲＣ897(c)の要件を適用するという。支店利子税については，利子所得につき源泉地国免税となる一定の金融機関等が受益者である場合を除き，源泉地国に課税権を与えているが，一定の金融機関等の支店利子税の課税を排除した点を評価している。支店利益税は，旧条約上無差別条項に反するという理由で課されていなかったが，新条約では子会社からの支払配当とみなされる所得の額について課税権を与えた。しかし，新条約22条1(c)に定める上場会社等及び22条1(f)に定める適格居住者は適用除外とされるので，実際には支店利益税の適用対象法人はかなり限定されていると考える。22条の特典制限条項の導入により，日本の納税者にとって課税上の取扱いが明確になり，予見可能性が高くなったことが評価される。後法優先主義は，米国法制の基本原則であるため，新条約によって排除できるものでないが，29条に特典の均衡回復の協議に係る条項を盛り込んだことは評価すべきである。今後の課題として，後法優先主義に関して29条が適切に運用実施されることを望んでいる。

2 用語の定義

　新条約では，日本国，合衆国，者，法人，企業，国際運輸，国民，事業，年

金基金などの用語が定義を与えられた。しかし，新条約において，各用語の定義に含まれる用語（例えば法人格）自体の日本の国内税法上の定義が明確でないため，依然として条約上の定義が明確にならない場合がある。例えば，米国の事業体であるLLCが新条約3条1(f)の定義により「法人」に該当するか否かについて，英語の条約条文の定義規定中に使用される用語の意義と日本語の条約条文の定義規定中に使用される用語の意義との間にずれがあるために異なる解釈が生じるのではないかという疑義がある。

新条約3条1(f)において英語の条約条文も日本語の条約条文もOECDモデル条約と同じ用語をそれぞれ使用しいる。「法人」とは，「法人格を有する団体又は租税に関し法人格を有する団体として取り扱われる団体」であり，これに対応する英文は，「the term "company" means any body corporate or any entity that is treated as a body corporate for tax purpose.」である。"company"は，米国税法上定義はないが，"body corporate"は，財務省規則における"corporation"の定義に含まれる（Reg. 301.7701−2(b)(1)）。LLCは，米国税法上"domestic eligible entity"（Reg. 301.7701−3(b)(1)）という事業体に該当するため，法人として課税されることを選択しない限り，米国税法上の"body corporate"とならない。LLCは，「租税に関し法人格を有する団体として取り扱われる団体」に該当しないので，LLCが条約上の「法人」に該当するか否かは，「法人格を有する団体」か否かにより判断することになる。いま，日本には外国事業体について法人格の有無を判断する基準がないため，この判断も困難である。この条約改正を契機として，法人や外国法人などの用語の意義をより明確にするため国内法の整備が望ましい。

3　対象税目

新条約では，米国の連邦国家としての特殊性から地方税は対象税目から除外されているため，日本企業は引き続き条約の保護を受けられない。社会保障税は対象税目から除外された（別途2004年2月20日に日米社会保障協定が締結された）。

米国消費税が非課税とされたことは、外国保険業者の発行した保険証券について旧条約の懸案問題が解決され、民間財団の金融取引につき利子所得及び配当所得について条約限度税率を超える課税を制限した点を評価する。しかし、依然として、対象税目から除外されている地方税の問題を解決することが必要である。

4　多様な事業体の条約上の取扱い

多様な事業体の取扱いに関する規定は、他の条約例にも例のない規定であり、また、事業体課税に係る国内法の整備が急務である時期に先駆けて条約上規定が設けられたことは評価できる。特にLLCが日本の税務上一般に法人として取り扱われるが、米国税法上パススルー団体として取り扱われる場合が多い。LLCの租税条約の適用関係が不明確であったが、新条約4条6によってある程度明確化されたといえる。また、日米両国の事業体に止まらず、第三国事業体を通じて取得する所得に対する租税条約の適用に関しても言及した点は評価できる。今後の課題として、次の点を明確にしなければならない。

(1)　新条約4条6の適用場面

新条約4条6は、「一方の締約国において取得される所得」に関する条約の特典の付与について規定し、源泉地国の限度税率を定めた条項の適用に関係する。条約の5条のように「企業レベルの特典」を与える条項があるが、4条6が「所得レベルの特典」のほかどのような条項に適用されるかは必ずしも明確でない。独立代理人はPEとされないという5条6の適用において、米国税務上構成員課税（パススルー課税）を選択した米国LLCが日本において代理人を通じて業務を行う場合、米国の適格居住者である構成員が4条6の適用により独立代理人の規定の適用を受けることができるか否かは、必ずしも明確でない。日本における条約の適用関係を明確化することが望まれる。

(2) 多様な外国事業体についての日本の税務上の取扱い

日本居住者が米国源泉所得を米国事業体又は第三国事業体を通じて取得する場合の租税条約の適用の有無は，当該米国事業体又は第三国事業体が日本の税務上どのように取り扱われるかによって異なる。しかし，日本の税務上，外国事業体をどのように取り扱うか，団体課税か又は構成員課税かを示す法令上の規定がないので，その判断が困難である。一般に，米国ＬＬＣは法人として団体課税，ＰＳは原則として構成員課税として取り扱うように考えられているが，法令上の明確な根拠はなく，米国以外の第三国事業体の取扱いに関しても法令上の根拠がない。このような状況の下で実務レベルの取扱いは不確定である。この点について，日本の国内法令を整備し，米国事業体，又は第三国事業体の日本税法上の取扱いを明確化する必要があると考える。

(3) 日本の団体の取扱い

日本居住者が米国源泉所得を日本の事業体を通じて取得する場合の租税条約の適用の有無は，当該事業体がどのように取り扱われるかによって異なる。しかし，日本の税務上，日本事業体であっても団体課税か構成員課税か，必ずしも明確でない場合がある。例えば，いわゆる「但し書信託」を通じて所得を稼得する場合，信託は納税主体とならないが，必ずしも構成員に所得認識のタイミングや所得区分が引き継がれないので，条約の適用関係が曖昧である。

(4) 第三国との租税条約との選択適用

4条6は，第三国事業体を通じて取得した所得に対する新条約の適用の可能性を規定したので，第三国法人が日本源泉所得を受領し，かつ，第三国法人が米国で構成員課税を受ける場合には，日米租税条約と日本と第三国との間の租税条約が両方とも適用される可能性がある。このような場合に，有利選択が可能であるのか否かについて規定がない。この点も，税法上，明確にされることが望ましい。

5　特典制限条項

新条約ではトリーティ・ショッピングを防止するため包括的な特典制限条項が規定され，条約の特典を受けるための基準が明確化された点は納税者にとって大きなメリットと考えられるが，詳細な基準であるため，源泉徴収義務者に過度の負担を強いる可能性があるものもある。この点は，今後の実務の定着を待って改善の余地があるかどうかを吟味する必要がある。例えば，①課税ベース浸食基準（base erosion test）の適用について，相手国居住者の課税所得の計算上，損金算入される第三国居住者への支出が総支出の50％未満であることを条件としているが，源泉徴収義務者がこの事実を検証することは困難であり，仮にこの条件が満たされていなかったことが事後的に判明した場合，源泉徴収義務者に責任を負わせることは過度の負担といわざるを得ない。また，②公開会社について流動性（6％）をどのように確認するのか，③年金の構成員の50％以上が居住者であることをどのように確認するのか，④営業又は事業の活動に関連又は付随して生じた所得とはどの程度の関連性が必要であるのか，⑤能動的事業活動基準における実質的なものかどうかという判断をどのように行うのか，など実務的に定着をまつべき項目が少なくない。今後の課題としては，源泉徴収義務の範囲を明確にする措置を講じる必要がある。

6　二重課税の排除

新条約では旧条約と同様に間接外国税額控除に係る持株要件は子会社の要件が10％に緩和されるに止まった。外国税額控除については今後の課題が多い。そのため，二重課税発生防止の不十分性が新条約で解決されず，国内税法の改正に委ねられたことになっている。

(1) 外国税額控除の対象となる外国法人税の範囲

23条1においては，日本の法令に従い，条約上米国に課税権が認められた所

得に係る米国の租税について税額控除の対象とするとしているが、国内法では一定のみなし配当に課される税（支店利益税や移転価格の二次調整に係る源泉税）及びみなし利子に課される税（支店利子税）を控除対象外国法人税の範囲から除外する規定となっている。新条約では、配当の定義規定（10条6）や利子の定義規定（11条5）により日本の税法では所得が生じていない場合にも米国税法で認定される一定のみなし配当やみなし利子に係る課税権を条約上米国に与えている。そこで、条約上米国の課税権を認めた以上、その結果生じる米国の租税を外国税額控除対象となる外国税額に含めるべきではないかという疑問が生じる。さもなければ、日本の納税者の負担を条約によって増大させることになり、条約の目指すべき方向に反することになる。

(2) 独立企業間価格を超える超過分の5％税

国外関連者に対する支払について独立企業間価格を超える超過分に対して5％の税が課される（11条、12条、21条）。このような条約上米国に課税権を認めた税が外国法人税に該当するか否かは必ずしも明確でない。仮に外国法人税に該当しないとされる場合には、外国税額控除は認められないこととなる。

7　米国の移転価格課税における二次調整

新条約10条6により、「配当」は、株式その他利得の分配を受ける権利（信用に係る債権を除く）から生ずる所得及び支払者が居住者とされる締約国の租税に関する法令上株式から生ずる所得と同様に取り扱われる所得をいうと定義された。米国で二次調整に基づく源泉課税の対象となるものは10条の配当となる。また、10条により、一定の親子会社間配当（議決権株式の50％超を直接又は間接に所有する場合）について源泉地国免税となる。このような場合には二次調整は実質的に問題にならなくなり、従来に比べれば、問題の範囲は狭くなった点は評価できる。しかし、二次調整の結果、米国で配当とみなされる金額について、特典制限条項の要件（適格者基準、能動的事業活動基準又は権限のある当局による認

定)のいずれも満たさない結果,源泉地国免税とならない親子会社間配当について,なお問題となる可能性がある。国内法上,このような源泉税が外国税額控除の対象となる外国法人税に該当しないことになっているからである。

8 配当の定義

旧条約と異なり,新条約では配当の定義が明確にされたことにより,源泉税の課税関係が明確になったことが評価される。10条6により発生する米国の源泉税については日米両国の国内税法上の配当の定義の相違により,外国税額控除ができず,二重課税の排除ができないという問題がある。

(1) 減資や株式償還について日米の計算方法が異なるみなし配当

米国の税法上,減資や株式償還を含めて,すべての株主への均等な分配が行われた場合,分配の原資は法人のすべての配当可能利益であり,これがなくなった段階ではじめて資本等(株式取得価額)が減額され,譲渡損益が認識される。利益積立金(E&P)から分配とみなされるものは,分配年度の1年間に稼得する利益積立金,これを超過する分配金額がある場合には前年までに累積された利益積立金を限度として適用される。分配年度の1年間に稼得する利益積立金がマイナスである場合には分配時点までの累積利益積立金が配当可能利益とされる。前年までの累積利益積立金がマイナスである場合には分配年度に利益があるときは分配を受けた金額は分配年度に稼得する利益積立金を限度として源泉税の対象とされる。日本の税法上,外国法人税の所得は日本税法で決めるとする説によれば,米国で認識されたみなし配当が日本税法上のみなし配当(法法24条①三及び四)より大きいとき,その超過分に対する米国源泉税は,控除対象外国法人税とならないことになる。米国で減資等により確定したみなし配当に対して課される税のうち日本税法上外国税額控除の対象となる外国法人税は,分配を受けた金額と株式取得価額の差額に対応した部分である(法令141条③三)ので,二重課税が生じる可能性がある。

(2) **関係会社出資持分の売却によるみなし配当**

米国税法では，次の場合，みなし配当とされる。

① 日本法人が二以上の米国法人株式を50％以上所有している場合，一方の米国法人の株式を他の米国法人に売却する場合

② 日本法人Aが日本で他の日本法人B及びCの株式の50％以上を所有し，そのうち一社Bが米国法人Xの株式の50％以上を所有する場合，BがCに米国法人Xの株式を売却するとき

この場合，売却法人が被売却法人の株式の50％超を所有している場合，特典制限条項の一定の条件を満たすとき，米国の源泉税を免税されるが，これを満たさないときは，米国で5％の源泉税を課される。当該株式が日本国内にある限り，その譲渡益は国外源泉所得ではないので，外国税額控除の控除限度額が生じないこと，外国法人税の所得は日本の税法で決めるとする説によれば，この米国の源泉税は控除対象外国法人税とならないことになる。

9 親子会社間配当に関する株式所有要件

通常年度における親子会社間配当の軽減税率の適用要件である株式所有期間要件は，旧条約では1年超とされていたが，新条約では1年となり，短縮された。源泉地国免税の株式所有割合は，米国が他の国との条約で認める80％要件に比べて，新条約では50％と緩和された点は特筆すべきである。5％の軽減税率の適用要件には所有期間要件はないので，配当の支払を受ける者が特定される日に株主であれば，適用を受けることができる。旧条約では前年又は当年が短期年度である場合の取扱いが明記されていたが，新条約では短期年度は1年の所有期間要件に反することになる。今後の課題として，短期年度の取扱いを明確にすべきである。

第3章　今後の検討課題

10　使用料の定義

　新条約では，OECDモデル条約と同様に，使用料について源泉地国免税とされた。

　これは今後の日米両国間の投資交流を一層促進し，日本の国際競争力を強化するために無体財産権の活用が不可欠とする英断であり，日本の方針を大きく転換するものとして評価できる。使用料の定義についてOECDモデル条約との整合性は図られたが，ソフトウエア取引に代表される無体財産権の使用については，取引の多様化・複雑化を反映して，ソフトウエア取引等が事業所得か使用料の対価かという問題は依然として不明確なままである。今後の課題としては，国内法でもOECDモデル条約をベースに他の租税条約との整合性を取りつつ，OECDモデル条約12条のコメンタリーでソフトウエア取引を①著作権の保護を受ける権利となる知的所有権であるプログラムと②その媒体である複製物に区別し，①事業者が不特定多数に販売する営利目的か②個人使用又は非営利目的かにより区別しているように，具体的な判断基準を示す指針が出ることが望ましい。

11　不動産保有法人の株式譲渡

　米国税法では，不動産保有法人（Real Property Holding Corporations:RPHC）の株式譲渡については，5年間の基準期間を設け，その期間中にその資産価値の50％以上が不動産に該当するか（不動産の評価は時価による）否かによって「不動産保有法人株式」に該当するか否かを判定している（IRC897）。日本の税法では，株式等の譲渡所得課税においてこのような規定がない。実務上，取引所相場のない株式等の評価方法として，例えば土地保有特定会社に該当する場合には純資産価額による評価が行われている。

　今後の課題としては，新条約の予見可能性を担保するために，資産の評価基準を明確にすべきである。

第2　米国議会課税合同委員会の指摘した問題点

　米国では，米国議会課税合同委員会（the Joint Committee on Taxation：JCT）が上院外交委員会（the Committee on Foreign Relations, U. S. Senate）の審議用レポート「日米租税条約案の説明」（Explanation of Proposed Income Tax Treaty Between The United States and Japan）を公表している。このレポートは，「財務省専門的説明書」（Department of the Treasury Technical Explanation of the Convention between the Government of the United States of America and the Government of Japan for the Avoidance of Double Taxation and the Prevention of Fiscal Evasion with respect to Taxes on Income and Capital Gains）を吟味した上で，議会審議の重要な論点として次の10項目の課題を示し，米国の利益が損なわれていないことを説明している。

① 直接配当に対する源泉徴収税のゼロ税率
② 導管取引防止規定
③ 米国保険消費税
④ 再生金融機関の株式譲渡益に対する課税
⑤ 船舶・航空機の賃貸所得
⑥ 独立企業間価格以外の支払金（Non-Arm's Length Payments）
⑦ 不確定利子（Contingent Interest Payments）
⑧ 不動産保有法人の売却
⑨ 教師，学生及び事業修習生
⑩ 米国モデル条約から逸脱した事項

第3章　今後の検討課題

1　非独立企業間支払（Non-Arm's Length Payments）の取扱い

　利子や使用料に対する源泉地国課税の制限について，米国モデル条約は関連者間の利子や使用料のうち独立企業間価格を超える金額の支払に関する特別なルールを規定する。この超過額は，条約の他の条項を考慮に入れて，各国の国内法により課税される。米国モデル条約は，一方の締約国にある子会社が他方の締約国にある親会社に支払う超過利子は国内法により配当として取り扱われ，条約の配当条項に規定する特典を与えられると規定する。

　新条約は，米国モデル条約や最近の米国条約例と異なり，関連者間の利子，使用料及び一定の明示なき所得のうち非独立企業間支払の独立企業間支払を超える部分の総額に対し，源泉地国は5％以下の税率で課税することを規定した。米国財務省専門的説明書は，新条約におけるこのような超過額に対する課税は米国モデル条約，米国の国内法及び慣行に基づいて生ずる結果とほとんどの場合一致すると述べている。例えば，日本源泉の非独立企業間支払について，日本の国内法では，支払者がこのような超過額を控除することを否定し，受取者に対し20％の源泉徴収税を課するが，超過額のリキャラクタライズしない。

　米国モデル条約や最近の米国条約例は，源泉地国がこのような超過額に対し実質主義の原則により課税することを妨げられないことを明記する特別なルールを規定している。新条約は同様の規定を設けていない。非独立企業間支払について，米国モデル条約において源泉地国課税の制限は，非独立企業間支払の属性や，源泉地国がこれを配当としてリキャラクタライズする場合には配当支払法人の株式所有割合によって左右される。新条約10条では，配当の源泉地国課税は一般に相手国の居住者に支払われる配当総額の10％に制限されているが，配当の受益者が配当支払法人の議決権の10％以上を所有する法人である場合には5％の軽減税率が適用され，配当の受益者が配当支払法人の議決権の50％超を一年以上所有する法人である場合には源泉地国免税とされる。新条約がすべての非独立企業間支払に対し固定的な5％の制限税率を定めず，米国モデル条

約に従っていたならば，このような非独立企業間支払に適用される源泉地国の制限税率は必ずしも5％に限らないことになったであろう。例えば，米国法人がその株式の10％未満しか所有していない日本居住者に支払う利子の非独立企業間支払は，米国の国内法に基づき配当として取り扱われる。米国モデル条約では，利子の非独立企業間支払は一般に利子につき認められる米国源泉徴収税の免除を受けることができないこと及び配当支払法人の議決権株式の10％未満しか所有していない株主が受領する配当について規定される15％の税率で米国源泉徴収税を課されることが定められている。しかし，新条約では，米国法人が日本居住者に支払う非独立企業間支払に対し，米国モデル条約に従っていたならばポートフォリオ配当に対し適用される10％の軽減税率でなく，米国源泉徴収税を5％に軽減している。JCTとしては，非独立企業間支払に関する米国モデル条約，最近の米国条約例及び米国の国内法の原則からの逸脱により，実質主義の原則に従い適正にリキャラクタライズする米国モデル条約の規定を欠落させたことによって，源泉地国課税を不当に減少させるスキームを作る余地を生じないかとの懸念を表明している。

2 不確定利子 (Contingent Interest) の取扱い

　JCTは，米国モデル条約や最近の米国条約例で規定する不確定利子に関する特別なルールが新条約に含まれていないことを問題として取り上げている。米国モデル条約は，①債務者又は関連者の収入，売上高，所得，利益その他のキャッシュフロー，②債務者又は関連者の資産価値の変化，③債務者が関連者に支払う配当，パートナーシップ分配又はこれに類する支払金を参照して金額が決定される利子（これを不確定利子という）について，一般に源泉地国でその国内法により課税されることを規定する。不確定利子の受益者が条約相手国の居住者である場合には，当該利子の総額に対し適用される源泉地国の税率は，配当支払法人の10％未満を所有する株主に支払われる配当に対する条約の軽減税率を超えないものとされる。米国財務省専門的説明書は，米国モデル条約に

第3章　今後の検討課題

規定する不確定利子に関するルールが新条約において含まれていない理由として，10条2に規定する配当に対する最高税率（10％）が11条2に規定する利子に適用される税率（10％）と同じであることを上げている。このように，米国モデル条約に含まれる不確定利子の特別ルールを新条約で明記しないことによって，新条約では不確定利子に対する源泉地国課税は，利子に関する規定（11条）に従って制限されることになる。一般に，不確定利子について，米国法における実質主義（substance over form）原則は成文法である内国歳入法典に反映されている。米国法は，非居住外国人及び外国法人が保有するポートフォリオ債務証書に係る利子に対する米国の源泉徴収税を免除するが，一定の不確定利子についてはこの源泉徴収税の免除の例外としている（ＩＲＣ871(h)(4)及び881(c)(4)）。11条によれば，相手国居住者である受益者に支払われる利子に対する源泉地国課税は，一般に10％に制限されるが，一定の場合（受益者が金融機関又は年金基金である場合を含む）には完全に免除される。米国財務省専門的説明書の示唆するところによれば，不確定利子について，新条約も米国モデル条約も同様の結果を生ずるが，新条約における源泉地国課税の制限は，「不確定利子の属性」によらず，「受益者の属性」によって行われ，金融機関や年金基金については完全に排除される。

　例えば，米国法人が日本の銀行に支払う不確定利子は，米国モデル条約においては利子に対する米国源泉徴収税の免除を受けることはできないが，その代わりに，不確定利子に対する15％の米国源泉徴収税を課する米国モデル条約の配当条項を適用されることとなる。

　しかし，新条約では米国モデル条約の特別なルールを含めなかったことにより，日本の銀行はこのような不確定利子に対する米国源泉徴収税を完全に免除されることになった。したがって，ＪＣＴは日本に対し，米国モデル条約，最近の米国条約例及び長期間持続してきた米国法から逸脱して，実質主義により不確定利子を適正にリキャラクタライズする米国モデル条約の規定を欠落させたことによって，源泉地国課税の不当な減少を招くことのないように，懸念を表明している。

3 導管取引の濫用防止規定 (anti-conduit rules)

新条約は，配当条項（10条），利子条項（11条），使用料条項（12条）及び明示なき所得条項（21条）の特典を否定する導管取引の濫用防止規定を含めた。新条約は，また，保険消費税の免税の特典を否定する導管取引の濫用防止規定も含めた。これらの規定は，米国－イタリア条約や米国－スロベニア条約に関して1999年に上院が承認を与えなかった「主たる目的」原則（main purpose rules）に類似しているが，実質的により狭く，より正確なルールである。このような規定は，米国モデル条約やOECDモデル条約には存在しないが，日本の要請を受けて挿入されたものである。日本の主張によれば，この規定の目的は，第三国居住者が米国居住者を導管として第三国居住者への支払のチャンネルとして利用し日本源泉所得に対する税負担を不当に減少させることを防止することである。米国は，日本と事情が異なり，その国内法（ＩＲＣ7701(l), Reg.1.881-3）において導管の利用によって米国源泉所得に対する税負担を減少させるアレンジメントを防止する詳細な規定を定めている。この点で，米国財務省専門的説明書は新条約にこのような狭い導管取引の濫用防止規定を挿入することによって，特定の場合に米国の国内法の広範な導管取引の濫用防止規定その他の濫用防止規定の適用を妨げるものでないことを強調している。米国の国内法における詳細な導管取引の濫用防止規定が存在するにもかかわらず，新条約でこれらと異なる導管取引の濫用防止規定を採用すると，米国の納税者が混乱に陥る原因となる。米国財務省専門的説明書は，納税者のアレンジメントが新条約の導管取引の濫用防止規定をクリアできるかどうかにかかわらず，米国の国内法における導管取引の濫用防止規定その他の濫用防止規定が適用されることを明らかにする。このような規定を設ける動機が国内法に導管取引の濫用防止規定が欠落している日本税法の欠点を補完することであるとすれば，新条約のこのような規定を日本税を減少させるアレンジメントだけでなく，米国税を減少させるアレンジメントに適用する理由は何であるかを考えなければならない。ＪＣＴとしては，米国－英国条約における類似の導管取引の濫用防止規定につ

いても同様の問題があることを指摘している。そのような規定が米国条約ネットワークに前例がないものであっても，英国のニーズがある場合に妥協したものである。日本との関係においても，これが米国の条約締結方針として認められるとしている。

4 再生金融機関の株式に係る収益の課税

新条約は，譲渡収益に適用される伝統的な居住地国のみに課税権を配分するルールの例外規定を定めた（13条3）。これは，金融再生の最中にある日本の事情に配慮したユニークな例外である。一方の締約国がその銀行破綻の場合の再生法に従って当該国の居住者である金融機関に実質的な金融支援を行い，他方の締約国の居住者が当該金融機関の株式を取得する場合，この取得者が後に当該株式を処分して取得する譲渡収益に対し，当該一方の締約国は租税を課することができる。このような例外は，米国モデル条約，他の米国条約例又はＯＥＣＤモデル条約には存在しない。この例外は，新条約の発効日前に米国居住者が日本の金融機関の株式を取得した場合には適用されない。新条約の発効前に株式を取得した者は，新条約の発効後取得した株式についてはパラ3に基づく租税を課されない。しかし，新条約の発効日までに米国投資家が当該株式を購入した範囲又は新条約の発効日前に当該株式を取得する機会をもつ範囲を決定することは困難である。この例外規定の効果は，米国投資家が当該収益に課された日本税について米国で外国税額控除を受ける範囲で，日本の銀行の再生コストの一部を米国の国庫にシフトすることである。ＪＣＴとしては，このユニークな規定は日本の特別な事情により認められること，この規定が米国投資家が日本の銀行の再生に参加することを妨げないこと，日本が他国の投資家に比べて米国投資家を不利に取り扱わないこと，を条件として，この例外を認める。

5　米国不動産保有法人の売却

新条約は，すべての場合に米国がその国内法のFIRPTA(Foreign Investment in Real Property Tax Act, Pub. L. No. 96-499) を適用する能力を全面的に守るものでない。米国の国内法では，非居住外国人又は外国法人が資本資産 (a capital asset)の売却から実現した収益は，当該収益が米国の営業もしくは事業の遂行に実質的関連を有する場合又は非居住外国人が課税年度に183日以上の間身体的に米国に滞在する場合を除き，米国税を課されない。しかし，1980年6月19日からFIRPTAは，米国滞在期間にかかわらず，非居住外国人及び外国法人が米国不動産の処分から生ずる譲渡収益に米国課税権を及ぼした。FIRPTAは，明示的にすべての租税条約（旧条約を含む）に対するオーバーライドを規定したが，1984年12月31日後までこのオーバーライドを延期した。FIRPTAの租税理論では，非居住外国人又は外国法人は，米国不動産の持分の売却からの収益が米国で行う営業又は事業に実質的に関連を有するものとみなして，米国税を課されるものとしている。「米国不動産の持分」には，法人の資産の50％以上が処分時に終了する5年間のいつも米国不動産から成る米国法人（米国不動産保有法人）の持分を含む（ＩＲＣ897(c)(1)(A), Reg. 1.897-2(c)）。これには，公認の有価証券市場で通常取引される種類の株式の一部である株式を処分する者が，5年の基準期間にいつも当該種類の株式の5％超を保有しない場合については例外規定がある（ＩＲＣ897(c)(3)）。新条約では，日本の居住者が米国に所在する不動産の譲渡から直接取得する収益は，FIRPTAに基づき課税されるが，米国不動産の持分を保有する一定の事業体の譲渡によって米国不動産を間接的に譲渡することから取得する収益に対しても，米国は課税することができる。すなわち，米国は，日本の居住者が米国法人（米国不動産から直接又は間接に価値の50％以上を生ずるものをいう）の株式の譲渡から取得する収益に租税を課すことができる。新条約は，関係する種類の株式が公認の有価証券市場で取引され，譲渡者が当該種類の株式の合計5％以下を所有する場合には当該株式の譲渡収益に対する米国課税の例外を規定する。新条約では，米国法人が米国不動産保有法人

第3章　今後の検討課題

に該当するか否かの判定は，譲渡の日に行われ，FIRPTAの規定する5年の基準期間を通じて行われるものでない。例えば，新条約によれば，日本の居住者は，売却時に米国不動産の持分が米国法人の株式の資産の価値の40％を構成する場合，当該米国法人の株式の売却時に米国税を課されない。しかし，この新条約がなかったとすれば，売却に先立つ5年間いつでも法人資産の50％以上が米国不動産から成る場合，この米国法人の株式の売却に対して米国税が課されることになる。FIRPTAは，米国不動産法人の株式が譲渡の暦年中いつも通常取引され，かつ，所有基準として5年の「ルックバック・テスト」期間を定めている。

　新条約は，内国歳入法典に準拠する米国モデル条約と異なっている。JCTとしては，米国条約の慣行を逸脱することが歴史的に米国不動産に対する重要な投資家である日本の居住者について受け入れられるか否かを懸念している。

第3　新条約の主要条項に関する問題[139]

1　多様な事業体に対する課税上の取扱いの明確化

　新条約は，国内法制が未整備な段階で，多様な事業体に対する課税上の取扱いを団体課税とするか構成員課税とするかにつき源泉地国の判定基準でなく条約相手国の判定基準で規定することにした。これに関連して，日本は日本居住者が米国源泉所得を取得するために利用する事業体（米国事業体，第三国事業体及び日本事業体）をどのように取り扱うかを米国の政府及び源泉徴収義務者にも知らせる必要があり，米国は米国居住者が日本源泉所得を取得するために利用する事業体（日本事業体，第三国事業体及び米国事業体）をどのように取り扱うかを日本の源泉徴収義務者に知らせる必要がある。日本では，従来も組合課税制度をめぐり法令化されていなかったことから国税庁通達と民間の租税専門家の解釈に差異が生じ，組合を利用する節税スキームや租税回避スキームが多発している。日本の現行税法で規定する納税主体は①個人と②法人であり，第三の存在である③非法人又は団体は納税主体とされていない。民法上の組合は，従来から契約であり，団体ではない故に，「人格のない社団」とされず，法人とみなされることはないとされてきたが，新条約では3条1(e)において，「者」には，個人，法人及び法人以外の団体を含むといい，議定書2において，「法人以外の団体」には，遺産，信託財産及び組合を含むと規定しているので，少なくとも組合は団体として取り扱われる。団体とされる組合は，現行通達の下で，税法上，団体課税を受けず，その組合員が構成員課税を受けることになるので，このような団体をパススルー型事業体と呼ぶことにする。経済界では，法人のように「法人格」を有することと実質的にみれば団体課税を受けないことという性格を備えた団体を求める場合にその法人の課税所得の計算上利益の

第3章 今後の検討課題

分配を損金として控除することが認められる団体が制度化された。このような団体をペイスルー型事業体と呼ぶ。両者の相違は，前者を利用する者は，団体レベルの非課税を享受できるが，対外的に無限責任を負うとされるのに対し，後者を利用する者は，対外的に法人格を有する団体で納税主体であるが実質的に非課税のメリットを享受し，かつ，有限責任を負うに止まる点にある。さらに，「会社法制の現代化」の動きがある。法務省法制審議会が平成15年10月22日に「会社法制の現代化に関する要綱試案」を公表し，平成16年12月8日に要綱案が公表された。

この要綱案では，株式会社と有限会社の一本化（有限会社の廃止），合同会社（日本型LLC）の創設という方向を示している。また，経済産業省は平成15年11月17日に「人的資産を活用する新しい組織形態に関する提案－日本型LLC制度の創設に向けて－」を公表したが，平成16年9月17日に「有限責任事業組合（日本型LLP）制度に関する研究会」を立ち上げ，「有限責任事業組合契約に関する法案」の準備作業に入っている。経済界は，団体レベルの非課税と構成員の有限責任を兼備する事業体の創設を望んでいるようにみえる。このように，共同事業を行うための組織つくりが検討されるなかで，税法上，これらの新しい団体である合同会社，有限責任事業組合を団体課税とするか，構成員課税とするかという点で基本ルールを明確化することが必要である。条約交渉担当者は，このような状況を睨んで，新条約が日本の新しい事業体の制度の立法や関連税法の整備を妨げないように多様な事業体の取扱いに関する条約上の規定につき工夫を凝らしたものと考えられるが，それだけに新しい事業体を含め多様な事業体に対する課税上の取扱いについて，上記第1の4において租税専門家が指摘するような多くの論点について国内税法の改正を含め，明確にすべきことが多いのである。おそらく当面の最大の問題は，このような多様な事業体の課税上の取扱いの問題であろう。この問題は，国際課税の分野で最も顕著になるであろう。

(1) 民法上の任意組合

　税法上，民法上の任意組合を単なる契約でなく団体として取り扱うことを明確にする必要がある。したがって，組合が法人格を与えられる場合には，法人としての社団となる（典型例は合名会社）が，法人格のない組合を税法上「人格のない社団」としてみなし法人の範疇に含めるか否かの検討に着手すべきである。従来の通達では任意組合及び匿名組合は「法人でない社団の範囲」に含まれないとしている（所得税基本通達2－5，法人税基本通達1－1－1）が，過去の民法理論では組合と社団の二分論が合理的と信じられていたが，現代の民法理論では組合の社団性を否定することはできない。

　納税主体とすべき組合までも通達だけが古い民法理論を根拠にすべての組合を納税主体の範囲から除外する正当な理由はない。ただし，組合の中にも社団性の程度には差がある点に着目して，なんらかの政策により納税主体の範囲から一定の要件を満たす組合を除外することは是認すべきである。また，このように，構成員課税を認める組合についても，現行通達のように純額方式，総額方式又は中間方式の選択を認める場合には，構成員が減価償却費や支払利子などの控除や損失の控除を利用する節税又は租税回避を誘うことになる点に着目しなければならない。もとより，契約自由の原則により利益や損失の配分（allocation）は契約でいかようにも決められるが，税法上は租税回避防止の観点から，税務当局にこの契約上の配分方法を否認し，課税上の再配分を行う権限を付与するか，又は現行通達を改め原則として純額方式によるべきことを法令化する必要がある。組合をパススルー型事業体とすることを政策的に認める場合には，組合という団体と組合員との間の内部取引及び組合員相互間の取引について租税回避防止規定を盛り込むべきである[140]。

　法人の場合に所得や資産の海外移転を防止する税制は整備されつつあるが，このような各種の防止税制の脱法手段として組合を利用する所得や資産の海外移転を防止しなければならないと考える。

　平成17年度税制改正により民法組合等を通じる一定の取引に関し，次の課税ルールを明文化した。

第3章　今後の検討課題

① ＰＥのない非居住者・外国法人に対する事業譲渡類似株式の譲渡益課税の強化（図3－2）
② 民法組合等の海外投資家への利益配分に対する源泉徴収制度の新設（図3－1）
③ 特定組合員の不動産所得に係る損益通算等の特例
④ 組合事業に係る損失がある場合の課税の特例
⑤ 有限責任事業組合の事業に係る組合員の事業所得等の所得計算の特例

図3－1　非居住者・外国法人である組合員に対する課税の確保

〔改正前〕
　非居住者・外国法人であっても民法組合等の得る収益で自らに帰属するものについては毎年申告納税しなければならない。

⇩

〔改正後〕
　非居住者・外国法人については，毎年源泉徴収（20％）を行い，申告納税で調整。
　ただし，国内に組合以外の恒久的施設を有する非居住者・外国法人については，一定の要件の下，源泉徴収を免除する。

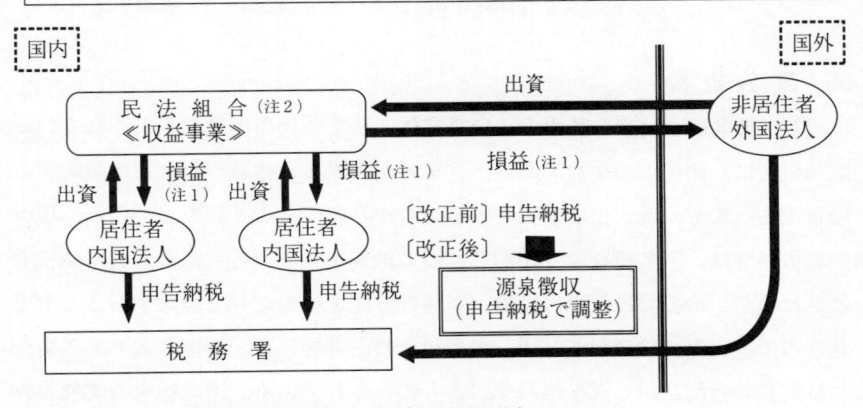

（注1）　毎年の組合の損益が各組合員に直接帰属する。
（注2）　投資事業有限責任組合，有限責任事業組合（ＬＬＰ）等を含む。なお，匿名組合は含まない。

　　　　　　政府税制調査会資料（平成17年1月25日総24－3，基礎小28－3）

図3-2　非居住者等による事業譲渡類似株式の譲渡益課税の適正化

〔改正前〕
- 非居住者・外国法人による内国法人の株式の譲渡益　⇒　日本で原則非課税
- 事業譲渡に類似すると認められる株式の譲渡益　⇒　日本で課税

⇩

〔改正後〕
　非居住者・外国法人が組合を通じて株式を所有する場合には，個々の組合員毎ではなく，組合単位で事業譲渡類似に該当するかどうかを判定する。

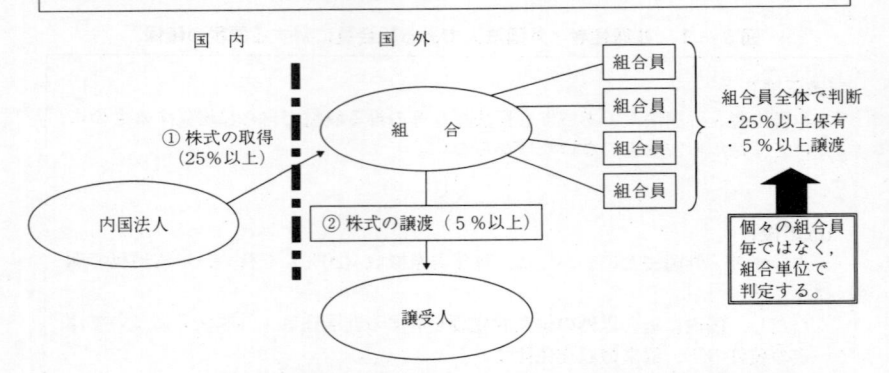

国　内　｜　国　外

① 株式の取得（25％以上）

内国法人 → 組合 → 組合員（4名）

② 株式の譲渡（5％以上）

譲受人

組合員全体で判断
・25％以上保有
・5％以上譲渡

個々の組合員毎ではなく，組合単位で判定する。

政府税制調査会資料（平成17年1月25日総24-3，基礎小28-3）

(2)　匿　名　組　合

　現在，匿名組合は使い勝手のよい事業体として多様な実態で利用されている。匿名組合は，商法上の契約であり，営業者が実際には複数の組合員と契約する場合であっても，商法上は別個の匿名組合が存在することになっている。現行の取扱いでは，匿名組合は，契約であって納税主体とならず，営業者が納税者とされるが，その課税所得の計算上利益の分配を損金として控除することができるので，実際には課税されず，匿名組合員が非居住者・外国法人である場合には利益の分配に対し源泉徴収すべきものとされている。匿名組合の実態をみると，営業者と組合員の共同事業とみるべきものが多い。とすれば，このような匿名組合は，共同事業を行う当事者の団体として捉え，税法上，団体課税を行うことができる。また，匿名組合の利益に対し，営業者と組合員を同時に納

税主体とすることも考えられる。匿名組合契約について私法上利益又は損失の配分はどのようにでも契約できるが，税法上は，租税回避防止の観点から，税務当局にこの配分方法を否認し，再配分を行う権限を付与するか，又は純額方式で匿名組合事業の利益又は損失を配分すべきことを法令化する必要がある。匿名組合についても内部取引を利用した租税回避を防止する規定を盛り込むべきである。

(3) 人格のない社団等

上記1で述べたように，現行通達における「法人でない社団」の範囲で除外している組合及び匿名組合を削除する。古い組合と団体の二分論に税法が依存する根拠がない現在，団体と社団との異同を明らかにする必要はあるが，これらを一律に「法人でない社団」の範囲から除外する正当な理由はない。

(4) 信　　　託

現行制度では，税法上，信託は，①本文信託，②但し書信託，③特定信託に分類され，本文信託は原則として受益者課税，但し書信託は原則として受益者課税であるが現実に分配を受け取る時点で課税されるとされ，課税繰延が認められる。特定信託は受託者課税とされる。本文信託では，受益者の利益と損失は発生主義で認識されるが，投資信託等の但し書信託では，分配金の額を決めた時に受益者は分配額に相当する金額の利益を認識することになっている。税制改正により，但し書信託について，利益又は損失の認識時期を発生の時点とすることも検討すべきである。例えば，法人が証券投資信託に投資している場合，証券投資信託については信託財産の含み損益まで反映させて算出される基準価額が公表され，法人については事業年度末日の基準価額に基づき，受益者の帳簿価額とこの基準価額との差額を利益又は損失と認識することにより，信託財産の利益又は損失を自己の利益又は損失とし，かつ，課税繰延を生じさせないことができる。信託法の現代化の検討が進む中で，事業信託の利用が見込まれる。米国では事業信託は法人として取り扱われるが，日本でも事業法人と

の均衡を考慮に入れて,少なくとも課税繰延を防止する必要があろう。さらに,国際課税の領域では,外国信託をどのように取り扱うかを明確化しなければならない。実際には,外国信託は,集団投資媒体として利用されているが,その課税上の取扱いについて適切なガイドラインが必要である。日本信託及び外国信託を租税条約上の「者」とすると定めているが,信託について締約国の「居住者」としてその租税条約の適用を認めるのか,それ自体を構成員課税とする団体として取り扱うのか,米国と日本における信託課税の相違に鑑み,条約の適用関係を明確化する必要がある。この際,内国信託と外国信託の区分基準について,税法上,その準拠法主義をとるか,委託者,受益者又は受託者のいずれの居住性によって判定するかを明らかにする必要がある。

(5) 中小法人,合名会社又は合資会社

米国では税法上一定の要件の下に中小法人はS法人になることを選択することができる。S法人は,法人格を有するが,それ自体は納税主体とされず,S法人の所得に対してその株主が直接課税される。日本では中小法人は軽減税率を適用されるが,その実態が個人事業主と同様であっても,法人格を有することを理由に,法人課税を受けることとされる。事業体に対する税法改正を行う場合,米国のように法人税を非課税とし,直接株主課税とする選択を認めるか,又は実態に合わせて代表者課税とすることを検討すべきである。

2 両国の課税上の取扱いが異なる多様な事業体の条約上の取扱い

4条6の規定は,他の条約例のない規定であり,現在,日本に多様な事業体自体の課税又は多様な事業体を通じて取得する構成員の課税について国内法が整備されていない段階で一定の基本的なルールを示すものとして,その意義は大きい。しかし,この規定の適用・解釈については,次のような疑問点を明確にする必要がある。

第3章　今後の検討課題

(1) 条約の特典の範囲

4条6の規定は，所得ベースで特典の享受の可否について定めているが，事業体ベースやPEの有無などによる特典の可否についても，一定のガイドラインが必要である。

(2) 各種の外国事業体についての日本税法上の取扱い

4条6の規定は，特典享受の可否の判断に当たって，所得源泉地国でなく，所得の受領者の居住地国において事業体を団体課税とするか構成員課税とするかの取扱いに基づくこととした。よって，日本居住者が米国源泉所得を米国又は第三国の事業体を通じて受領する場合，日本税法上この外国事業体を課税上いかに取り扱うかを明確にする必要がある。現状では条約の適用は困難である。徒に無責任な解釈に委ねず，法令化する必要がある。

(3) 日本の事業体についての租税条約上の取扱い

日本の居住者が米国源泉所得を日本の事業体を通じて受領する場合，日本はこの事業体を課税上いかに取り扱うかを明確にする必要がある。その取扱いを米国源泉徴収義務者に通知することを要する。例えば，信託について明確なガイドラインが必要である。

米国居住者が日本源泉所得を日本又は第三国の事業体を通じて取得する場合，米国がこの日本又は第三国の事業体をいかに取り扱うかに基づいて条約の適用関係が決まるので，源泉徴収義務者は米国の取扱いを正確に知る必要がある。日本は米国の取扱いについての正確な情報を源泉徴収義務者に与える必要がある。

(4) 第三国との租税条約と日米租税条約との有利選択

第三国事業体が日本源泉所得を取得し，かつ，第三国事業体が米国税法で構成員課税される場合，日米租税条約と日本・第三国間租税条約のいずれか有利な方を選択することができるか否かを明確にする必要がある。

(5) 条約に規定されていない第6のケースの明確化

第6のケースとは，一方の締約国から生ずる所得で一方の締約国で組織された団体を通じて取得するもので，他方の締約国の税法でその団体の受益者，構成員又は参加者の所得として取り扱われる場合である。条約の適用は，その団体が一方の締約国で納税義務があるか否かによって異なる。

(6) ハイブリッド事業体

ある国で「課税上透明な事業体」(fiscally transparent entity) とされる事業体が他の国では納税義務者とされることがある。すなわち，一方の国では構成員課税の事業体として取り扱われるが他方の国では団体課税の事業体として取り扱われるもの，課税上の取扱いが国によって異なる事業体を「ハイブリッド事業体」という。日本の税法ではハイブリッド事業体に関する特別な規定がない。したがって，日本で所得を稼ぐために日本で納税義務を負わないこのような事業体を用い，別の低税国では法人など団体課税を受けることにすると，節税が可能になる。外国の者 (a foreign person) は，外国で組織された事業体や日本で組織された事業体を通じて日本で所得を稼ぐことができる。日本の税法には，そのいずれの課税上の取扱いについても明確な規定がないので，租税条約の適用についても租税条約実施特例法にその根拠となる規定がなかった。しかし，米国では，外国の者 (foreign persons) が米国でパートナーシップまたは課税上透明な事業体として取り扱われるものを通じて取得する所得について，次の場合，米国との租税条約に基づく源泉徴収の軽減税率の適用を否定する（ＩＲＣ894(c)(1)）。

① この所得がその外国の税法上その者の所得として取り扱われないこと
② その外国との条約がパートナーシップを通じて取得する所得に条約を適用することができるとする規定を含まないこと，かつ，
③ その外国がこのような事業体からその者に対する所得の分配に対して租税を課さないこと

ＩＲＣ894(c)(1)が適用されない納税者が米国でパートナーシップとして取り

第3章　今後の検討課題

扱われまたは課税上透明な事業体として取り扱われるものが受け取るすべての支払またはすべての活動に帰すべき所得について米国の租税条約に基づいて特典を享受できない範囲を決定するため，財務省規則が定められている（IRC 894(c)(2)，TReg. 1.894－1T）。

暫定規則では「事業体に支払われる所得に対する租税」について，次のようなルールを定めた。

① どの国で組織された事業体であっても，その事業体が受け取る支払に対して非居住外国人の「米国事業に関連しない所得」（IRC871(a)），外国法人の「米国事業に関連しない所得」（IRC881(a)），源泉徴収税（IRC1461）および一定の外国団体の所得の課税（IRC4948(a)）によって課される租税について，この支払が条約相手国の居住者によって取得されたものとして取り扱われ，この居住者がその支払の受益者であり，かつ，条約の特典を受けるためのすべての要件が満たされる場合，条約の定める条件に従い，課税の軽減を受けることができる。その事業体が受け取る支払は，その支払が条約相手国の居住者の段階で租税を課される（be subject to tax）範囲に限り，条約相手国の居住者が取得したものとされる。このため，条約相手国で課税上透明な事業体として取り扱われる事業体が受け取る支払は，この事業体の持分保有者がその条約相手国の居住者である範囲に限り，その条約相手国の居住者の段階で租税を課されると考えられる。

② 事業体が受け取る一定の支払に係る受益者要件

米国で課税上透明な事業体として取り扱われ，条約相手国の居住者である事業体は，米国により課税以外において透明な事業体として取り扱われたとしても受益者として取り扱われたであろうという場合には，支払の受益者として取り扱われる。

条約相手国で課税上透明な事業体とされるものが受け取る支払を取得する条約相手国の居住者は，次の場合を除き，その支払の受益者として取り扱われる。

　　（i）　この支払を居住者が直接受け取らなかったならば，この居住者はその支払の受益者として取り扱われなかったであろう場合

(ⅱ) この支払を受け取る事業体がこの支払の受益者として取り扱われない場合

(A) 新日米租税条約におけるパススルーエンティティおよびハイブリッド事業体の取扱い

　源泉地国において租税条約の特典は，条約相手国の居住者（条約相手国の納税義務者）に与えられる。例えば，米国のパススルー・エンティティは，それ自体米国で納税義務を負わないため，条約相手国の居住者ではないという理由で，源泉地国として日本はこのパススルー・エンティティに条約の特典を与えることができない。その場合，そのパススルー・エンティティの構成員，投資家または参加者である米国居住者を日本源泉所得の直接の取得者として日本が条約の特典を与えることができる。しかし，例えば，米国LLCはチェック・ザ・ボックス規則によりパートナーシップとしての取扱いを選択すると，米国では納税義務者でなくなるが，源泉地国として日本はLLCを法人として課税するという取扱いをするので，条約の特典はLLCに与えるべきであって，その構成員，投資家または参加者には与えない。このように，両国で課税上の取扱いが異なる事業体の条約アクセスは，特別なルールを条約上決めなければ，きわめて多様な問題を生じ，租税回避スキームも開発され易いため，条約の解釈・適用について納税者と執行レベルに過重な負担を課すことになる。そこで，新条約では，このような事業体を通じて稼得した所得に対し，源泉地国はその国内法による事業体課税（団体課税か構成員課税か）の方式ではなく，また，組織された国の事業体課税の方式でもなく，居住地国における事業体課税の方式を尊重する形で，条約の特典を与えるか否かを決定することにした。新条約は，①米国LLCが構成員課税を選択した場合，②米国LLCが団体課税を選択した場合，③第三国事業体が米国で構成員課税の事業体とされる場合，④第三国事業体が米国で団体課税の事業体とされる場合，⑤源泉地国で組織された事業体が米国で団体課税の事業体とされる場合，の五つのケースに分けて，条約の特典の付与の適用関係を定めた。

第3章 今後の検討課題

> **事例１：米国ＬＬＣが構成員課税を選択した場合**
>
> 米国ＬＬＣが日本の金融機関に預金して利子を受ける場合，ＬＬＣの構成員が米国居住者，第三国居住者および日本居住者から成るとき，日本が条約の特典を与える利子は，米国居住者である構成員の所得として取り扱われる利子のみである。日本が国内法上このＬＬＣを団体課税の事業体として取り扱う場合には第三国居住者に直接課税権を及ぼす理由がないが，国内法上構成員課税の事業体として取り扱う場合には第三国居住者に直接課税権を及ぼすことになるので，日本国内源泉所得について第三国との租税条約の適用が可能になる。日本居住者である構成員の所得として取り扱われる利子については条約の特典は与えられない。

> **事例２：米国事業体が団体課税を選択した場合**
>
> 米国事業体が日本の金融機関に預金して利子を受ける場合，米国事業体の構成員が米国居住者，第三国居住者および日本居住者から成るとき，その米国事業体が米国の居住者である限り，日本は条約の特典を与える。しかし，第三国居住者については，その所得持分につき租税実施特例法3条の2第7項「第三国団体配当等」に該当するので，日本の金融機関が米国事業体に利子を支払う際には条約の特典を受けるが，租税条約実施特例法3条の2第12項により，所得税申告書の提出義務を負い，20％の税率による税額から源泉徴収税額を控除した金額を納付すべきものとされる。その第三国との租税条約がある場合，日本と第三国がこの米国事業体を構成員課税の事業体として取り扱うとき，その租税条約の特典の適用を考えることができる。日本居住者については，その所得持分につき租税条約実施特例法3条の2第9項「特定配当等」に該当するので，日本の金融機関が米国事業体に利子を支払う際には条約の特典を受けるが，国内法の税額から源泉徴収額を控除した金額を申告納付すべきものとされる。

事例3：第三国事業体が米国で構成員課税の事業体とされる場合

オランダ有限会社が日本の金融機関に預金して利子を受け取る場合，オランダ有限会社の株主が米国居住者，オランダ居住者，日本居住者から成るとき，米国居住者がチェック・ザ・ボックス規則により構成員課税を選択すると，日米条約の特典は米国居住者の所得として取り扱われる利子のみに与えられる。この事業体は，オランダでは法人格のある団体課税の事業体であり，日本の国内法では外国法人となり，利子は日本法人がオランダ法人に対する支払である故に，日本・オランダ租税条約が適用される。

事例4：第三国事業体が米国で団体課税の事業体とされる場合

上記3のケースで米国居住者がオランダ有限会社について団体課税を選択すると，日米条約の適用はない。この場合，日本・オランダ租税条約が適用される。

事例5：米国で組織された事業体で日本で団体課税の事業体とされるもの

日本居住者が米国ＬＬＣの構成員となっているが，日本でこのＬＬＣを団体課税として取り扱う場合には，このＬＬＣが米国で取得する所得について条約の特典は与えられない。

(B) ハイブリッド事業体の取扱いの問題点

新日米条約は，ハイブリッド事業体が団体課税の事業体であるか，構成員課税の事業体であるか，その性質を決める鍵を居住地国に与え，源泉地国は居住地国の性質決定に従うこととした。したがって，各事業体をどう取り扱うかを決めるに当たって，居住地国における性質決定を相互に確認し，納税者に公開しなければならない。一取引について複数の租税条約が同時に適用可能になり，有利な条約の特典を選択することができるようになると解されるので，法制のみでなく，執行レベルでそのような場合に特典の二重どりにならないように取

引の特定を技術的に可能にする必要があろう。また，集合投資媒体や信託など，多数の構成員が存在する場合，現実に特典を受けるために居住証明書を用意する困難と，特典を受けられない第三国居住者に申告書を提出させる困難が予想される。両国の法人がハイブリッド事業体を通じて事業所得を取得する場合に，その恒久的施設の認定をどのように行うかという問題も重要な課題になるであろう。

3 条約の適用対象者

(1) 英語正文と日本語正文との齟齬

1条1の規定は，別段の定めがある場合を除き，この条約は「一方又は双方の締約国の居住者」に適用されると規定し，4条1の規定は，「一方の締約国の居住者」を「一方の締約国の法令の下において住所，居所，市民権，本店又は主たる事務所の所在地，法人の設立場所その他これらに類する基準により当該一方の締約国において課税を受けるべきものとされる者 (any person who is liable to tax)」と定義した。3条1(d)は，「者 (person)」には「個人，法人及び法人以外の団体 (any other body of persons)」を含むとし，「法人 (company)」を「法人格を有する団体 (any body corporate) 又は租税に関し法人格を有する団体として取り扱われる団体 (any entity that is treated as a body corporate for tax purposes)」とし，議定書2は，「法人以外の団体」には，「遺産，信託財産及び組合 (an estate, trust and partnership)」を含むと定めた。

① 組　　合

英語正文では，partnershipは条約上の「者」に含まれる「法人以外の団体」に含まれる。日本語正文では「パートナーシップ」でなく，「組合」が「法人以外の団体」に含まれる。そこで，日本の課税関係を決定する場合，この条約の適用上，米国パートナーシップは「組合」として取り扱うのか，普通，「組合」は日本では「民法上の組合」を意味し，たとえ民法上の契約といわれてきたが，条約では「団体」として取り扱うのか，現行通達では

「法人でない社団」の範囲から組合や匿名組合を明示的に除外しているが、これを条約により修正して「法人以外の団体」に含めるとしたのか、今後通達を改正することにするのか、明確にすべきである。

また、米国の課税関係を決定する場合、この条約の適用上、日本の「組合」は米国ではパートナーシップを意味し、「団体」として取り扱われるのか、「匿名組合」も含む概念とする意図か否かを明確にすべきである。現行制度の下では、「組合」は条約上の「者」とされるが、日本の通達の下で「課税を受けるべきものとされる者」ではないとの理由で日本居住者となることはないと解されるが、そうでなく、日本居住者となるというのであれば、この点を明確にすべきである。今後、現行の取扱いを変更し、「組合」を「人格のない社団」とする場合には、日本居住者になる。このような取扱いの変更を見込んでいるとすれば、その旨を明確にする必要がある。

② 信託財産

英語正文では、trustは条約上の「者」に含まれる「法人以外の団体」に含まれる。日本語正文では、トラストでなく、信託でなく、「信託財産」が「法人以外の団体」に含まれると規定した。この「信託財産」は、本文信託、但し書信託及び特定信託のいずれも含む概念とされるのかどうか疑問がある。米国では、信託は（ⅰ）租税法上の信託と（ⅱ）立法上の導管に分けられ、租税法上の信託としては（ⅰ）通常信託（ordinary trust）（原則として独立に課税されるが、受益者に分配された所得は受益者に課税され、分配額は信託の課税所得から控除され、留保所得には個人最高税率で課税される）、（ⅱ）委託者課税信託（grantor-trust）（信託財産の所得、所得控除及び税額控除が委託者に帰属するものとみなされる）がある。租税法上の信託は、ペイスルー型事業体として課税上導管とされる。「州法上の信託」は必ずしも「租税法上の信託」とされない。例えば、（ⅰ）事業目的を有する信託、（ⅱ）受託者が投資内容を変更する権限を与えられる信託、（ⅲ）受益者が複層化している信託などは、租税法上の信託とされず、法人又はパートナーシップとして取り扱われる。立法上の導管は、ＩＲＣサブチャプターＭによりＲＩＣ、ＲＥＩＴ、ＲＥＭＩＣ及びＦＡＳＩＴ[141]と

第3章　今後の検討課題

して認められた。RICとREITは，投資家に分配される配当及びキャピタル・ゲインを控除し，留保所得のみに課税される。REMIC及びFASITは，分配される部分を利子として控除し，残りの部分を残余部分保有者（受益者）に帰属するものとして課税される。この条約において日本の課税関係を決定する場合，上記の信託のどの範囲までを米国のtrustとして「法人以外の団体」に含めるのか，米国の課税関係を決定する場合，上記の信託のどの範囲までを日本の信託財産として「法人以外の団体」に含めるのか，明確にすべきである。

また，日本語正文の「信託財産」は「者」であるが，本文信託，但し書信託，特定信託のいずれについても「信託財産」は日本税法の下で「課税を受けるべきものとされる者」に該当しないという理由で日本居住者となることはないと解されるが，そうでなく，今後の税制改正により信託財産にも団体課税をする構想があって，将来に備え条約上の居住者とする可能性を残す趣旨であればこの点を明確にすべきである。

③　名目的に課税されるが実際に納税することが稀な一定の団体（ペイスルー型事業体）

米国の条約ポリシーでは，「立法上の導管」を創設し，米国企業がこれを通じて取得する投資所得についてその導管組織の段階における源泉地国課税を排除するためこのような導管組織が相手国で条約の特典を受ける権利を有する米国「居住者」とされ，同時に，条約相手国の居住者が米国の導管組織を通じて米国課税を免れることを防止する措置を講じている。そのため，条約上，「納税義務がある」（be liable to tax）という概念と「租税を課される」（be subject to tax）という概念を使い分ける。このような導管組織の代表例は，RIC，REIT，REMICなどであり，その所得は「団体」（entity）段階では通常米国税を課されないが，当期にその利益を分配しない範囲で課税され，4条1の「納税義務があるとされる者」「課税を受けるべきものとされる者」とみなされる。しかし，10条4は，RIC又はREITが支払う配当について親子会社間配当の減免を与えない。日本では資産流動化法によ

る特定目的会社と投資法人法による投資法人はいわゆるペイスルーの導管型法人であり、支払配当のうち一定の要件を満たすものは損金に算入される。特定目的会社と投資法人について10条5により米国のRIC及びREITに見合う規定を設けた。この規定は、「日本国における課税所得の計算上受益者に対して支払う配当を控除できる法人」といい、米国のように団体を特定していないので、資産流動化法による特定目的信託と投資法人法による特定投資信託がこの規定の対象とされるか、集団投資媒体としては特定目的会社や投資法人と同じ機能をもち、たとえ法人税を課されるとしても特定信託は法人ではないという理由でこの規定の対象外とされるのか、受託者課税をされる信託財産の受託者が法人であるという理由でこの規定の対象とされると解すべきか、明確にする必要がある。このような基礎概念については、税務行政レベルや司法レベルの解釈に委ねるべきでなく、立法者として明確にすべき重要な問題である。

(2) 個人以外の者（法人、組合、信託財産及び遺産）の二重居住者

4条4の規定は、「個人以外の者」が二重居住者となる場合には権限のある当局が合意によりいずれの締約国の居住者とするか、その振分けを行うこととし、合意がない場合にはその者は日米いずれの締約国の居住者でもないとされると規定する。その結果、いくつかの問題が残る。

第一に、条約の適用外とされた二重居住者は、条約の特典を受ける権利がなく、国際的二重課税は解決されずに残る。第二に、二重居住者は同一の者の同一の損失等の国際的二重計上（double dipping）も排除されないおそれが残る。さらに、「二重居住者が受益者とならない取引」では依然として双方の居住者として条約が適用されることから、例えば次のような状況が生じる。

二重居住者である法人がその利益から①日本居住者に配当を支払う場合、米国支払代理人は源泉徴収税につき条約税率を適用し、②米国居住者に支払う場合、日本支払代理人は源泉徴収税につき条約税率を適用することができる。なぜならば、条約の受益者は、この二重居住者ではなく、配当の受益者であるか

らという理由である。このようなことは，利子又は使用料についても同様に生じる。後者の場合には，支払利子や支払使用料の損金算入の可否という問題を生じる。さらに，国際的二重課税が生じる結果，その救済が両国における外国税額控除の可否という問題を生じる。このような問題について適切な対抗措置を講じる必要がある。例えば，支払を全面的に禁止するか又は一方のみの支払を認め，他方の支払を否定するか，その一方はどのような基準で決めるかという問題がある。

(3) 年 金 基 金

22条1(e)の規定は，年金基金のうち「当該課税年度の直前の課税年度の終了日においてその受益者，構成員又は参加者の50％を超えるものがいずれかの締約国の居住者である個人である年金基金」に限り，条約の特典を受けることができる適格者であると規定した。この適格者基準に該当する年金基金は，10条3(b)又は11条3(d)により配当又は利子（年金基金が直接又は間接に事業を遂行することにより取得するものを除く）について源泉地国免税とされる。実務的には，日米の居住者がその年金基金の受益者，構成員又は参加者の50％を超えるか否かをいかなる方法で確認するかという問題がある。

4　投資所得の源泉地国課税の排除

新条約は，条約の特典を拡大するとともに，特典制限条項を設けた。そこで，条約適用の可否を判定する基準が重要な意味をもつことになった。日本企業にとっては，米国における源泉地国課税の減免と日本における米国税の救済が問題となるが，日本の課税当局にとっては米国市民，居住者及び米国法人に対する日本における源泉地国課税と日本企業に対する米国税の救済が問題となる。

(1) 配　　当

みなし配当については，日米両国の国内税法における配当の定義が異なるた

め，源泉地国の減免と居住地国における外国税額控除の双方で問題を生じやすい。米国モデル条約では利子及び使用料の源泉地国課税の排除につき関連者間の支払金額が独立企業間の支払金額を超える部分について特別なルールを定め，各国の法令に従って課税されることと定めている。例えば，一方の締約国の子会社が他方の締約国の親会社に支払う超過利子は，一方の締約国（源泉地国）の国内法で配当として取り扱われ，配当に関する条約の特典を受けることができる。また，①債務者もしくは関連者の収入，売上，所得，利得その他のキャッシュフロー，②債務者もしくは関連者の資産価値の変化，又は③債務者が関連者に支払う配当，パートナーシップ分配もしくは類似の支払（不確定利子）を参照して金額が決定される利子に関する特別なルールを定め，「不確定利子」は源泉地国でその法令に従って課税されることとされている。新条約は米国モデル条約と異なり，関連者間の非独立企業間支払のうち独立企業間支払金額を超える部分の５％以下の税を源泉地国で課税することとした。米国モデル条約ではこの非独立企業間支払の所得分類はその源泉地国の所得分類によることとしている。米国としてはこの超過部分をみなし配当とし，条約の配当条項を適用するが，日本では所得のリキャラクタライゼーションをしないので，両国の取扱いが異なる。５％税の性格は何か。米国でみなし配当に対する税とされた場合，日本の外国税額控除の適用上，支店利益税（みなし配当課税）や過少資本のみなし配当課税と同様に，控除対象外国法人税としない場合には，二重課税が解消されずに残る場合が生ずる。５％税の適用については「特別の関係」を前提とするが，条約上その範囲が明記されていない。米国では，９条に一致するようにＩＲＣ482及び7872を適用するが，日本においては「特別の関係」を９条に一致させるか，国内法によるのか，明示する必要がある。

(2) **利子の範囲**

両国の源泉地国課税を排除するため，利子の範囲に含まれる支払と金額をできる限り明瞭にすることが望まれる。米国では次のものを利子として取り扱うことを明らかにしている。

第3章　今後の検討課題

① 債権証書の発行価格と満期時の明示の償還価格との差額（例えば発行差金（OID）），債権証書の処分時に全部又は一部が実現するもの（IRC1273）
② 延払契約のみなし利子（IRC483）
③ ストリップボンドの利子又はOIDとして取り扱われる金額（IRC1286）
④ 低利子（below-market interest）のOIDとして取り扱われる金額（IRC7872）
⑤ パートナーシップの受取利子のパートナー分配シェア（IRC702）
⑥ 資産取得の資金調達のためのノミナルレッシーによる借入金であるファイナンスリース又は類似の契約による定期支払の利子部分
⑦ REMIC残余持分の保有者の所得に含められる金額（IRC860E）
⑧ 実質的な非定期支払のためのローンとして再分類される想定元本契約に係る利子

(3) 第三国PEが負担する利子

　利子の源泉地国は，原則として，支払者主義によって決定される。支払者がいずれの締約国の居住者であるかを問わず，第三国にPEを有する場合，利子の支払の基因となった債務がPEについて生じ，かつ，利子がPEによって負担されるとき，①PEが一方の締約国内にある場合にはその一方の締約国が源泉地国となる。②PEが第三国にある場合にはいずれの締約国も源泉地国とならない。

　ここで問題は，「支払」と「負担」の意義である。一般に利子がPEの所得に対して配分される場合，そのPEが負担すると考えられる。米国では，日本居住者の米国支店の帳簿に記載された現実の利子の額が，Reg. 1.882-5により米国支店に配分される利子の額を超える場合，その超過分は米国源泉利子とされない。支店利子税の課税に当たっては，日本法人の米国PEに帰せられる所得の計算上控除できる利子の額が米国PEの支払う利子の額を超える部分は，米国源泉のみなし利子として課税される。支払者と負担者を識別する基準

を定める必要がある。

(4) 使用料の定義

ソフトウエアなどの無形資産の使用について事業所得と使用料の区分はなお不明確であり，OECDモデル条約12条コメンタリーに従うか否か，その判断基準を明示することが必要である。また，争いを生じるおそれがある所得は使用料に該当しないものを明示することが望まれる。米国では，次の所得は使用料に該当しないものとして明示している。

① ユーザーの従業員の一般教育訓練
② ユーザー専用に開発される情報（ユーザー仕様の技術プラン・デザイン）
③ 販売後のアフターサービス，売主が買主に保証により提供するサービス又は純粋な技術支援
④ 自由職業サービス

5 事業所得

米国は，独立企業基準をOECD移転価格ガイドラインに従って解釈するといい，交換公文2はPE帰属所得の算定に9条1の原則を適用することができることを明記した。

この原則の適用に当たっては，営業又は事業を行うために別個の法的主体を通じる場合と単一の法的主体を通じる場合との差異を考えなければならない。単一の法的主体の内部取引は，法的に意味をもたないが，国境を越える所得配分に利用される。そこで，別個の法的主体に比して低い資本コストから生じるベネフィットの本支店間配分や企業リスクの本支店間配分の方法を明確に示す必要がある。また，9条1の原則で認められる「利益法」の適用についても，認められる所得配分の方法を明確に示す必要がある。

7条3により外国本店の帳簿に記載された利子の一部が日本PEに配分される場合に日本PEは独立企業の原則でこれを控除することができるが，活動を

行うために十分な資本が必要な別個の分離した企業と異なり、ＰＥはそのような資本を有しないという理由で、ＰＥ所在地国は、一定の帰属資本を反映する利子の控除を否定することができる。

米国では、Reg. 1.882－5によりＰＥの帰属資本を決定するが、日本側も、ＰＥ帰属資本の決定方法又は帰属利子の決定方法を明らかにする必要がある。

7条3は、事業所得のネット課税を行うためＰＥのために生じた経費の控除を認めるが、「専らＰＥのために生じた経費」に限定されず「企業全体又は一部のために生じた経費」も控除できると解されている。控除できる経費には、国内で発生した経費に限らず、国外で発生した経費も含まれる。しかし、日本ではＰＥの課税は国内源泉所得に限定されているので、条約における「ＰＥ帰属所得」が国外源泉所得を含むとしても、ＰＥ帰属国外源泉所得には課税することができない。それにもかかわらず、経費控除については、条約の規定どおり「国外で発生した経費」も含むとすることは疑問である。特に「国外損失」の控除について認めるべきかどうか疑問である。日本として、国内法を帰属主義に変更しない場合には、国外で発生した経費や国外損失の控除の可否についてルールを明確にすることが必要である。

6　不動産保有法人の株式等の評価と保有期間条件

13条2(a)は、その資産の価値の50％以上が他方の締約国内に存在する不動産により直接又は間接に構成される法人に限ると規定している。その資産価値の評価についてどの時点でどのような方法で行うべきかという問題がある。特に条約上これらの取決めがなされないことを各国の国内法に委ねていると解すれば、米国の不動産保有法人については、ＩＲＣ897は5年間の基準期間を設けて不動産の評価は時価により資産価値の50％以上が不動産によって構成されているか否かを判定するルックバック・テストに従うことになる。条約では保有期間要件を明示していないことが、国内法の要件によらず、条約が米国の国内法をオーバーライドし、ルックバック・テストを適用せずに、譲渡時点で判断

することを定める規定と解釈する可能性もある。この点については，交渉過程から確認する必要がある。ＪＣＴは，「条約では米国法人が不動産保有法人であるかどうかの基準は，ＦＩＲＰＴＡの５年の基準期間を通じて判定するのでなく，処分日において行われる」「ＦＩＲＰＴＡは株式が処分の暦年中いつでもレギュラリーに取引されていることを要求するが，条約はこの要件を除外している」と明記している。

日本側の適用関係については，条約締結の段階では株式等の譲渡所得課税に

図３－３　**非居住者等による不動産化体株式の譲渡益課税**

〔改正前〕
　非居住者・外国法人による国内の土地等の譲渡益　⇒　日本で課税
　非居住者・外国法人による株式の譲渡益　　　　　⇒　日本で原則非課税

⇓

〔改正後〕
　国内にある土地等を主たる資産とする法人の株式の譲渡益　⇒　日本で課税
　（注）　所有割合２％以下の未上場株式や所有割合５％以下の上場株式の譲渡の場合には，非課税とする。

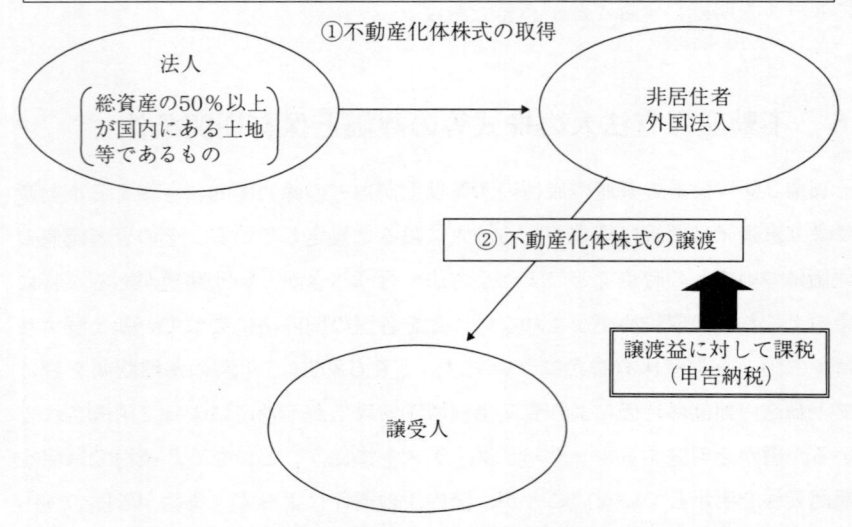

①不動産化体株式の取得

法人（総資産の50％以上が国内にある土地等であるもの）　→　非居住者　外国法人

②不動産化体株式の譲渡

譲受人

譲渡益に対して課税（申告納税）

政府税制調査会資料（平成17年１月25日総24－３，基礎小28－３）

このような規定がなかったので，条約では相互主義で日本にも課税権を配分しているが，事実上米国における課税に関する取決めであった。しかし，平成17年度税制改正において，日本は非居住者等に対する不動産化体株式等の譲渡益課税制度を創設した。これにより非居住者又は外国法人が，国内にある不動産が総資産の50％以上である法人が発行する一定の株式等又は国内にある不動産が信託財産の価額の総額の50％以上である特定信託の一定の受益権の譲渡をした場合に当該譲渡による所得が申告納税の対象となる国内源泉所得の範囲に加えられた（図3－3）。不動産の評価と保有期間について，日本の取扱いと米国の取扱いが均衡したものになるように図られることが必要であろう。

条約13条2(b)は，組合，信託財産及び遺産の持分の譲渡について「不動産から成る部分」に限り，不動産の所在地国に第一次課税権を与える。これも米国の国内法に準じた取扱いであるが，日本ではこのような規定を適用するために，組合，信託財産及び遺産に関する適当な情報申告制度を整備しなければ，この規定の実効性を期すことができない。

7 特典制限条項

22条は，別段の定めがある場合を除き，締約国の居住者に与えられる条約の特典（6条から21条までの源泉地国課税の制限，23条の二重課税の排除，24条の無差別待遇等）を受ける者の範囲を，①適格者基準，②能動的事業活動基準，③権限のある当局の認定によって制限する。日本にとって，包括的な特典制限条項はこれが最初の条約である。そのため，課税の第一線に立つ源泉徴収義務者には大きい負担が課されることは避けられないが，できるだけこの負担を軽減するため，また，特典の付与に関するチェックがいい加減にならないように，適切なガイダンスが必要になる。例えば，適格者基準のうち，①一定の公開会社等の株式所有要件（特に通常取引テスト（公認の有価証券市場におけるある種類の株式総数が発行済総数の平均6％以上であること，議定書11)），②個人以外の者の持分保有要件や課税ベース浸食基準，③年金基金の構成員等の50％超が日米の居住者

であるか否か，④能動的事業活動基準の「営業又は事業の活動に従事しているか」否かの判断については議定書12で書かれているが，営業又は事業に関連又は付随して生じた所得というためにどの程度の関連性が要求されているか，実質的なものかどうかを判断する定性的又は定量的基準はあるのか等，源泉徴収義務者にチェックすべき事項及び要領を示すガイダンスを与えることが必要になる。特に4条6の適用に当たって，多様な事業体を通じて取得した日本源泉所得につき米国居住者が受益者となる場合，源泉徴収義務者は①相手国がその事業体を団体課税されるべきものとみるか構成員課税されるべきものとみるかを知らなければならず，また，②米国居住者の条約上の適格性については実務的にその申告に依拠せざるを得ないが，どの程度のチェック義務を負うべきかという点について公的見解を示すことが望まれる。

　実務的には，権限のある当局の認定がどのように運用されるか注目されるであろう。

　新条約では，米国が無差別待遇を重視するヨーロッパ諸国等との租税条約において採用している「派生的基準」(Derivative Benefit Test)[142]を明文化しなかったが，運用においてこのような派生的基準を考慮に入れるか否か関心が抱かれる。派生的基準とは，例えば新条約の下で第三国の居住者とされる者が，その第三国と源泉地国との租税条約において同様の特典を受ける権利を有する場合など，一定の要件を満たすときは，この第三国の居住者にもその条約の特典を与えるというものである。日本が，今後，経済的に統合を強める経済圏内の国々との条約を改定する場合に，トリーティ・ショッピング防止規定を設けるとき，このようなデバイスを受け入れるか否か，締結交渉の方針として検討する必要が生じるであろう。

8　二重課税の排除

　23条1の規定は，日本の外国税額控除の取扱いを確認する規定である。この条が規定していることは，「日本国以外の国において納付される租税を日本国

第3章　今後の検討課題

の租税から控除することに関する法令の規定に従う」と規定している。国内法では，控除対象外国法人税の範囲について「外国法人税に含まれないもの」を明記している。したがって，条約において，源泉地国課税の排除又は軽減のために条約上「みなし配当」「みなし利子」などにつき米国に課税権を与える反面，これに条約の特典も与えるとき，これらは「この条約の規定に従って米国において租税を課される所得」とされ，「当該所得について納付される米国の租税の額」ではあるが，それは各投資所得条項に限って適用されるだけであり，23条の外国税額控除の規定には影響しないという解釈がある。これに対し，条約において，日本の国内法では「所得に対する税」として認められない税をこの条約において支店利益税（みなし配当），支店利子税（みなし利子），独立企業間価格を超える支払金に対する5％税，過少資本税制による超過利子部分に対するみなし配当課税，移転価格課税の対応的調整に伴う二次調整としての源泉税（みなし配当）など，「この条約の規定に従って米国において租税を課される所得」とし，米国で租税を課することに合意した以上，「この条約の規定に従って米国において租税を課される所得」について納付される米国の租税であるので，国内法をオーバーライドして，日本は外国税額控除を認めるべきであるという解釈がある。このような重要な点について解釈の余地を残すことは許されない。この点について，明確な公式見解を示す必要がある。

(注)
(138)　日本公認会計士協会「新日米租税条約のポイントと実務上の課題」『租税調査会研究報告第12号』2004。
(139)　本庄資「新日米租税条約の適用・解釈に関する問題点」ＩＦＡ日本支部総会報告，2004。
(140)　IRC Subchapter K
(141)　ＦＡＳＩＴ（ＩＲＣ860Ｈ～860Ｌ）は，2004年米国雇用創出法により，廃止された。
(142)　本庄資「討論租税条約の新しい動向と移転価格税制の今後の課題」『第56回租税研究大会記録』日本租税研究協会，2005，p.127。須藤一郎「適格居住者の判断基準の明確化」『旬刊経理情報』No.1048，p.10。

第4章

関連国内法の整備[143]

通常は，国内法の基盤の上に租税条約を締結することによって，両締約国は二重課税の発生を防止するため相互に相手国居住者に対する源泉地国としての課税権を放棄又は制限する。近年は，国内法における国際租税法の領域で源泉地国としての課税規定が整備されていない場合，租税条約による課税権の配分によって相互主義により源泉地国に第一次課税権を配分されたときでも，空振りに終わり，実際に一方的な課税を認めることになる。このような場合には，政策的に，日米租税条約により配分された課税権に基づいて実際に日本でも相応の課税を行うことが可能になるような税制改正を進めることになろう。また，日本における国際課税の現代化の途上において，日本の多様な事業体の課税上の取扱いや外国の多様な事業体の課税上の取扱いなど，税法上の規定が未整備な段階で，日米租税条約におけるルールを設定したことから，このルールを実施するために租税条約実施特例法等の国内法の整備を進めることになろう。日米租税条約は相手国居住者に大幅の条約の特典を与えると同時に，予定外の第三国居住者に条約を濫用されないように特典制限条項や導管取引防止規定を導入したが，これを契機に租税条約の濫用や国内法の濫用，パススルー型事業体，ペイスルー型事業体など，導管型事業体の濫用，導管取引など各種の仕組み取引などの濫用を防止する措置が今後租税条約及び国内法において整備されていくことになろう。日米租税条約によって刺戟された関連国内法の整備状況については，以下のとおりである。

第4章 関連国内法の整備

第1 両国間で課税上の取扱いが異なる事業体に対する租税条約の適用

　新条約の適用において、両国で課税上の取扱いが異なる事業体に対する条約の適用に関する規定が設けられたことを受けてそのような事業体に対する条約の規定に基づく日本の課税の取扱いを明確化するための措置を講ずることとした。

(1) 日本において取得される所得に関し、日本において条約相手国の事業体が納税義務者とされ、条約相手国において事業体の構成員が納税義務者とされる場合

　条約相手国の事業体によって日本において取得される所得に関し、日本においてその事業体が納税義務者とされるのに対し、条約相手国においてはその事業体の構成員が納税義務者とされる場合には、事業体が取得する所得について、事業体及び構成員に関する事項を記載した条約届出書の提出等一定の要件の下で、その構成員のうち条約相手国の居住者である者が支払を受けるものとして取り扱われる部分に限り、条約の規定（その居住者が支払を受けるものとした場合において適用される規定に限る）を適用することができるものとする。

(2) 日本において取得される所得に関し、日本において条約相手国の事業体の構成員が納税義務者とされ、条約相手国において事業体が納税義務者とされる場合

　条約相手国の事業体によって日本において取得される所得に関し、日本においてその事業体の構成員が納税義務者とされるのに対し、条約相手国においてはその事業体が納税義務者とされる場合には、構成員が取得する所得に係る源

泉徴収税率について，構成員及び事業体に関する事項を記載した条約届出書の提出等一定の要件の下で，条約の規定（その事業体が支払を受けるものとした場合において適用される規定に限る）を適用することができるものとする。また，その構成員が条約相手国の居住者である場合には，その所得に係る納税義務についても，その事業体が支払を受けるものとした場合において適用される条約の規定を適用することができるものとする。

(3) **条約相手国以外の国の事業体によって日本において取得される所得に関し，日本において事業体が納税義務者とされ，事業体の構成員の居住地国（条約相手国）において構成員が納税義務者とされる場合**

条約相手国以外の国（以下「第三国」という）の事業体によって日本において取得される所得に関し，日本においてその第三国の事業体が納税義務者とされるのに対し，条約相手国においてはその第三国の事業体の構成員が納税義務者とされる場合には，第三国の事業体が取得する所得について，事業体及び構成員に関する事項を記載した条約届出書の提出等一定の要件の下で，その構成員のうち条約相手国の居住者である者が支払を受けるものとして取り扱われる部分に限り，条約の規定（その居住者が支払を受けるものとした場合において適用される規定に限る）を適用することができるものとする。

(4) その他所要の措置を講ずることとした。

第4章 関連国内法の整備

第2 相手国居住者等が日本において取得する所得に関して所得税の軽減又は免除を受ける場合の届出等に関する規定の整備（租税条約実施特例法2条，3条の2①，②，4条①，②，同省令2条）

　同省令2条は，相手国居住者等（非居住者及び外国法人で租税条約の規定により当該租税条約の相手国の居住者又は法人とされるものをいう）が日本に源泉のある配当，利子もしくは使用料又は明示なき所得に関して租税条約の規定に基づく限度税率の適用を受けようとする場合における基本事項を記載し，所定の要件に関する書類が添付された条約届出書等を支払を受ける日の前日までに当該源泉徴収義務者を経由して当該源泉徴収義務者の納税地の所轄税務署長に提出しなければならないことを規定する。

特に，次の改正を行った。
① 相手国居住者等配当等という概念を用いること
② 相手国居住者が当該相手国において納税者番号を有する場合には条約届出書等の記載に納税者番号を追加（省令2条①二）
③ 届出書等の記載に異動が生じた場合に修正条約届出書等の提出を省略することができる場合を明記（同③）
④ 条約免税を申請する場合の添付資料（居住者証明書，所定の要件に関する書類，契約書等）を明記（同④，⑤，⑥）

第3　特典制限条項の適用に関する措置

新条約において，条約相手国以外の国の居住者による条約の濫用を防止するため，所定の要件を満たした条約相手国の居住者に対してのみ条約の特典を付与する規定（特典制限条項）が設けられたことを受けて，次の措置を講ずることとした。

(1) **特典制限条項のある条約の適用手続の整備（条約届出書の記載事項の追加及び所定の要件の確認に関する措置等）**

① わが国において取得する源泉徴収に係る所得に関し特典制限条項のある条約の適用を受けようとする条約相手国の居住者である個人又は法人その他の団体は，条約の適用を受ける際，その者の氏名及び住所等の居住に関する事項，その所得に関する事項などに加えて，特典制限条項の要件に関する事項，条約相手国の納税者番号等を記載した条約届出書に，その要件に関する書類及び居住者証明を添付して，源泉徴収義務者を経由して税務署長に提出しなければならないものとする。

ただし，その提出日前の一定期間内に条約届出書を提出している等一定の場合には，一定の要件の下，条約届出書及び添付書類の提出を省略することができるものとする。

② 申告納税に係る所得に関し特典制限条項のある条約の適用を受ける際にも，上記①の事項等を記載した条約届出書に，上記①の書類等を添付して，税務署長に提出しなければならないものとする。

ただし，その提出日前の一定期間内に条約届出書を提出している場合には，一定の要件の下，上記の書類等の添付を省略することができるものとする。

(2) **条約相手国の居住者の適格性に関する権限ある当局の認定に係る措置**

わが国において所得を取得する条約相手国の居住者が，特典制限条項に定められている一定の要件を満たさない場合においても，権限ある当局が認定をするときにはその居住者又はその所得につき条約の特典を受けることができる規定が設けられたことに伴い，権限ある当局の認定について，次の措置を講ずることとした。

① わが国において所得を取得する条約相手国の居住者である法人その他の団体が，特典制限条項のある条約に定められた適格性に関する権限ある当局の認定を受けようとする場合には，その者の名称及び所在地等の居住に関する事項，認定を受ける事情などを記載した申請書に，その者の居住者証明及びその事情に関する書類等を添付の上，国税庁長官に提出しなければならないものとする。

② その他所要の措置を講ずる。

(3) その他条約の適用手続について，所要の措置を講ずる。

第4 その他の所得条項で規定する独立企業間価格超過額の取扱いに関する措置

　新条約において,「その他の所得(条約上他の条項の適用がない所得)」の金額が独立企業間価格(注)を超えるときは,その超過額に対して源泉地国において5％(限度税率)を超えない額の租税を課すことができる規定が設けられたことを受けて,その超過額に対して条約に定める限度税率により課税を行うために必要な規定の整備を行う。

　(注)　独立企業間価格とは,その所得の支払者と受益者との間に特別な関係がないとしたならば合意したとみられる額をいう。

第5　新条約適用開始後における旧条約適用に関する経過措置

　新条約において，新条約が適用される租税に関し，旧条約により認められる特典が新条約により認められる特典に比して有利な者については，その者の選択により新条約の適用開始時から1年間に限り，引き続き旧条約の適用を認める規定が設けられたことを受けて，新条約の適用開始後においてもなお旧条約の適用を受けるために必要な規定の整備を行う。

第6　移転価格税制に係る独立企業間価格の算定方法の整備

　新条約において、両国間で、移転価格課税事案についてOECD移転価格ガイドラインに従ってその問題解決を図ることとされたことに併せて、移転価格税制に係る独立企業間価格の算定方法に、OECD移転価格ガイドラインにおいて認められている取引単位営業利益法を追加する。

(注)
(143)　齋地義孝「日米新租税条約に対応した国内法の整備について」『国際課税の理論と課題（二訂版）』税務経理協会、2005、pp.63〜79。阿部泰久『日米租税条約のすべて』清文社、2005、pp.217〜328。日置重人・山田彰宏「租税条約実施特例法の改正関係」『平成16年版改正税法のすべて』大蔵財務協会、2004、pp.245〜307。

資 料 編

- 新日米租税条約の構成の比較
- 日米租税条約（英語正文・日本語正文）
- 源泉所得税の改正のあらまし
 　（日米新租税条約関係）
- 主要な届出書等
- 租税条約に基づく相手国との情報
 　交換手続について

資料編

新日米租税条

OECDモデル条約
第1条 Persons Covered
第2条 Taxes Covered
第3条 General Definitions
第4条 Resident
第5条 Permanent Establishment
第6条 Income from Immovable Property
第7条 Business Profits
第8条 Shipping, Inland Waterways Transport and Air Transport
第9条 Associated Enterprises
第10条 Dividends
第11条 Interest
第12条 Royalties
第13条 Capital Gains
第14条 Independent Personal Services（削除）
第15条 Income from Employment
第16条 Directors' Fees
第17条 Artistes and Sportsmen
第18条 Pensions
第19条 Government Service
第20条 Students
第21条 Other Income
第22条 Capital
第23条 Elimination of Double Taxation
第24条 Non-Discrimination
第25条 Mutual Agreement Procedure
第26条 Exchange of Information
第27条 Assistance in the Collection of Taxes
第28条 Members of Diplomatic Missions and Consular Posts
第29条 Territorial Extension
第30条 Entry into Force
第31条 Termination

約の構成の比較

1996年米国モデル条約
第 1 条　General Scope
第 2 条　Tax Covered
第 3 条　General Definitions
第 4 条　Residence
第 5 条　Permanent Establishment
第 6 条　Income from Real Property
第 7 条　Business Profits
第 8 条　Shipping and Air Transport
第 9 条　Associated Enterprises
第10条　Dividends
第11条　Interest
第12条　Royalties
第13条　Gains
第14条　Independent Personal Services
第15条　Dependent Personal Services
第16条　Directors' Fees
第17条　Artistes and Sportsmen
第18条　Pensions, Social Security, Annuities, Alimony, and Child Support
第19条　Government Service
第20条　Students and Trainees
第21条　Other Income
第22条　Limitation on Benefits
第23条　Relief from Double Taxation
第24条　Non-Discrimination
第25条　Mutual Agreement Procedure
第26条　Exchange of Information and Administrative Assistance
第27条　Diplomatic Agents and Consular Officers
第28条　Entry into Force
第29条　Termination

資料編

旧 日 米 条 約（1971）

第 1 条	Taxes Covered
第 2 条	General Definitions
第 3 条	Resident
第 4 条	Scope
第 5 条	Relief from Double Taxation
第 6 条	Source of Income
第 7 条	Non-Discrimination
第 8 条	Business Profits
第 9 条	Permanent Establishment
第10条	Shipping and Aircraft
第11条	Associated Enterprises
第12条	Dividends
第13条	Interest
第14条	Royalties
第15条	Income from Real Property
第16条	Capital Gains
第17条	Independent Personal Services
第18条	Dependent Personal Services
第19条	Teaching and Research
第20条	Students and Trainees
第21条	Government Services
第22条	Articles of Personal Income
第23条	Pensions
第24条	Diplomatic and Consular Officers
第25条	Claims of Double Taxation
第26条	Exchange of Information
第27条	Administrative Provisions
第28条	Entry into Force
第29条	Termination

新日米租税条約の構成の比較

新　　条　　約 (2003)
第1条　General Scope
第2条　Taxes Covered
第3条　General Definitions
第4条　Resident
第5条　Permanent Establishment
第6条　Income from Real Property
第7条　Business Profits
第8条　Shipping and Air Transport
第9条　Associated Enterprises
第10条　Dividends
第11条　Interest
第12条　Royalties
第13条　Capital Gains
第14条　Dependent Personal Services
第15条　Directors' Fees
第16条　Entertainers and Sportsmen
第17条　Pensions, Annuities, Alimony and Child Support
第18条　Government Service
第19条　Students and Trainees
第20条　Teaching and Research
第21条　Other Income
第22条　Limitation on Benefits
第23条　Relief from Double Taxation
第24条　Non-Discrimination
第25条　Mutual Agreement Procedure
第26条　Exchange of Information
第27条　Administrative Assistance
第28条　Diplomatic Agents and Consular Offices
第29条　Miscellaneous Provisions
第30条　Entry into Force
第31条　Termination

日米租税条約（英語正文）

CONVENTION BETWEEN THE GOVERNMENT OF THE UNITED STATES OF AMERICA AND THE GOVERNMENT OF JAPAN FOR THE AVOIDANCE OF DOUBLE TAXATION AND THE PREVENTION OF FISCAL EVASION WITH RESPECT TO TAXES ON INCOME

The Government of Japan, and the Government of the United States of America, Desiring to conclude a new Convention for the avoidance of double taxation and the prevention of fiscal evasion with respect to taxes on income,
Have agreed as follows:

ARTICLE 1

1. This Convention shall apply only to persons who are residents of one or both of the Contracting States, except as otherwise provided in the Convention.
2. The provisions of this Convention shall not be construed to restrict in any manner any exclusion, exemption, deduction, credit, or other allowance now or hereafter accorded:
    (a) by the laws of a Contracting State in the determination of the tax imposed by that Contracting State; or
    (b) by any other bilateral agreement between the Contracting States or any multilateral agreement to which the Contracting States are parties.
3. (a) Notwithstanding the provisions of subparagraph (b) of paragraph 2:
    (i) any question arising as to the interpretation or application of this Convention and, in particular, whether a measure is within the scope of this Convention, shall be determined exclusively in accordance with the provisions of Article 25 of this Convention; and
    (ii) the provisions of Article XVII of the General Agreement on Trade in Services shall not apply to a measure unless the competent authorities agree that the measure is not within the scope of Article 24 of this Convention.
    (b) For the purposes of this paragraph, the term "measure" means a law, regulation, rule, procedure, decision, administrative action, or any similar

税　条　約

日　米　租　税　条　約（日本語正文）

所得に対する租税に関する二重課税の回避及び脱税の防止のための日本国政府とアメリカ合衆国政府との間の条約

日本国政府及びアメリカ合衆国政府は，
所得に対する租税に関し，二重課税を回避し及び脱税を防止するための新たな条約を締結することを希望して，
次のとおり協定した。

第1条

1　この条約は，この条約に別段の定めがある場合を除くほか，一方又は双方の締約国の居住者である者にのみ適用する。
2　この条約の規定は，次のものによって現在又は将来認められる非課税，免税，所得控除，税額控除その他の租税の減免をいかなる態様においても制限するものと解してはならない。
　(a)　一方の締約国が課する租税の額を決定するに当たって適用される当該一方の締約国の法令
　(b)　両締約国間の他の二国間協定又は両締約国が当事国となっている多数国間協定

3 (a)　2 (b)の規定にかかわらず，
　　(i)　この条約の解釈又は適用（ある措置がこの条約の適用の対象となるか否かを含む。）に関して生ずる問題は，第25条の規定に従ってのみ解決される。

　　(ii)　サービスの貿易に関する一般協定第17条の規定は，両締約国の権限のある当局がその措置が第24条の適用の対象とならないと合意する場合を除くほか，当該措置には適用しない。

　(b)　この3の適用上，「措置」とは，次条及び第3条1 (d)の規定にかかわらず，一方の締約国が課するすべての種類の租税に関する法令，規則，手続，決定，行政

日米租税条約（英語正文）

provision or action, as related to taxes of every kind and description imposed by a Contracting State without regard to Article 2 and subparagraph (d) of paragraph 1 of Article 3.

4. (a) Except to the extent provided in paragraph 5, this Convention shall not affect the taxation by a Contracting State of its residents (as determined under Article 4) and, in the case of the United States, its citizens.

   (b) Notwithstanding the other provisions of this Convention, a former citizen or long-term resident of the United States may, for the period of ten years following the loss of such status, be taxed in accordance with the laws of the United States, if the loss of such status had as one of its principal purposes the avoidance of tax (as defined under the laws of the United States).

5. The provisions of paragraph 4 shall not affect the benefits conferred by a Contracting State under paragraphs 2 and 3 of Article 9, paragraph 3 of Article 17, and Articles 18, 19, 20, 23, 24, 25 and 28, but in the case of benefits conferred by the United States under Articles 18, 19 and 20 only if the individuals claiming the benefits are neither citizens of, nor have been lawfully admitted for permanent residence in, the United States.

ARTICLE 2

1. This Convention shall apply to the following taxes:
   (a) in the case of Japan:
      (i) the income tax; and
      (ii) the corporation tax
   (hereinafter referred to as "Japanese tax");
   (b) in the case of the United States, the Federal income taxes imposed by the Internal Revenue Code but excluding social security taxes (hereinafter referred to as "United States tax").

2. This Convention shall also apply to any identical or substantially similar taxes which are imposed after the date of signature of the Convention in addition to, or in place of, those referred to in paragraph 1. The competent authorities of the Contracting States shall notify each other of any substantial changes which have been made in their respective tax laws, or changes in other laws that significantly affect their obligations under the Convention, within a reasonable period of time after such changes.

上の行為その他同様の規定又は行為をいう。

4(a) この条約は，5の場合を除くほか，第4条の規定に基づき一方の締約国の居住者とされる者に対する当該一方の締約国の課税及び合衆国の市民に対する合衆国の課税に影響を及ぼすものではない。
 (b) この条約の他の規定にかかわらず，合衆国の市民であった個人又は合衆国において長期居住者とされる個人に対しては，当該個人が合衆国の法令において租税の回避を主たる目的の一つとして合衆国の市民としての地位を喪失したとされる場合（合衆国の法令において合衆国の市民としての地位を喪失した個人と同様の取扱いを受ける場合を含む。）には，その市民としての地位を喪失した時から10年間，合衆国において，合衆国の法令に従って租税を課することができる。
5 4の規定は，第9条2及び3，第17条3，第18条，第19条，第20条，第23条，第24条，第25条並びに第28条の規定に基づき一方の締約国により認められる特典に影響を及ぼすものではない。もっとも，第18条，第19条及び第20条の規定に基づき合衆国により認められる特典については，これを要求する者が合衆国の市民でなく，かつ，合衆国における永住を適法に認められた者でない場合に限り，認められる。

第2条

1 この条約は，次の租税について適用する。
 (a) 日本国については，
  (i) 所得税
  (ii) 法人税
 （以下「日本国の租税」という。）
 (b) 合衆国については，内国歳入法によって課される連邦所得税（社会保障税を除く。以下「合衆国の租税」という。）

2 この条約は，1に掲げる租税に加えて又はこれに代わってこの条約の署名の日の後に課される租税であって1に掲げる租税と同一であるもの又は実質的に類似するものについても，適用する。両締約国の権限のある当局は，各締約国の租税に関する法令について行われた実質的な改正又はこの条約における両締約国の義務に重大な影響を与える他の法令の改正を，その改正後の妥当な期間内に，相互に通知する。

日 米 租 税 条 約（英語正文）

ARTICLE 3

1. For the purposes of this Convention, unless the context otherwise requires:
   (a) the term "Japan", when used in a geographical sense, means all the territory of Japan, including its territorial sea, in which the laws relating to Japanese tax are in force, and all the area beyond its territorial sea, including the seabed and subsoil thereof, over which Japan has jurisdiction in accordance with international law and in which the laws relating to Japanese tax are in force;
   (b) the term "United States" means the United States of America. When used in a geographical sense, the term includes the states thereof and the District of Columbia; such term also includes the territorial sea thereof and the seabed and subsoil of the submarine areas adjacent to that territorial sea, over which the United States exercises sovereign rights in accordance with international law; the term, however, does not include Puerto Rico, the Virgin Islands, Guam or any other United States possession or territory;
   (c) the terms "a Contracting State" and "the other Contracting State" mean Japan or the United States, as the context requires;
   (d) the term "tax" means Japanese tax or United States tax, as the context requires;
   (e) the term "person" includes an individual, a company and any other body of persons;
   (f) the term "company" means any body corporate or any entity that is treated as a body corporate for tax purposes;
   (g) the term "enterprise" applies to the carrying on of any business;
   (h) the terms "enterprise of a Contracting State" and "enterprise of the other Contracting State" mean respectively an enterprise carried on by a resident of a Contracting State and an enterprise carried on by a resident of the other Contracting State;
   (i) the term "international traffic" means any transport by a ship or aircraft operated by an enterprise of a Contracting State, except when such transport is solely between places in the other Contracting State;
   (j) the term "national" of a Contracting State means:
      (i) in relation to Japan, any individual possessing the nationality of Japan and any juridical person or other organization deriving its status as such from the laws in force in Japan; and
      (ii) in relation to the United States, any individual possessing the citizenship of the United States and any legal person, partnership or

日米租税条約（日本語正文）

第3条

1 この条約の適用上，文脈により別に解釈すべき場合を除くほか，
 (a)「日本国」とは，地理的意味で用いる場合には，日本国の租税に関する法令が施行されているすべての領域（領海を含む。）及びその領域の外側に位置する区域で日本国が国際法に基づき管轄権を有し日本国の租税に関する法令が施行されているすべての区域（海底及びその下を含む。）をいう。

 (b)「合衆国」とは，アメリカ合衆国をいい，地理的意味で用いる場合には，アメリカ合衆国の諸州及びコロンビア特別区をいう。また，合衆国には，その領海並びにその領海に隣接し，合衆国が国際法に基づいて主権的権利を行使する海底区域の海底及びその下を含む。ただし，合衆国には，プエルトリコ，バージン諸島，グアムその他の合衆国の属地又は準州を含まない。

 (c)「一方の締約国」及び「他方の締約国」とは，文脈により，日本国又は合衆国をいう。
 (d)「租税」とは，文脈により，日本国の租税又は合衆国の租税をいう。

 (e)「者」には，個人，法人及び法人以外の団体を含む。

 (f)「法人」とは，法人格を有する団体又は租税に関し法人格を有する団体として取り扱われる団体をいう。
 (g)「企業」は，あらゆる事業の遂行について用いる。
 (h)「一方の締約国の企業」及び「他方の締約国の企業」とは，それぞれ一方の締約国の居住者が営む企業及び他方の締約国の居住者が営む企業をいう。

 (i)「国際運輸」とは，一方の締約国の企業が運用する船舶又は航空機による運送（他方の締約国内の地点の間においてのみ行われる運送を除く。）をいう。

 (j) 一方の締約国の「国民」とは，次の者をいう。
  (i) 日本国については，日本国の国籍を有するすべての個人及び日本国において施行されている法令によってその地位を与えられたすべての法人その他の団体
  (ii) 合衆国については，合衆国の市民権を有するすべての個人及び合衆国において施行されている法令によってその地位を与えられたすべての法人，パー

association deriving its status as such from the laws in force in the United States;
(k) the term "competent authority" means:
  (i) in the case of Japan, the Minister of Finance or his authorized representative; and
  (ii) in the case of the United States, the Secretary of the Treasury or his delegate;
(l) the term "business" includes the performance of professional services and of other activities of an independent character; and
(m) the term "pension fund" means any person that:
  (i) is organized under the laws of a Contracting State;
  (ii) is established and maintained in that Contracting State primarily to administer or provide pensions or other similar remuneration, including social security payments; and
  (iii) is exempt from tax in that Contracting State with respect to the activities described in clause (ii).
2. As regards the application of this Convention at any time by a Contracting State any term not defined therein shall, unless the context otherwise requires, or the competent authorities agree otherwise on the meaning of a term for the purposes of applying the Convention pursuant to Article 25, have the meaning which it has at that time under the laws of that Contracting State for the purposes of the taxes to which the Convention applies, any meaning under the applicable tax laws of that Contracting State prevailing over a meaning given to the term under other laws of that Contracting State.

ARTICLE 4

1. For the purposes of this Convention, the term "resident of a Contracting State" means any person who, under the laws of that Contracting State, is liable to tax therein by reason of his domicile, residence, citizenship, place of head or main office, place of incorporation, or any other criterion of a similar nature, and also includes:
(a) that Contracting State and any political subdivision or local authority thereof;
(b) a pension fund organized under the laws of that Contracting State; and
(c) a person organized under the laws of that Contracting State and established and maintained in that Contracting State exclusively for a religious, charitable, educational, scientific, artistic, cultural or public purpose, even if

日米租税条約（日本語正文）

トナーシップその他の団体

(k) 「権限のある当局」とは，次の者をいう。
 (i) 日本国については，財務大臣又は権限を与えられたその代理者
 (ii) 合衆国については，財務長官又は権限を与えられたその代理者

(l) 「事業」には，自由職業その他の独立の性格を有する活動を含む。

(m) 「年金基金」とは，次の(i)から(iii)までに掲げる要件を満たす者をいう。
 (i) 一方の締約国の法令に基づいて組織されること。
 (ii) 当該一方の締約国において主として退職年金その他これに類する報酬（社会保障制度に基づく給付を含む。）の管理又は給付のために設立され，かつ，維持されること。
 (iii) (ii)にいう活動に関して当該一方の締約国において租税を免除されること。

2 一方の締約国によるこの条約の適用に際しては，この条約において定義されていない用語は，文脈により別に解釈すべき場合又は両締約国の権限のある当局が第25条の規定に基づきこの条約の適用上の用語の意義について別に合意する場合を除くほか，この条約の適用を受ける租税に関する当該一方の締約国の法令において当該用語がその適用の時点で有する意義を有するものとする。当該一方の締約国において適用される租税に関する法令における当該用語の意義は，当該一方の締約国の他の法令における当該用語の意義に優先するものとする。

第4条

1 この条約の適用上，「一方の締約国の居住者」とは，当該一方の締約国の法令の下において，住所，居所，市民権，本店又は主たる事務所の所在地，法人の設立場所その他これらに類する基準により当該一方の締約国において課税を受けるべきものとされる者をいい，次のものを含む。

(a) 当該一方の締約国及び当該一方の締約国の地方政府又は地方公共団体

(b) 当該一方の締約国の法令に基づいて組織された年金基金

(c) 当該一方の締約国の法令に基づいて組織された者で，専ら宗教，慈善，教育，科学，芸術，文化その他公の目的のために当該一方の締約国において設立され，かつ，維持されるもの（当該一方の締約国において租税を免除される者を含む。）

日 米 租 税 条 約（英語正文）

the person is exempt from tax in that Contracting State.

This term, however, does not include any person who is liable to tax in that Contracting State in respect only of income from sources in that Contracting State, or of profits attributable to a permanent establishment in that Contracting State.

2. Notwithstanding the provisions of paragraph 1, an individual who is a United States citizen or an alien lawfully admitted for permanent residence in the United States under the laws of the United States shall be regarded as a resident of the United States only if the individual:
   (a) is not a resident of Japan under paragraph 1;
   (b) has a substantial presence, permanent home or habitual abode in the United States; and
   (c) for the purposes of a convention or agreement for the avoidance of double taxation between Japan and a state other than the United States, is not a resident of that state.

3. Where by reason of the provisions of paragraph 1 an individual not described in paragraph 2 is a resident of both Contracting States, then his status shall be determined as follows:
   (a) he shall be deemed to be a resident of the Contracting State in which he has a permanent home available to him; if he has a permanent home available to him in both Contracting States, he shall be deemed to be a resident of the Contracting State with which his personal and economic relations are closer (center of vital interests);
   (b) if the Contracting State in which he has his center of vital interests cannot be determined, or if he does not have a permanent home available to him in either Contracting State, he shall be deemed to be a resident of the Contracting State in which he has an habitual abode;
   (c) if he has an habitual abode in both Contracting States or in neither of them, he shall be deemed to be a resident of the Contracting State of which he is a national;
   (d) if he is a national of both Contracting States or of neither of them, the competent authorities of the Contracting States shall settle the question by mutual agreement.

   An individual who is deemed to be a resident of a Contracting State by reason of the provisions of this paragraph shall be deemed to be a resident only of that Contracting State for the purposes of this Convention.

4. Where by reason of the provisions of paragraph 1 a person other than an

日米租税条約（日本語正文）

ただし，一方の締約国の居住者には，当該一方の締約国内に源泉のある所得又は当該一方の締約国内にある恒久的施設に帰せられる利得のみについて当該一方の締約国において租税を課される者を含まない。

2　1の規定にかかわらず，合衆国の市民又は合衆国の法令に基づいて合衆国における永住を適法に認められた外国人である個人は，次の(a)から(c)までに掲げる要件を満たす場合に限り，合衆国の居住者とされる。

(a)　当該個人が，1の規定により日本国の居住者に該当する者でないこと。
(b)　当該個人が，合衆国内に実質的に所在し，又は恒久的住居若しくは常用の住居を有すること。
(c)　当該個人が，日本国と合衆国以外の国との間の二重課税の回避のための条約又は協定の適用上当該合衆国以外の国の居住者とされる者でないこと。

3　1の規定により双方の締約国の居住者に該当する個人（2の規定の対象となる合衆国の市民又は外国人である個人を除く。）については，次のとおりその地位を決定する。
(a)　当該個人は，その使用する恒久的住居が所在する締約国の居住者とみなす。その使用する恒久的住居を双方の締約国内に有する場合には，当該個人は，その人的及び経済的関係がより密接な締約国（重要な利害関係の中心がある締約国）の居住者とみなす。

(b)　その重要な利害関係の中心がある締約国を決定することができない場合又はその使用する恒久的住居をいずれの締約国内にも有しない場合には，当該個人は，その有する常用の住居が所在する締約国の居住者とみなす。

(c)　その常用の住居を双方の締約国内に有する場合又はこれをいずれの締約国内にも有しない場合には，当該個人は，当該個人が国民である締約国の居住者とみなす。

(d)　当該個人が双方の締約国の国民である場合又はいずれの締約国の国民でもない場合には，両締約国の権限のある当局は，合意により当該事案を解決する。
　　この3の規定により一方の締約国の居住者とみなされる個人は，この条約の適用上，当該一方の締約国のみの居住者とみなす。

4　1の規定により双方の締約国の居住者に該当する者で個人以外のものについては，

日米租税条約（英語正文）

individual is a resident of both Contracting States, then the competent authorities of the Contracting States shall determine by mutual agreement the Contracting State of which that person shall be deemed to be a resident for the purposes of this Convention. In the absence of a mutual agreement by the competent authorities of the Contracting States, the person shall not be considered a resident of either Contracting State for the purposes of claiming any benefits provided by the Convention.

5. Where, pursuant to any provision of this Convention, a Contracting State reduces the rate of tax on, or exempts from tax, income of a resident of the other Contracting State and under the laws in force in that other Contracting State the resident is subject to tax by that other Contracting State only on that part of such income which is remitted to or received in that other Contracting State, then the reduction or exemption shall apply only to so much of such income as is remitted to or received in that other Contracting State.

6. For the purposes of applying this Convention:
   (a) An item of income:
   (i) derived from a Contracting State through an entity that is organized in the other Contracting State; and
   (ii) treated as the income of the beneficiaries, members or participants of that entity under the tax laws of that other Contracting State;
   shall be eligible for the benefits of the Convention that would be granted if it were directly derived by a beneficiary, member or participant of that entity who is a resident of that other Contracting State, to the extent that such beneficiaries, members or participants are residents of that other Contracting State and satisfy any other conditions specified in the Convention, without regard to whether the income is treated as the income of such beneficiaries, members or participants under the tax lawsof the first-mentioned Contracting State.
   (b) An item of income:
   (i) derived from a Contracting State through an entity that is organized in the other Contracting State; and
   (ii) treated as the income of that entity under the tax laws of that other Contracting State;
   shall be eligible for the benefits of the Convention that would be granted to a resident of that other Contracting State, without regard to whether the income is treated as the income of the entity underthe tax laws of the first-mentioned Contracting State, if such entity is a resident of that other

日　米　租　税　条　約（日本語正文）

両締約国の権限のある当局は，合意により，この条約の適用上その者が居住者とみなされる締約国を決定する。両締約国の権限のある当局による合意がない場合には，その者は，この条約により認められる特典を要求する上で，いずれの締約国の居住者ともされない。

5　この条約の規定に従い一方の締約国が他方の締約国の居住者の所得に対する租税の率を軽減し，又はその租税を免除する場合において，当該他方の締約国において施行されている法令により，当該居住者が，その所得のうち当該他方の締約国に送金され，又は当該他方の締約国内で受領された部分についてのみ当該他方の締約国において租税を課されることとされているときは，その軽減又は免除は，その所得のうち当該他方の締約国に送金され，又は当該他方の締約国内で受領された部分についてのみ適用する。

6　この条約の適用上，

(a)　一方の締約国において取得される所得であって，
　(i)　他方の締約国において組織された団体を通じて取得され，かつ，

　(ii)　当該他方の締約国の租税に関する法令に基づき当該団体の受益者，構成員又は参加者の所得として取り扱われるもの

に対しては，当該一方の締約国の租税に関する法令に基づき当該受益者，構成員又は参加者の所得として取り扱われるか否かにかかわらず，当該他方の締約国の居住者である当該受益者，構成員又は参加者（この条約に別に定める要件を満たすものに限る。）の所得として取り扱われる部分についてのみ，この条約の特典（当該受益者，構成員又は参加者が直接に取得したものとした場合に認められる特典に限る。）が与えられる。

(b)　一方の締約国において取得される所得であって，
　(i)　他方の締約国において組織された団体を通じて取得され，かつ，

　(ii)　当該他方の締約国の租税に関する法令に基づき当該団体の所得として取り扱われるもの

に対しては，当該一方の締約国の租税に関する法令に基づき当該団体の所得として取り扱われるか否かにかかわらず，当該団体が当該他方の締約国の居住者であり，かつ，この条約に別に定める要件を満たす場合にのみ，この条約の特典（当該他方の締約国の居住者が取得したものとした場合に認められる特典に限る。）が

Contracting State and satisfies any other conditions specified in the Convention.
(c) An item of income:
   (i) derived from a Contracting State through an entity that is organized in a state other than the Contracting States; and
   (ii) treated as the income of the beneficiaries, members or participants of that entity under the tax laws of the other Contracting State;
shall be eligible for the benefits of the Convention that would be granted if it were directly derived by a beneficiary, member or participant of that entity who is a resident of that other Contracting State, to the extent that such beneficiaries, members or participants are residents of that other Contracting State and satisfy any other conditions specified in the Convention, without regard to whether the income is treated as the income of such beneficiaries, members or participants under the tax laws of the first-mentioned Contracting State or such state.
(d) An item of income:
   (i) derived from a Contracting State through an entity that is organized in a state other than the Contracting States; and
   (ii) treated as the income of that entity under the tax laws of the other Contracting State;
shall not be eligible for the benefits of the Convention.
(e) An item of income:
   (i) derived from a Contracting State through an entity that is organized in that Contracting State; and
   (ii) treated as the income of that entity under the tax laws of the other Contracting State;
shall not be eligible for the benefits of the Convention.

ARTICLE 5

1. For the purposes of this Convention, the term "permanent establishment" means a fixed place of business through which the business of an enterprise is wholly or partly carried on.
2. The term "permanent establishment" includes especially:
   (a) a place of management;
   (b) a branch;
   (c) an office;
   (d) a factory;

日 米 租 税 条 約（日本語正文）

与えられる。

(c) 一方の締約国において取得される所得であって，
　(i) 両締約国以外の国において組織された団体を通じて取得され，かつ，

　(ii) 他方の締約国の租税に関する法令に基づき当該団体の受益者，構成員又は参加者の所得として取り扱われるもの

　に対しては，当該一方の締約国又は当該両締約国以外の国の租税に関する法令に基づき当該受益者，構成員又は参加者の所得として取り扱われるか否かにかかわらず，当該他方の締約国の居住者である当該受益者，構成員又は参加者（この条約に別に定める要件を満たすものに限る。）の所得として取り扱われる部分についてのみ，この条約の特典（当該受益者，構成員又は参加者が直接に取得したものとした場合に認められる特典に限る。）が与えられる。

(d) 一方の締約国において取得される所得であって，
　(i) 両締約国以外の国において組織された団体を通じて取得され，かつ，

　(ii) 他方の締約国の租税に関する法令に基づき当該団体の所得として取り扱われるもの
　に対しては，この条約の特典は与えられない。

(e) 一方の締約国において取得される所得であって，
　(i) 当該一方の締約国において組織された団体を通じて取得され，かつ，

　(ii) 他方の締約国の租税に関する法令に基づき当該団体の所得として取り扱われるもの
　に対しては，この条約の特典は与えられない。

第5条

1　この条約の適用上，「恒久的施設」とは，事業を行う一定の場所であって企業がその事業の全部又は一部を行っている場所をいう。

2　「恒久的施設」には，特に，次のものを含む。
(a) 事業の管理の場所
(b) 支店
(c) 事務所
(d) 工場

(e) a workshop; and
(f) a mine, an oil or gas well, a quarry or any other place of extraction of natural resources.
3. A building site, a construction or installation project, or an installation or drilling rig or ship used for the exploration of natural resources, constitutes a permanent establishment only if it lasts or the activity continues for a period of more than twelve months.
4. Notwithstanding the preceding provisions of this Article, the term "permanent establishment" shall be deemed not to include:
   (a) the use of facilities solely for the purpose of storage, display or delivery of goods or merchandise belonging to the enterprise;
   (b) the maintenance of a stock of goods or merchandise belonging to the enterprise solely for the purpose of storage, display or delivery;
   (c) the maintenance of a stock of goods or merchandise belonging to the enterprise solely for the purpose of processing by another enterprise;
   (d) the maintenance of a fixed place of business solely for the purpose of purchasing goods or merchandise or of collecting information, for the enterprise;
   (e) the maintenance of a fixed place of business solely for the purpose of carrying on, for the enterprise, any other activity of a preparatory or auxiliary character;
   (f) the maintenance of a fixed place of business solely for any combination of activities mentioned in subparagraphs (a) to (e), provided that the overall activity of the fixed place of business resulting from this combination is of a preparatory or auxiliary character.
5. Notwithstanding the provisions of paragraphs 1 and 2, where a person—other than an agent of an independent status to whom the provisions of paragraph 6 apply—is acting on behalf of an enterprise and has, and habitually exercises, in a Contracting State an authority to conclude contracts in the name of the enterprise, that enterprise shall be deemed to have a permanent establishment in that Contracting State in respect of any activities that the person undertakes for the enterprise, unless the activities of such person are limited to those mentioned in paragraph 4 that, if exercised through a fixed place of business, would not make this fixed place of business a permanent establishment under the provisions of that paragraph.
6. An enterprise shall not be deemed to have a permanent establishment in a Contracting State merely because it carries on business in that Contracting

日 米 租 税 条 約（日本語正文）

　(e)　作業場
　(f)　鉱山，石油又は天然ガスの坑井，採石場その他天然資源を採取する場所

3　建築工事現場，建設若しくは据付けの工事又は天然資源の探査のために使用される設備，掘削機器若しくは掘削船については，これらの工事現場，工事又は探査が12箇月を超える期間存続する場合には，恒久的施設を構成するものとする。

4　1から3までの規定にかかわらず，「恒久的施設」には，次のことは，含まないものとする。
　(a)　企業に属する物品又は商品の保管，展示又は引渡しのためにのみ施設を使用すること。
　(b)　企業に属する物品又は商品の在庫を保管，展示又は引渡しのためにのみ保有すること。
　(c)　企業に属する物品又は商品の在庫を他の企業による加工のためにのみ保有すること。
　(d)　企業のために物品若しくは商品を購入し又は情報を収集することのみを目的として，事業を行う一定の場所を保有すること。
　(e)　企業のためにその他の準備的又は補助的な性格の活動を行うことのみを目的として，事業を行う一定の場所を保有すること。

　(f)　(a)から(e)までに掲げる活動を組み合わせた活動を行うことのみを目的として，事業を行う一定の場所を保有すること。ただし，当該一定の場所におけるこのような組合せによる活動の全体が準備的又は補助的な性格のものである場合に限る。

5　1及び2の規定にかかわらず，企業に代わって行動する者（6の規定が適用される独立の地位を有する代理人を除く。）が，一方の締約国内で，当該企業の名において契約を締結する権限を有し，かつ，この権限を反復して行使する場合には，当該企業は，その者が当該企業のために行うすべての活動について，当該一方の締約国内に恒久的施設を有するものとされる。ただし，その者の活動が4に掲げる活動（事業を行う一定の場所で行われたとしても，4の規定により当該一定の場所が恒久的施設とされない活動）のみである場合は，この限りでない。

6　企業は，通常の方法でその業務を行う仲立人，問屋その他の独立の地位を有する代理人を通じて一方の締約国内で事業を行っているという理由のみでは，当該一方

State through a broker, general commission agent or any other agent of an independent status, provided that such persons are acting in the ordinary course of their business.
7. The fact that a company which is a resident of a Contracting State controls or is controlled by a company which is a resident of the other Contracting State, or which carries on business in that other Contracting State (whether through a permanent establishment or otherwise), shall not constitute either company a permanent establishment of the other.

ARTICLE 6

1. Income derived by a resident of a Contracting State from real property (including income from agriculture or forestry) situated in the other Contracting State may be taxed in that other Contracting State.
2. The term "real property" as used in this Convention shall have the meaning which it has under the laws of the Contracting State in which the property in question is situated. The term shall in any case include property accessory to real property, livestock and equipment used in agriculture and forestry, rights to which the provisions of general law respecting real property apply, usufruct of real property and rights to variable or fixed payments as consideration for the working of, or the right to work, mineral deposits and other natural resources; ships and aircraft shall not be regarded as real property.
3. The provisions of paragraph 1 shall apply to income derived from the direct use, letting, or use in any other form of real property.
4. The provisions of paragraphs 1 and 3 shall also apply to the income from real property of an enterprise.

ARTICLE 7

1. The profits of an enterprise of a Contracting State shall be taxable only in that Contracting State unless the enterprise carries on business in the other Contracting State through a permanent establishment situated therein. If the enterprise carries on business as aforesaid, the profits of the enterprise may be taxed in that other Contracting State but only so much of them as is attributable to the permanent establishment.
2. Subject to the provisions of paragraph 3, where an enterprise of a Contracting State carries on business in the other Contracting State through a permanent establishment situated therein, there shall in each Contracting State be attributed to that permanent establishment the profits which it might be

の締約国内に恒久的施設を有するものとされない。

7 一方の締約国の居住者である法人が、他方の締約国の居住者である法人若しくは他方の締約国内において事業（恒久的施設を通じて行われるものであるか否かを問わない。）を行う法人を支配し、又はこれらに支配されているという事実によっては、いずれの一方の法人も、他方の法人の恒久的施設とはされない。

第6条

1 一方の締約国の居住者が他方の締約国内に存在する不動産から取得する所得（農業又は林業から生ずる所得を含む。）に対しては、当該他方の締約国において租税を課することができる。
2 この条約において、「不動産」とは、当該財産が存在する締約国の法令における不動産の意義を有するものとする。不動産には、いかなる場合にも、これに附属する財産、農業又は林業に用いられる家畜類及び設備、不動産に関する一般法の規定の適用がある権利、不動産用益権並びに鉱石その他の天然資源の採取又は採取の権利の対価として料金（固定的な料金であるか否かを問わない。）を受領する権利を含む。船舶及び航空機は、不動産とはみなさない。

3 1の規定は、不動産の直接使用、賃貸その他のすべての形式による使用から生ずる所得について適用する。
4 1及び3の規定は、企業の不動産から生ずる所得についても、適用する。

第7条

1 一方の締約国の企業の利得に対しては、その企業が他方の締約国内にある恒久的施設を通じて当該他方の締約国内において事業を行わない限り、当該一方の締約国においてのみ租税を課することができる。一方の締約国の企業が他方の締約国内にある恒久的施設を通じて当該他方の締約国内において事業を行う場合には、その企業の利得のうち当該恒久的施設に帰せられる部分に対してのみ、当該他方の締約国において租税を課することができる。
2 3の規定に従うことを条件として、一方の締約国の企業が他方の締約国内にある恒久的施設を通じて当該他方の締約国内において事業を行う場合には、当該恒久的施設が、同一又は類似の条件で同一又は類似の活動を行う別個のかつ分離した企業であって、当該恒久的施設を有する企業と全く独立の立場で取引を行うものである

expected to make if it were a distinct and separate enterprise engaged in the same or similar activities under the same or similar conditions and dealing wholly independently with the enterprise of which it is a permanent establishment.
3. In determining the profits of a permanent establishment, there shall be allowed as deductions expenses which are incurred for the purposes of the permanent establishment, including executive and general administrative expenses so incurred, whether in the Contracting State in which the permanent establishment is situated or elsewhere.
4. Nothing in this Article shall affect the application of any law of a Contracting State relating to the determination of the tax liability of a person in cases where the information available to the competent authority of that Contracting State is inadequate to determine the profits to be attributed to a permanent establishment, provided that, on the basis of the available information, the determination of the profits of the permanent establishment is consistent with the principles stated in this Article.
5. No profits shall be attributed to a permanent establishment by reason of the mere purchase by that permanent establishment of goods or merchandise for the enterprise.
6. For the purposes of the preceding paragraphs of this Article, the profits to be attributed to the permanent establishment shall be determined by the same method year by year unless there is good and sufficient reason to the contrary.
7. Where profits include items of income which are dealt with separately in other Articles of this Convention, then the provisions of those Articles shall not be affected by the provisions of this Article.

ARTICLE 8

1. Profits from the operation of ships or aircraft in international traffic carried on by an enterprise of a Contracting State shall be taxable only in that Contracting State.
2. For the purposes of this Article, profits from the operation of ships or aircraft include profits derived from the rental of ships or aircraft on a full basis. They also include profits from the rental of ships or aircraft on a bareboat basis if such rental activities are incidental to the operation of ships or aircraft in international traffic. Profits from the inland transport of property or passengers within either Contracting State shall be treated as profits from the operation of ships or aircraft in international traffic if such transport is

日 米 租 税 条 約（日本語正文）

としたならば当該恒久的施設が取得したとみられる利得が，各締約国において当該恒久的施設に帰せられるものとする。

3　恒久的施設の利得を決定するに当たっては，経営費及び一般管理費を含む費用で当該恒久的施設のために生じたものは，当該恒久的施設が存在する締約国内において生じたものであるか他の場所において生じたものであるかを問わず，控除することを認められる。

4　一方の締約国の権限のある当局が入手することができる情報が恒久的施設に帰せられる利得を決定するために十分でない場合には，この条のいかなる規定も，当該恒久的施設を有する者の納税義務の決定に関する当該締約国の法令の適用に影響を及ぼすものではない。ただし，当該情報に基づいて恒久的施設の利得を決定する場合には，この条に定める原則に従うものとする。

5　恒久的施設が企業のために物品又は商品の単なる購入を行ったことを理由としては，いかなる利得も，当該恒久的施設に帰せられることはない。

6　1から5までの規定の適用上，恒久的施設に帰せられる利得は，毎年同一の方法によって決定する。ただし，別の方法を用いることにつき正当な理由がある場合は，この限りでない。

7　他の条で別個に取り扱われている種類の所得が企業の利得に含まれる場合には，当該他の条の規定は，この条の規定によって影響されることはない。

第8条

1　一方の締約国の企業が船舶又は航空機を国際運輸に運用することによって取得する利得に対しては，当該一方の締約国においてのみ租税を課することができる。

2　この条の適用上，船舶又は航空機を運用することによって取得する利得には，船舶又は航空機の賃貸によって取得する利得（裸用船による船舶又は航空機の賃貸によって取得する利得については，当該賃貸が船舶又は航空機の国際運輸における運用に付随するものである場合に限る。）が含まれる。いずれかの締約国内における貨物又は旅客の国内運送によって取得する利得は，当該運送が国際運輸の一部として行われる場合には，船舶又は航空機を国際運輸に運用することによって取得する利得として取り扱う。

undertaken as part of international traffic.
3. Notwithstanding the provisions of Article 2 and subparagraph (d) of paragraph 1 of Article 3, provided that no political subdivision or local authority of the United States levies a tax similar to the local inhabitant taxes or the enterprise tax in Japan in respect of the operation of ships or aircraft in international traffic carried on by an enterprise of Japan, an enterprise of the United States shall be exempt from the local inhabitant taxes and the enterprise tax in Japan in respect of the operation of ships or aircraft in international traffic.
4. Profits of an enterprise of a Contracting State from the use, maintenance or rental of containers, including trailers, barges and related equipment for the transport of containers, shall be taxable only in that Contracting State except where such containers are used solely within the other Contracting State.
5. The provisions of the preceding paragraphs of this Article shall also apply to profits from the participation in a pool, a joint business or an international operating agency.

ARTICLE 9

1. Where
   (a) an enterprise of a Contracting State participates directly or indirectly in the management, control or capital of an enterprise of the other Contracting State, or
   (b) the same persons participate directly or indirectly in the management, control or capital of an enterprise of a Contracting State and an enterprise of the other Contracting State,

   and in either case conditions are made or imposed between the two enterprise in their commercial or financial relations which differ from those which would be made between independent enterprises, then any profits which would, but for those conditions, have accrued to one of the enterprises, but, by reason of those conditions, have not so accrued, may be included in the profits of that enterprise and taxed accordingly.
2. Where a Contracting State includes in the profits of an enterprise of that Contracting State—and taxes accordingly—profits on which an enterprise of the other Contracting State has been charged to tax in that other Contracting State and that other Contracting State agrees that the profits so included are profits which would have accrued to the enterprise of the first—mentioned Contracting State if the conditions made between the two enterprises had been those which

日米租税条約（日本語正文）

3 第2条及び第3条1(d)の規定にかかわらず、いかなる合衆国の地方政府又は地方公共団体も日本国の企業が船舶又は航空機を国際運輸に運用することにつき日本国における住民税又は事業税に類似する租税を課さないことを条件として、合衆国の企業は、船舶又は航空機を国際運輸に運用することにつき日本国において住民税及び事業税を免除される。

4 一方の締約国の企業がコンテナー（コンテナーの運送のためのトレーラー、はしけ及び関連設備を含む。）を使用し、保持し又は賃貸することによって取得する利得に対しては、当該コンテナーが他方の締約国内においてのみ使用される場合を除くほか、当該一方の締約国においてのみ租税を課することができる。

5 1から4までの規定は、共同計算、共同経営又は国際経営共同体に参加していることによって取得する利得についても、適用する。

第9条

1 次の(a)又は(b)に該当する場合であって、そのいずれの場合においても、商業上又は資金上の関係において、双方の企業の間に、独立の企業の間に設けられる条件と異なる条件が設けられ又は課されているときは、その条件がないとしたならば一方の企業の利得となったとみられる利得であってその条件のために当該一方の企業の利得とならなかったものに対しては、これを当該一方の企業の利得に算入して租税を課することができる。

(a) 一方の締約国の企業が他方の締約国の企業の経営、支配又は資本に直接又は間接に参加している場合

(b) 同一の者が一方の締約国の企業及び他方の締約国の企業の経営、支配又は資本に直接又は間接に参加している場合

2 一方の締約国において租税を課された当該一方の締約国の企業の利得を他方の締約国が当該他方の締約国の企業の利得に算入して租税を課する場合において、当該一方の締約国が、その算入された利得が、双方の企業の間に設けられた条件が独立の企業の間に設けられたであろう条件であったとしたならば当該他方の締約国の企業の利得となったとみられる利得であることにつき当該他方の締約国との間で合意するときは、当該一方の締約国は、当該利得に対して当該一方の締約国において課

would have been made between independent enterprises, then that other Contracting State shall make an appropriate adjustment to the amount of the tax charged therein on those profits. In determining such adjustment, due regard shall be had to the other provisions of this Convention.
3. Notwithstanding the provisions of paragraph 1, a Contracting State shall not change the profits of an enterprise of that Contracting State in the circumstances referred to in that paragraph, if an examination of that enterprise is not initiated within seven years from the end of the taxable year in which the profits that would be subject to such change would, but for the conditions referred to in that paragraph, have accrued to that enterprise. The provisions of this paragraph shall not apply in the case of fraud or willful default or if the inability to initiate an examination within the prescribed period is attributable to the actions or inaction of that enterprise.

ARTICLE 10

1. Dividends paid by a company which is a resident of a Contracting State to a resident of the other Contracting State may be taxed in that other Contracting State.
2. However, such dividends may also be taxed in the Contracting State of which the company paying the dividends is a resident and according to the laws of that Contracting State, but if the dividends are beneficially owned by a resident of the other Contracting State, except as provided in paragraphs 4 and 5, the tax so charged shall not exceed:
   (a) 5 percent of the gross amount of the dividends if the beneficial owner is a company that owns directly or indirectly, on the date on which entitlement to the dividends is determined, at least 10 percent of the voting stock of the company paying the dividends;
   (b) 10 percent of the gross amount of the dividends in all other cases.
   This paragraph shall not affect the taxation of the company in respect of the profits out of which the dividends are paid.
3. Notwithstanding the provisions of paragraph 2, such dividends shall not be taxed in the Contracting State of which the company paying the dividends is a resident if the beneficial owner of the dividends is:
   (a) a company that is a resident of the other Contracting State, that has owned, directly or indirectly through one or more residents of either Contracting State, more than 50 percent of the voting stock of the company paying the dividends for the period of twelve months ending on the date on which

された租税の額について適当な調整を行う。この調整に当たっては，この条約の他の規定に妥当な考慮を払う。

3　1の規定にかかわらず，一方の締約国は，1にいう条件がないとしたならば当該一方の締約国の企業の利得として更正の対象となったとみられる利得に係る課税年度の終了時から7年以内に当該企業に対する調査が開始されない場合には，1にいう状況においても，当該利得の更正をしてはならない。この3の規定は，不正に租税を免れた場合又は定められた期間内に調査を開始することができないことが当該企業の作為若しくは不作為に帰せられる場合には，適用しない。

第10条

1　一方の締約国の居住者である法人が他方の締約国の居住者に支払う配当に対しては，当該他方の締約国において租税を課することができる。

2　1の配当に対しては，これを支払う法人が居住者とされる締約国においても，当該締約国の法令に従って租税を課することができる。その租税の額は，当該配当の受益者が他方の締約国の居住者である場合には，4及び5に定める場合を除くほか，次の額を超えないものとする。

(a)　当該配当の受益者が，当該配当の支払を受ける者が特定される日に，当該配当を支払う法人の議決権のある株式の10パーセント以上を直接又は間接に所有する法人である場合には，当該配当の額の5パーセント

(b)　その他のすべての場合には，当該配当の額の10パーセント

　　この2の規定は，当該配当を支払う法人のその配当に充てられる利得に対する課税に影響を及ぼすものではない。

3　2の規定にかかわらず，1の配当に対しては，当該配当の受益者が次の（a）又は(b)に該当する場合には，当該配当を支払う法人が居住者とされる締約国においては租税を課することができない。

(a)　他方の締約国の居住者であり，かつ，当該配当の支払を受ける者が特定される日をその末日とする12箇月の期間を通じ，当該配当を支払う法人の議決権のある株式の50パーセントを超える株式を直接に又はいずれかの締約国の1若しくは2以上の居住者を通じて間接に所有する法人であって，次のいずれかに該当するも

entitlement to the dividends is determined, and that either:
- (i) satisfies the conditions described in clause (i) or (ii) of subparagraph (c) of paragraph 1 of Article 22;
- (ii) satisfies the conditions described in clauses (i) and (ii) of subparagraph (f) of paragraph 1 of Article 22, provided that the company satisfies the conditions described in paragraph 2 of that Article with respect to the dividends; or
- (iii) has received a determination pursuant to paragraph 4 of Article 22 with respect to this paragraph; or

(b) a pension fund that is a resident of the other Contracting State, provided that such dividends are not derived from the carrying on of a business, directly or indirectly, by such pension fund.

4. The provisions of subparagraph (a) of paragraph 2 and subparagraph (a) of paragraph 3 shall not apply in the case of dividends paid by a United States Regulated Investment Company (hereinafter referred to as a "RIC") or a United States Real Estate Investment Trust (hereinafter referred to as a "REIT"). The provisions of subparagraph (b) of paragraph 2 and subparagraph (b) of paragraph 3 shall apply in the case of dividends paid by a RIC. In the case of dividends paid by a REIT, the provisions of subparagraph (b) of paragraph 2 and subparagraph (b) of paragraph 3 shall apply only if:

(a) the beneficial owner of the dividends is an individual holding an interest of not more than 10 percent in the REIT or a pension fund holding an interest of not more than 10 percent in the REIT;

(b) the dividends are paid with respect to a class of stock that is publicly traded and the beneficial owner of the dividends is a person holding an interest of not more than 5 percent of any class of the stock of the REIT; or

(c) the beneficial owner of the dividends is a person holding an interest of not more than 10 percent in the REIT and that REIT is diversified.

5. The provisions of subparagraph (a) of paragraph 2 and subparagraph (a) of paragraph 3 shall not apply in the case of dividends paid by a company which is entitled to a deduction for dividends paid to its beneficiaries in computing its taxable income in Japan. The provisions of subparagraph (b) of paragraph 2 and subparagraph (b) of paragraph 3 shall apply in the case of dividends paid by such company, provided that not more than 50 percent of its assets consist, directly or indirectly, of real property situated in Japan. Where more than 50 percent of the assets of such company consist, directly or indirectly, of real property situated in Japan, the provisions of subparagraph (b) of paragraph 2

日 米 租 税 条 約（日本語正文）

の
- (i) 第22条1(c)(i)又は(ii)に該当する法人

- (ii) 第22条1(f)(i)及び(ii)に規定する要件を満たす法人で，当該配当に関し同条2に規定する条件を満たすもの

- (iii) この3の規定の適用に関し，第22条4の規定により認定を受けたもの

(b) 他方の締約国の居住者である年金基金。ただし，当該配当が，当該年金基金が直接又は間接に事業を遂行することにより取得されたものでない場合に限る。

4　2(a)及び3(a)の規定は，合衆国の規制投資会社（以下この4において「規制投資会社」という。）又は合衆国の不動産投資信託（以下この4において「不動産投資信託」という。）によって支払われる配当については，適用しない。規制投資会社によって支払われる配当については，2(b)及び3(b)の規定を適用する。不動産投資信託によって支払われる配当については，次のいずれかの場合に該当するときに限り，2(b)及び3(b)の規定を適用する。

(a) 当該配当の受益者が，当該不動産投資信託の10パーセント以下の持分を保有する個人又は当該不動産投資信託の10パーセント以下の持分を保有する年金基金である場合

(b) 当該配当が当該不動産投資信託の一般に取引される種類の持分に関して支払われ，かつ，当該配当の受益者が当該不動産投資信託のいずれの種類の持分についてもその5パーセント以下の持分を保有する者である場合

(c) 当該配当の受益者が当該不動産投資信託の10パーセント以下の持分を保有する者であり，かつ，当該不動産投資信託が分散投資している場合

5　2(a)及び3(a)の規定は，日本国における課税所得の計算上受益者に対して支払う配当を控除することができる法人によって支払われる配当については，適用しない。当該法人の有する資産のうち日本国内に存在する不動産により直接又は間接に構成される部分の割合が50パーセント以下である場合は，当該法人によって支払われる配当については，2(b)及び3(b)の規定を適用する。当該法人に係る当該割合が50パーセントを超える場合は，当該法人によって支払われる配当については，次のいずれかの場合に該当するときに限り，2(b)及び3(b)の規定を適用する。

and subparagraph (b) of paragraph 3 shall apply only if:
  (a) the beneficial owner of the dividends is an individual holding an interest of not more than 10 percent in such company or a pension fund holding an interest of not more than 10 percent in such company;
  (b) the dividends are paid with respect to a class of interest in such company that is publicly traded and the beneficial owner of the dividends is a person holding an interest of not more than 5 percent of any class of interest in the company; or
  (c) the beneficial owner of the dividends is a person holding an interest of not more than 10 percent in the company and the company is diversified.
6. The term "dividends" as used in this Article means income from shares or other rights, not being debt—claims, participating in profits, as well as income which is subjected to the same taxation treatment as income from shares by the tax laws of the Contracting State of which the payor is a resident.
7. The provisions of paragraphs 1, 2 and 3 shall not apply if the beneficial owner of the dividends, being a resident of a Contracting State, carries on business in the other Contracting State of which the company paying the dividends is a resident, through a permanent establishment situated therein, and the holding in respect of which the dividends are paid is effectively connected with such permanent establishment. In such case the provisions of Article 7 shall apply.
8. A Contracting State shall not impose any tax on the dividends paid by a company that is a resident of the other Contracting State, except insofar as the dividends are paid to a resident of the first—mentioned Contracting State or insofar as the holding in respect of which the dividends are paid is effectively connected with a permanent establishment situated in that Contracting State, nor shall it impose tax on a company's undistributed profits, except as provided in paragraph 9, even if the dividends paid or the undistributed profits consist wholly or partly of profits or income arising in that Contracting State.
9. A company that is a resident of a Contracting State and that has a permanent establishment in the other Contracting State or that is subject to tax in that other Contracting State on its income that may be taxed in that other Contracting State under Article 6 or under paragraph 1 or 2 of Article 13 may be subject in that other Contracting State to a tax in addition to any tax that may be imposed in that other Contracting State in accordance with the other provisions of this Convention. Such tax, however, may be imposed on only the portion of the profits of the company attributable to the permanent

日 米 租 税 条 約（日本語正文）

(a) 当該配当の受益者が，当該法人の10パーセント以下の持分を保有する個人又は当該法人の10パーセント以下の持分を保有する年金基金である場合

(b) 当該配当が当該法人の一般に取引される種類の持分に関して支払われ，かつ，当該配当の受益者が当該法人のいずれの種類の持分についてもその5パーセント以下の持分を保有する者である場合

(c) 当該配当の受益者が当該法人の10パーセント以下の持分を保有する者であり，かつ，当該法人が分散投資している場合

6　この条において，「配当」とは，株式その他利得の分配を受ける権利（信用に係る債権を除く。）から生ずる所得及び支払者が居住者とされる締約国の租税に関する法令上株式から生ずる所得と同様に取り扱われる所得をいう。

7　1から3までの規定は，一方の締約国の居住者である配当の受益者が，当該配当を支払う法人が居住者とされる他方の締約国内において当該他方の締約国内にある恒久的施設を通じて事業を行う場合において，当該配当の支払の基因となった株式その他の持分が当該恒久的施設と実質的な関連を有するものであるときは，適用しない。この場合には，第7条の規定を適用する。

8　一方の締約国は，他方の締約国の居住者である法人が支払う配当及び当該法人の留保所得については，これらの配当及び留保所得の全部又は一部が当該一方の締約国内において生じた利得又は所得から成る場合においても，当該配当（当該一方の締約国の居住者に支払われる配当及び配当の支払の基因となった株式その他の持分が当該一方の締約国内にある恒久的施設と実質的な関連を有するものである場合の配当を除く。）に対して租税を課することができず，また，当該留保所得（9の規定により租税を課される所得を除く。）に対して租税を課することができない。

9　一方の締約国の居住者である法人で，他方の締約国内に恒久的施設を有するもの又は第6条若しくは第13条1若しくは2の規定に従い他方の締約国においてその所得について租税を課されるものに対しては，当該他方の締約国において，この条約の他の規定に従って課される租税に加えて租税を課することができる。ただし，当該租税は，当該恒久的施設に帰せられる利得及び第6条又は第13条1若しくは2の規定に従い当該他方の締約国において租税を課される所得のうち，これらの利得又は所得に係る活動が法律上独立した団体により行われたとしたならば支払われたとみられる配当の額に相当する所得の額に該当する部分についてのみ課することがで

establishment and the portion of the income referred to in the preceding provisions of this paragraph that is subject to tax under Article 6 or under paragraph 1 or 2 of Article 13 that represents the amount of such income that is equivalent to the amount of dividends that would have been paid if such activities had been conducted in a separate legal entity. The provisions of this paragraph shall not apply in the case of a company which:

(a) satisfies the conditions described in clause (ⅰ) or (ⅱ) of subparagraph (c) of paragraph 1 of Article 22;

(b) satisfies the conditions described in clauses (ⅰ) and (ⅱ) of subparagraph (f) of paragraph 1 of Article 22, provided that the company satisfies the conditions described in paragraph 2 of that Article with respect to the income; or

(c) has received a determination pursuant to paragraph 4 of Article 22 with respect to this paragraph.

10. The tax referred to in paragraph 9 shall not be imposed at a rate in excess of the rate specified in subparagraph (a) of paragraph 2.

11. A resident of a Contracting State shall not be considered the beneficial owner of dividends in respect of preferred stock or other similar interest if such preferred stock or other similar interest would not have been established or acquired unless a person:

(a) that is not entitled to benefits with respect to dividends paid by a resident of the other Contracting State which are equivalent to, or more favorable than, those available under this Convention to a resident of the first－mentioned Contracting State; and

(b) that is not a resident of either Contracting State;

held equivalent preferred stock or other similar interest in the first－mentioned resident.

ARTICLE 11

1. Interest arising in a Contracting State and paid to a resident of the other Contracting State may be taxed in that other Contracting State.

2. However, such interest may also be taxed in the Contracting State in which it arises and according to the laws of that Contracting State, but if the beneficial owner of the interest is a resident of the other Contracting State, the tax so charged shall not exceed 10 percent of the gross amount of the interest.

きる。この9の規定は，次のいずれかに該当する法人については適用しない。

(a) 第22条1(c)(i)又は(ii)に該当する法人

(b) 第22条1(f)(i)及び(ii)に規定する要件を満たす法人で，当該所得に関し同条2に規定する条件を満たすもの

(c) この9の規定の適用に関し，第22条4の規定により認定を受けたもの

10　9に規定する租税は，2(a)に規定する率を超えて課することができない。

11　一方の締約国の居住者が優先株式その他これに類する持分（以下この11において「優先株式等」という。）に関して他方の締約国の居住者から配当の支払を受ける場合において，次の(a)及び(b)に該当する者が当該優先株式等と同等の当該一方の締約国の居住者の優先株式等を有していないとしたならば，当該一方の締約国の居住者が当該配当の支払の基因となる優先株式等の発行を受け又はこれを所有することはなかったであろうと認められるときは，当該一方の締約国の居住者は，当該配当の受益者とはされない。
(a) 当該他方の締約国の居住者が支払う配当に関し，当該一方の締約国の居住者に対してこの条約により認められる特典と同等の又はそのような特典よりも有利な特典を受ける権利を有しないこと。
(b) いずれの締約国の居住者でもないこと。

第11条

1　一方の締約国内において生じ，他方の締約国の居住者に支払われる利子に対しては，当該他方の締約国において租税を課することができる。
2　1の利子に対しては，当該利子が生じた締約国においても，当該締約国の法令に従って租税を課することができる。その租税の額は，当該利子の受益者が他方の締約国の居住者である場合には，当該利子の額の10パーセントを超えないものとする。

3. Notwithstanding the provisions of paragraph 2, interest arising in a Contracting State shall be taxable only in the other Contracting State if:

(a) the interest is beneficially owned by that other Contracting State, a political subdivision or local authority thereof, or the central bank of that other Contracting State or any institution wholly owned by that other Contracting State;

(b) the interest is beneficially owned by a resident of that other Contracting State with respect to debt-claims guaranteed, insured or indirectly financed by the Government of that other Contracting State, a political subdivision or local authority thereof, or the central bank of that other Contracting State or any institution wholly owned by that other Contracting State;

(c) the interest is beneficially owned by a resident of that other Contracting State that is either:
  (ⅰ) a bank (including an investment bank);
  (ⅱ) an insurance company;
  (ⅲ) a registered securities dealer; or
  (ⅳ) any other enterprise, provided that in the three taxable years preceding the taxable year in which the interest is paid, the enterprise derives more than 50 percent of its liabilities from the issuance of bonds in the financial markets or from taking deposits at interest, and more than 50 percent of the assets of the enterprise consist of debt-claims against persons that do not have with the resident a relationship described in subparagraph (a) or (b) of paragraph 1 of Article 9;

(d) the interest is beneficially owned by a pension fund that is a resident of that other Contracting State, provided that such interest is not derived from the carrying on of a business, directly or indirectly, by such pension fund; or

(e) the interest is beneficially owned by a resident of that other Contracting State and paid with respect to indebtedness arising as a part of the sale on credit by a resident of that other Contracting State of equipment or merchandise.

4. For the purposes of paragraph 3, the terms "the central bank" and " institution wholly owned by a Contracting State" mean:

(a) in the case of Japan:
  (ⅰ) the Bank of Japan;
  (ⅱ) the Japan Bank for International Cooperation;
  (ⅲ) the Nippon Export and Investment Insurance; and

日 米 租 税 条 約（日本語正文）

3　2の規定にかかわらず，一方の締約国内において生ずる利子であって，次のいずれかの場合に該当するものについては，他方の締約国においてのみ租税を課することができる。
(a)　当該利子の受益者が，当該他方の締約国，当該他方の締約国の地方政府若しくは地方公共団体，当該他方の締約国の中央銀行又は当該他方の締約国が全面的に所有する機関である場合

(b)　当該利子の受益者が当該他方の締約国の居住者であって，当該利子が，当該他方の締約国の政府，当該他方の締約国の地方政府若しくは地方公共団体，当該他方の締約国の中央銀行又は当該他方の締約国が全面的に所有する機関によって保証された債権，これらによって保険の引受けが行われた債権又はこれらによる間接融資に係る債権に関して支払われる場合
(c)　当該利子の受益者が，次のいずれかに該当する当該他方の締約国の居住者である場合
　　（ⅰ）　銀行（投資銀行を含む。）
　　（ⅱ）　保険会社
　　（ⅲ）　登録を受けた証券会社
　　（ⅳ）　（ⅰ）から（ⅲ）までに掲げるもの以外の企業で，当該利子の支払が行われる課税年度の直前の3課税年度において，その負債の50パーセントを超える部分が金融市場における債券の発行又は有利子預金から成り，かつ，その資産の50パーセントを超える部分が当該居住者と第9条1(a)又は(b)にいう関係を有しない者に対する信用に係る債権から成るもの

(d)　当該利子の受益者が当該他方の締約国の居住者である年金基金であって，当該利子が，当該年金基金が直接又は間接に事業を遂行することにより取得されたものでない場合
(e)　当該利子の受益者が当該他方の締約国の居住者であって，当該利子が，当該他方の締約国の居住者により行われる信用供与による設備又は物品の販売の一環として生ずる債権に関して支払われる場合

4　3の規定の適用上，「中央銀行」及び「締約国が全面的に所有する機関」とは，次のものをいう。
(a)　日本国については，
　　（ⅰ）　日本銀行
　　（ⅱ）　国際協力銀行
　　（ⅲ）　独立行政法人日本貿易保険

日 米 租 税 条 約（英語正文）

　　　(iv) such other similar institution the capital of which is wholly owned by Japan as may be agreed upon from time to time between the Governments of the Contracting States through an exchange of diplomatic notes.
　(b) in the case of the United States:
　　　(i) the Federal Reserve Banks;
　　　(ii) the U.S. Export—Import Bank;
　　　(iii) the Overseas Private Investment Corporation; and
　　　(iv) such other similar institution the capital of which is wholly owned by the United States as may be agreed upon from time to time between the Governments of the Contracting States through an exchange of diplomatic notes.
5. The term "interest" as used in this Article means income from debt—claims of every kind, whether or not secured by mortgage and whether or not carrying a right to participate in the debtor's profits, and in particular, income from government securities and income from bonds or debentures, including premiums and prizes attaching to such securities, bonds or debentures, and all other income that is subjected to the same taxation treatment as income from money lent by the tax laws of the Contracting State in which the income arises. Income dealt with in Article 10 shall not be regarded as interest for the purposes of this Convention.
6. The provisions of paragraphs 1, 2 and 3 shall not apply if the beneficial owner of the interest, being a resident of a Contracting State, carries on business in the other Contracting State in which the interest arises, through a permanent establishment situated therein and the debt—claim in respect of which the interest is paid is effectively connected with such permanent establishment. In such case the provisions of Article 7 shall apply.
7. Interest shall be deemed to arise in a Contracting State when the payor is a resident of that Contracting State. Where, however, the person paying the interest, whether such person is a resident of a Contracting State or not, has in a state other than that of which such person is a resident a permanent establishment in connection with which the indebtedness on which the interest is paid was incurred, and such interest is borne by such permanent establishment, then:
　(a) if the permanent establishment is situated in a Contracting State, such interest shall be deemed to arise in that Contracting State, and
　(b) if the permanent establishment is situated in a state other than the

(ⅳ) 日本国が資本の全部を所有するその他の類似の機関で両締約国の政府が外交上の公文の交換により随時合意するもの

(b) 合衆国については，
  (ⅰ) 連邦準備銀行
  (ⅱ) 合衆国輸出入銀行
  (ⅲ) 海外民間投資公社
  (ⅳ) 合衆国が資本の全部を所有するその他の類似の機関で両締約国の政府が外交上の公文の交換により随時合意するもの

5 この条において，「利子」とは，すべての種類の信用に係る債権（担保の有無及び債務者の利得の分配を受ける権利の有無を問わない。）から生じた所得，特に，公債，債券又は社債から生じた所得（公債，債券又は社債の割増金及び賞金を含む。）及びその他の所得で当該所得が生じた締約国の租税に関する法令上貸付金から生じた所得と同様に取り扱われるものをいう。前条で取り扱われる所得は，この条約の適用上利子には該当しない。

6 1から3までの規定は，一方の締約国の居住者である利子の受益者が，当該利子の生じた他方の締約国内において当該他方の締約国内にある恒久的施設を通じて事業を行う場合において，当該利子の支払の基因となった債権が当該恒久的施設と実質的な関連を有するものであるときは，適用しない。この場合には，第7条の規定を適用する。

7 利子は，その支払者が一方の締約国の居住者である場合には，当該一方の締約国内において生じたものとされる。ただし，利子の支払者（いずれかの締約国の居住者であるか否かを問わない。）が，その者が居住者とされる国以外の国に恒久的施設を有する場合において，当該利子の支払の基因となった債務が当該恒久的施設について生じ，かつ，当該利子が当該恒久的施設によって負担されるものであるときは，次に定めるところによる。

(a) 当該恒久的施設が一方の締約国内にある場合には，当該利子は，当該一方の締約国内において生じたものとされる。
(b) 当該恒久的施設が両締約国以外の国にある場合には，当該利子は，いずれの締

日 米 租 税 条 約（英語正文）

Contracting States, such interest shall not be deemed to arise in either Contracting State.

8. Where, by reason of a special relationship between the payor and the beneficial owner or between both of them and some other person, the amount of the interest, having regard to the debt—claim for which it is paid, exceeds the amount which would have been agreed upon by the payor and the beneficial owner in the absence of such relationship, the provisions of this Article shall apply only to the last—mentioned amount. In such case, the excess part of the payment may be taxed in the Contracting State in which it arises at a rate not to exceed 5 percent of the gross amount of the excess.

9. Notwithstanding the provisions of paragraphs 2 and 3, a Contracting State may tax, in accordance with its domestic law, interest paid with respect to the ownership interests in an entity used for the securitization of real estate mortgages or other assets, to the extent that the amount of interest paid exceeds the return on comparable debt instruments as specified by the domestic law of that Contracting State.

10. Where interest expense is deductible in determining the income of a company that is a resident of a Contracting State, being income which:
    (a) is attributable to a permanent establishment of that company situated in the other Contracting State; or
    (b) may be taxed in the other Contracting State under Article 6 or paragraph 1 or 2 of Article 13;
    and that interest expense exceeds the interest paid by that permanent establishment or paid with respect to the debt secured by real property situated in that other Contracting State, the amount of that excess shall be deemed to be interest arising in that other Contracting State and beneficially owned by a resident of the first—mentioned Contracting State. That deemed interest may be taxed in that other Contracting State at a rate not to exceed the rate provided for in paragraph 2, unless the company is described in paragraph 3 in which case it shall be exempt from such taxation in that other Contracting State.

11. A resident of a Contracting State shall not be considered the beneficial owner of interest in respect of a debt—claim if such debt—claim would not have been established unless a person:
    (a) that is not entitled to benefits with respect to interest arising in the other Contracting State which are equivalent to, or more favorable than, those available under this Convention to a resident of the first—mentioned Contracting State; and

約国内においても生じなかったものとされる。

8 利子の支払の基因となった債権について考慮した場合において、利子の支払者と受益者との間又はその双方と第三者との間の特別の関係により、当該利子の額が、その関係がないとしたならば支払者及び受益者が合意したとみられる額を超えるときは、この条の規定は、その合意したとみられる額についてのみ適用する。この場合には、支払われた額のうち当該超過分に対しては、当該利子の生じた締約国において当該超過分の額の5パーセントを超えない額の租税を課することができる。

9 2及び3の規定にかかわらず、一方の締約国は、不動産により担保された債権又はその他の資産の流動化を行うための団体の持分に関して支払われる利子の額のうち、当該一方の締約国の法令で規定されている比較可能な債券の利子の額を超える部分については、当該一方の締約国の法令に従って租税を課することができる。

10 一方の締約国の居住者である法人の所得のうち次の(a)又は(b)に該当するものの金額の計算上控除することができる利子の額が、他方の締約国内にある当該法人の恒久的施設により支払われる利子の額又は他方の締約国内に存在する不動産により担保された債務に関して支払われる利子の額を超える場合には、当該超過分の額は、当該他方の締約国内において生じ、かつ、当該一方の締約国の居住者が受益者である利子とみなされる。そのみなされた利子に対しては、当該法人が当該他方の締約国において租税が免除される3(a)から(e)までに規定する者に該当する場合を除くほか、当該他方の締約国において、2に規定する率を超えない率により租税を課することができる。
(a) 当該恒久的施設に帰せられるもの

(b) 第6条又は第13条1若しくは2の規定に従って当該他方の締約国において租税を課されるもの

11 一方の締約国の居住者がある債権に関して他方の締約国の居住者から利子の支払を受ける場合において、次の(a)及び(b)に該当する者が当該債権と同等の債権を当該一方の締約国の居住者に対して有していないとしたならば、当該一方の締約国の居住者が当該利子の支払の基因となる債権を取得することはなかったであろうと認められるときは、当該一方の締約国の居住者は、当該利子の受益者とはされない。
(a) 当該他方の締約国内において生ずる利子に関し、当該一方の締約国の居住者に対してこの条約により認められる特典と同等の又はそのような特典よりも有利な

(b) that is not a resident of either Contracting State;

held an equivalent debt−claim against the first−mentioned resident.

ARTICLE 12

1. Royalties arising in a Contracting State and beneficially owned by a resident of the other Contracting State may be taxed only in that other Contracting State.
2. The term "royalties" as used in this Article means payments of any kind received as a consideration for the use of, or the right to use, any copyright of literary, artistic or scientific work including cinematograph films and films or tapes for radio or television broadcasting, any patent, trade mark, design or model, plan, or secret formula or process, or for information concerning industrial, commercial or scientific experience.
3. The provisions of paragraph 1 shall not apply if the beneficial owner of the royalties, being a resident of a Contracting State, carries on business in the other Contracting State in which the royalties arise, through a permanent establishment situated therein, and the right or property in respect of which the royalties are paid is effectively connected with such permanent establishment. In such case the provisions of Article 7 shall apply.
4. Where, by reason of a special relationship between the payor and the beneficial owner or between both of them and some other person, the amount of the royalties, having regard to the use, right or information for which they are paid, exceeds the amount which would have been agreed upon by the payor and the beneficial owner in the absence of such relationship, the provisions of this Article shall apply only to the last−mentioned amount. In such case, the excess part of the payment may be taxed in the Contracting State in which it arises at a rate not to exceed 5 percent of the gross amount of the excess.
5. A resident of a Contracting State shall not be considered the beneficial owner of royalties in respect of the use of intangible property if such royalties would not have been paid to the resident unless the resident pays royalties in respect of the same intangible property to a person:
   (a) that is not entitled to benefits with respect to royalties arising in the other Contracting State which are equivalent to, or more favorable than, those available under this Convention to a resident of the first−mentioned Contracting State; and
   (b) that is not a resident of either Contracting State.

特典を受ける権利を有しないこと。
(b) いずれの締約国の居住者でもないこと。

第12条

1 一方の締約国内において生じ，他方の締約国の居住者が受益者である使用料に対しては，当該他方の締約国においてのみ租税を課することができる。

2 この条において，「使用料」とは，文学上，芸術上若しくは学術上の著作物（映画フィルム及びラジオ放送用又はテレビジョン放送用のフィルム又はテープを含む。）の著作権，特許権，商標権，意匠，模型，図面，秘密方式若しくは秘密工程の使用若しくは使用の権利の対価として，又は産業上，商業上若しくは学術上の経験に関する情報の対価として受領されるすべての種類の支払金等をいう。

3 1の規定は，一方の締約国の居住者である使用料の受益者が，当該使用料の生じた他方の締約国内において当該他方の締約国内にある恒久的施設を通じて事業を行う場合において，当該使用料の支払の基因となった権利又は財産が当該恒久的施設と実質的な関連を有するものであるときは，適用しない。この場合には，第7条の規定を適用する。

4 使用料の支払の基因となった使用，権利又は情報について考慮した場合において，使用料の支払者と受益者との間又はその双方と第三者との間の特別の関係により，当該使用料の額が，その関係がないとしたならば支払者及び受益者が合意したとみられる額を超えるときは，この条の規定は，その合意したとみられる額についてのみ適用する。この場合には，支払われた額のうち当該超過分に対しては，当該使用料の生じた締約国において当該超過分の額の5パーセントを超えない額の租税を課することができる。

5 一方の締約国の居住者がある無体財産権の使用に関して他方の締約国の居住者から使用料の支払を受ける場合において，次の(a)及び(b)に該当する者が当該無体財産権と同一の無体財産権の使用に関して当該一方の締約国の居住者から使用料の支払を受けないとしたならば，当該一方の締約国の居住者が当該無体財産権の使用に関して当該他方の締約国の居住者から使用料の支払を受けることはなかったであろうと認められるときは，当該一方の締約国の居住者は，当該使用料の受益者とはされない。
(a) 当該他方の締約国内において生ずる使用料に関し，当該一方の締約国の居住者に対してこの条約により認められる特典と同等の又はそのような特典よりも有利な特典を受ける権利を有しないこと。

ARTICLE 13

1. Gains derived by a resident of a Contracting State from the alienation of real property situated in the other Contracting State may be taxed in that other Contracting State.

2. (a) Gains derived by a resident of a Contracting State from the alienation of shares or other comparable rights in a company that is a resident of the other Contracting State and that derives at least 50 percent of its value directly or indirectly from real property situated in that other Contracting State may be taxed in that other Contracting State, unless the relevant class of shares is traded on a recognized stock exchange specified in subparagraph (b) of paragraph 5 of Article 22 and the resident, and persons related thereto, own in the aggregate 5 percent or less of that class of shares.

   (b) Gains derived by a resident of a Contracting State from the alienation of an interest in a partnership, trust or estate may be taxed in the other Contracting State to the extent that its assets consist of real property situated in that other Contracting State.

3. (a) Where

   (i) a Contracting State (including, for this purpose in the case of Japan, the Deposit Insurance Corporation of Japan) provides, pursuant to the domestic law concerning failure resolution involving imminent insolvency of financial institutions in that Contracting State, substantial financial assistance to a financial institution that is a resident of that Contracting State, and

   (ii) a resident of the other Contracting State acquires shares in the financial institution from the first—mentioned Contracting State,

   the first—mentioned Contracting State may tax gains derived by the resident of the other Contracting State from the alienation of such shares, provided that the alienation is made within five years from the first date on which such financial assistance was provided.

   (b) The provisions of subparagraph (a) shall not apply if the resident of that other Contracting State acquired any shares in the financial institution from the first—mentioned Contracting State before the entry into force of this Convention or pursuant to a binding contract entered into before the entry into force of the Convention.

4. Notwithstanding the provisions of paragraphs 2 and 3, gains from the

日 米 租 税 条 約（日本語正文）

　(b)　いずれの締約国の居住者でもないこと。

第13条

1　一方の締約国の居住者が他方の締約国内に存在する不動産の譲渡によって取得する収益に対しては，当該他方の締約国において租税を課することができる。

2(a)　一方の締約国の居住者が，他方の締約国の居住者である法人（その資産の価値の50パーセント以上が当該他方の締約国内に存在する不動産により直接又は間接に構成される法人に限る。）の株式その他同等の権利の譲渡によって取得する収益に対しては，当該他方の締約国において租税を課することができる。ただし，当該譲渡に係る株式と同じ種類の株式が第22条5(b)に規定する公認の有価証券市場において取引され，かつ，当該一方の締約国の居住者及びその特殊関係者の所有する当該種類の株式の数が当該種類の株式の総数の5パーセント以下である場合は，この限りでない。
　(b)　一方の締約国の居住者が組合，信託財産及び遺産の持分の譲渡によって取得する収益に対しては，これらの資産が他方の締約国内に存在する不動産から成る部分に限り，当該他方の締約国において租税を課することができる。

3(a)　次の(i)及び(ii)に該当する場合において，一方の締約国の居住者が(ii)に規定する株式を譲渡（(i)の資金援助が最初に行われた日から5年以内に行われる譲渡に限る。）することによって取得する収益に対しては，他方の締約国において租税を課することができる。
　　(i)　当該他方の締約国（日本国については，預金保険機構を含む。以下この3において同じ。）が，当該他方の締約国の金融機関の差し迫った支払不能に係る破綻処理に関する法令に従って，当該他方の締約国の居住者である金融機関に対して実質的な資金援助を行うこと。
　　(ii)　当該一方の締約国の居住者が当該他方の締約国から当該金融機関の株式を取得すること。

　(b)　(a)の規定は，当該一方の締約国の居住者が，当該金融機関の株式を当該他方の締約国から，この条約の発効前に取得した場合又はこの条約の発効前に締結された拘束力のある契約に基づいて取得した場合には，適用しない。

4　2及び3の規定にかかわらず，一方の締約国の企業が他方の締約国内に有する恒

alienation of any property, other than real property, forming part of the business property of a permanent establishment which an enterprise of a Contracting State has in the other Contracting State, including such gains from the alienation of such a permanent establishment (alone or with the whole enterprise), may be taxed in that other Contracting State.
5. Gains derived by a resident of a Contracting State from the alienation of ships or aircraft operated by that resident in international traffic and any property, other than real property, pertaining to the operation of such ships or aircraft shall be taxable only in that Contracting State.
6. Gains derived by a resident of a Contracting State from the alienation of containers, including trailers, barges and related equipment for the transport of containers, shall be taxable only in that Contracting State except where such containers were used solely within the other Contracting State.
7. Gains from the alienation of any property other than that referred to in the preceding paragraphs of this Article shall be taxable only in the Contracting State of which the alienator is a resident.

ARTICLE 14

1. Subject to the provisions of Articles 15, 17 and 18, salaries, wages and other similar remuneration derived by a resident of a Contracting State in respect of an employment shall be taxable only in that Contracting State unless the employment is exercised in the other Contracting State. If the employment is so exercised, such remuneration as is derived therefrom may be taxed in that other Contracting State.
2. Notwithstanding the provisions of paragraph 1, remuneration derived by a resident of a Contracting State in respect of an employment exercised in the other Contracting State shall be taxable only in the first-mentioned Contracting State if:
    (a) the recipient is present in that other Contracting State for a period or periods not exceeding in the aggregate 183 days in any twelve month period commencing or ending in the taxable year concerned;
    (b) the remuneration is paid by, or on behalf of, an employer who is not a resident of that other Contracting State; and
    (c) the remuneration is not borne by a permanent establishment which the employer has in that other Contracting State.
3. Notwithstanding the provisions of the preceding paragraphs of this Article, remuneration derived in respect of an employment exercised aboard a ship or

日 米 租 税 条 約（日本語正文）

久的施設の事業用資産を構成する財産（不動産を除く。）の譲渡から生ずる収益（当該恒久的施設の譲渡又は企業全体の譲渡の一部としての当該恒久的施設の譲渡から生ずる収益を含む。）に対しては，当該他方の締約国において租税を課することができる。

5 一方の締約国の居住者が国際運輸に運用する船舶又は航空機及びこれらの船舶又は航空機の運用に係る財産（不動産を除く。）の譲渡によって当該居住者が取得する収益に対しては，当該一方の締約国においてのみ租税を課することができる。

6 一方の締約国の居住者がコンテナー（コンテナー運送のためのトレーラー，はしけ及び関連設備を含む。）の譲渡によって取得する収益に対しては，当該コンテナーが他方の締約国内においてのみ使用された場合を除くほか，当該一方の締約国においてのみ租税を課することができる。

7 1から6までに規定する財産以外の財産の譲渡から生ずる収益に対しては，譲渡者が居住者とされる締約国においてのみ租税を課することができる。

第14条

1 次条，第17条及び第18条の規定が適用される場合を除くほか，一方の締約国の居住者がその勤務について取得する給料，賃金その他これらに類する報酬に対しては，勤務が他方の締約国内において行われない限り，当該一方の締約国においてのみ租税を課することができる。勤務が他方の締約国内において行われる場合には，当該勤務から生ずる報酬に対しては，当該他方の締約国において租税を課することができる。

2 1の規定にかかわらず，一方の締約国の居住者が他方の締約国内において行う勤務について取得する報酬に対しては，次の（a）から（c）までに掲げる要件を満たす場合には，当該一方の締約国においてのみ租税を課することができる。

(a) 当該課税年度において開始又は終了するいずれの12箇月の期間においても，報酬の受領者が当該他方の締約国内に滞在する期間が合計183日を超えないこと。

(b) 報酬が当該他方の締約国の居住者でない雇用者又はこれに代わる者から支払われるものであること。

(c) 報酬が雇用者の当該他方の締約国内に有する恒久的施設によって負担されるものでないこと。

3 1及び2の規定にかかわらず，一方の締約国の企業が国際運輸に運用する船舶又は航空機内において行われる勤務に係る報酬に対しては，当該一方の締約国におい

aircraft operated in international traffic by an enterprise of a Contracting State may be taxed in that Contracting State.

ARTICLE 15

Directors' fees and other similar payments derived by a resident of a Contracting State in his capacity as a member of the board of directors of a company which is a resident of the other Contracting State may be taxed in that other Contracting State.

ARTICLE 16

1. Income derived by an individual who is a resident of a Contracting State as an entertainer, such as a theater, motion picture, radio or television artiste, or a musician, or as a sportsman, from his personal activities as such exercised in the other Contracting State, which income would be exempt from tax in that other Contracting State under the provisions of Articles 7 and 14, may be taxed in that other Contracting State, except where the amount of the gross receipts derived by such entertainer or sportsman, including expenses reimbursed to him or borne on his behalf, from such activities does not exceed ten thousand United States dollars ($10,000) or its equivalent in Japanese yen for the taxable year concerned.
2. Where income in respect of personal activities exercised in a Contracting State by an individual in his capacity as an entertainer or a sportsman accrues not to the individual himself but to another person that is a resident of the other Contracting State, that income may, notwithstanding the provisions of Articles 7 and 14, be taxed in the Contracting State in which the activities of the individual are exercised, unless the contract pursuant to which the personal activities are performed allows that other person to designate the individual who is to perform the personal activities.

ARTICLE 17

1. Subject to the provisions of paragraph 2 of Article 18, pensions and other similar remuneration, including social security payments, beneficially owned by a resident of a Contracting State shall be taxable only in that Contracting State.
2. Annuities derived and beneficially owned by an individual who is a resident of a Contracting State shall be taxable only in that Contracting State. The term "annuities" as used in this paragraph means a stated sum paid periodically at stated times during the life of the individual, or during a specified or

日米租税条約（日本語正文）

て租税を課することができる。

第15条

一方の締約国の居住者が他方の締約国の居住者である法人の役員の資格で取得する役員報酬その他これに類する支払金に対しては，当該他方の締約国において租税を課することができる。

第16条

1 一方の締約国の居住者である個人が演劇，映画，ラジオ若しくはテレビジョンの俳優，音楽家その他の芸能人又は運動家として他方の締約国内で行う個人的活動によって取得する所得（第7条及び第14条の規定に基づき当該他方の締約国において租税を免除される所得に限る。）に対しては，当該他方の締約国において租税を課することができる。ただし，当該芸能人又は運動家がそのような個人的活動によって取得した総収入の額（当該芸能人若しくは運動家に対して弁償される経費又は当該芸能人若しくは運動家に代わって負担される経費を含む。）が当該課税年度において1万合衆国ドル又は日本円によるその相当額を超えない場合は，この限りでない。

2 一方の締約国内で行う芸能人又は運動家としての個人的活動に関する所得が当該芸能人又は運動家以外の者（他方の締約国の居住者に限る。）に帰属する場合には，当該所得に対しては，第7条及び第14条の規定にかかわらず，当該個人的活動が行われる当該一方の締約国において租税を課することができる。ただし，そのような個人的活動に関する契約において，当該所得が帰属する者が当該個人的活動を行う芸能人又は運動家を指名することができる場合は，この限りでない。

第17条

1 次条2の規定が適用される場合を除くほか，一方の締約国の居住者が受益者である退職年金その他これに類する報酬（社会保障制度に基づく給付を含む。）に対しては，当該一方の締約国においてのみ租税を課することができる。

2 一方の締約国の居住者が受益者である保険年金に対しては，当該一方の締約国においてのみ租税を課することができる。この2において「保険年金」とは，適正かつ十分な対価（役務の提供を除く。）に応ずる給付を行う義務に従い，終身にわたり又は特定の若しくは確定することができる期間中，所定の時期において定期的に

ascertainable period of time, under an obligation to make the payments in return for adequate and full consideration (other than services rendered).
3. Periodic payments, made pursuant to a written separation agreement or a decree of divorce, separate maintenance, or compulsory support, including payments for the support of a child, paid by a resident of a Contracting State to a resident of the other Contracting State shall be taxable only in the first-mentioned Contracting State. However, such payments shall not be taxable in either Contracting State if the individual making such payments is not entitled to a deduction for such payments in computing taxable income in the first-mentioned Contracting State.

ARTICLE 18

1. (a) Salaries, wages and other similar remuneration, other than a pension and other similar remuneration, paid by a Contracting State or a political subdivision or local authority thereof to an individual in respect of services rendered to that Contracting State or political subdivision or local authority thereof, in the discharge of functions of a governmental nature, shall be taxable only in that Contracting State.
 (b) However, such salaries, wages and other similar remuneration shall be taxable only in the other Contracting State if the services are rendered in that other Contracting State and the individual is a resident of that other Contracting State who:
 (i) is a national of that other Contracting State; or
 (ii) did not become a resident of that other Contracting State solely for the purpose of rendering the services.
2. (a) Any pension and other similar remuneration paid by, or out of funds to which contributions are made by, a Contracting State or a political subdivision or local authority thereof to an individual in respect of services rendered to that Contracting State or a political subdivision or local authority thereof, other than payments made by the United States under provisions of the social security or similar legislation, shall be taxable only in that Contracting State.
 (b) However, such pension and other similar remuneration shall be taxable only in the other Contracting State if the individual is a resident of, and a national of, that other Contacting State.
3. The provisions of Articles 14, 15, 16 and 17 shall apply to salaries, wages and other similar remuneration, and to pensions and other similar remuneration, in

日 米 租 税 条 約（日本語正文）

所定の金額が支払われるものをいう。

3 　書面による別居若しくは離婚に関する合意又は別居，離婚等に伴う扶養料等に関する司法上の決定に基づいて行われる配偶者若しくは配偶者であった者又は子に対する定期的な金銭の支払であって，一方の締約国の居住者から他方の締約国の居住者に支払われるものに対しては，当該一方の締約国においてのみ租税を課することができる。ただし，当該支払が，当該一方の締約国において当該支払を行う個人の課税所得の計算上控除することができない場合には，いずれの締約国においても租税を課することができない。

第18条

1 (a) 　政府の職務の遂行として一方の締約国又は一方の締約国の地方政府若しくは地方公共団体に対し提供される役務につき，個人に対し当該一方の締約国又は当該一方の締約国の地方政府若しくは地方公共団体によって支払われる給料，賃金その他これらに類する報酬（退職年金その他これに類する報酬を除く。）に対しては，当該一方の締約国においてのみ租税を課することができる。

 (b) 　もっとも，当該役務が他方の締約国内において提供され，かつ，当該個人が次の(ⅰ)又は(ⅱ)に該当する当該他方の締約国の居住者である場合には，その給料，賃金その他これらに類する報酬に対しては，当該他方の締約国においてのみ租税を課することができる。
 　(ⅰ) 　当該他方の締約国の国民
 　(ⅱ) 　専ら当該役務を提供するため当該他方の締約国の居住者となった者でないもの

2 (a) 　一方の締約国又は一方の締約国の地方政府若しくは地方公共団体に対し提供される役務につき，個人に対し，当該一方の締約国若しくは当該一方の締約国の地方政府若しくは地方公共団体によって支払われ，又は当該一方の締約国若しくは当該一方の締約国の地方政府若しくは地方公共団体が拠出した基金から支払われる退職年金その他これに類する報酬（社会保障に関する法令又はこれに類する法令の規定に基づき合衆国によって支払われる給付を除く。）に対しては，当該一方の締約国においてのみ租税を課することができる。

 (b) 　もっとも，当該個人が他方の締約国の居住者であり，かつ，当該他方の締約国の国民である場合には，当該退職年金その他これに類する報酬に対しては，当該他方の締約国においてのみ租税を課することができる。

3 　一方の締約国又は一方の締約国の地方政府若しくは地方公共団体の行う事業に関連して提供される役務につき支払われる給料，賃金その他これらに類する報酬及び

respect of services rendered in connection with a business carried on by a Contracting State or a political subdivision or local authority thereof.

ARTICLE 19

Payments which a student or business apprentice who is, or was immediately before visiting a Contracting State, a resident of the other Contracting State and who is present in the first−mentioned Contracting State for the primary purpose of his education or training receives for the purpose of his maintenance, education or training shall be exempt from tax in the first−mentioned Contracting State, provided that such payments are made to him from outside that first− mentioned Contracting State. The exemption from tax provided by this Article shall apply to a business apprentice only for a period not exceeding one year from the date he first begins his training in the first−mentioned Contracting State.

ARTICLE 20

1. An individual who visits a Contracting State temporarily for the purpose of teaching or conducting research at a university, college, school or other educational institution in that Contracting State, and who continues to be a resident, within the meaning of paragraph 1 of Article 4, of the other Contracting State, shall be exempt from tax in the first−mentioned Contracting State on any remuneration for such teaching or research for a period not exceeding two years from the date of his arrival.
2. The provisions of paragraph 1 shall not apply to income from research if such research is undertaken primarily for the private benefit of one or more specific persons.

ARTICLE 21

1. Items of income beneficially owned by a resident of a Contracting State, wherever arising, not dealt with in the foregoing Articles of this Convention (hereinafter referred to as "other income") shall be taxable only in that Contracting State.
2. The provisions of paragraph 1 shall not apply to income, other than income from real property, if the beneficial owner of such income, being a resident of a Contracting State, carries on business in the other Contracting State through a permanent establishment situated therein and the right or property in respect of which the income is paid is effectively connected with such permanent

退職年金その他これに類する報酬については、第14条から前条までの規定を適用する。

第19条

教育又は訓練を受けることを主たる目的として一方の締約国内に滞在する学生又は事業修習者であって、現に他方の締約国の居住者であるもの又はその滞在の直前に他方の締約国の居住者であったものがその生計、教育又は訓練のために受け取る給付（当該一方の締約国外から支払われる給付に限る。）については、当該一方の締約国において租税を免除する。この条に規定する租税の免除は、事業修習者については、当該一方の締約国において最初に訓練を開始した日から１年を超えない期間についてのみ適用する。

第20条

1　一方の締約国内にある大学、学校その他の教育機関において教育又は研究を行うため当該一方の締約国内に一時的に滞在する個人であって、他方の締約国において第４条１にいう居住者に引き続き該当するものが、その教育又は研究につき取得する報酬については、当該一方の締約国に到着した日から２年を超えない期間当該一方の締約国において租税を免除する。

2　１の規定は、主として１又は２以上の特定の者の私的利益のために行われる研究から生ずる所得については、適用しない。

第21条

1　一方の締約国の居住者が受益者である所得（源泉地を問わない。）で前各条に規定がないもの（以下「その他の所得」という。）に対しては、当該一方の締約国においてのみ租税を課することができる。

2　１の規定は、一方の締約国の居住者である所得（不動産から生ずる所得を除く。）の受益者が、他方の締約国内において当該他方の締約国内にある恒久的施設を通じて事業を行う場合において、当該所得の支払の基因となった権利又は財産が当該恒久的施設と実質的な関連を有するものであるときは、当該所得については、適用しない。この場合には、第７条の規定を適用する。

establishment. In such case the provisions of Article 7 shall apply.
3. Where, by reason of a special relationship between the resident referred to in paragraph 1 and the payor, or between both of them and some other person, the amount of other income, having regard to the right or property in respect of which it is paid, exceeds the amount which would have been agreed upon between them in the absence of such relationship, the provisions of this Article shall apply only to the last—mentioned amount. In such case, the excess part of the payment may be taxed in the Contracting State in which it arises at a rate not to exceed 5 percent of the gross amount of the excess.
4. A resident of a Contracting State shall not be considered the beneficial owner of other income in respect of the right or property if such other income would not have been paid to the resident unless the resident pays other income in respect of the same right or property to a person:
   (a) that is not entitled to benefits with respect to other income arising in the other Contracting State which are equivalent to, or more favorable than, those available under this Convention to a resident of the first—mentioned Contracting State; and
   (b) that is not a resident of either Contracting State.

ARTICLE 22

1. Except as otherwise provided in this Article, a resident of a Contracting State that derives income from the other Contracting State shall be entitled to all the benefits accorded to residents of a Contracting State for a taxable year by the provisions of other Articles of this Convention only if such resident satisfies any other specified conditions for the obtaining of such benefits and is either:

   (a) an individual;
   (b) a Contracting State, any political subdivision or local authority thereof, the Bank of Japan or the Federal Reserve Banks;
   (c) a company, if:
      (i) the principal class of its shares, and any disproportionate class of its shares, is listed or registered on a recognized stock exchange specified in clause (i) or (ii) of subparagraph (b) of paragraph 5 and is regularly traded on one or more recognized stock exchanges; or
      (ii) at least 50 percent of each class of shares in the company is owned

日米租税条約（日本語正文）

3　その他の所得の支払の基因となった権利又は財産について考慮した場合において，1に規定する一方の締約国の居住者と支払者との間又はその双方と第三者との間の特別の関係により，当該その他の所得の額が，その関係がないとしたならば当該居住者及び当該支払者が合意したとみられる額を超えるときは，この条の規定は，その合意したとみられる額についてのみ適用する。この場合には，支払われた額のうち当該超過分に対しては，当該その他の所得が生じた締約国において当該超過分の額の5パーセントを超えない額の租税を課することができる。

4　一方の締約国の居住者がある権利又は財産に関して他方の締約国の居住者からその他の所得の支払を受ける場合において，次の(a)及び(b)に該当する者が当該権利又は財産と同一の権利又は財産に関して当該一方の締約国の居住者からその他の所得の支払を受けないとしたならば，当該一方の締約国の居住者が当該権利又は財産に関して当該他方の締約国の居住者からその他の所得の支払を受けることはなかったであろうと認められるときは，当該一方の締約国の居住者は，当該その他の所得の受益者とはされない。
(a)　当該他方の締約国内において生ずるその他の所得に関し，当該一方の締約国の居住者に対してこの条約により認められる特典と同等の又はそのような特典よりも有利な特典を受ける権利を有しないこと。
(b)　いずれの締約国の居住者でもないこと。

第22条

1　一方の締約国の居住者で他方の締約国において所得を取得するものは，この条約の特典を受けるために別に定める要件を満たし，かつ，次の(a)から(f)までに掲げる者のいずれかに該当する場合に限り，各課税年度において，この条約の特典（この条約の他の条の規定により締約国の居住者に対して認められる特典に限る。以下この条において同じ。）を受ける権利を有する。ただし，この条約の特典を受けることに関し，この条に別段の定めがある場合は，この限りでない。
(a)　個人
(b)　当該一方の締約国，当該一方の締約国の地方政府若しくは地方公共団体，日本銀行又は連邦準備銀行
(c)　法人のうち，次の(ⅰ)又は(ⅱ)に該当するもの
　(ⅰ)　その主たる種類の株式及び不均一分配株式が，5(b)(ⅰ)又は(ⅱ)に規定する公認の有価証券市場に上場又は登録され，かつ，1又は2以上の公認の有価証券市場において通常取引される法人

　(ⅱ)　その各種類の株式の50パーセント以上が，5以下の当該一方の締約国の居

日 米 租 税 条 約（英語正文）

directly or indirectly by five or fewer residents entitled to benefits under clause (i), provided that, in the case of indirect ownership, each intermediate owner is a person entitled to the benefits of this Convention under this paragraph;
(d) a person described in subparagraph (c) of paragraph 1 of Article 4;
(e) a pension fund, provided that as of the end of the prior taxable year more than 50 percent of its beneficiaries, members or participants are individuals who are residents of either Contracting State; or
(f) a person other than an individual, if:
   (i) residents that are described in subparagraph (a), (b), (d) or (e), or clause (i) of subparagraph (c), own, directly or indirectly, at least 50 percent of each class of shares or other beneficial interests in the person, and
   (ii) less than 50 percent of the person's gross income for the taxable year is paid or accrued by the person in that taxable year, directly or indirectly, to persons who are not residents of either Contracting State in the form of payments that are deductible in computing its taxable income in the Contracting State of which it is a resident (but not including arm's length payments in the ordinary course of business for services or tangible property and payments in respect of financial obligations to a commercial bank, provided that where such a bank is not a resident of a Contracting State such payment is attributable to a permanent establishment of that bank situated in one of the Contracting States).

2.(a) A resident of a Contracting State shall be entitled to benefits of this Convention with respect to an item of income derived from the other Contracting State if the resident is engaged in the first-mentioned Contracting State in the active conduct of a trade or business, other than the business of making or managing investments for the resident's own account, unless these activities are banking, insurance or securities activities carried on by a commercial bank, insurance company or registered securities dealer, the income derived from the other Contracting State is derived in connection with, or is incidental to, that trade or business and that resident satisfies any other specified conditions for the obtaining of such benefits.
(b) If a resident of a Contracting State derives an item of income from a trade or business activity in the other Contracting State, or derives an item of income arising in the other Contracting State from a person that has with the resident a relationship described in subparagraph (a) or (b) of paragraph 1 of Article 9, the conditions described in subparagraph (a) shall be considered to

日 米 租 税 条 約（日本語正文）

住者である(i)に規定する法人により直接又は間接に所有されている法人（その株式が間接に所有されている場合には，各中間所有者がこの1に規定する者のみである法人に限る。）

(d) 第4条1(c)に規定する者
(e) 年金基金（当該課税年度の直前の課税年度の終了の日においてその受益者，構成員又は参加者の50パーセントを超えるものがいずれかの締約国の居住者である個人である年金基金に限る。）
(f) 個人以外の者で次の(i)及び(ii)の要件を満たすもの
 (i) その者の各種類の株式その他の受益に関する持分の50パーセント以上が，(a)，(b)，(c)(i)，(d)又は(e)に掲げる当該一方の締約国の居住者により直接又は間接に所有されていること。
 (ii) 当該課税年度におけるその者の総所得のうちに，その者が居住者とされる締約国におけるその者の課税所得の計算上控除することができる支出により，いずれの締約国の居住者にも該当しない者に対し，直接又は間接に支払われた，又は支払われるべきものの額の占める割合が，50パーセント未満であること。ただし，当該支出には，事業の通常の方法において行われる役務又は有体財産に係る支払（独立の企業の間に設けられる価格による支払に限る。）及び商業銀行に対する金融上の債務に係る支払（当該銀行がいずれの締約国の居住者でもない場合には，当該支払に係る債権がいずれかの締約国内にある当該銀行の恒久的施設に帰せられるときに限る。）は含まれない。

2(a) 一方の締約国の居住者は，他方の締約国において取得するそれぞれの所得に関し，当該居住者が当該一方の締約国内において営業又は事業の活動に従事しており，当該所得が当該営業又は事業の活動に関連又は付随して取得されるものであり，及び当該居住者がこの条約の特典を受けるために別に定める要件を満たすことを条件として，この条約の特典を受ける権利を有する。ただし，当該営業又は事業の活動が，当該居住者が自己の勘定のために投資を行い又は管理する活動（商業銀行，保険会社又は登録を受けた証券会社が行う銀行業，保険業又は証券業の活動を除く。）である場合は，この限りでない。

(b) 一方の締約国の居住者が，他方の締約国内における営業若しくは事業の活動から所得を取得する場合又は当該居住者と第9条1(a)若しくは(b)にいう関係を有する者から他方の締約国内において生ずる所得を取得する場合には，当該居住者が当該一方の締約国内において行う営業又は事業の活動が，当該居住者又は当該関係を有する者が当該他方の締約国内において行う営業又は事業の活動との関係に

日 米 租 税 条 約（英語正文）

be satisfied with respect to such item only if the trade or business activity carried on by the resident in the first-mentioned Contracting State is substantial in relation to the trade or business activity carried on by the resident or such person in the other Contracting State. Whether a trade or business activity is substantial for the purposes of this paragraph will be determined based on all the facts and circumstances.

3. (a) Where the provisions of clause (ii) of subparagraph (c) of paragraph 1 apply in respect of taxation by withholding at source, a resident of a Contracting State shall be considered to satisfy the conditions described in that clause for a taxable year in which the payment is made if such resident satisfies those conditions during the part of that taxable year which precedes the date of payment of the item of income (or, in the case of dividends, the date on which entitlement to the dividends is determined) and, unless that date is the last day of that taxable year, during the whole of the preceding taxable year.
   (b) Where the provisions of clause (i) of subparagraph (f) of paragraph 1 apply:
       (i) in respect of taxation by withholding at source, a resident of a Contracting State shall be considered to satisfy the conditions described in that clause for a taxable year in which the payment is made if such resident satisfies those conditions during the part of that taxable year which precedes the date of payment of the item of income (or, in the case of dividends, the date on which entitlement to the dividends is determined) and, unless that date is the last day of that taxable year, during the whole of the preceding taxable year; and
       (ii) in all other cases, a resident of a Contracting State shall be considered to satisfy the conditions described in that clause for a taxable year in which the payment is made if such resident satisfies those conditions on at least half the days of the taxable year.
   (c) Where the provisions of clause (ii) of subparagraph (f) of paragraph 1 apply in respect of taxation by withholding at source in Japan, a resident of the United States shall be considered to satisfy the conditions described in that subparagraph for a taxable year in which the payment is made if such resident satisfies those conditions for the three taxable years preceding that taxable year.
4. A resident of a Contracting State that is not described in paragraph 1 and is not entitled to benefits with respect to an item of income under paragraph 2

おいて実質的なものでなければ，当該所得について(a)に規定する条件を満たすこととはならない。この(b)の規定の適用上，営業又は事業の活動が実質的なものであるか否かは，すべての事実及び状況に基づいて判断される。

3 (a) 源泉徴収による課税について1(c)(ⅱ)の規定を適用する場合には，一方の締約国の居住者が，その所得の支払が行われる日（配当については，当該配当の支払を受ける者が特定される日）が課税年度終了の日である場合には当該課税年度を通じて，当該支払が行われる日が課税年度終了の日以外の日である場合には当該課税年度中の当該支払が行われる日に先立つ期間及び当該課税年度の直前の課税年度を通じて，1(c)(ⅱ)に規定する要件を満たしているときに，当該居住者は当該支払が行われる課税年度について当該要件を満たすものとする。

(b) 1(f)(ⅰ)の規定を適用する場合には，次に定めるところによる。

(ⅰ) 源泉徴収による課税については，一方の締約国の居住者が，その所得の支払が行われる日（配当については，当該配当の支払を受ける者が特定される日）が課税年度終了の日である場合には当該課税年度を通じて，当該支払が行われる日が課税年度終了の日以外の日である場合には当該課税年度中の当該支払が行われる日に先立つ期間及び当該課税年度の直前の課税年度を通じて，1(f)(ⅰ)に規定する要件を満たしているときに，当該居住者は当該支払が行われる課税年度について当該要件を満たすものとする。

(ⅱ) その他のすべての場合については，一方の締約国の居住者は，その所得の支払が行われる課税年度の総日数の半数以上の日において1(f)(ⅰ)に規定する要件を満たしているときに，当該支払が行われる課税年度について当該要件を満たすものとする。

(c) 日本国における源泉徴収による課税について1(f)(ⅱ)の規定を適用する場合には，合衆国の居住者は，その所得の支払が行われる課税年度の直前の3課税年度について1(f)(ⅱ)に規定する要件を満たしているときに，当該支払が行われる課税年度について当該要件を満たすものとする。

4 一方の締約国の居住者は，1(a)から(f)までに掲げる者のいずれにも該当せず，かつ，2の規定に基づきある所得についてこの条約の特典を受ける権利を有する場合に該

shall, nevertheless, be granted benefits of this Convention if the competent authority of the Contracting State from which benefits are claimed determines, in accordance with its domestic law or administrative practice, that the establishment, acquisition or maintenance of such resident and the conduct of its operations are considered as not having the obtaining of benefits under the Convention as one of its principal purposes.

5. For the purposes of this Article:
   (a) the term "disproportionate class of shares" means any class of shares of a company that is a resident of a Contracting State which is subject to terms or other arrangements that entitle the holders of that class of shares to a portion of the income of the company derived from the other Contracting State that is larger than the portion such holders would receive absent such terms or arrangements;
   (b) the term "recognized stock exchange" means:
       (i) any stock exchange established under the terms of the Securities and Exchange Law (Law No. 25 of 1948) of Japan;
       (ii) the NASDAQ System and any stock exchange registered with the Securities and Exchange Commission as a national securities exchange under the Securities Exchange Act of 1934 of the United States; and
       (iii) any other stock exchange agreed upon by the competent authorities; and
   (c) the term "gross income" means the total revenues derived by a resident of a Contracting State from its business, less the direct costs of obtaining such revenues.

ARTICLE 23

1. Subject to the provisions of the laws of Japan regarding the allowance as a credit against the Japanese tax of tax payable in any country other than Japan:
   (a) Where a resident of Japan derives income from the United States which may be taxed in the United States in accordance with the provisions of this Convention, the amount of the United States tax payable in respect of that income shall be allowed as a credit against the Japanese tax imposed on that resident. The amount of credit, however, shall not exceed that part of the Japanese tax which is appropriate to that income.
   (b) Where the income derived from the United States is dividends paid by a company which is a resident of the United States to a company which is a resident of Japan and which owns not less than 10 percent of the voting

当しないときにおいても，この条約により認められる特典についての要求を受ける締約国の権限のある当局が，当該締約国の法令又は行政上の慣行に従って，当該居住者の設立，取得又は維持及びその業務の遂行がこの条約の特典を受けることをその主たる目的の一つとするものでないと認定するときは，この条約の特典を受けることができる。

5 この条の適用上,
(a) 「不均一分配株式」とは，一方の締約国の居住者である法人の株式で，その条件その他の取決め内容により，当該株式を所有する者が，当該条件その他の取決め内容が定められていないとした場合に比し，当該法人が他方の締約国において取得する所得の分配をより多く受ける権利を有するものをいう。

(b) 「公認の有価証券市場」とは，次のものをいう。
(ⅰ) 日本国の証券取引法（昭和23年法律第25号）に基づき設立された有価証券市場
(ⅱ) ナスダック市場及び合衆国の1934年証券取引法に基づき証券取引所として証券取引委員会に登録された有価証券市場
(ⅲ) その他の有価証券市場で両締約国の権限のある当局が合意するもの

(c) 「総所得」とは，一方の締約国の居住者がその事業から取得する総収入の額から当該収入を得るために直接に要した費用の額を差し引いた残額をいう。

第23条

1 日本国以外の国において納付される租税を日本国の租税から控除することに関する日本国の法令の規定に従い，
(a) 日本国の居住者がこの条約の規定に従って合衆国において租税を課される所得を合衆国において取得する場合には，当該所得について納付される合衆国の租税の額は，当該居住者に対して課される日本国の租税の額から控除する。ただし，控除の額は，日本国の租税の額のうち当該所得に対応する部分を超えないものとする。

(b) 合衆国において取得される所得が，合衆国の居住者である法人により，その議決権のある株式の10パーセント以上を配当の支払義務が確定する日に先立つ6箇月の期間を通じて所有する日本国の居住者である法人に対して支払われる配当で

日 米 租 税 条 約（英語正文）

shares issued by the company paying the dividends during the period of six months immediately before the day when the obligation to pay dividends is confirmed, the credit shall take into account the United States tax payable by the company paying the dividends in respect of its income.

For the purposes of this paragraph, income beneficially owned by a resident of Japan which may be taxed in the United States in accordance with the Convention shall be deemed to arise from sources in the United States.

2. In accordance with the provisions and subject to the limitations of the laws of the United States (as it may be amended from time to time without changing the general principle hereof), the United States shall allow to a resident or citizen of the United States as a credit against the United States tax on income:
   (a) the Japanese tax paid or accrued by or on behalf of such citizen or resident; and
   (b) in the case of a company that is a resident of the United States and that owns at least 10 percent of the voting stock of a company that is a resident of Japan and from which the first−mentioned company receives dividends, the Japanese tax paid or accrued by or on behalf of the payor with respect to the profits out of which the dividends are paid.

   For the purposes of this paragraph, the taxes referred to in subparagraph (a) of paragraph 1 and paragraph 2 of Article 2 shall be considered Japanese taxes imposed on the beneficial owner of the income. For the purposes of this paragraph, an item of gross income, as determined under the laws of the United States, derived by a resident of the United States that, under this Convention, may be taxed in Japan shall be deemed to be income from sources in Japan.

3. For the purposes of applying the preceding paragraphs of this Article, where the United States taxes, in accordance with paragraph 4 of Article 1, a citizen, or a former citizen or long−term resident, of the United States who is a resident of Japan:
   (a) Japan shall take into account for the purposes of computing the credit to be allowed under paragraph 1 only the amount of tax that the United States may impose on income under the provisions of this Convention that is derived by a resident of Japan who is neither a citizen, nor a former citizen nor long−term resident, of the United States;
   (b) for the purposes of computing the United States tax on income referred to in subparagraph (a), the United States shall allow as a credit against the United States tax the Japanese tax after the credit referred to in that

日 米 租 税 条 約（日本語正文）

ある場合には，日本国の租税からの控除を行うに当たり，当該配当を支払う法人によりその所得について納付される合衆国の租税を考慮に入れるものとする。

　この１の規定の適用上，日本国の居住者が受益者である所得でこの条約の規定に従って合衆国において租税を課されるものは，合衆国内の源泉から生じたものとみなす。

2　合衆国は，合衆国の法令（その一般原則を変更することなく随時行われる改正の後のものを含む。）の規定及び当該法令上の制限に従い，合衆国の居住者又は市民に対し，次のものを合衆国の租税から控除することを認める。

(a)　当該市民若しくは居住者又はこれらに代わる者により支払われた，又は支払われるべき日本国の租税

(b)　合衆国の居住者である法人で，日本国の居住者である法人の議決権のある株式の10パーセント以上を所有し，当該日本国の居住者である法人から配当の支払を受けるものについては，当該配当に充てられる利得に関して当該日本国の居住者である法人又はこれに代わる者により支払われた，又は支払われるべき日本国の租税

　この２の規定の適用上，第２条１(a)及び２に規定する租税は，当該所得の受益者に課された日本国の租税とみなす。この２の規定の適用上，合衆国の居住者が取得する合衆国の法令に基づき総所得の項目とされる所得で，この条約の規定に従って日本国において租税を課されるものは，日本国内に源泉があるものとみなす。

3　１及び２の規定の適用上，第１条４の規定に従い，合衆国が日本国の居住者である合衆国の市民又は市民であった者若しくは長期居住者とされる者に対して租税を課する場合には，次に定めるところによる。

(a)　日本国は，１の規定に従って行われる控除の額の計算上，合衆国が合衆国の市民又は市民であった者若しくは長期居住者とされる者でない日本国の居住者が取得した所得に対しこの条約の規定に従って課することができる租税の額のみを考慮に入れるものとする。

(b)　(a)に規定する所得に対する合衆国の租税の計算上，合衆国は，(a)の規定に従って控除を行った後の日本国の租税を合衆国の租税から控除することを認める。そのようにして認められた控除は，(a)の規定に従って日本国の租税から控除される

subparagraph; the credit so allowed shall not reduce the portion of the United States tax that is creditable against the Japanese tax in accordance with that subparagraph; and

(c) for the exclusive purpose of allowing the credit by the United States provided for under subparagraph (b), income referred to in subparagraph (a) shall be deemed to arise in Japan to the extent necessary to allow the United States to grant the credit provided for in subparagraph (b).

ARTICLE 24

1. Nationals of a Contracting State shall not be subjected in the other Contracting State to any taxation or any requirement connected therewith, which is other or more burdensome than the taxation and connected requirements to which nationals of that other Contracting State in the same circumstances, in particular with respect to taxation on worldwide income, are or may be subjected. The provisions of this paragraph shall also apply to persons who are not residents of one or both of the Contracting States.

2. The taxation on a permanent establishment which an enterprise of a Contracting State has in the other Contracting State shall not be less favorably levied in that other Contracting State than the taxation levied on enterprises of that other Contracting State carrying on the same activities. The provisions of this paragraph shall not be construed as obliging a Contracting State to grant to residents of the other Contracting State any personal allowances, reliefs and reductions for taxation purposes on account of civil status or family responsibilities which it grants to its own residents.

3. Except where the provisions of paragraph 1 of Article 9, paragraph 8 of Article 11, paragraph 4 of Article 12, or paragraph 3 of Article 21 apply, interest, royalties and other disbursements paid by a resident of a Contracting State to a resident of the other Contracting State shall, for the purposes of determining the taxable profits of the first-mentioned resident, be deductible under the same conditions as if they had been paid to a resident of the first-mentioned Contracting State. Similarly, any debts of a resident of a Contracting State to a resident of the other Contracting State shall, for the purposes of determining the taxable capital of the first-mentioned resident, be deductible under the same conditions as if they had been contracted to a resident of the first-mentioned Contracting State.

4. Enterprises of a Contracting State, the capital of which is wholly or partly owned or controlled, directly or indirectly, by one or more residents of the

日 米 租 税 条 約（日本語正文）

合衆国の租税の額を減額させないものとする。

(c) (a)に規定する所得は，(b)の規定に従って合衆国が控除を認める場合においてのみ，当該控除を認めるために必要な範囲に限り，日本国内において生じたものとみなす。

第24条

1 一方の締約国の国民は，他方の締約国において，特にすべての所得（当該一方の締約国内に源泉のある所得であるか否かを問わない。）について租税を課される者であるか否かに関し，同様の状況にある当該他方の締約国の国民に課されており若しくは課されることがある租税若しくはこれに関連する要件以外の又はこれらよりも重い租税若しくはこれに関連する要件を課されることはない。この１の規定は，いずれの締約国の居住者でもない者にも，適用する。

2 一方の締約国の企業が他方の締約国内に有する恒久的施設に対する租税は，当該他方の締約国において，同様の活動を行う当該他方の締約国の企業に対して課される租税よりも不利に課されることはない。この２の規定は，一方の締約国に対し，家族の状況又は家族を扶養するための負担を理由として当該一方の締約国の居住者に認める租税上の人的控除，救済及び軽減を他方の締約国の居住者に認めることを義務付けるものと解してはならない。

3 第９条１，第11条８，第12条４又は第21条３の規定が適用される場合を除くほか，一方の締約国の居住者が他方の締約国の居住者に支払った利子，使用料その他の支払金については，当該一方の締約国の居住者の課税対象利得の決定に当たって，当該一方の締約国の居住者に支払われたとした場合における条件と同様の条件で控除するものとする。また，一方の締約国の居住者の他方の締約国の居住者に対する債務については，当該一方の締約国の居住者の課税対象財産の決定に当たって，当該一方の締約国の居住者に対する債務であるとした場合における条件と同様の条件で控除するものとする。

4 一方の締約国の企業であってその資本の全部又は一部が他方の締約国の１又は２以上の居住者により直接又は間接に所有され又は支配されているものは，当該一方

other Contracting State, shall not be subjected in the first-mentioned Contracting State to any taxation or any requirement connected therewith which is other or more burdensome than the taxation and connected requirements to which other similar enterprises of the first-mentioned Contracting State are or may be subjected.
5. Nothing in this Article shall be construed as preventing either Contracting State from imposing a tax as described in paragraph 9 of Article 10 or paragraph 10 of Article 11.
6. The provisions of this Article shall, notwithstanding the provisions of Article 2 and subparagraph (d) of paragraph 1 of Article 3, apply to taxes of every kind and description imposed by a Contracting State or a political subdivision or local authority thereof.

ARTICLE 25

1. Where a person considers that the actions of one or both of the Contracting States result or will result for him in taxation not in accordance with the provisions of this Convention, he may, irrespective of the remedies provided by the domestic law of those Contracting States, present his case to the competent authority of the Contracting State of which he is a resident or, if his case comes under paragraph 1 of Article 24, to that of the Contracting State of which he is a national. The case must be presented within three years from the first notification of the action resulting in taxation not in accordance with the provisions of the Convention.
2. The competent authority shall endeavor, if the objection appears to it to be justified and if it is not itself able to arrive at a satisfactory solution, to resolve the case by mutual agreement with the competent authority of the other Contracting State, with a view to the avoidance of taxation which is not in accordance with the provisions of this Convention. Any agreement reached shall be implemented notwithstanding any time limits or other procedural limitations in the domestic law of the Contracting States, except such limitations as apply for the purposes of giving effect to such an agreement.
3. The competent authorities of the Contracting States shall endeavor to resolve by mutual agreement any difficulties or doubts arising as to the interpretation or application of this Convention. In particular the competent authorities of the Contracting States may agree:
   (a) to the same attribution of income, deductions, credits, or allowances of an enterprise of a Contracting State to its permanent establishment situated in

日米租税条約（日本語正文）

の締約国において，当該一方の締約国の類似の他の企業に課されており若しくは課されることがある租税若しくはこれに関連する要件以外の又はこれらよりも重い租税若しくはこれに関連する要件を課されることはない。

5 この条のいかなる規定も，いずれかの締約国が第10条9又は第11条10に規定する租税を課することを妨げるものと解してはならない。

6 この条の規定は，第2条及び第3条1(d)の規定にかかわらず，一方の締約国又は一方の締約国の地方政府若しくは地方公共団体によって課されるすべての種類の租税に適用する。

第25条

1 一方の又は双方の締約国の措置によりこの条約の規定に適合しない課税を受けたと認める者又は受けることになると認める者は，当該事案について，当該一方の又は双方の締約国の法令に定める救済手段とは別に，自己が居住者である締約国の権限のある当局に対して又は当該事案が前条1の規定の適用に関するものである場合には自己が国民である締約国の権限のある当局に対して，申立てをすることができる。当該申立ては，この条約の規定に適合しない課税に係る措置の最初の通知の日から3年以内に，しなければならない。

2 権限のある当局は，1の申立てを正当と認めるが，満足すべき解決を与えることができない場合には，この条約の規定に適合しない課税を回避するため，他方の締約国の権限のある当局との合意によって当該事案を解決するよう努める。成立したすべての合意は，両締約国の法令上のいかなる期間制限その他の手続上の制限（当該合意を実施するための手続上の制限を除く。）にもかかわらず，実施されなければならない。

3 両締約国の権限のある当局は，この条約の解釈又は適用に関して生ずる困難又は疑義を合意によって解決するよう努める。特に，両締約国の権限のある当局は，次の事項について合意することができる。

(a) 一方の締約国の企業が他方の締約国内に有する恒久的施設への所得，所得控除，税額控除その他の租税の減免の帰属

the other Contracting State;
(b) to the same allocation of income, deductions, credits, or allowances between persons;
(c) to the settlement of conflicting application of the Convention, including conflicts regarding:
   (i) the characterization of particular items of income;
   (ii) the characterization of persons;
   (iii) the application of source rules with respect to particular items of income; and
   (iv) the meaning of any term used in the Convention; and
(d) to advance pricing arrangements.

They may also consult together for the elimination of double taxation in cases not provided for in the Convention.

4. The competent authorities of the Contracting States may communicate with each other directly for the purposes of reaching an agreement in the sense of the preceding paragraphs of this Article.

ARTICLE 26

1. The competent authorities of the Contracting States shall exchange such information as is relevant for carrying out the provisions of this Convention or of the domestic law of the Contracting States concerning taxes of every kind and description imposed by a Contracting State insofar as the taxation thereunder is not contrary to the provisions of the Convention. The exchange of information is not restricted by paragraph 1 of Article 1. If specifically requested by the competent authority of a Contracting State, the competent authority of the other Contracting State shall provide information under this Article in the form of authenticated copies of original documents (including books, papers, statements, records, accounts, and writings).

2. Any information received under paragraph 1 by a Contracting State shall be treated as secret in the same manner as information obtained under the domestic law of that Contracting State and shall be disclosed only to persons or authorities (including courts and administrative bodies) involved in the assessment, collection or administration of, the enforcement or prosecution in respect of, or the determination of appeals in relation to, the taxes referred to in the first sentence of paragraph 1, or to supervisory bodies, and only to the extent necessary for those persons, authorities or supervisory bodies to perform their respective responsibilities. Such persons, authorities or supervisory

日　米　租　税　条　約（日本語正文）

　(b)　２以上の者の間における所得，所得控除，税額控除その他の租税の減免の配分

　(c)　この条約の適用に関する相違（次に掲げる事項に関する相違を含む。）の解消

　　（ⅰ）　特定の所得の分類
　　（ⅱ）　者の分類
　　（ⅲ）　特定の所得に対する源泉に関する規則の適用
　　（ⅳ）　この条約において用いられる用語の意義

　(d)　事前価格取決め
　　　両締約国の権限のある当局は，また，この条約に定めのない場合における二重課税を除去するため，相互に協議することができる。
4　両締約国の権限のある当局は，2及び3の合意に達するため，直接相互に通信することができる。

第26条

1　両締約国の権限のある当局は，この条約の規定又は両締約国が課するすべての種類の租税に関する両締約国の法令（当該法令に基づく課税がこの条約の規定に反しない場合に限る。）の規定の実施に関連する情報を交換する。情報の交換は，第1条1の規定による制限を受けない。一方の締約国の権限のある当局から特に要請があった場合には，他方の締約国の権限のある当局は，文書（帳簿書類，計算書，記録その他の書類を含む。）の原本の写しに認証を付した形式で，この条に基づく情報の提供を行う。

2　1の規定に基づき一方の締約国が受領した情報は，当該一方の締約国がその法令に基づいて入手した情報と同様に秘密として取り扱うものとし，1に規定する租税の賦課，徴収若しくは管理，これらの租税に関する執行若しくは訴追若しくはこれらの租税に関する不服申立てについての決定に関与する者若しくは当局（裁判所及び行政機関を含む。）又は監督機関に対してのみ，かつ，これらの者若しくは当局又は監督機関がそれぞれの職務を遂行するために必要な範囲でのみ，開示される。これらの者若しくは当局又は監督機関は，当該情報をそれぞれの職務の遂行のためにのみ使用する。これらの者若しくは当局又は監督機関は，当該情報を公開の法廷における審理又は司法上の決定において開示することができる。

bodies shall use the information only for the purposes of discharging such responsibilities. They may disclose the information in public court proceedings or in judicial decisions.
3. In no case shall the provisions of the preceding paragraphs of this Article be construed so as to impose on a Contracting State the obligation:
   (a) to carry out administrative measures at variance with the laws and administrative practice of that or of the other Contracting State;
   (b) to supply information which is not obtainable under the laws or in the normal course of the administration of that or of the other Contracting State;
   (c) to supply information which would disclose any trade, business, industrial, commercial or professional secret or trade process, or information, the disclosure of which would be contrary to public policy (ordre public).
4. In order to effectuate the exchange of information as provided in paragraph 1, each Contracting State shall take necessary measures, including legislation, rule-making, or administrative arrangement, to ensure that its competent authority has sufficient powers under its domestic law to obtain information for the exchange of information regardless of whether that Contracting State may need such information for purposes of its own tax.
5. The provisions of this Article shall, notwithstanding the provisions of Article 2 and subparagraph (d) of paragraph 1 of Article 3, apply to taxes of every kind and description imposed by a Contracting State insofar as the taxation there under is not contrary to the provisions of this Convention.

ARTICLE 27

1. Each of the Contracting States shall endeavor to collect such taxes imposed by the other Contracting State as will ensure that any exemption or reduced rate of tax granted under this Convention by that other Contracting State shall not be enjoyed by persons not entitled to such benefits. The Contracting State making such collections shall be responsible to the other Contracting State for the sums thus collected.
2. In no case shall the provisions of paragraph 1 be construed so as to impose upon either of the Contracting States endeavoring to collect the taxes the obligation to carry out administrative measures at variance with the laws and administrative practice of that Contracting State or which would be contrary to the public policy (ordre public) of that Contracting State.

日 米 租 税 条 約（日本語正文）

3　1及び2の規定は、いかなる場合にも、一方の締約国に対し、次のことを行う義務を課するものと解してはならない。
　(a)　当該一方の締約国又は他方の締約国の法令及び行政上の慣行に抵触する行政上の措置をとること。
　(b)　当該一方の締約国又は他方の締約国の法令の下において又は行政の通常の運営において入手することができない情報を提供すること。
　(c)　営業上、事業上、産業上、商業上若しくは職業上の秘密若しくは取引の過程を明らかにするような情報又は公開することが公の秩序に反することになる情報を提供すること。
4　各締約国は、1に規定する情報の交換を実効あるものとするため、当該締約国が自らの課税のために必要とするか否かを問わず、当該締約国の権限のある当局に対し、当該情報の交換のために情報を入手する十分な権限を当該締約国の法令上付与することを確保するために必要な措置（立法、規則の制定及び行政上の措置を含む。）を講ずる。

5　この条の規定は、第2条及び第3条1(d)の規定にかかわらず、一方の締約国が課するすべての種類の租税（その課税がこの条約の規定に反しない場合に限る。）に適用する。

第27条

1　各締約国は、この条約に基づいて他方の締約国の認める租税の免除又は税率の軽減が、このような特典を受ける権利を有しない者によって享受されることのないようにするため、当該他方の締約国が課する租税を徴収するよう努める。その徴収を行う締約国は、このようにして徴収された金額につき当該他方の締約国に対して責任を負う。

2　1の規定は、いかなる場合にも、1の租税を徴収するよう努めるいずれの締約国に対しても、当該締約国の法令及び行政上の慣行に抵触し又は公の秩序に反することになる行政上の措置をとる義務を課するものと解してはならない。

日 米 租 税 条 約（英語正文）

ARTICLE 28

Nothing in this Convention shall affect the fiscal privileges of members of diplomatic missions or consular posts under the general rules of international law or under the provisions of special agreements.

ARTICLE 29

If a Contracting State considers that a substantial change in the laws relevant to this Convention has been or will be made in the other Contracting State, the first-mentioned Contracting State may make a request to that other Contracting State in writing for consultations with a view to determining the possible effect of such change on the balance of benefits provided by the Convention and, if appropriate, to amending the provisions of the Convention to arrive at an appropriate balance of benefits. The requested Contracting State shall enter into consultations with the requesting Contracting State within three months from the date on which the request is received by the requested Contracting State.

ARTICLE 30

1. This Convention shall be subject to ratification, and the instruments of ratification shall be exchanged as soon as possible. It shall enter into force on the date of the exchange of instruments of ratification.
2. This Convention shall be applicable:
   (a) in Japan:
      (i) with respect to taxes withheld at source:
         (aa) for amounts taxable on or after July 1 of the calendar year in which the Convention enters into force, if the Convention enters into force before April 1 of a calendar year; or
         (bb) for amounts taxable on or after January 1 of the calendar year next following the year in which the Convention enters into force, if the Convention enters into force after March 31 of a calendar year; and
      (ii) with respect to taxes on income which are not withheld at source and the enterprise tax, as regards income for any taxable year beginning on or after January 1 of the calendar year next following that in which the Convention enters into force; and
   (b) in the United States:
      (i) with respect to taxes withheld at source:
         (aa) for amounts paid or credited on or after July 1 of the calendar year in

日 米 租 税 条 約（日本語正文）

第28条

　この条約のいかなる規定も，国際法の一般原則又は特別の協定に基づく外交使節団又は領事機関の構成員の租税上の特権に影響を及ぼすものではない。

第29条

　一方の締約国が他方の締約国においてこの条約に関連する法令に実質的な改正が行われたと認める場合又は行われることとなると認める場合には，当該一方の締約国は，当該改正がこの条約上の特典の均衡に及ぼし得る効果を決定するため，及び適当な場合にはこの条約上の特典について適当な均衡に到達するためにこの条約の規定を改正するため，当該他方の締約国に対し書面により協議の要請をすることができる。当該要請を受けた締約国は，当該要請を受けた日から3箇月以内に，当該要請をした締約国と協議を行う。

第30条

1　この条約は，批准されなければならない。批准書は，できる限り速やかに交換されるものとする。この条約は，批准書の交換の日に効力を生ずる。

2　この条約は，次のものについて適用する。
　(a)　日本国においては，
　　(i)　源泉徴収される租税に関しては，
　　　(aa)　この条約がある年の3月31日以前に効力を生ずる場合には，その年の7月1日以後に租税を課される額
　　　(bb)　この条約がある年の4月1日以後に効力を生ずる場合には，その年の翌年の1月1日以後に租税を課される額
　　(ii)　源泉徴収されない所得に対する租税及事業税に関しては，この条約が効力を生ずる年の翌年の1月1日以後に開始する各課税年度の所得

　(b)　合衆国においては，
　　(i)　源泉徴収される租税に関しては，
　　　(aa)　この条約がある年の3月31日以前に効力を生ずる場合には，その年の7

日 米 租 税 条 約（英語正文）

which the Convention enters into force, if the Convention enters into force before April 1 of a calendar year; or
   (bb) for amounts paid or credited on or after January 1 of the calendar year next following the date on which the Convention enters into force, if the Convention enters into force after March 31 of a calendar year; and
  (ii) with respect to other taxes, for taxable periods beginning on or after January 1 of the calendar year next following the date on which the Convention enters into force.
3. Notwithstanding the entry into force of this Convention, an individual who was entitled to the benefits of Article 19 or 20 of the Convention between the United States of America and Japan for the Avoidance of Double Taxation and the Prevention of Fiscal Evasion with respect to Taxes on Income, signed on March 8, 1971 (hereinafter referred to as "the prior Convention") at the time of the entry into force of this Convention shall continue to be entitled to such benefits until such time as the individual would cease to be entitled to such benefits if the prior Convention remained in force.
4. The prior Convention shall cease to have effect in relation to any tax from the date on which this Convention has effect in relation to that tax in accordance with paragraphs 1 and 2. Notwithstanding the preceding provisions of this paragraph, where any person entitled to benefits under the prior Convention would have been entitled to greater benefits thereunder than under this Convention, the prior Convention shall, at the election of such person, continue to have effect in its entirety for the period of twelve months from the date on which the provisions of this Convention otherwise would have effect under paragraph 2. The prior Convention shall terminate on the last date on which it has effect in relation to any tax in accordance with the preceding provisions of this paragraph.

ARTICLE 31

This Convention shall remain in force until terminated by a Contracting State. Either Contracting State may terminate the Convention after the expiration of a period of five years from the date of its entry into force, by giving to the other Contracting State, through the diplomatic channel, six months prior written notice of termination. In such event, the Convention shall cease to have effect:
(a) in Japan:

月1日以後に支払われ又は貸記される額

 （bb）　この条約がある年の4月1日以後に効力を生ずる場合には，その年の翌年の1月1日以後に支払われ又は貸記される額

 （ii）　その他の租税に関しては，この条約が効力を生ずる年の翌年の1月1日以後に開始する各課税期間

3　この条約の効力発生の時において1971年3月8日に東京で署名された所得に対する租税に関する二重課税の回避及び脱税の防止のための日本国とアメリカ合衆国との間の条約（以下この条において「旧条約」という。）第19条又は第20条の規定による特典を受ける権利を有する個人は，この条約が効力を生じた後においても，旧条約がなお効力を有するとした場合に当該特典を受ける権利を失う時まで当該特典を受ける権利を引き続き有する。

4　旧条約は，1及び2の規定に従ってこの条約が適用される租税につき，この条約の適用の日以後，適用しない。ただし，旧条約により特典を受ける権利がこの条約により特典を受ける権利より一層有利な者については，その者の選択により，旧条約の適用を選択しなかったとしたならば2の規定によりこの条約が適用されたであろう日から12箇月の間，旧条約を全体として引き続き適用する。旧条約は，租税に関しこの4の規定に従って適用される最後の日に終了する。

第31条

この条約は，一方の締約国によって終了させられる時まで効力を有する。いずれの一方の締約国も，この条約の効力発生の日から5年の期間が満了した後に，外交上の経路を通じて，他方の締約国に対し6箇月前に書面による終了の通告を行うことにより，この条約を終了させることができる。この場合には，この条約は，次のものにつき効力を失う。

（a）　日本国においては，

(i) with respect to taxes withheld at source, for amounts taxable on or after January 1 of the calendar year next following the expiration of the six month period; and

(ii) with respect to taxes on income which are not withheld at source and the enterprise tax, as regards income for any taxable year beginning on or after January 1 of the calendar year next following the expiration of the six month period; and

(b) in the United States:

(i) with respect to taxes withheld at source, for amounts paid or credited on or after January 1 of the calendar year next following the expiration of the six month period; and

(ii) with respect to other taxes, for taxable periods beginning on or after January 1 of the calendar year next following the expiration of the six month period.

IN WITNESS WHEREOF the undersigned, being duly authorized thereto by their respective Governments, have signed this Convention.

DONE in duplicate at Washington this sixth day of November, 2003, in the English and Japanese languages, each text being equally authentic.

FOR THE GOVERNMENT OF THE UNITED STATES OF AMERICA: John W. Snow

FOR THE GOVERNMENT OF JAPAN: Ryozo Kato

PROTOCOL

At the signing of the Convention between the Government of the United States of America and the Government of Japan for the Avoidance of Double Taxation and the Prevention of Fiscal Evasion with respect to Taxes on Income (hereinafter referred to as "the Convention"), the Government of the United States of America and the Government of Japan have agreed upon the following provisions, which shall form an integral part of the Convention.

1. Notwithstanding the provisions of Article 2 of the Convention:

(a) the United States excise tax on insurance policies issued by foreign insurers shall not be imposed on insurance or reinsurance policies, the premiums on which are the receipts of a business of insurance carried on by an enterprise of Japan, to the extent that the risks covered by such premiums are not reinsured with a person not entitled to the benefits of the Convention or any other tax convention entered into by the United States that provides

日米租税条約（日本語正文）

　　（i）源泉徴収される租税に関しては，当該6箇月の期間が満了した年の翌年の1月1日以後に租税を課される額

　　（ii）源泉徴収されない所得に対する租税及び事業税に関しては，当該6箇月の期間が満了した年の翌年の1月1日以後に開始する各課税年度の所得

(b) 合衆国においては，
　　（i）源泉徴収される租税に関しては，当該6箇月の期間が満了した年の翌年の1月1日以後に支払われ又は貸記される額

　　（ii）その他の租税に関しては，当該6箇月の期間が満了した年の翌年の1月1日以後に開始する各課税期間

　以上の証拠として，下名は，各自の政府から正当に委任を受けてこの条約に署名した。
　2003年11月6日にワシントンで，ひとしく正文である日本語及び英語により本書二通を作成した。

日本国政府のために　　　加藤良三
アメリカ合衆国政府のために　　　ジョン・W・スノー

議　定　書

　所得に対する租税に関する二重課税の回避及び脱税の防止のための日本国政府とアメリカ合衆国政府との間の条約（以下「条約」という。）の署名に当たり，日本国政府及びアメリカ合衆国政府は，条約の不可分の一部を成す次の規定を協定した。

1. 条約第2条の規定にかかわらず，
(a) 外国保険業者の発行した保険証券に対する合衆国の消費税は，日本国の企業が行う保険事業の収入となる保険料（当該企業が負担する当該保険料に係る危険のうち，条約又は当該消費税の免除を規定する合衆国が締結する他の租税条約の特典を受ける権利を有しない者により再保険される部分に係る保険料を除く。）に係る保険証券又は再保険証券に対しては，課することができない。

日 米 租 税 条 約（英語正文）

exemption from such tax; and
(b) the United States excise tax with respect to private foundations shall not be imposed on:
  (i) dividends or interest derived by private foundations organized in Japan at a rate in excess of the rates provided for in Articles 10 and 11 of the Convention, respectively; and
  (ii) royalties or other income derived by private foundations organized in Japan.
2. With reference to subparagraph (e) of paragraph 1 of Article 3 of the Convention, the term "any other body of persons" includes an estate, trust, and partnership.
3. With reference to subparagraph (m) of paragraph 1 of Article 3 of the Convention, it is understood that a pension fund shall be treated as exempt from tax with respect to the activities described in clause (ii) of that subparagraph even though it is subject to the tax stipulated in Articles 8 or 10−2 of the Corporation Tax Law (Law No. 34 of 1965) of Japan or paragraph 1 of Article 20 of its supplementary provisions.
4. In general, where an enterprise of a Contracting State which has carried on business in the other Contracting State through a permanent establishment situated therein, receives, after the enterprise has ceased to carry on business as aforesaid, profits attributable to the permanent establishment, such profits may be taxed in that other Contracting State in accordance with the principles stated in Article 7 of the Convention.
5. With reference to Article 9 of the Convention, it is understood that, in determining the profits of an enterprise, application of the arm's length principle under that Article is generally based on a comparison of the conditions in the transaction made between the enterprise and an enterprise associated with it and the conditions in transactions between independent enterprises. It is also understood that the factors affecting comparability shall include:
(a) the characteristics of the property or services transferred;
(b) the functions of the enterprise and the enterprise associated with it, taking into account the assets used and risks assumed by the enterprise and the enterprise associated with it;
(c) the contractual terms between the enterprise and the enterprise associated with it;
(d) the economic circumstances of the enterprise and the enterprise associated with it; and

日米租税条約（日本語正文）

　(b)　民間財団に関する合衆国の消費税は，

　　(ⅰ)　日本国において設立された団体であって合衆国の民間財団に該当するものが取得する配当又は利子に対しては，それぞれ条約第10条及び第11条に規定する率を超える率では，課することができない。

　　(ⅱ)　日本国において設立された団体であって合衆国の民間財団に該当するものが取得する使用料又はその他の所得に対しては，課することができない。

2.　条約第3条1(e)に関し，「法人以外の団体」には，遺産，信託財産及び組合を含む。

3.　条約第3条1(m)に関し，年金基金は，日本国の法人税法（昭和40年法律第34号）第8条若しくは第10条の2又は同法附則第20条第1項に規定する租税が課される場合においても，条約第3条1(m)(ⅱ)にいう活動に関して租税を免除される者として取り扱われることが了解される。

4.　一般に，一方の締約国の企業が他方の締約国内にある恒久的施設を通じて当該他方の締約国内において事業を行っていた場合において，当該企業が当該恒久的施設を通じて当該他方の締約国内において事業を行うことをやめた後，当該恒久的施設に帰せられる利得を得たときは，当該利得に対しては，条約第7条に定める原則に従って，当該他方の締約国において租税を課することができる。

5.　条約第9条に関し，企業の利得の決定に当たって，同条にいう独立企業原則は，一般に，当該企業とその関連企業との間の取引の条件と独立の企業の間の取引の条件との比較に基づいて適用されることが了解される。また，比較可能性に影響を与える要因には次のものが含まれることが了解される。

　(a)　移転された財産又は役務の特性

　(b)　当該企業及びその関連企業が使用する資産及び引き受ける危険を考慮した上での当該企業及びその関連企業の機能

　(c)　当該企業とその関連企業との間の契約条件

　(d)　当該企業及びその関連企業の経済状況

(e) the business strategies pursued by the enterprise and the enterprise associated with it.
6. With reference to paragraphs 4 and 5 of Article 10 of the Convention, a United States Real Estate Investment Trust (hereinafter referred to as a "REIT") or a company which is entitled to a deduction for dividends paid to its beneficiaries in computing its taxable income in Japan is "diversified" if the value of no single interest in real property exceeds 10 percent of the total interests of such person in real property. For purposes of this paragraph, foreclosure property will not be considered an interest in real property. Where such person holds an interest in a partnership, it shall be treated as owning directly a proportion of the partnership's interests in real property corresponding to the proportion of its interest in the partnership.
7. With reference to paragraph 9 of Article 10 of the Convention, it is understood that the amount of such income that is equivalent to the amount of dividends that would have been paid if such activities had been conducted in a separate legal entity shall be, for any taxable year, the after—tax earnings from the company's activities described in that paragraph, adjusted to take into account changes in the company's investment in the Contracting State imposing the tax referred to in that paragraph.
8. Fees received in connection with a loan of securities, guarantee fees and commitment fees paid by a resident of a Contracting State and beneficially owned by a resident of the other Contracting State shall be taxable only in that other Contracting State unless the beneficial owner of such fees carries on business in the first—mentioned Contracting State through a permanent establishment situated therein and such fees are attributable to, or the right in respect of which such fees are paid is effectively connected with, such permanent establishment.

9. With reference to Article 13 of the Convention, it is understood that distributions made by a REIT shall be taxable under paragraph 1 of that Article, to the extent that they are attributable to gains derived from the alienation by the REIT of real property situated in the United States.
10. (a) With reference to Article 14 of the Convention, it is understood that the benefits enjoyed by employees under stock option plans relating to the period between grant and exercise of an option are regarded as "other similar remuneration" for the purposes of that Article.
   (b) It is further understood that where an employee:

日　米　租　税　条　約（日本語正文）

　(e)　当該企業及びその関連企業が遂行する事業戦略

6.　条約第10条4及び5に関し，合衆国の不動産投資信託（9において「不動産投資信託」という。）又は日本国における課税所得の計算上受益者に対して支払う配当を控除することができる法人は，その有するいずれの不動産の持分の価値も，その有する不動産の持分の全体の10パーセントを超えない場合に，分散投資しているものとされる。この6の適用上，譲渡担保財産として取得した不動産であって受戻権が消滅したものは，不動産の持分とはされない。これらの者が組合の持分を保有している場合には，これらの者は，当該組合が有する不動産の持分を，これらの者が有する当該組合の持分の割合に応じて直接に所有するものとして取り扱う。

7.　条約第10条9に関し，同条9に規定する活動が法律上独立した団体により行われたとしたならば支払われたとみられる配当の額に相当する所得の額は，各課税年度において，当該活動から生ずる税引き後の所得の額に，同条9に規定する租税を課する締約国における当該法人の投資の額の変動を考慮に入れて調整を加えた額とすることが了解される。

8.　一方の締約国の居住者が支払う有価証券の貸付けに関連する料金，保証料及び融資枠契約に係る手数料で他方の締約国の居住者が受益者であるものに対しては，当該他方の締約国においてのみ租税を課することができる。ただし，当該受益者が当該一方の締約国内において当該一方の締約国内にある恒久的施設を通じて事業を行う場合において，当該有価証券の貸付けに関連する料金，保証料及び融資枠契約に係る手数料が当該恒久的施設に帰せられ，又は当該有価証券の貸付けに関連する料金，保証料及び融資枠契約に係る手数料の支払の基因となった権利が当該恒久的施設と実質的な関連を有するものであるときは，この限りでない。

9.　条約第13条に関し，不動産投資信託が合衆国内に存在する不動産の譲渡によって取得する収益に基づいて行う分配に対しては，同条1の規定に従って租税を課することができることが了解される。

10(a)　条約第14条に関し，ストックオプション制度に基づき被用者が享受する利益でストックオプションの付与から行使までの期間に関連するものは，同条の適用上「その他これらに類する報酬」とされることが了解される。

　(b)　さらに，被用者が次の(i)から(iv)までに掲げる要件を満たす場合には，二重

日　米　租　税　条　約（英語正文）

 (i) has been granted a stock option in the course of an employment;

 (ii) has exercised that employment in both Contracting States during the period between grant and exercise of the option;
 (iii) remains in that employment at the date of the exercise; and
 (iv) under the domestic law of the Contracting States, would be taxable in both Contracting States in respect of such benefits,

then, in order to avoid double taxation, a Contracting State of which, at the time of the exercise of the option, the employee is not a resident may tax only that proportion of such benefits which relates to the period or periods between grant and exercise of the option during which the individual has exercised the employment in that Contracting State. With the aim of ensuring that no unrelieved double taxation arises the competent authorities of the Contracting States shall endeavor to resolve by mutual agreement under Article 25 of the Convention any difficulties or doubts arising as to the interpretation or application of Articles 14 and 23 of the Convention in relation to such stock option plans.

11. With reference to subparagraph (c) of paragraph 1 of Article 22 of the Convention, the shares in a class of shares are considered to be regularly traded on one or more recognized stock exchanges in a taxable year if the aggregate number of shares of that class traded on such stock exchange or exchanges during the preceding taxable year is at least 6 percent of the average number of shares outstanding in that class during that preceding taxable year.

12. With reference to paragraph 2 of Article 22 of the Convention, in determining whether a person is "engaged. . . in the active conduct of a trade or business" in a Contracting State under that paragraph, activities conducted by a partnership in which such person is a partner and activities conducted by persons connected to such person shall be deemed to be conducted by such person. A person shall be connected to another if one possesses at least 50 percent of the beneficial interest in the other (or, in the case of a company, at least 50 percent of the aggregate vote and value of the company's shares) or if another person possesses, directly or indirectly, at least 50 percent of the beneficial interest (or, in the case of a company, at least 50 percent of the aggregate vote and value of the company's shares) in each person.

13. (a) For the purposes of applying the Convention, the United States may treat an arrangement created by a sleeping partnership (Tokumei Kumiai) contract or similar contract as not a resident of Japan, and may treat income derived

日 米 租 税 条 約（日本語正文）

　課税を回避するため，ストックオプションの行使の時に当該被用者が居住者とならない締約国は，当該利益のうち当該被用者が勤務を当該締約国内において行った期間中当該ストックオプションの付与から行使までの期間に関連する部分についてのみ租税を課することができることが了解される。

(i)　当該被用者が，その勤務に関して当該ストックオプションを付与されたこと。

(ii)　当該被用者が，当該ストックオプションの付与から行使までの期間中両締約国内において勤務を行ったこと。

(iii)　当該被用者が，当該行使の日において勤務を行っていること。

(iv)　当該被用者が，両締約国の法令に基づき両締約国において当該利益について租税を課されることになること。

　除去されない二重課税を生じさせないため，両締約国の権限のある当局は，このようなストックオプション制度に関連する条約第14条及び第23条の解釈又は適用に関して生ずる困難又は疑義を，条約第25条の規定に基づく合意によって解決するよう努める。

11　条約第22条 1 (c)に関し，ある課税年度の直前の課税年度中に 1 又は 2 以上の公認の有価証券市場において取引されたある種類の株式の総数が当該直前の課税年度中の当該株式の発行済株式の総数の平均の 6 パーセント以上である場合には，当該株式は，当該課税年度において 1 又は 2 以上の公認の有価証券市場において通常取引されるものとされる。

12　条約第22条 2 に関し，同条 2 の規定に基づきある者が一方の締約国内において営業又は事業の活動に従事しているか否かを決定するに当たって，その者が組合員である組合が行う活動及びその者に関連する者が行う活動は，その者が行うものとみなす。一方の者が他方の者の受益に関する持分の50パーセント以上（法人の場合には，当該法人の株式の議決権及び価値の50パーセント以上）を所有する場合又は第三者がそれぞれの者の受益に関する持分の50パーセント以上（法人の場合には，当該法人の株式の議決権及び価値の50パーセント以上）を直接又は間接に所有する場合には，一方の者は他方の者に関連するものとする。

13(a)　条約の適用上，合衆国は，匿名組合契約又はこれに類する契約によって設立された仕組みを日本国の居住者でないものと取り扱い，かつ，当該仕組みに従って取得される所得を当該仕組みの参加者によって取得されないものと取り扱うこと

subject to the arrangement as not derived by any participant in the arrangement. In that event, neither the arrangement nor any of the participants in the arrangement will be entitled to benefits of the Convention with respect to income derived subject to the arrangement.

(b) Nothing in the Convention shall prevent Japan from imposing tax at source, in accordance with its domestic law, on distributions that are made by a person pursuant to a sleeping partnership (Tokumei Kumiai) contract or other similar contract and that are deductible in computing the taxable income in Japan of that person.

IN WITNESS WHEREOF the undersigned, being duly authorized thereto by their respective Governments, have signed this Protocol.

DONE in duplicate at Washington this sixth day of November, 2003, in the English and Japanese languages, each text being equally authentic.

FOR THE GOVERNMENT OF THE UNITED STATES OF AMERICA : John W. Snow

FOR THE GOVERNMENT OF JAPAN : Ryozo Kato

Exchange of Notes

1. In order to avoid application of the local inhabitant taxes or the enterprise tax as provided for in paragraph 3 of Article 8 of the Convention, if a political subdivision or local authority of the United States seeks to levy a tax similar to the local inhabitant taxes or the enterprise tax in Japan on the profits of any enterprise of Japan from the operation of ships or aircraft in international traffic in circumstances where the Convention would preclude the imposition of a Federal income tax on those profits, the Government of the United States will use its best endeavors to persuade that political subdivision or local authority to refrain from imposing such tax.

2. It is understood that the principle as set out in paragraph 1 of Article 9 of the Convention may apply for the purposes of determining the profits to be attributed to a permanent establishment. It is understood that the provisions of Article 7 of the Convention shall not prevent the Contracting States from treating the permanent establishment as having the same amount of capital that it would need to support its activities if it were a distinct and separate enterprise engaged in the same or similar activities. With respect to financial institutions other than insurance companies, a Contracting State may determine the amount of capital to be attributed to a permanent establishment by

日　米　租　税　条　約（日本語正文）

ができる。この場合には、当該仕組み又は当該仕組みの参加者のいずれも、当該仕組みに従って取得される所得について条約の特典を受ける権利を有しない。

(b) 条約のいかなる規定も、日本国が、匿名組合契約又はこれに類する契約に基づいてある者が支払う利益の分配でその者の日本国における課税所得の計算上控除されるものに対して、日本国の法令に従って、源泉課税することを妨げるものではない。

以上の証拠として、下名は、各自の政府から正当に委任を受けてこの議定書に署名した。

2003年11月6日にワシントンで、ひとしく正文である日本語及び英語により本書二通を作成した。

日本国政府のために　　　加藤良三
アメリカ合衆国政府のために　　　ジョン・W・スノー

交　換　公　文

1. 条約第8条3に規定する住民税又は事業税の賦課を回避するため、合衆国政府は、合衆国の地方政府又は地方公共団体が、日本国の企業が船舶又は航空機を国際運輸に運用することによって取得する利得で、条約により連邦所得税が課されないものに対し、日本国における住民税又は事業税に類似する租税を課そうとする場合には、当該地方政府又は地方公共団体に対し当該租税を課することを差し控えるよう説得するために最善の努力を払う。

2. 恒久的施設に帰せられる利得を決定するために条約第9条1に定める原則を適用することができることが了解される。条約第7条の規定は、恒久的施設が当該恒久的施設と同一又は類似の活動を行う別個のかつ分離した企業であるとしたならば、その活動を行うために必要な資本の額と同額の資本の額を有しているものとして締約国が当該恒久的施設を取り扱うことを妨げるものではないことが了解される。締約国は、金融機関（保険会社を除く。）に関して、その自己資本の額を当該金融機関の資産（危険の評価を考慮して算定した資産）のうちその各事務所に帰せられるものの割合に基づいて配分することにより、恒久的施設に帰せられる資本の額を決定することができる。

日米租税条約（英語正文）

allocating the institution's total equity between its various offices on the basis of the proportion of the financial institution's risk-weighted assets attributable to each of them.

3. With reference to Article 9 of the Convention, it is understood that double taxation can be avoided only if tax authorities share a common understanding of the principles to be applied in resolving transfer pricing cases. Therefore, the Contracting States shall undertake to conduct transfer pricing examinations of enterprises and evaluate applications for advance pricing arrangements in accordance with the Transfer Pricing Guidelines for Multinational Enterprises and Tax Administrations of the Organisation for Economic Cooperation and Development (hereinafter referred to as "the OECD Transfer Pricing Guidelines"), which reflect the international consensus with respect to these issues. The domestic transfer pricing rules, including the transfer pricing methods, of each Contracting State may be applied in resolving transfer pricing cases under the Convention only to the extent that they are consistent with the OECD Transfer Pricing Guidelines.

4. With reference to paragraphs 2 and 3 of Article 10 of the Convention, it is understood that, in the case of Japan, the date on which entitlement to the dividends is determined is the end of the accounting period for which the distribution of profits takes place.

5. With reference to subparagraph (c) of paragraph 3 of Article 11 of the Convention:
   (a) it is understood that the term "bonds" includes bonds, commercial paper, and medium-term notes, whether collateralized or not; and
   (b) it is understood that bonds that are subject to transfer restrictions applicable to private placements shall not be considered to have been issued in the financial markets. The preceding sentence shall not apply to offerings qualifying for exemption from securities registration requirements pursuant to Rule 144A promulgated under the Securities Act of 1933 of the United States or any similar provisions under the domestic law of Japan.

6. It is understood that the term "authorities (including courts and administrative bodies) involved in the administration of the taxes" as referred to in paragraph 2 of Article 26 of the Convention includes such authorities as provide legal advice to those governmental entities that are directly involved in the assessment or collection, the enforcement or prosecution in respect of, or the determination of appeals in relation to, the taxes, but are not themselves a part of such entities, and includes, in the case of the United States, the Office of

日米租税条約（日本語正文）

3. 条約第9条に関し，二重課税は，両締約国の税務当局が移転価格課税事案の解決に適用されるべき原則について共通の理解を有している場合にのみ回避し得ることが了解される。このため，両締約国は，この問題についての国際的なコンセンサスを反映している経済協力開発機構の多国籍企業及び税務行政のための移転価格ガイドライン（以下この3において「OECD移転価格ガイドライン」という。）に従って，企業の移転価格の調査を行い，及び事前価格取決めの申請を審査するものとする。各締約国における移転価格課税に係る規則（移転価格の算定方法を含む。）は，OECD移転価格ガイドラインと整合的である限りにおいて，条約に基づく移転価格課税事案の解決に適用することができる。

4. 条約第10条2及び3に関し，日本国については，配当の支払を受ける者が特定される日は，利得の分配に係る会計期間の終了の日であることが了解される。

5. 条約第11条3(c)に関し，

(a) 「債券」には，担保が付されているか否かにかかわらず，債券，コマーシャル・ペーパー及び中期債（ミディアムターム・ノート）を含むことが了解される。

(b) その募集が私募により行われた債券で転売制限の対象となるものは，金融市場において発行されたものとはされないことが了解される。ただし，合衆国の1933年証券法に基づいて制定された規則144Aの規定又は日本国の法令における類似の規定に基づき証券登録の義務が免除される募集については，この限りでない。

6. 条約第26条2にいう租税の「管理」に関与する「当局（裁判所及び行政機関を含む。）」には，同条2にいう租税の賦課若しくは徴収，これらの租税に関する執行若しくは訴追又はこれらの租税に関する不服申立てについての決定に直接に関与する政府機関に対して法律的な助言を行うが，それ自体は当該機関の一部ではない当局を含み，合衆国については，内国歳入庁首席法務官事務所を含むことが了解される。

日米租税条約（英語正文）

Chief Counsel for the Internal Revenue Service.

7. It is understood that the term "supervisory bodies" as referred to in paragraph 2 of Article 26 of the Convention includes authorities that supervise the general administration of the government of a Contracting State.

8. It is understood that the powers of the competent authority of each Contracting State to obtain information include powers to obtain information held by financial institutions, nominees, or persons acting in an agency or fiduciary capacity (not including information relating to communications between a legal representative in its role as such and its client to the extent that the communications are protected under domestic law), and information relating to the ownership of legal persons, and that the competent authority of each Contracting State is able to exchange such information in accordance with Article 26 of the Convention.

日　米　租　税　条　約（日本語正文）

7. 条約第26条2にいう「監督機関」には，締約国の政府の行政全般を監督する当局を含むことが了解される。

8. 各締約国の権限のある当局が情報を入手するための権限には，金融機関，名義人又は代理人若しくは受託者が有する情報（法律事務代理人がその職務に関してその依頼者との間で行う通信に関する情報であって当該締約国の法令に基づいて保護されるものを除く。）及び法人の所有に関する情報を入手するための権限を含むこと，並びに各締約国の権限のある当局はこれらの情報を条約第26条の規定に基づいて交換することができることが了解される。

資料編

源泉所得税の改正のあらまし
◆●◆日米新租税条約関係◆●◆

平成16年6月
国　税　庁

　所得税の源泉徴収事務につきましては，日頃から格別のご協力をいただき感謝しております。
　さて，先般，「所得に対する租税に関する二重課税の回避及び脱税の防止のための日本国政府とアメリカ合衆国政府との間の条約」（以下「日米新租税条約」といいます。）が平成16年3月30日に発効し，源泉所得税については平成16年7月1日から適用されることになりました。この条約は，配当，利子，使用料などについて源泉地国における大幅な税の減免や，特典条項など従来のわが国の条約例にない規定を含んでおります。
　また，これに関連して，平成16年度の税制改正において，租税条約の適用に当たっての手続等を規定した「租税条約の実施に伴う所得税法，法人税法及び地方税法の特例等に関する法律」や「租税条約の実施に伴う所得税法，法人税法及び地方税法の特例等に関する法律の施行に関する省令」（以下「実施特例法省令」といいます。）等が改正されています。源泉所得税関係については，租税条約に関する届出書の記載事項や添付書類について改正が行われております。
　源泉徴収義務者の皆様におかれましては，このパンフレットをご参照の上，適正に所得税の源泉徴収を行っていただきますようお願いいたします。
　（注）　このパンフレットは，平成16年6月1日現在の法令等に基づいて作成しています。

> 1　日米新租税条約の特典を受けるためには，米国の居住者は，条約の特典（税の減免等）を定める各条項の要件を満たすとともに，いわゆる特典条項に定める一定の条件を満たさなければならないこととされました。また，実施特例省令では，この特典条項の適用手続等に関する規定が整備されました。

(1)　改正前の日米租税条約（以下「旧条約」といいます。）をはじめ我が国が締結している租税条約では，一般的には相手国の居住者であれば，条約の特典（税の減免等）を定める各条項の要件を満たすことにより，租税条約の特典を受けることができます。
(2)　今回の日米新租税条約では，投資所得に対する源泉地国免税の範囲を拡大したことなどから，第三国居住者が形式的に相手国の居住者となることにより条約の特典を不当に受けようとするおそれがあります。このため日米新租税条約の適用を受けるためには，受益者は相手国の居住者であるとともに，その者が条約の特典条項に定められた所定の条件を備えなければならないこととされました。
　　特典条項の基本的な考え方は次のとおりです。

イ　条約の相手国の居住者である個人，政府等，一定の公開会社やその関連会社，公益団体，年金基金並びに株式等の所有及び第三国への支払に関する所定の条件（支配及び課税ベース浸食基準）を満たす法人は，すべての所得について特典を受けることができます（適格者基準）。

ロ　適格者基準に該当しない相手国の居住者であっても，居住地国において営業又は事業の活動に従事しており，所得がその営業・事業活動に関連又は付随して取得される場合には，その所得につき条約の特典を受けることができます（能動的事業活動基準）。

ハ　適格者基準に該当せず，また，所得について能動的事業活動基準を満たさない相手国の居住者であっても，その設立等が条約の特典を享受することを主要な目的とするものでないと権限ある当局に認定された場合には，条約の特典を受けることができます（権限ある当局による認定）。

特典条項の適用のイメージ

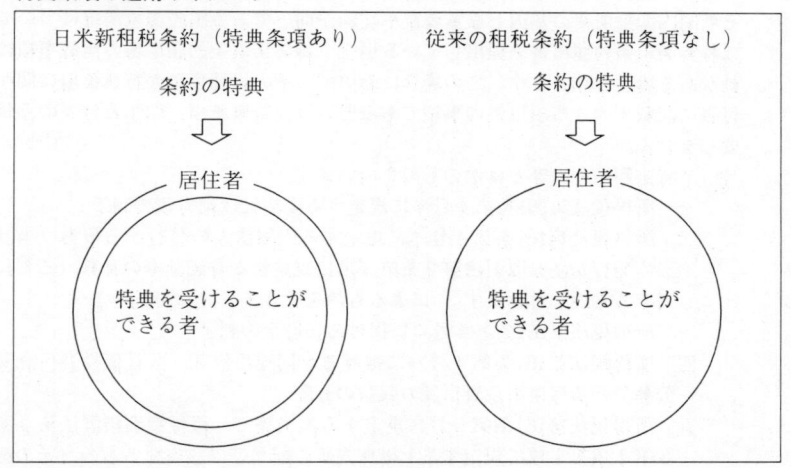

日米新租税条約（特典条項あり）　　　　従来の租税条約（特典条項なし）

　　　　条約の特典　　　　　　　　　　　　　条約の特典

居住者（特典を受けることができる者）　　居住者（特典を受けることができる者）

【適用手続等について】

(1) 今回の実施特例法省令の改正により，特典条項のある租税条約の規定の適用により源泉所得税の減免を受ける場合には，それぞれの所得についての「租税条約に関する届出書」に特典条項に関する事項を記載した書類（「居住者証明書」などの書類を添付したものに限ります。以下「特典条項に関する付表」といいます。）を添付して，これ（以下「特典条項条約届出書」といいます。）を，支払を受ける都度，その支払を受ける日の前日（その支払を受ける配当等が無記名配当等である場合には，その支払を受ける時）までに，源泉徴収義務者を経由して税務署長に提出することとされました。

　　(注)　居住者証明書とは，相手国の権限ある当局が発行した「その者が，その相手国における居住者であることを証明する書類」をいいます。居住者証明の発行

資　料　編

に関して，米国における「相手国の権限ある当局」とは，IRS（米国内国歳入庁）であると考えられます。
(2) 特典条項条約届出書は，次の場合には，その提出を省略することができます。
　イ　条約の適用を受ける国内源泉所得の支払を受ける日の前日以前3年内（条約の適用を受ける者が認定適格者等である場合には，1年内）のいずれかの時において，その国内源泉所得の基因となる資産や契約が同一である国内源泉所得について特典条項条約届出書を提出している場合（特典条項条約届出書の記載事項に異動がある場合を除きます。この場合において，その異動事項が特典条項に関する付表に記載すべき事項以外の事項であるときは，特典条項に関する付表の添付は要しません。）
　　（注）認定適格者等とは，日米新租税条約の第22条1(f)，2又は4の条件を満たすことを理由に日米新租税条約の特典を受ける者をいいます。
　ロ　条約の適用を受ける国内源泉所得が「特定利子配当等」である場合であって，その国内源泉所得の基因となる資産や契約が同一である国内源泉所得について既に特典条項条約届出書を提出している場合（特典条項条約届出書の記載事項に異動がある場合を除きます。この場合において，その異動事項が特典条項に関する付表に記載すべき事項以外の事項であるときは，特典条項に関する付表の添付は要しません。）
　　（注）特定利子配当等とは次のものをいいます。
　　　一　所得税法第161条第4号イに規定する国債又は地方債の利子
　　　二　所得税法第161条第4号イに規定する内国法人の発行する債券（当該債券の発行が証券取引法第2条第3項に規定する有価証券の私募（これに相当するものを含みます。）によるものを除きます。）の利子
　　　三　所得税法第161条第4号ロに掲げる預貯金の利子
　　　四　所得税法第161条第4号ハに掲げる合同運用信託，公社債投資信託又は公募公社債等運用投資信託の収益の分配
　　　五　所得税法第161条第5号に規定する配当等で，租税特別措置法第9条の3第1項第1号に規定する上場株式等の配当等に該当するもの（その配当等に係る内国法人の事業年度の終了の日（当該配当等が，所得税法第25条第1項の規定により利益の配当又は剰余金の分配とみなされるものに係る配当等については，租税特別措置法第9条の3第1項第1号に規定する政令で定める日）においてその内国法人の発行済株式の総数又は出資金額の100分の5以上に相当する数又は金額の株式又は出資を有する者が支払を受けるものを除きます。）
　　　六　所得税法第161条第5号に規定する配当等で，租税特別措置法第9条の3第1項第2号又は第3号に掲げるもの
　　　七　所得税法第161条第11号に掲げる給付補てん金，利息，利益又は差益
　　　八　所得税法第161条第1号に掲げる所得で，租税特別措置法第41条第1項に規定する懸賞金付預貯金等の懸賞金等

2　日米新租税条約では，配当，利子，使用料など投資所得に対する源泉地国における課税が大幅に減免されました。

　日米間における投資交流の一層の促進を図るとの観点から，相手国の居住者が受領する配当，利子，使用料に対する源泉地国における限度税率が，次のとおり軽減されました。

【配　当】

		改　正　前	改　正　後	
配　　当	親子会社間配当（持株割合10%以上）	10%	持株割合50％超で一定の要件を満たすもの	免　税
			上記以外のもの	5％
	上記以外の配当	15%	10%	

(1)　旧条約では，源泉地国における限度税率は，いわゆる親子会社間配当（旧条約では，持株割合10％以上の子会社からの配当をいいます。）については10％，親子会社間配当以外の配当については，15％とされていました。

(2)　日米新租税条約では，親子会社間配当についての源泉地国における限度税率は，「配当の支払を受ける者が特定される日」においてその配当を支払う法人の議決権のある株式の10％以上を直接又は間接に所有する法人を受益者とする配当については5％とされました。さらに，親子会社間配当のうちでも「配当の支払を受ける者が特定される日」をその末日とする12か月の期間を通じ，配当支払法人の議決権のある株式の50％超の株式を直接又は間接（この場合の中間所有者は，日米いずれかの居住者である必要があります。）に所有する一定の法人を受益者とするものについては，源泉地国において免税とされました。

　　また，居住地国において租税が免除されている年金基金を受益者とする配当に対しても，その配当がその年金基金が直接又は間接に事業（年金基金が本来行うべきものとされている「退職年金その他これに類する報酬の管理又は給付」のための活動以外の活動をいいます。具体的には，例えば，年金被保険者の福祉の増進を目的とした宿泊所や保養所などの施設業務などの活動がこれに該当します。）を遂行することにより取得されたものである場合を除き，源泉地国において免税とされました。

　　これらの配当以外の配当についての源泉地国における限度税率は，10％とされました。

資 料 編

【利子】

	改正前	改正後
利　子	10%	10% （金融機関等が受け取る利子は免税）

(1) 旧条約では，源泉地国における限度税率は，10％とされていました。
(2) 日米新租税条約でも源泉地国における限度税率は，原則として10％とされていますが，金融機関など一定の者を受益者とするものについては，源泉地国において免税とされました。
　利子が源泉地国において免税とされるのは，以下の場合です。
イ　利子の受益者が，締約国，その地方政府・地方公共団体，中央銀行，その締約国が全面的に所有する機関である場合
ロ　利子の受益者が条約の相手国の居住者であって，その利子が，締約国の政府，その締約国の地方政府・地方公共団体，中央銀行，その締約国が全面的に所有する機関により保証された債権，これらによって保険の引受けが行われた債権又はこれらによる間接融資に係る債権に関して支払われる場合
ハ　利子の受益者が条約の相手国の居住者であって，銀行（投資銀行を含みます。），保険会社，登録を受けた証券会社又は資金仲介業務を営むものとして定められた定量基準を満たす企業である場合
　（注）　上記の「定量基準を満たす企業」とは，利子の支払が行われる課税年度の直前の3課税年度において，その負債の50％を超える部分が金融市場における債券の発行又は有利子預金から成り，かつ，その資産の50％を超える部分がその者と日米新租税条約第9条(a)又は(b)にいう関係を有しない者に対する債権から成る企業をいいます。
ニ　利子の受益者が条約の相手国の居住者であって，年金基金である場合（対象となる利子からは，上記【配当】(2)の年金基金と同様，一定のものが除かれます。）
ホ　利子の受益者が条約の相手国の居住者であって，信用供与による設備又は物品の販売の一環として生ずる債権に関し利子を受領する場合

【使用料】

	改正前	改正後
使　用　料	10%	免　税

(1) 旧条約では源泉地国における限度税率は，10％とされていました。
(2) 日米新租税条約では使用料については，源泉地国において一律免税とされました。

【適用手続等について】

(1) その支払を受ける利子，配当，使用料などについて，日米新租税条約の適用を受ける場合には，平成16年7月1日以後最初にその支払を受ける日の前日までに，所定の事項を記入した届出書に特典条項に関する付表（添付書類を含みます。）を添付して，その源泉徴収義務者を経由して，その源泉徴収義務者の納税地の所轄税務署長に届出をする必要があります（「1」の【適用手続等について】参照。）。

(2) 改正前の実施特例法省令では，(1)の届出書の記載事項に異動を生じた場合には，改めてその異動事項を記載した届出書を提出しなければならないこととされていました。改正後の実施特例法省令では，配当又は利子につき提出した租税条約に関する届出書の異動を生じた事項が株式の数量や出資の金額，債券の数量又は貸付金の金額などのみである場合は，異動届出書の提出を省略することができることとされました。なお，この改正は，平成16年7月1日から適用され，日米新租税条約だけでなく日米新租税条約以外の租税条約の適用を受ける場合にも適用されます。

(3) 改正前の実施特例法省令では，配当について租税条約の規定に基づき免税を受けようとする場合には，その租税条約の相手国の居住者が「免税を受けることができることについての租税条約の相手国の権限ある当局の証明書」を添付しなければならないこととされていました。

改正後の実施特例法省令では，配当だけでなく，利子について免税を受ける場合にも租税条約の相手国の権限ある当局の証明書を添付しなければならないこととされました。

ただし，利子や配当につき租税条約の相手国の権限ある当局がそのような証明を行うことができない場合（日米新租税条約の適用を受ける場合や従来そのような証明が行われていない租税条約の適用を受ける場合が，現在のところこれに該当します。）には，その証明書に代えて租税条約に定める免税の要件を満たすことを明らかにする書類（その書類が外国語で作成されている場合には，その翻訳文を含みます。）及び「居住者証明書」を添付することとされました（居住者証明書については，特典条項に関する付表に添付している場合は，省略して差し支えありません。）。なお，この改正は，日米新租税条約のほか，平成16年4月1日以後適用開始となる租税条約について適用されます。

また，使用料について租税条約の規定に基づき免税を受けようとする場合には，その使用料の支払の基因となった契約の内容を記載した書類及び「居住者証明書」を添付することとされました（居住者証明書については，特典条項に関する付表に添付している場合は，省略して差し支えありません。）。なお，この改正は，日米新租税条約のほか，平成16年4月1日以後適用開始となる租税条約について適用されます。

資 料 編

> 3 日米新租税条約では，芸能人の報酬や給与など人的役務の提供の対価についても規定が見直されています。

【給与所得】
(1) 旧条約では，一方の締約国の居住者が受領する給料，賃金その他これらに類する報酬（以下「給料等」といいます。）は，その基因となった勤務が他方の締約国の国内で行われる場合，一方の締約国とともに他方の締約国においても課税することができることとされていました。

　ただし，勤務を行う者の他方の締約国におけるその滞在期間が課税年度を通じて合計183日以下であり，給料等の支払者がその他方の締約国の居住者でなく，かつ，その給料等が他方の締約国内にある恒久的施設等に負担されるものでない場合には，その他方の締約国においては免税とされていました（短期滞在者免税）。

(2) 日米新租税条約では，短期滞在者免税の要件のうち滞在期間に関する要件が，その課税年度において開始又は終了するいずれの12か月間においても合計183日以下であることとされました。

【役員報酬】
(1) 旧条約では，役員賞与や過大役員報酬など損金算入を否認されるものを除いて，役員報酬についても使用人の給与等と同様に取り扱うこととされていました。
(2) 日米新租税条約では，一方の締約国の居住者が他方の締約国の居住者である法人の役員の資格で取得する役員報酬などについては，他方の締約国で課税することができることとされました。

【芸能人等】
(1) 旧条約では，一方の締約国の居住者である芸能人等が他方の締約国において芸能人等として行う人的役務により得る報酬については，自由職業所得条項が適用され，他方の締約国における滞在期間が90日を超える場合，又は，その所得がその課税年度を通じて3,000合衆国ドル若しくは日本円によるその相当額を超える場合には，役務提供地である他方の締約国において課税されることとされていました。また，その人的役務の対価が給与等として芸能人に対して支払われる場合には，給与所得条項が適用されていました。
(2) 日米新租税条約では，一方の締約国の居住者である芸能人等の受ける報酬や給与等については，原則として，それぞれ事業所得条項や給与所得条項が適用されます。ただし，これらの条項により役務提供地国である他方の締約国において免税となる場合であっても，新設された芸能人等条項が適用され，役務提供地国である他方の締約国において受ける報酬や給与等の総額が10,000合衆国ドル又は日本円によるその相当額を超えない場合を除いて他方の締約国において課税されることとされました。

　また，一方の締約国の居住者である芸能人等の役務提供による所得がその芸能人

等以外の者（一方の締約国の居住者に限ります。以下「芸能法人」といいます。）に帰属する場合には，その所得に対しては，事業所得条項や給与所得条項にかかわらず，役務提供地国である他方の締約国において課税できることとされました。ただし，芸能法人の受ける所得であっても，契約において活動を行う芸能人等が特定されておらず，その芸能法人が芸能人等を選定できる場合（例えば，サーカスなどの出演に関する契約等において特定の出演者の出演が一切義務付けられていないような場合がこれに該当すると考えられます。）には芸能人等条項は適用されないこととされました。この場合には，事業所得条項が適用されます。

(注) 報酬や給与等の総額には，その芸能人等に対して実費として支払われる金額や報酬の支払者がその芸能人等に代わって負担した交通費などの金額を含みます。

【学生等】

(1) 旧条約では，一方の締約国を訪れた当初に他方の締約国の居住者であった個人であって，「一方の締約国内の大学その他の公認された教育機関において勉学を行うこと」や「職業上の又は専門家の資格に必要な訓練を受けること」などを主たる目的としてその一方の締約国内に一時的に滞在する人については，その一方の締約国に到着した日から5課税年度を超えない期間，生計，教育，勉学，研究又は訓練のための海外からの送金，奨励金やその一方の締約国内で提供する人的役務によって取得する所得で1課税年度において合計2,000合衆国ドル又は日本円によるその相当額を超えないものについては，一方の締約国の租税を免除することとされていました。

(2) 日米新租税条約では，教育又は訓練を受けることを主たる目的として一方の締約国内に滞在する学生又は事業修習者であって，現に他方の締約国の居住者であるもの又はその滞在の直前に他方の締約国の居住者であったものがその生計，教育又は訓練のために受け取る給付であって国外から支払われるものに限り，滞在地国で免税とされました。この租税の免除期間は，学生については，特に制限はありませんが，事業修習者については，滞在地国で最初に訓練を開始した日から1年以内に限り適用されることとなりました。

(3) なお，旧条約の学生条項に基づく税の減免を受けていた人については，旧条約が引き続き効力を有するとした場合にその特典を受ける権利を失う時まで，その特典を受ける権利を有することとされています。

【教 授】

(1) 旧条約では，一方の締約国の大学などにおいて教育や研究を行うことを主たる目的としてその国に一時的に滞在する他方の締約国の居住者であった個人などについては，その国に到着した日などから2年を超えない期間，その教育機関における教育又は研究の人的役務の提供によって取得する所得につき，その一方の締約国の租税を免除することとされていました。

資料編

(2) 日米新租税条約においては，一方の締約国における滞在にもかかわらず引き続き他方の締約国の居住者に該当する人に対してのみ，この条項が適用されることとなりました。
(3) なお，旧条約の教授条項に基づく税の減免を受けていた人については，旧条約が引き続き効力を有するとした場合にその特典を受ける権利を失う時までその特典を受ける権利を有することとされています。

【適用手続等について】

その支払を受ける上記の報酬などについて，日米新租税条約の適用を受ける場合には，最初にその支払を受ける日の前日までに，源泉徴収義務者ごとに，所定の事項を記入した届出書に特典条項に関する付表（添付書類を含みます。）を添付して，その源泉徴収義務者を経由して，その源泉徴収義務者の納税地の所轄税務署長に届出をする必要があります。

なお，旧条約の学生等条項や教授条項について「租税条約に関する届出書」を提出し，平成16年7月1日前に実際に所得の支払を受け旧条約の適用を受けている場合には，旧条約が引き続き効力を有するとした場合にその特典を受ける権利を失う時まで旧条約の規定の適用を受けることができます。

4 租税条約の両締約国において異なる課税上の取扱いを受ける事業体を通じて両締約国にまたがって所得が取得される場合の取扱いに関する規定が整備されました。

(1) 一方の締約国の事業体が所得の源泉地国である他方の締約国から所得を得る場合において，その他方の締約国ではその事業体を納税義務者として取り扱うが，その事業体の居住地国においてはその事業体の構成員を納税義務者として取り扱うといったことが起こりえます。この場合には，他方の締約国においてその事業体が納税義務者として課税されるにもかかわらず，その事業体の居住地国においては，その事業体は納税義務者とされないことから，その事業体は，租税条約上の居住者に該当せず租税条約の特典を受けられないことになります。
(2) 日米新租税条約においては，上記のように日本と米国において異なる課税上の取扱いを受ける事業体を通じて両国にまたがって所得が取得される場合には，その所得を取得する事業体の居住地国における課税上の取扱いを基にして，源泉地国における課税にも一定の範囲で租税条約の特典が及ぶよう，次のとおり租税条約の適用関係に関する規定が整備されました。
　イ　源泉地国である一方の締約国から他方の締約国の事業体を通じて所得が取得され，その事業体がその所在地国においてその事業体の構成員が納税義務者とされる場合（構成員課税）には，その事業体が源泉地国において納税義務者とされる場合（団体課税）であっても，その所得のうち，他方の締約国の居住者である事業体の構成員が取得する部分につき，日米新租税条約の特典が与えられます。
　ロ　源泉地国である一方の締約国から他方の締約国の事業体を通じて所得が取得さ

源泉所得税の改正のあらまし

れ、その事業体がその所在地国において団体課税を受ける場合には、その事業体が源泉地国では構成員課税を受けるときであっても、その所得には日米新租税条約の特典が与えられます。
　ハ　源泉地国である一方の締約国から日米両国以外の第三国の事業体を通じて所得が取得され、その事業体が他方の締約国で構成員課税を受ける場合には、その事業体が源泉地国では団体課税を受けるときであっても、その所得のうち、その事業体のその他方の締約国の居住者である構成員が取得する部分につき、日米新租税条約の特典が与えられます。
　ニ　源泉地国である一方の締約国から日米両国以外の第三国の事業体を通じて所得が取得され、その事業体が他方の締約国で団体課税とされる場合には、その所得については日米新租税条約の特典は与えられません。
　ホ　源泉地国である一方の締約国からその国の事業体を通じて所得が取得され、その事業体が他方の締約国で団体課税とされる場合には、その所得については日米新租税条約の特典は与えられません。

【適用手続等について】
(1)　外国法人が支払を受ける配当、利子、使用料又はその他の所得（以下「配当等」といいます。）のうち、租税条約の規定において、その租税条約の相手国においてその法令に基づきその外国法人の株主等である者（その租税条約の規定によりその租税条約の相手国の居住者とされる者に限ります。）の所得とされる部分（以下「株主等配当等」といいます。）について、その租税条約の規定に基づいて源泉所得税の軽減又は免除を受けようとする場合（上記「4」(2)のイ及びハがこれに該当します。）には、その外国法人は、源泉徴収義務者ごとに、この「4」以外の場合において租税条約の適用を受ける場合の届出書の記載事項に加え次のイ及びロの事項を記載した届出書にハからホまでの書類を添付して、その源泉徴収義務者を経由して、その源泉徴収義務者の納税地の所轄税務署長に提出する必要があります。
　イ　その配当等が租税条約の相手国の法令に基づきその外国法人の株主等である者の所得として取り扱われる事情の詳細
　ロ　株主等である者の各人別の氏名及び住所若しくは居所又は名称、本店若しくは主たる事務所の所在地などの事項とともに株主等配当等に該当する部分の金額などに関する事項
　ハ　イに掲げる事情の詳細を明らかにする書類（その書類が外国語で作成されている場合には、その翻訳文も含みます。）
　ニ　ロの株主等である者（租税条約の適用を受ける者に限ります。）がその外国法人の株主等であることを明らかにする書類（その書類が外国語で作成されている場合には、その翻訳文も含みます。）
　ホ　ニの株主等である者の居住者証明書
　(注)　「1」の特典条項に関する付表を添付して届出書を提出する必要がある場合には、ニの各株主等である者の特典条項に関する付表を添付する必要がありま

す。
(2) 次の①から③に掲げる配当等について租税条約の規定に基づき源泉所得税の軽減又は免除を受けようとする場合には、これらの非居住者、外国法人、居住者又は内国法人は、その配当等の源泉徴収義務者ごとに、この「4」以外の場合において租税条約の適用を受ける場合の届出書の記載事項に加え次のイ及びロの事項を記載した届出書にハからホまでの書類を添付して、その源泉徴収義務者を経由して、その源泉徴収義務者の納税地の所轄税務署長に提出する必要があります。

なお、その団体の構成員のうち特定の構成員がその構成員以外のすべての構成員から、それらの構成員が届出書に記載すべき事項について通知を受け、その事項を記載した届出書を提出した場合には、すべての構成員が届出書を提出したものとみなされます。

① その非居住者又は外国法人が居住者とされる国との間の租税条約の規定により、その国の法令に基づきその非居住者又は外国法人が構成員となっているその国の団体の所得として取り扱われるもの

② その非居住者又は外国法人の居住地国以外の国との租税条約の規定により、その租税条約の相手国においてその国の法令に基づきその非居住者又は外国法人が構成員となっているその国の団体の所得として取り扱われることとなっているもの

③ 居住者又は内国法人が支払を受ける配当等のうち、租税条約の規定において、その租税条約の相手国においてその法令に基づきその居住者又は内国法人が構成員となっているその国の団体の所得として取り扱われるもの

イ その配当等の支払を受ける者のその配当等がその租税条約の相手国の法令に基づきその者が構成員となっているその租税条約の相手国の団体の所得として取り扱われる事情の詳細

ロ イの租税条約の相手国の団体の名称、本店又は主たる事務所の所在地などの事項とその租税条約の相手国の団体の所得として取り扱われる金額などに関する事項

ハ イに掲げる事情を明らかにする書類（その書類が外国語で作成されている場合には、その翻訳文を含みます。）

ニ その配当等の支払を受ける者がその団体の構成員であることを明らかにする書類（その書類が外国語で作成されている場合には、その翻訳文を含みます。）

ホ 租税条約の相手国の権限ある当局が発行したその団体の居住者証明書

(注)「1」の特典条項に関する付表を添付して届出書を提出する必要がある場合には、ニの団体の特典条項に関する付表を添付する必要があります。

5　日米新租税条約は，源泉所得税に関するものについては，平成16年7月1日以後に支払を受けるべきものから適用されます。

(1)　日米新租税条約は，日本の源泉徴収に関するものについては，**平成16年7月1日以後に支払を受けるべきものから適用**されます。したがって，支払期日があらかじめ定められているようなものについては，その支払期日が7月1日以後であるものについて日米新租税条約が適用されることになります。また，支払期日が定められていないものについては，実際に支払を行った日が平成16年7月1日以後であるものについて適用されます。

(2)　なお，株式の配当は，たとえ7月1日以後に支払うこととなったとしても，6月中に確定した（株主総会の決議のあった）配当については，収入すべき日は，配当の支払が確定した日（株主総会の決議のあった日）となり，その日が「支払を受けるべき日」と解されることから，平成16年6月中に株主総会の決議のあった配当については旧条約が適用されます。

(3)　旧条約の学生等条項又は教授条項に基づく税の減免を受けていた者については，旧条約が引き続き効力を有するとした場合にその特典を受ける権利を失う時までその特典を受ける権利を有することとされています（「3」の【学生等】又は【教授】を参照してください。）。このほか，旧条約による税の減免の特典が新条約によるそれより有利な者については，その者が選択した場合には，新条約の適用が開始されるべき日（源泉所得税については，平成16年7月1日）から12か月の間，旧条約を全体として引き続き適用されることとされています。旧条約は，源泉徴収される租税に関しては原則として平成16年7月1日以後適用されないこととされていますので，同日以後，源泉徴収の段階で旧条約の適用を受ける場合には，旧条約の適用を受けることについて租税条約に関する届出書を提出することとされています。なお，この場合には，平成17年6月30日までは旧条約が全体として適用されることになります（学生等条項及び教授条項の場合は，旧条約が引き続き効力を有するとした場合にその特典を受ける権利を失う時まで，旧条約のそれらの条項が適用されます。）。

資 料 編

1．租税条約に基づく認定を受けるための申請

(1) 概　　要

　いわゆる特典条項を有する相手国居住者等が，特典条項の条件を満たさない場合において，租税条約の特典を受けるため，その者の設立，取得又は維持及びその業務の遂行が当該条約の特典を受けることをその主たる目的の一つとするものでないとの国税庁長官の認定を受けようとする場合の手続。

(2) 手続根拠

　租税条約の実施に伴う所得税法，法人税法及び地方税法の特例等に関する法律第6条の2第1項，第2項，第7項，租税条約の実施に伴う所得税法，法人税法及び地方税法の特例等に関する法律に基づく相手国居住者等に係る租税条約に基づく認定に関する省令第1条第1項～第3項，第2条

(3) 添付書類

① 居住地国の権限ある当局が発行した居住者証明書を添付。
② 認定を受けることができるとする理由の詳細を明らかにする次の書類（これらの書類が外国語で作成されている場合には，その翻訳文を含む。）を添付。
　(ⅰ) 租税条約に規定する特典条項の基準を満たさない理由の詳細に関して参考となる書類
　(ⅱ) その設立，取得又は維持及びその業務の遂行が租税条約の特典を受けることをその主たる目的とするものではないことを明らかにする書類
　(ⅲ) その他参考となる書類
③ 居住地国における法人税に相当する税の課税状況を明らかにする次の書類（これらの書類が外国語で作成されている場合には，その翻訳文を含む。）を提出。
　(ⅰ) 居住地国における法人税に相当する税の税務申告書の写し（直近3事業年度分）
　(ⅱ) 財務諸表の写し（直近3事業年度分）
④ 認定を受けようとする国内源泉所得の種類ごとの金額，支払方法，支払の基因となった契約の内容を明らかにする書類（これらの書類が外国語で作成されている場合には，その翻訳文を含む。）を添付。
⑤ この申請書を納税管理人以外の代理人によって提出する場合には，その委任関係を証する委任状をその翻訳文とともに添付。
　(注) この申請書に記載された事項その他租税条約に基づく認定を行うために必要な事項については，別に説明資料を求めることがある。

主要な届出書等

様式18
FORM

租税条約に基づく認定を受けるための申請書
APPLICATION FORM FOR COMPETENT AUTHORITY DETERMINATION

この申請書の記載に当たっては、別紙の注意事項を参照してください。
See separate instructions.

税務署受付印

整理番号

平成　年　月　日

麹町税務署長経由
国税庁長官殿
To the Commissioner of
the National Tax Agency
via the District Director of
Kojimachi Tax Office

（フリガナ）申請者の名称 Full name	
本店又は主たる事務所の所在地 Place of head office or main office	（電話番号 Telephone Number）
事業が管理・支配されている場所 Place where the business is managed or controlled	（電話番号 Telephone Number）
居住者として課税される国及び納税地 （注6） Country where you are taxable as resident and place where you are to pay tax (Note 6)	（納税者番号 Taxpayer Identification Number）

日本において法人税の納税義務がある場合には、その納税地 Place where you are to pay Corporation Tax in Japan, if any	（電話番号 Telephone Number）
認定を受けようとする国内源泉所得の種類及びその概要 （注7） Type and Description of Income for Determination (Note 7) □源泉所得税　□法人税 Withholding tax　　　Corporation tax	＿＿税法第＿＿＿条第＿＿＿号に規定する国内源泉所得 Japanese Source Income prescribed in Subparagraph＿＿＿ of Article＿＿＿ of ＿＿＿Tax Law
適用を受けようとする租税条約に関する事項 Applicable Income Tax Convention □限度税率　　％　□免税 Applicable Tax Rate　　Exemption	日本国と　アメリカ合衆国　との間の租税条約第＿＿＿条第＿＿＿項 The Income Tax Convention between Japan and　The United States of America, Article ＿＿＿, para＿＿＿
その他の必要な記載事項及び添付書類 Other required Information and Attachments	（法令により必要とされるその他の記載事項及び添付書類については、別紙を参照してください。） See instructions for information and attachments required by the relevant law and ordinances.

当社は、日本国と　アメリカ合衆国　との間の租税条約第 22 条第 1 項 (a)から(f)までに掲げる者のいずれにも該当せず、かつ、第 2 項の規定に基づきその所得について日本国と　アメリカ合衆国　との間の租税条約の特典を受ける権利を有する場合にも該当しませんが、この申請書に記載した国内源泉所得について日本国と　アメリカ合衆国　との間の租税条約第 22 条第 4 項に規定する日本国の権限ある当局の認定を受けたいので、租税条約の実施に伴う所得税法、法人税法及び地方税法の特例等に関する法律第6条の2に基づき申請します。
なお、当社の設立、取得又は維持及び業務の遂行は日本国と　アメリカ合衆国　との間の租税条約の特典を受けることをその主たる目的とするものではありません。
当社は、日本国、居住地国及びその他の国の法令に従って適正に納税を行っており、これからも適正な納税を行います。
We submit this application form in accordance with Article 6-2 of the Law concerning Special Measures of the Income Tax Law, Corporation Tax Law and Local Tax Law for the Enforcement of Tax Conventions for the Competent Authority Determination prescribed in paragraph 4 of Article 22 of the Income Tax Convention between Japan and the United States in order to be granted benefits of the Convention, although we are not the resident prescribed in subparagraphs from (a) to (f) of paragraph 1 of Article 22 of the Convention and further are not entitled to benefits with respect to an item of income in accordance with paragraph 2 of Article 22 of the Convention.
We hereby declare that the establishment, acquisition or maintenance of us, and the conduct of our operations, do not have as their principal purpose the obtaining of benefits under the convention.
We have been paying taxes properly under the relevant laws of Japan, country of our residence and other countries, and we will continue to pay taxes properly.

私は、この申請書の記載事項が正確かつ完全であることを宣言します。
　　　　　年　　月　　日
Date＿＿＿＿＿＿＿＿＿＿＿

I hereby declare that this statement is correct and complete to the best of my knowledge and belief.

申請者の代表者の署名
Signature of the representative of the applicant ＿＿＿＿＿＿＿＿＿＿＿＿＿＿＿＿＿＿＿＿＿＿＿＿

○　代理人に関する事項；この申請書を代理人によって提出する場合には、次の欄に記載してください。
　　Details of Agent ; If this form is prepared and submitted by the agent, fill out the following Columns.

代理人の資格 Capacity of Agent in Japan	氏名 (名称) Full name		納税管理人の届出をした税務署名 Name of the Tax Office where the Tax Agent is registered
□　納税管理人　※ Tax Agent □　その他の代理人 Other Agent	住所 (居所・所在地) Domicile (Residence or location)	（電話番号 Telephone Number）	税　務　署 Tax Office

※　「納税管理人」とは、日本国の国税に関する申告、請求、届出、納付等の事項を処理させるため、国税通則法の規定により選任し、かつ、日本国における納税地の所轄税務署長に届出をした代理人をいいます。

"Tax Agent" means a person who is appointed by the taxpayer and is registered at the District Director of Tax Office for the place where the taxpayer is to pay his tax, in order to have such agent take necessary procedures concerning the Japanese national taxes, such as filing a return, applications, claims, payment of taxes, etc., under the provisions of the General Law for National Taxes.

資 料 編

(別紙)

【その他の必要な記載事項】（これらの記載事項は、適宜の様式に記載してください。）
[Other required Information] (The following information should be provided in other appropriate forms.)
1 認定を受けることができるとする理由の詳細
　Details of the reasons you are to be given determination.
　(1) 租税条約に規定する特典条項の基準を満たさない理由の詳細
　　Details of the Reasons You do NOT qualify under the Limitation on Benefits Article of the Convention.
　(2) 租税条約に規定する特典条項の基準を満たさないにもかかわらず、租税条約により認められる特典を受けようとする理由の詳細
　　Details of the Reasons you apply for Benefits of the Convention, although You do NOT qualify under the Limitation on Benefits Article of Convention.
　(3) その設立、取得又は維持及びその業務の遂行が租税条約の特典を受けることをその主たる目的とするものではないとする理由の詳細
　　Details of the Reasons the Establishment, Acquisition or Maintenance of the Applicant and the Conduct of its Operations are considered as NOT having the obtaining of benefits under the Convention as one of their principle purposes.
2 居住地国における法人税に相当する税の課税状況（直前3事業年度分）
　Descriptions of Tax Obligation in Country of Residence for Tax that is equivalent to the Japanese Corporation Tax (for preceding 3 taxable Years).
3 認定を受けようとする国内源泉所得の種類ごとの金額、支払方法、支払期日及び支払の基因となった契約の内容
　Amount of each Kind, method of Payment, Date of Payment and Summary of underlying Contract of the Japanese Source Income for which Application for Determination is requested.
4 認定を受けようとする国内源泉所得の支払者の氏名及び住所若しくは居所又は名称及び本店若しくは主たる事務所の所在地
　Full name and Domicile or Residence; or Name and Place of head Office or main Office of the Payer of the Japanese Source Income for which Determination is requested.
5 その他参考となる事項
　Other relevant Information

（次の事項は、上記1から5の中に必ず記入してください。）
(Following Information must be included in 1 though 5 above.)
① 設立又は組織年月日
　Date of Establishment or Organization
② 設立又は組織された場所
　Place where Corporation was established or organized
③ 資本金額又は出資金額
　Amount of Capital
④ 居住地国における営業又は事業活動の内容
　Description of Business in Country of Residence
⑤ 日本国内において営業又は事業活動を行っている場合、その営業又は事業活動の内容
　Details of Business in Japan, if any
⑥ 日本国内に恒久的施設を有する場合、その名称及び所在地
　Name and Address of Permanent Establishment(s) in Japan, if any

【必要な添付書類】（注8、9）
Required Attachments (note 8 and 9)

1	居住地国の権限ある当局が発行した居住者証明書 Residency Certification issued by the Competent Authority of the Country of Residence	□ 添付 Attached
2	認定を受けることができるとする理由の詳細を明らかにする書類 Documents showing the Details of Reasons You are to be given Determination.	
	(1) 租税条約に規定する特典条項の基準を満たさない理由の詳細に関して参考となる書類 Documents relevant to the Reasons you do NOT qualify under the Limitation on Eenefits Article of Convention	□ 添付 Attached
	(2) その設立、取得又は維持及びその業務の遂行が租税条約の特典を受けることをその主たる目的とするものではないことを明らかにする書類 Documents showing that the Establishment, Acquisition or Maintenance of the Applicant and the Conduct of its Operations are considered as NOT having the obtaining of benefits under the Convention as one of their principle purposes.	□ 添付 Attached
	(3) その他参考となる書類 Other relevant Documents	□ 添付 Attached
3	居住地国における法人税に相当する税の課税状況を明らかにする書類（直前3事業年度分） Documents showing Tax Obligation in Country of Residence for Tax that is equivalent to Japanese Corporation Tax (for preceding taxable 3 Years)	
	(1) 居住地国における法人税に相当する税の税務申告書の写し（直前3事業年度分） Copies of final Tax Returns for Tax that is equivalent to Japanese Corporation Tax (for preceding taxable 3 Years)	□ 添付 Attached
	(2) 財務諸表の写し（直前3事業年度分） Copies of financial Statements (for preceding taxable 3 Years)	□ 添付 Attached
4	認定を受けようとする国内源泉所得の種類ごとの金額、支払方法、支払期日及び支払の基因となった契約の内容を明らかにする書類 Documents showing the Amount of each Kind, Method of Payment, Date of Payment and underlying Contract of the Japanese Source Income for which Application for Determination is requested.	□ 添付 Attached

主要な届出書等

様式18
FORM

「租税条約に基づく認定を受けるための申請書」に関する注意事項
INSTRUCTIONS FOR "APPLICATION FORM FOR COMPETENT AUTHORITY DETERMINATION"

――― 注 意 事 項 ―――

申請書の提出について
1 この申請書は、租税条約の特典条項の要件を満たさないが、租税条約の特典を受けるために、租税条約に基づく権限ある当局の認定を受けようとする場合に使用します。

2 この申請書は、正副2通を作成して麹町税務署長を経由して、国税庁長官に提出してください。

3 この申請書の記載事項について異動を生じた場合には、その異動を生じた事項、その異動を生じた日その他参考となるべき事項を適宜の様式に記載し、速やかに麹町税務署長を経由して、国税庁長官に提出してください。

4 この申請書を納税管理人以外の代理人によって提出する場合には、その委任関係を証する委任状をその翻訳文と共に添付してください。

申請書の記載について
5 申請書の□欄には、該当する項目について✓印を付してください。
6 居住地国において納税者番号を有する場合には、その納税者番号をかっこ書きで記載してください。
　納税者番号とは、租税の申告、納付その他の手続を行うために用いる番号、記号その他の符号でその手続をすべき者を特定することができるものをいいます。支払を受ける者が納税者番号を有しない場合や支払を受ける者の居住地である国に納税者番号に関する制度が存在しない場合には納税者番号を記載する必要はありません。

7 認定を受けようとする国内源泉所得について、所得税法第161条又は法人税法第138条の該当号数を記載するとともに、その国内源泉所得の内容をかっこ書きで明記してください。

申請書の添付書類について
8 添付した書類について、□欄に✓印を付してください。
9 居住者証明書以外の添付書類については、その書類が外国語で作成されている場合には、その翻訳文を合わせて添付してください。

この申請書に記載された事項その他租税条約に基づく認定を行うために必要な事項については、別に説明資料を求めることがあります。

―――INSTRUCTIONS―――

Submission of the form
1 This form is to be used when a person who does NOT qualify under the Limitation of Benefits Article in the Convention applies for competent authority determination in order to be granted benefits of Convention.
2 This form must be submitted in duplicate to the Commissioner of the National Tax Agency via the District Director of Kojimachi Tax Office.
3 To make a any change to the information submitted on this form, describe the change, the date of the change occurred and other relevant information on separate sheet and submit it to the Commissioner of the National Tax Agency via the District Director of Kojimachi Tax Office as soon as possible.
4 An Agent other than the Tax Agent must attach a power of attorney together with its Japanese translation.

Preparation of the form
5 Applicable blocks must be checked.
6 Enter the Taxpayer Identification Number in brackets, if you have it in country of residence.
　The Taxpayer Identification Number is a number, code or symbol which is used for filing of return and payment of due amount and other procedures regarding tax, and which identifies a person who must take such procedures. If a system of Taxpayer Identification Number does not exist in the country where the recipient resides, or if the recipient of the payment does not have a Taxpayer Identification Number, it is not necessary to enter the Taxpayer Identification Number.
7 Enter the number of the applicable subparagraph the Article 161 of the Income Tax Law or of the Article 138 of the Corporation Tax Law regarding the Japanese source income for which application for determination is requested, and indicate the income in brackets.

Attachments to the form
8 Applicable blocks must be checked.
9 Attach Japanese translations if attached documents are written in foreign language (except for residency certification).

If necessary, the applicant may be requested to furnish further information and documents for items stated in this form and other necessary items for determination.

資　料　編

2．租税条約に関する届出（配当に対する所得税の軽減・免除）

(1) 概　　要
　我が国と租税条約を締結している国の居住者（法人を含む。）が，我が国の法人から支払を受ける配当について，租税条約の規定に基づき源泉徴収税額の軽減又は免除を受けるために行う手続。

(2) 手続根拠
　租税条約の実施に伴う所得税法，法人税法及び地方税法の特例等に関する法律の施行に関する省令第2条，第2条の2，第2条の3，第2条の4，第2条の5，第9条の5，第9条の6，第9条の7，第9条の8，第9条の9

(3) 添付書類
　① 適用を受ける租税条約が特典条項を有する租税条約である場合には，「**特典条項に関する付表（様式17）**」（同様式に規定する添付書類を含む。）を添付。
　② 外国法人であって，米国ではその株主等が納税義務者とされるものが支払を受ける所得については，米国居住者である株主等（その株主等の受益する部分に限る。）についてのみ日米租税条約の規定の適用を受けることができる。これに該当する外国法人は，次の書類を添付。
　（ⅰ） 配当の支払を受ける外国法人が米国においてその株主等が課税を受けていることを明らかにする書類
　（ⅱ） 「**外国法人の株主等の名簿（様式16）**」
　（ⅲ） 日米租税条約の適用を受けることができる株主等がその外国法人の株主等であることを明らかにする書類
　　なお，この場合には，「**特典条項に関する付表（様式17）**」（その添付書類を含む。）については，（ⅲ）の各株主等のものを添付。
　③ 日米租税条約の米国の居住者に該当する団体であって，日本ではその構成員が納税義務者とされる団体の構成員（その団体の居住地国の居住者だけでなく，それ以外の国の居住者や日本の居住者も含む。）は，この届出書に次の書類を添付。
　　なお，その団体の構成員のうち特定の構成員が他のすべての構成員から「**相手国団体の構成員の名簿（様式16）**」に記載すべき事項について通知を受けその事項を記載した「**相手国団体の構成員の名簿（様式16）**」を提出した場合には，すべての構成員が届出書を提出しているものとみなされる。
　（ⅰ） 配当の支払を受ける団体が居住地国において法人として課税を受けていることを明らかにする書類
　（ⅱ） 「**相手国団体の構成員の名簿（様式16）**」
　（ⅲ） （ⅱ）に記載された構成員が配当の支払を受ける団体の構成員であることを明らかにする書類

なお，この場合には，「**特典条項に関する付表（様式17）**」（その添付書類も含む。）は，配当の支払を受ける団体のものを添付。
④　元本がその真実の所有者以外の者（配当の支払を受けるもの以外の者）の名義によって所有されている場合には，元本の真実の所有者であること及びその元本が真実の所有者以外の名義によって所有されている理由を証するその名義人の発行した証明書を，その翻訳文とともに添付。
⑤　この届出書を納税管理人以外の代理人によって提出する場合には，その委任関係を証する委任状をその翻訳文とともに添付。
（注）　この届出書に記載された事項その他租税条約の規定の適用の有無を判定するために必要な事項については，別に説明資料を求めることがある。

資料編

様式 1
FORM

租税条約に関する届出書
APPLICATION FORM FOR INCOME TAX CONVENTION

配当に対する所得税の軽減・免除
Relief from Japanese Income Tax on Dividends

この届出書の記載に当たっては、別紙の注意事項を参照してください。
See separate instructions.

税務署整理欄
For official use only

適用；有，無

税務署長殿
To the District Director of _____ Tax Office

1 適用を受ける租税条約に関する事項；
  Applicable Income Tax Convention
  日本国と_____との間の租税条約第___条第___項
  The Income Tax Convention between Japan and _____, Article___, para.___

☐ 限度税率___％ Applicable Tax Rate
☐ 免税 Exemption

2 配当の支払を受ける者に関する事項；
  Details of Recipient of Dividends

氏名又は名称 Full name		
個人の場合 Individual	住所又は居所 Domicile or residence	（電話番号 Telephone Number）
	国籍 Nationality	
法人その他の団体の場合 Corporation or other entity	本店又は主たる事務所の所在地 Place of head office or main office	（電話番号 Telephone Number）
	設立又は組織された場所 Place where the Corporation was established or organized	
	事業が管理・支配されている場所 Place where the business is managed or controlled	（電話番号 Telephone Number）
下記「4」の配当につき居住者として課税される国、納税地（注8） Country where the recipient is taxable as resident on Dividends mentioned in 4 below and the place where he is to pay tax (Note 8)		（納税者番号 Taxpayer Identification Number）
日本国内の恒久的施設の状況 Permanent establishment in Japan ☐有(Yes)，☐無(No) If "Yes", explain：	名称 Name	
	所在地 Address	（電話番号 Telephone Number）
	事業の内容 Details of Business	

3 配当の支払者に関する事項；
  Details of Payer of Dividends

(1)	名称 Full name	
(2)	本店の所在地 Place of head office	（電話番号 Telephone Number）
(3)	発行済株式のうち議決権のある株式の数（注9） Number of voting shares issued (Note 9)	

4 上記「3」の支払者から支払を受ける配当で「1」の租税条約の規定の適用を受けるものに関する事項（注10）；
  Details of Dividends received from the Payer to which the Convention mentioned in 1 above is applicable (Note 10)

元本の種類 Kind of Principal	銘柄又は名称 Description	名義人の氏名又は名称（注11） Name of Nominee of Principal(Note 11)	証券の記号・番号 Registered Number	元本の取得年月日 Date of Acquisition of Principal
☐出資・株式・基金 Shares (Stocks) ☐株式投資信託 Stock investment trust				
元本の数量 Quantity of Principal	左のうち議決権のある株式の数 Of which Quantity of Voting Shares		配当の支払期日 Due Date for Payment	配当の金額 Amount of Dividends

5 その他参考となるべき事項（注12）；
  Others (Note 12)

426

主要な届出書等

6 日本の税法上、届出書の「2」の外国法人が納税義務者とされるが、「1」の租税条約の相手国では、その外国法人の株主等が納税義務者とされており、かつ、租税条約の規定によりその株主等である者（相手国居住者に限ります。）の所得として取り扱われる部分に対して租税条約の適用を受けることとされている場合の租税条約の適用を受ける割合に関する事項等（注4）;
Details of proportion of income to which the convention mentioned in 1 above is applicable, if the foreign company mentioned in 2 above is taxable as a company under Japanese tax law, and the member of the company is treated as taxable person in the other contracting country of the convention; and if the convention is applicable to income that is treated as income of the member (limited to a resident of the other contracting country) of the foreign company in accordance with the provisions of the convention (Note 4)

届出書の「2」の欄に記載した外国法人が、「4」の配当につき、「1」の租税条約の相手国において次の法令に基づいて、次の日以後、その株主等である者が課税されることとされています。
The member of the foreign company mentioned in 2 above is taxable in the other contracting country mentioned in 1 above regarding the dividends mentioned in 4 above since the following date under the following law of the other contracting country

根拠法令
Applicable law _____   効力を生じる日   年   月   日
                                                  Effective date _____

届出書の「2」の外国法人の株主等で租税条約の適用を受ける者の氏名又は名称 Name of member of the foreign company mentioned in 2 above, to whom the Convention is applicable	間接保有 Indirect Ownership	持分の割合 Ratio of Ownership	受益の割合＝租税条約の適用を受ける割合 Proportion of benefit = Proportion for Application of Convention
	☐	%	%
	☐	%	%
	☐	%	%
	☐	%	%
	☐	%	%
合計 Total		%	%

7 日本の税法上、届出書の「2」の団体の構成員が納税義務者とされるが、「1」の租税条約の相手国ではその団体が納税義務者とされており、かつ、租税条約の規定によりその団体の所得として取り扱われる部分に対して租税条約の適用を受けることとされている場合の記載事項（注5）;
Details if, while the partner of the entity mentioned in 2 above is taxable under Japanese tax law, the entity is treated as taxable person in the other contracting country of the convention mentioned in 1 above, and if the convention is applicable to income that is treated as income of the entity in accordance with the provisions of the convention (Note 5)

届出書の「2」の欄に記載した団体が、「4」の配当につき、「1」の欄の租税条約の相手国において次の法令に基づいて、次の日以後、法人として課税されることとされています。
The entity mentioned in 2 above is taxable as a corporation regarding the dividends mentioned in 4 above since the following date under the following law in the other contracting country of the convention mentioned in 1 above

根拠法令
Applicable law _____   効力を生じる日   年   月   日
                                                  Effective date _____

他のすべての構成員から通知を受けこの届出書を提出する構成員の氏名又は名称
Full name of the partner of the entity who has been notified by all other partners and is to submit this form _____

私も、この届出書の「4」に記載した配当が「1」に掲げる租税条約の規定の適用を受けるものであること、「租税条約の実施に伴う所得税法、法人税法及び地方税法の特例等に関する法律の施行に関する省令」の規定により届け出るとともに、この届出書（及び付表）の記載事項が正確かつ完全であることを宣言します。

In accordance with the provisions of the Ministerial Ordinance for the Implementation of the Law concerning the Special Measures of the Income Tax Law, the Corporation Tax Law and the Local Tax Law for the Enforcement of Income Tax Conventions, I hereby submit this application form under the belief that the provisions of the Income Tax Convention mentioned in 1 above is applicable to Dividends mentioned in 4 above and also hereby declare that the statement on this form (and attachment form) is correct and complete to the best of my knowledge and belief.

Date_____ 年   月   日
配当の支払を受ける者又はその代理人の署名
Signature of the Recipient of Dividends or his Agent _____

8 権限ある当局の証明（注13）
Certification of competent authority (Note 13)

私は、届出者が、日本国と_____との間の租税条約第___条___項___に規定する居住者であることを証明します。
I hereby certify that the applicant is a resident under the provisions of the Income Tax Convention between Japan and _____, Article_____, para._____.

Date_____ 年   月   日   Signature _____

○ 代理人に関する事項 ; この届出書を代理人によって提出する場合には、次の欄に記載してください。
Details of the Agent ; If this form is prepared and submitted by the Agent, fill out the following Columns.

代理人の資格 Capacity of Agent in Japan	氏名（名称） Full name		納税管理人の届出をした税務署名 Name of the Tax Office where the Tax Agent is registered
☐ 納税管理人 ※ Tax Agent ☐ その他の代理人 Other Agent	住所（居所・所在地） Domicile (Residence or location)	（電話番号 Telephone Number）	税務署 Tax Office

※「納税管理人」とは、日本国の国税に関する申告、申請、請求、届出、納付等の事項を処理させるため、国税通則法の規定により選任し、かつ、日本国における納税地の所轄税務署長に届出をした代理人をいいます。

※ "Tax Agent" means a person who is appointed by the taxpayer and is registered at the District Director of Tax Office for the place where the taxpayer is to pay his tax, in order to have such agent take necessary procedures concerning the Japanese national taxes, such as filing a return, applications, claims, payment of taxes, etc., under the provisions of the General Law for National Taxes.

○ 適用を受ける租税条約が特典条項を有する租税条約である場合;
If the applicable convention has article on limitation on benefits

特典条項に関する付表の添付 ☐有Yes
"Attachment Form for Limitation on Benefits Article" attached
☐添付省略 Attachment not required
（特典条項に関する付表を添付して提出した租税条約に関する届出書の提出日
Date of previous submission of the application for income tax convention with the "Attachment Form for Limitation on Benefits Article _____ 年   月   日）

427

資料編

様式 1
FORM

「租税条約に関する届出書(配当に対する所得税の軽減・免除)」に関する注意事項
INSTRUCTIONS FOR "APPLICATION FORM FOR RELIEF FROM JAPANESE INCOME TAX ON DIVIDENDS"

━━注 意 事 項━━ ━━INSTRUCTIONS━━

届出書の提出について

1 この届出書は、配当に係る日本国の所得税の源泉徴収税額について租税条約の規定に基づく軽減又は免除を受けようとする場合に使用します。

2 この届出書は、配当の支払者ごとに作成してください。

3 この届出書は、正副2通を作成して配当の支払者に提出し、支払者は、正本を、最初にその配当の支払をする日の前日までにその支払者の所轄税務署長に提出してください。この届出書の提出後その記載事項に異動が生じた場合も同様です。
なお、記載事項に異動が生じた場合において、異動が生じた記載事項が届出書の「4」の「元本の数量」や「配当の金額」の増加又は減少によるものであるときは、異動に係る届出書の提出を省略することができます。
無記名の受益証券等に係る配当については、その支払を受ける都度、この届出書を正副2通を作成して配当の支払者に提出し、配当の支払者は、正本をその支払者の所轄税務署長に提出してください。

4 外国法人であって、米国ではその株主等が納税義務者とされるもののが受ける所得については、米国居住者である株主等(その株主等の受益する部分に限ります。)についてのみ日米租税条約の規定の適用を受けることができます。上記に該当する外国法人は、次の書類を添付して提出してください。
① 届出書の「2」の欄に記載した外国法人が米国においてその株主等が課税を受けていることを明らかにする書類
② 「外国法人の株主等の名簿(様式16)」
③ 日米租税条約の適用を受けることができる株主等がその外国法人の株主等であることを明らかにする書類
なお、この場合には、「特典条項に関する付表(様式17)」(その添付書類を含みます。)については、③の各株主等のものを添付してください。

5 日米租税条約の米国の居住者に該当する団体であって、日本ではその構成員が納税義務者とされる団体の構成員(その団体の居住地国の居住者だけでなく、それ以外の国の居住者や日本の居住者も含みます。以下同じです。)は、この届出書に次の書類を添付して提出してください。
なお、その団体の構成員のうち特定の構成員が他のすべての構成員から「相手国団体の構成員の名簿(様式16)」に記載すべき事項について通知を受けその事項を記載した「相手国団体の構成員の名簿(様式16)」を提出した場合には、すべての構成員が届出書を提出したものとみなされます。
① 届出書の「2」の欄に記載した団体が居住地国において法人として取扱を受けていることを明らかにする書類
② 「相手国団体の構成員の名簿(様式16)」
③ 相手国団体の構成員が届出書の「2」の団体の構成員であることを明らかにする書類
なお、この場合には、「特典条項に関する付表(様式17)」(その添付書類を含みます。)については、届出書の「2」の欄に記載した団体のものを添付してください。

6 この届出書を納税管理人以外の代理人によって提出する場合には、その委任関係を証する委任状をその翻訳文とともに添付してください。

届出書の記載について

7 届出書の□欄には、該当する項目について✓印を付してください。

8 納税者番号とは、租税の申告、納付その他の手続を行うために用いる番号、記号その他の符号でその手続をすべき者を特定することができるものをいいます。支払を受ける者の居住地国にこの番号を有している場合や支払を受ける者の居住地国である国に納税者番号に関する制度が存在しない場合には納税者番号を記載する必要はありません。

9 届出書の「3」の「(3)」の欄には、配当の支払を受ける者が配当の支払者の議決権のある発行済株式の10%以上を所有している場合に記載してください。

10 届出書の「4」の各欄には、配当の支払を受ける者が日本国内に支店等の恒久的施設を有する場合に、その恒久的施設に帰せられない配当について記載してください。

【裏面に続きます】

Submission of the FORM

1 This form is to be used by the Recipient of Dividends in claiming the relief from Japanese Income Tax under the provisions of the Income Tax Convention.

2 This form must be prepared separately for each Payer of Dividends.

3 This form must be submitted in duplicate to the Payer of Dividends, who has to file the original with the District Director of Tax Office for the place where the Payer resides, by the day before the payment of the Dividends is made. The same procedures must be followed when there is any change in the statements on this form except if the change results in an increase or decrease in the "Quantity of Principal", or "Amount of Dividends" mentioned in column 4.
However, in case of Dividends from bearer securities, this form must be submitted in duplicate at the time of each payment of such Dividends.

4 In case of income that is received by a foreign company whose member is treated as taxable person in the United States, the Japan-US Income Tax Convention is applicable only to US resident members (to the extent that the income is a benefit of the members). Such foreign companys should attach the following documents to this form:
① Documents showing that the member of the foreign company mentioned in 2 is treated as taxable person in the United States.
② "List of the Members of Foreign Company (Form 16)"
③ Documents showing that the member to whom the Japan-US Income Tax Convention is applicable is a member of the foreign company.
Also attach "Attachment Form for Limitation on Benefits Article (Form 17)"(including attachment) completed for each of the members described in ③.

5 A Partner of an entity that is a US resident under the Japan-US Income Tax Convention (including a partner that is resident of Japan or any other country, in addition to the country of which the entity is a resident; the same applies below) and whose partners are taxable persons in Japan must submit this form attached with the following documents.
If a specific partner of the entity is notified of required information to enter in "List of the Partners of Entity (Form 16)" by all of the other partners and "List of the Partners of Entity (Form 16)" filed with the notified information, all of the partners are deemed to submit the application form.
① Documents showing that the entity mentioned in 2 is taxable as a corporation in its residence country.
② "List of the Partners of Entity (Form 16)"
③ Documents showing that the partners mentioned in "List of the Partners of Entity (Form 16)" are partners of the entity mentioned in 2.
In this case, attach "Attachment Form for Limitation on Benefits Article (Form17)" (including attachment) for the entity mentioned in 2.

6 An Agent other than the Tax Agent must attach a power of attorney together with its Japanese translation.

Completion of the FORM

7 Applicable blocks must be checked.

8 The Taxpayer Identification Number is a number, code or symbol which is used for filing of return and payment of due amount and other procedures regarding tax, and which identifies a person who must take such procedures. If a system of Taxpayer Identification Number does not exist in the country where the recipient resides, or if the recipient of the payment does not have a Taxpayer Identification Number, it is not necessary to enter the Taxpayer Identification Number.

9 Column ③ of 3 must be filled in if the Recipient of Dividends owns not less than 10% of the total voting shares issued by the Payer of such Dividends.

10 Enter into Column 4 Dividends which are not attributed to a permanent establishment in Japan of the Recipient (such Dividends as are not accounted for in the books of the permanent establishment).

【Continue on the reverse】

主要な届出書等

11 届出書の「4」の「名義人の氏名又は名称」欄には、元本がその真実の所有者以外の者─配当の支払を受ける者以外の者─の名義によって所有されている場合には、その名義人の氏名又は名称を記載してください。この場合、届出書「2 配当の支払を受ける者に関する事項」欄に記載された者が元本の真実の所有者であること及びその元本が真実の所有者以外の者の名義によって所有されている理由を証するその名義人の発行した証明書を、その翻訳文とともに添付してください。

12 届出書の「5」の欄には、「2」から「4」までの各欄に記載した事項のほか、租税の軽減又は免除を定める「1」の租税条約の適用を受けるための要件を満たす事情の詳細を記載してください。
なお、配当の支払を受ける者が、日仏租税条約議定書3 (b) (i) の規定する組合又はその他の団体である場合には、その旨(組合その他の団体の種類、設立根拠法を記載してください。)、支払を受ける総額、フランスの居住者たる組合員又は構成員の持ち分の割合を記載し(組合員又は構成員全体の持ち分の明細を添付してください。)、また、フランスにおいて法人課税を選択している場合には、その選択している旨を記載してください。

13 支払を受ける配当が、租税条約の規定により免税となる場合には、支払書に提出する前に、届出書の「8」に権限ある当局の証明を受けてください(注意事項14の場合を除きます。)。

14 注意事項13の場合において権限ある当局が証明を行わないこととしているため、その証明を受けることができない場合には、届出書の「5」の欄に記載した「要件を満たす事情の詳細」を明らかにする書類(その書類が外国語で作成されている場合には、その翻訳文を含みます。)及び権限ある当局の発行した居住者証明書を添付してください(平成16年4月1日以後適用開始となる租税条約の適用を受ける場合に限ります。)。

この届出書に記載された事項その他租税条約の規定の適用の有無を判定するために必要な事項については、別に説明資料を求めることがあります。

11 Enter into item "Name of Nominee of Principal" in 4 the registered name of the owner of shares in question.
If the registered name is different from the name of Recipient of Dividends, attach the certificate issued by the nominee to clarify that the beneficial owner of such shares is the Recipient stated in Column 2, together with its Japanese translation and why the shares are registered in a name other than that of the beneficial owners.

12 Enter into line 5 details of circumstance that the conditions for the application of the convention mentioned in 1 are satisfied, in addition to information entered in 2 thought 4.
If the Recipient of Dividends is the partnership or other group of persons in the sense of the Article 3 (b)(i) of Protocol of the Convention between Japan and the French Republic, enter details into this Column to that effect (kind of partnership or other group of persons, and the basis law for the establishment), total amount of Dividends, and the ratio of an interest of the French resident partners to that of all partners, together with the full details of interests of all partners. If said partnership or other group of persons elects to be liable to the corporation tax in France, enter information into this Column to that effect.

13 If the Dividends are subject to the tax exemption under the provisions of the Income Tax Convention, the Column 8 must be filled with the certification by the competent authority before submitting this form to the payer(except for cases described in Note 14).

14 If the competent authority does not make such a certification as mentioned in Note 13, documents showing "the details of circumstance that the conditions are satisfied" entered in line 5 (including Japanese translation if the documents are written in foreign language.) and the certification of residency issued by the competent authority must be attached (only for the application of the convention that went into entered into effect on and after April 1, 2004).

If necessary, the applicant may be requested to furnish further information in order to decide whether relief under the Convention should be granted or not.

資料編

様式 16
FORM

外国法人の株主等の名簿 兼 相手国団体の構成員の名簿
LIST OF THE MEMBERS OF FOREIGN COMPANY OR LIST OF THE PARTNERS OF ENTITY

この届出書の記載に当たっては、末尾注意事項を参照してください。
See instructions at the end.

個人の場合 Individual	氏　名　又　は　名　称 Full name		
	住　所　又　は　居　所 Domicile or residence		(電話番号 Telephone Number)
	国　　　　　　　　籍 Nationality		
法人その他の 団体の場合 Corporation or other entity	本店又は主たる事務所の所在地 Place of head office or main office		(電話番号 Telephone Number)
	設立又は組織された場所 Place where the Corporation was established or organized		
	事業が管理・支配されている場所 Place where the business is managed or controlled		(電話番号 Telephone Number)
居住者として課税される国、納税地(注) Country where the recipient is taxable as resident and the place where he is to pay tax (Note)			(納税者番号 Taxpayer Identification Number)
個人の場合 Individual	氏　名　又　は　名　称 Full name		
	住　所　又　は　居　所 Domicile or residence		(電話番号 Telephone Number)
	国　　　　　　　　籍 Nationality		
法人その他の 団体の場合 Corporation or other entity	本店又は主たる事務所の所在地 Place of head office or main office		(電話番号 Telephone Number)
	設立又は組織された場所 Place where the Corporation was established or organized		
	事業が管理・支配されている場所 Place where the business is managed or controlled		(電話番号 Telephone Number)
居住者として課税される国、納税地(注) Country where the recipient is taxable as resident and the place where he is to pay tax (Note)			(納税者番号 Taxpayer Identification Number)
個人の場合 Individual	氏　名　又　は　名　称 Full name		
	住　所　又　は　居　所 Domicile or residence		(電話番号 Telephone Number)
	国　　　　　　　　籍 Nationality		
法人その他の 団体の場合 Corporation or other entity	本店又は主たる事務所の所在地 Place of head office or main office		(電話番号 Telephone Number)
	設立又は組織された場所 Place where the Corporation was established or organized		
	事業が管理・支配されている場所 Place where the business is managed or controlled		(電話番号 Telephone Number)
居住者として課税される国、納税地(注) Country where the recipient is taxable as resident and the place where he is to pay tax (Note)			(納税者番号 Taxpayer Identification Number)

――注　意　事　項――　　　　　　　　　――INSTRUCTIONS――

名簿の記載について
　納税者番号とは、租税の申告、納付その他の手続を行うために用いる番号、記号その他の符号でその手続をすべき者を特定することができるものをいいます。支払を受ける者が納税者番号を有しない場合や支払を受ける者の居住地である国に納税者番号に関する制度が存在しない場合には納税者番号を記載する必要はありません。

Completion of the LIST
　The Taxpayer Identification Number is a number, code or symbol which is used for filing of return and payment of due amount and other procedures regarding tax, and which identifies a person who must take such procedures. If a system of Taxpayer Identification Number does not exist in the country where the recipient resides, or if the recipient of the payment does not have a Taxpayer Identification Number, it is not necessary to enter the Taxpayer Identification Number.

主要な届出書等

様式 17
FORM

特典条項に関する付表

ATTACHMENT FORM FOR LIMITATION ON BENEFITS ARTICLE

記載に当たっては、別紙の注意事項を参照してください。
See separate instructions.

1 適用を受ける租税条約の特典条項に関する事項；
   Limitation on Benefits Article of applicable Income Tax Convention
   日本国とアメリカ合衆国との間の租税条約第22条
   The Income Tax Convention between Japan and The United States of America, Article 22

2 この付表に記載される者の氏名又は名称；
   Full name of Resident regarding this attachment Form

	居住地国の権限ある当局が発行した居住者証明書を添付してください Attach Residency Certification issued by Competent Authority of Country of residence.

3 租税条約の特典条項の要件に関する事項；
   AからCの順番に各項目の「□該当」又は「□非該当」の該当する項目に✓印を付してください。いずれかの項目に「該当」する場合には、それ以降の項目に記入する必要はありません。なお、該当する項目については、各項目ごとの要件に関する事項を記入の上、必要な書類を添付してください。
   In order of sections A, B and C , check applicable box "Yes" or "No" in each line. If you check any box of "Yes", in section A to C, you need not fill the lines that follow. Applicable lines must be filled and necessary document must be attached.

A

(1) 個人 Individual　　　　　　　　　　　　　　　　　　　　　　　　　　　　　　　　　　　　　　□該当 Yes , □非該当 No

(2) 国、地方政府若しくは地方公共団体、中央銀行　　　　　　　　　　　　　　　　　　　　　　　　□該当 Yes , □非該当 No
    Contracting Country, any Political Subdivision or Local Authority, Central Bank

(3) 公開会社(注6) Publicly Traded Company (Note 6)　　　　　　　　　　　　　　　　　　　　　　　□該当 Yes , □非該当 No
    (公開会社には、下表のC欄が6％未満である会社を含みません。)(注7)
    ("Publicly traded Company" does not include a Company for which the Figure in Column C below is less than 6%.)(Note 7)

株式の種類 Kind of Share	公認の有価証券市場の名称 Recognized Stock Exchange	シンボル又は証券コード Ticker Symbol or Security Code	発行済株式の総数の平均 Average Number of Shares outstanding	有価証券市場で取引された株式の数 Number of Shares traded on Recognized Stock Exchange	B/A(%)
			A	B	C %

(4) 公開会社の関連会社 Subsidiary of Publicly Traded Company　　　　　　　　　　　　　　　　　□該当 Yes , □非該当 No
    (発行済株式の総数(　　　　　　　　株)の50％以上が上記(3)の公開会社に該当する5以下の法人により直接又は間接に所有されているものに限ります)。(注8)
    ("Subsidiary of Publicly Traded Company" is limited to a company at least 50% of whose shares outstanding (　　　　　shares) are owned directly or indirectly by 5 or fewer "Publicly Traded Companies" as defined in (3) above.)(Note 8)
    年　月　日現在の株主の状況 State of Shareholders as of (date)　　/　　/

株主の名称 Name of Shareholder	居住地国における納税地 Place where Shareholder is taxable in Country of residence	公認の有価証券市場 Recognized Stock Exchange	シンボル又は証券コード Ticker Symbol or Security Code	間接保有 Indirect Ownership	所有株式数 Number of Shares owned
1				□	
2				□	
3				□	
4				□	
5				□	
		合計 Total (持株割合 Ratio (%) of Shares owned)			(　　%)

(5) 公益団体(注9) Public Service Organization (Note 9)　　　　　　　　　　　　　　　　　　　　　　□該当 Yes , □非該当 No
    設立の根拠法令 Law for Establishment　　　　　　設立の目的 Purpose of Establishment

(6) 年金基金(注10) Pension Fund (Note 10)　　　　　　　　　　　　　　　　　　　　　　　　　　　　□該当 Yes , □非該当 No
    (直前の課税年度の終了の日においてその受益者、構成員又は参加者の50％を超える者が日本又は「1」の租税条約の相手国の居住者である個人に限られます。受益者等の50％以上が、両締約国の居住者である事実を記入してください。)
    "Pension Fund" is limited to one more than 50% of whose beneficiaries, members, or participants were individual residents of Japan or the other contracting country of the convention mentioned in 1 above as of the end of the prior taxable year. Provide below details showing that more than 50% of beneficiaries etc. are individual residents of either contracting country.

    設立等の根拠法令 Law for Establishment　　　　　　非課税の根拠法令 Law for Tax Exemption

⬇ Aのいずれにも該当しない場合は、Bに進んでください。If none of the lines in A applies, proceed to B.

431

資 料 編

B
次の(a)及び(b)の要件のいずれも満たす個人以外の者 Person other than an Individual, and satisfying both (a) and (b) below　□該当 Yes、□非該当 No
(a) 株式の受益に関する持分(　　　　　　　　)の50％以上が、Aの(1)、(2)、(3)、(5)及び(6)に該当する日本又は「1」の租税条約の相手国の居住者により直接又は間接に所有されていること(注11)
Residents of Japan or the other contracting Country of the Convention mentioned in 1 above who fall under (1),(2),(3),(5) or (6) of A own directly or indirectly at least 50% of Shares or other beneficial Interests (　　　　　) in the Person. (Note 11)
年　月　日現在の株主の状況 State of Shareholders as of (date) ／／

株主等の氏名又は名称 Name of Shareholders	居住地国における納税地 Place where Shareholders is taxable in Country of residence	Aの番号 Number of applicable Line in A	間接所有 Indirect Ownership	株主等の持分 Number of Shares owned
			□	
			□	
			□	
		計 Total (持分割合 Ratio(%) of Shares owned)		(　　%)

(b) 総所得のうち、課税所得の計算上控除される支出により、日本又は「1」の租税条約の相手国の居住者に該当しない者(以下「第三国居住者」といいます。)に対し直接又は間接に支払われる金額が、50％未満であること(注12)
Less than 50% of the person's gross income is paid or accrued directly or indirectly to persons who are not residents of Japan or the other contracting country of the convention mentioned in 1 above ("third country residents") in the form of payments that are deductible in computing taxable income in country of residence (Note 12)
第三国居住者に対する支払割合 Ratio of Payment to Third Country Residents　　　　　　(通貨 Currency:　　　　　)

	申告 Tax Return		源泉所得税 Withholding Tax	
	当該課税年度 Taxable Year	前々々課税年度 Taxable Year three Years prior	前々課税年度 Taxable Year two Years prior	前課税年度 Prior taxable Year
第三国居住者に対する支払 Payment to third Country Residents	A			
総所得 Gross Income	B			
A/B (%)	C　　　%	%	%	%

▶ Bに該当しない場合は、Cに進んでください。If B does not apply, proceed to C.

C
次の(a)から(c)の要件をすべて満たす者 Resident satisfying all of the following Conditions from (a) through (c)　□該当 Yes、□非該当 No
居住地国において従事している営業又は事業の活動の概要(注13) ; Description of trade or business in residence country (Note 13)

[   ]

(a) 居住地国において従事している営業又は事業の活動が、自己の勘定のために投資を行い又は管理する活動(商業銀行、保険会社又は登録を受けた証券会社が行う銀行業、保険業又は証券業の活動を除きます。)ではないこと(注14) :　□はい Yes、□いいえ No
Trade or business in country of residence is other than that of making or managing investments for the resident's own account (unless these activities are banking, insurance or securities activities carried on by a commercial bank, insurance company or registered securities dealer) (Note 14)

(b) 所得が居住地国において従事している営業又は事業の活動に関連又は付随して取得されるものであること(注15) :　□はい Yes、□いいえ No
Income is derived in connection with or is incidental to that trade or business in country of residence (Note 15)

(c) (日本国内において営業又は事業の活動から所得を取得する場合)居住地国において行う営業又は事業の活動が日本国内において行う営業又は事業の活動との関係で実質的なものであること(注16) :　□はい Yes、□いいえ No
(If you derive income from a trade or business activity in Japan) Trade or business activity conducted in the country of residence is substantial in relation to the trade or business activity conducted in Japan. (Note 16)

日本国内において従事している営業又は事業の活動の概要 ; Description of Trade or Business in Japan.

[   ]

D 国税庁長官の認定 ;
Determination by the NTA Commissioner
国税庁長官の認定を受けている場合は、以下にその内容を記載してください。その認定の範囲内で租税条約の特典を受けることができます。なお、上記AからCまでのいずれかに該当する場合には、権限ある当局の認定は不要です。
If you have been a determination by the NTA Commissioner, describe below the determination. Convention benefits will be granted to the extent of the determination. If any of A through C above applies, determination by the NTA Commissioner is not necessary.

・認定を受けた日 Date of determination ＿＿＿＿＿＿年＿＿月＿＿日

・認定を受けた所得の種類
Type of income for which determination was given ＿＿＿＿＿＿＿＿＿＿＿＿＿＿＿＿＿＿＿＿＿＿＿＿＿＿＿＿＿＿＿

主要な届出書等

様式 17
FORM

「特典条項に関する付表」に関する注意事項
INSTRUCTIONS FOR "ATTACHMENT FORM FOR LIMITATION ON BENEFITS ARTICLE"

━━━━━ 注 意 事 項 ━━━━━

付表の提出について
1 この付表は、いわゆる特典条項を有する租税条約の適用を受けようとする場合には、租税条約に関する届出書に添付して提出します(一定の場合には、提出を省略することができます。注意事項の2、3及び4を参照してください。)。(以下、この特典条項に関する付表を添付して提出する租税条約に関する届出書を「特典条項条約届出書」といいます。)。

2 特典条項の適用を受けようとする付表の「1」の租税条約の相手国の居住者が、その国内源泉所得の支払を受ける日の前日以前一定の期間内に特典条項条約届出書を提出している場合には、特典条項条約届出書の記載事項に異動がある場合を除き、その期間内は特典条項条約届出書の提出を省略することができます。一定期間は、それぞれ次のとおりです。
  付表の「3」のAのいずれかに該当する場合 : 3年
  付表の「3」のB、C、Dのいずれかに該当する場合 : 1年

3 租税条約の適用を受けようとする所得が国債や地方債の利子、私募債以外の社債の利子、預貯金の利子、上場株式の配当などの特定利子配当等である場合、既に受領済みのその所得(その所得の基因となる資産、契約などが同一であるものに限ります。)について特典条項条約届出書を提出済みであるときは、特典条項条約届出書の記載事項に異動があるときを除き、その所得について特典条項条約届出書の提出は省略することができます。

4 特典条項条約届出書の記載事項に異動が生じた場合には、特典条項条約届出書を改めて提出してください。ただし、その異動の内容が租税条約に関する届出書に関するものである場合には、租税条約に関する届出書に前回の特典条項条約届出書の提出日を記載して、この付表の添付を省略することができます。

付表の記載について
5 付表の□欄には、該当する項目について✓印を付してください。
  租税条約の適用を受ける者がA~Dのいずれかに該当する場合には、「1」の租税条約の適用を受けることができます(なお、Cに該当する場合には、その判定の基礎とした所得についてのみ、Dに該当する場合には認定の対象となった所得についてのみ、「1」の租税条約の適用を受けることができます。また、その租税条約の各条項に別途定められている要件を満たす必要があります。)。

6 公開会社とは、その主たる種類の株式及び不均一分配株式が公認の有価証券市場に上場又は登録され、かつ、公認の有価証券市場において通常取引される会社をいい、日米租税条約の場合、公認の有価証券市場とは、日本国の証券取引法に基づき設立された有価証券市場、ナスダック市場及び合衆国の1934年証券取引法に基づき証券取引委員会に登録された有価証券市場をいいます。
  「通常取引される」とは、直前の課税年度において取引されたある種類の株式の総数が、その株式の発行済株式総数の平均の6%以上である場合をいいます。

7 有価証券の数は次によります。
(1) 「発行済株式の総数の平均」及び「公認の有価証券市場で取引された株式の数」の各欄は、この付表を提出しようとする日の属する課税年度の直前の課税年度における数によります。

(2) 直前の課税年度における発行済株式の総数の平均は、その課税年度中の発行済株式の総数に異動がない場合は、その課税年度の末日における発行済株式の総数を記入してください。増資や減資、株式の分割などにより その課税年度中に発行済株式の総数に異動が生じた場合には次の算式により計算します。
  (前課税年度の日々の発行済株式の総数×日数)
  ÷前課税年度の日数=発行済株式の総数の平均

【裏面に続きます。】

━━━━━ INSTRUCTIONS ━━━━━

Submission of the Attachment Form
1 If you apply for the application of tax convention that has limitation on benefits article, this attachment form must be submitted along with application form for income tax convention. (In certain cases, this attachment form may not be required. See 2, 3 and 4 below.)(Hereafter, this attachment form and the application form for income tax convention to which it is attached will be called the "application form for LOB convention".)

2 If an application form for LOB convention was submitted within the prescribed period prior to the preceding day of the payment of Japanese source income, except for cases when information given in the application form has been changed, an application form for LOB convention may not be submitted during that prescribed period. The prescribed period is as follows:
  If any line of A of Section 3 applies: 3 years
  If any of B, C or D in Section 3 applies: 1 year

3 If the income for which application of convention is sought is a specified interest/dividends such as interest from national bond, municipal bond, corporate bond other than privately placed bond, deposits, or dividend of listed shares, and the application form for LOB convention was submitted for the same income already paid (underlying asset or contract for income payment must be the same), an application form for LOB convention is not required, except for case where there has been a change in the information given in the application form for LOB convention.

4 If the information given in the application form for LOB convention has been changed, a new application form must be submitted. However, if the change relates to the application form for income tax convention, an application form for income tax convention may be submitted alone and state the date of the previous submission of application form for LOB convention.

Completion of the form
5 Applicable blocks must be checked.
  If any of A though D applies, benefits of the convention mentioned in 1 will be granted. (If C applies, benefits will be granted only for the income for which conditions in C are tested; and if D applies, benefits will be granted only for the income for which the determination was given. Note that any other requirements in the respective article of convention must be satisfied.

6 "Publicly Traded Company" is a company whose principal class and disproportionate class of shares is listed or registered on a recognized stock exchange, and is regularly traded on one or more recognized stock exchanges. In case of the Japan-US Income Tax Convention , "Recognized Stock Exchange" means any stock exchange established under the Securities and Exchange Law of Japan, the NASDAQ System, and stock exchange registered with the US Securities and Exchange Commission as a national securities exchange under the Securities Exchange Act of 1934 of the United States.
  "Regularly traded" means that the aggregate number of shares in a class of shares traded on recognized stock exchange(s) during the preceding taxable year is 6 percent or more of the average number of shares outstanding in that class during that preceding taxable year.

7 The number of the shares shall be counted as follows:
(1) "Average Number of Shares outstanding" and "Number of Shares traded on Recognized Stock Exchange" must be counted for the taxable year prior to the taxable year in which this attachment form will be submitted.
(2) If the numbers of shares outstanding did no change during the prior taxable year, the average number of shares outstanding is the number of shares outstanding at the end of the prior taxable year.
  If the numbers of shares outstanding changed during the prior taxable year due to increase/decrease of capital or split of share, the average number of shares outstanding is calculated as follows:
  (total number of shares outstanding for each day in the prior taxable year × number of days) ÷ (number of days in the prior taxable year)

【Continue on the reverse】

資料編

8　公開会社の関連会社であるかどうかは、源泉徴収による課税の場合には、その所得の支払が行われる日（配当については、配当の支払を受ける者が特定される日）が、課税年度終了の日でる場合にはその課税年度を通じて、課税年度終了の日以外の日である場合にはその支払が行われる日に先立つ期間及びその課税年度の直前の課税年度を通じて判定します。
　なお、「　年　月　日現在の株主等の状況」の各欄には、上記の判定期間に属するいずれかの日の株主の状況について、記載してください。また、株主等による保有が間接保有（中間所有者はこの届出書の「A」又は「B」に該当するいずれかの締約国の居住者に限ります。）である場合には、各株主の「間接保有」の欄に✓印を付した上、間接保有の状況について適宜の様式に記載し添付してください。

9　公益団体とは、「1」の租税条約の相手国の法令に基づいて組織された者で、専ら宗教、慈善、教育、科学、芸術、文化その他の公の目的のために租税条約の相手国において設立され、かつ、維持されるものをいいます。設立趣意書及び実際の活動状況について確認が可能な書類（パンフレット等の写しなどでもかまいません。）を添付してください。

10　年金基金とは、「1」の租税条約の相手国の法令に基づいて組織され、租税条約の相手国において主として退職年金その他これに類する報酬の管理又は給付のため設立され、かつ、維持されるとともに「1」の租税条約の相手国において上記の活動について課税を免除されるものをいいます。

11　(a)の要件を満たすかどうかは、源泉徴収による課税の場合は、その所得の支払が行われる日（中間配当以外の配当については、その配当に係る会計年度の終了の日）とします。）が課税年度終了の日である場合には課税年度を通じて、課税年度終了の日以外の日である場合にはその課税年度中のその支払が行われる日に先立つ期間及びその課税年度の直前の課税年度を通じて、判定します。
　その他の場合には、その所得の支払が行われる課税年度の総日数の半数以上の日において要件を満たす必要があります。
　なお、「　年　月　日現在の株主等の状況」の各欄には、上記の判定期間に属するいずれかの日の持分を有する者の状況について、記載してください。また、株主等による保有が間接保有である場合には、持分を有する者の「間接保有」の欄に✓印を付した上、間接保有の状況について適宜の様式に記載し添付してください。

12　総所得とは、事業から取得する総収入の額からその収入を得るために直接に要した費用の額を差し引いた残額をいいます。
　第三国居住者に対する支払は、通常の方法において支払われる役務又は有体財産に関する支払（独立企業間価格によるものに限ります。）や商業活動に関する支払の履行に関する債務に係る支払で当該第三国居住者である銀行のいずれかの締約国にある恒久的施設に帰属するときに限ります。）は含まれません。
　なお、申告の場合と源泉徴収の場合とでは判定基準が異なりますのでそれぞれの欄に記入してください。

13　あなたが関連者（持分の50パーセント以上を所有する者など一定の要件を満たすものをいいます。）を有する場合又は組合の組合員である場合には、その関連者が組合があなたの居住地国において行う営業又は事業の活動があなたが居住地国において行う営業又は事業の活動とされます。

14　「C の(a)」の「自己の勘定のために投資を行い又は管理する活動」とは、投資としての性格を有する活動をいい、例えば、自己の計算において、配当等の収益を得るために株式等の取得や管理のみを行う活動が該当します。

15　「C の(b)」の「所得がその営業又は事業の活動に関連又は付随して取得されるものであること」とは、その所得の基因となる活動が居住地国において従事している営業又は事業の活動そのものである場合やその活動が居住地国における営業又は事業の活動と一体のものとして行われた場合において取得される所得をいいます。

16　「C の(c)」の「日本国内において行う営業又は事業の活動との関係で実質的なものであること」とは、日本国内において自ら又は関連会社が行う営業又は事業の活動から所得を取得する場合の追加的な条件であり、その資産の価額、所得額等からみてその居住地国において行う営業又は事業の活動の規模が日本国内の活動と比べて僅少である場合や営業又は事業全体の貢献度からみて居住地国の活動の貢献度がほとんどない場合にはこの条件を満たしません。

この付表に記載された事項その他租税条約の規定の適用の有無を判定するために必要な事項については、別に説明資料を求めることがあります。

8　In case of withholding taxation, if the day of income payment (in case of dividends, the day when the recipient of the dividends is determined) is the last day of a taxable year, whether a company is "Subsidiary of Publicly Traded Company" is tested for the whole of the taxable year, and if the day of income payment is not the last day of the taxable year, for the part of the taxable year which precedes the day of payment and the whole of the prior taxable year.
　In "State of shareholders as of (date)", provide informatiton on the state of shareholders as of an appropriate date in the above test period. If shares are indirectly owned (each intermediate owner must be a resident of either of the contracting countries falling under A or B), check the "Indirect Ownership" box, and attach a separate sheet explaining on the indirect ownership.

9　"Public Service Organization" is an entity organized under the laws of the other contracting country of the convention mentioned in 1 and established and maintained in that contracting country exclusively for a religious, charitable, educational, scientific, artistic, cultural or public purpose.
　Attach prospectus for establishment and document that explains the organization's actual activity, e.g., copy of PR brochure.

10　"Pension Fund" is a juridical person that is organized under the laws of the other contracting country of the convention mentioned in 1, and is established and maintained in that country primarily to administer or provide pensions or other similar remuneration, including social security payments, and is exempt from tax in that country with respect to these activities.

11　In case of withholding taxation, if the day of income payment (in case of dividends other than interim dividends, the last day of fiscal year) is the last day of a taxable year, whether the condition stated in (a) is satisfied is tested for the whole of the taxable year, and if the day of income payment is not the last day of the taxable year, for the part of the taxable year which preceeds the day of payment and the whole of the prior taxable year.
　In all other cases, whether the condition satated in (a) is satisfied is tested for at least half the days of the taxable year.
　In "State of Shareholders as of (date)", provide information on the state of shareholders as of an appropriate date in the above test period. In case shares are indirectly owned, check the "indirect ownership" box, and attach a separate sheet explaining the indirect ownership.

12　"Gross Income" is the total revenues derived from business less the direct costs of obtaining such revenues. Payment to third country residents does not include arm's length payments in the ordinary course of business for services or tangible property and payments in respect of financial obligations to a commercial bank, provided that such payment is attributable to a permanent establishment of a third-country resident bank situated in one of the contracting countries. Note that different tests will be used for tax returns and withholding tax, and use the appropriate column.

13　If you have an affiliated corporation (which satisfies certain conditions, e.g., you own 50% or more of its shares),or if you are a partner of a partnership, trade or business of the affiliated corporation or the partnership in your country of residence is considered as your trade or business in that country.

14　"Making or managing investments for the resident's own account" in (a) of C is an activity which has the nature of investment such as activities of acquiring and managing shares in order to obtain dividends or other benefit in the resident's own account.

15　"Income that is derived in connection with or is incidental to that trade or business" in (b) of C is an income derived from activities which themselves are the trade or business in the country of residence,or which are conducted as part of the trade or business in the country of residence.

16　"Substantial in relation to the trade or business activity conducted in Japan" in (c) of C is an additional condition if you derive income from a trade or business activity in Japan by yourself or your affiliated corporation. If the volume of trade or business in the country of residence is insignificant in comparison with the activities in Japan in terms of value of asset or amount of income, or the contribution of the activity in the country of residence is negligible in the contribution of the total trade or business, you do not satisfy this condition.

If necessary, the applicant may be requested to furnish further information in order to decide whether relief under the Convention should be granted or not.

3．租税条約に関する届出（利子に対する所得税の軽減・免除）

(1) 概　　要
　我が国と租税条約を締結している国の居住者（法人を含む。）が，支払を受ける利子について，租税条約の規定に基づき源泉徴収税額の軽減又は免除を受けるために行う手続。

(2) 手続根拠
　租税条約の実施に伴う所得税法，法人税法及び地方税法の特例等に関する法律の施行に関する省令第2条，第2条の2，第2条の3，第2条の4，第2条の5，第9条の5，第9条の6，第9条の7，第9条の8，第9条の9

(3) 添付書類
① 適用を受ける租税条約が特典条項を有する租税条約である場合には，「**特典条項に関する付表（様式17）**」（同様式に規定する添付書類を含む。）を添付。
② 外国法人であって，米国ではその株主等が納税義務者とされるものが支払を受ける所得については，米国居住者である株主等（その株主等の受益する部分に限る。）についてのみ日米租税条約の規定に適用を受けることができる。これに該当する外国法人は，次の書類を添付。
　（ⅰ） 利子の支払を受ける外国法人が米国においてその株主等が課税を受けていることを明らかにする書類
　（ⅱ） 「**外国法人の株主等の名簿（様式16）**」
　（ⅲ） 日米租税条約の適用を受けることができる株主等がその外国法人の株主等であることを明らかにする書類
　　なお，この場合には，「**特典条項に関する付表（様式17）**」（その添付書類を含む。）については，（ⅲ）の各株主等のものを添付。
③ 日米租税条約の米国の居住者に該当する団体であって，日本ではその構成員が納税義務者とされる団体の構成員（その団体の居住地国の居住者だけでなく，それ以外の国の居住者や日本の居住者も含む。）は，この届出書に次の書類を添付。
　　なお，その団体の構成員のうち特定の構成員が他のすべての構成員から「**相手国団体の構成員の名簿（様式16）**」に記載すべき事項について通知を受けその事項を記載した「**相手国団体の構成員の名簿（様式16）**」を提出した場合には，すべての構成員が届出書を提出しているものとみなされる。
　（ⅰ） 配当の支払を受ける団体が居住地国において法人として課税を受けていることを明らかにする書類
　（ⅱ） 「**相手国団体の構成員の名簿（様式16）**」
　（ⅲ） （ⅱ）に記載された構成員が配当の支払を受ける団体の構成員であることを明らかにする書類
　　なお，この場合には，「**特典条項に関する付表（様式17）**」（その添付書類も含む。）

資 料 編

は，配当の支払を受ける団体のものを添付。
④ 元本がその真実の所有者以外の者（利子の支払を受けるもの以外の者）の名義によって所有されている場合には，元本の真実の所有者であること及びその元本が真実の所有者以外の名義によって所有されている理由を証するその名義人の発行した証明書を，その翻訳文とともに添付。
⑤ この届出書を納税管理人以外の代理人によって提出する場合には，その委任関係を証する委任状をその翻訳文とともに添付。
(注) この届出書に記載された事項その他租税条約の規定の適用の有無を判定するために必要な事項については，別に説明資料を求めることがある。

主要な届出書等

様式 2
FORM

租税条約に関する届出書
APPLICATION FORM FOR INCOME TAX CONVENTION

利子に対する所得税の軽減・免除
Relief from Japanese Income Tax on Interest

この届出書の記載に当たっては、別紙の注意事項を参照してください。
See separate instructions.

(税務署整理欄)
For official use only

適用；有，無

税務署長殿
To the District Director of _____ Tax Office

1 適用を受ける租税条約に関する事項；
  Applicable Income Tax Convention
  日本国と_____との間の租税条約第____条第____項
  The Income Tax Convention between Japan and_____,Article____,para.____

□ 限度税率 _____ %
  Applicable Tax Rate
□ 免 税
  Exemption

2 利子の支払を受ける者に関する事項；Details of Recipient of Interest

氏 名 又 は 名 称 Full name		
個人の場合 Individual	住 所 又 は 居 所 Domicile or residence	(電話番号 Telephone Number)
	国 籍 Nationality	
法人その他の団体の場合 Corporation or other entity	本店又は主たる事務所の所在地 Place of head office or main office	(電話番号 Telephone Number)
	設立又は組織された場所 Place where the Corporation was established or organized	
	事業が管理・支配されている場所 Place where the business is managed or controlled	(電話番号 Telephone Number)
下記「4」の利子につき居住者として課税される国及び納税地(注8) Country where the recipient is taxable as resident on Interest mentioned in 4 below and the place where he is to pay tax (Note 8)		(納税者番号 Taxpayer Identification Number)
日本国内の恒久的施設の状況 Permanent establishment in Japan □有(Yes)，□無(No) If "Yes", explain:	名 称 Name	
	所 在 地 Address	(電話番号 Telephone Number)
	事業の内容 Details of business	

3 利子の支払者に関する事項；Details of Payer of Interest

氏 名 又 は 名 称 Full name		
住所(居所)又は本店(主たる事務所)の所在地 Domicile (residence) or Place of head office (main office)		(電話番号 Telephone Number)
日本国内の恒久的施設の状況 Permanent establishment in Japan □有(Yes)，□無(No) If "Yes", explain:	名 称 Name	(事業の内容 Details of Business)
	所 在 地 Address	(電話番号 Telephone Numb)

4 上記「3」の支払者から支払を受ける利子で「1」の租税条約の規定の適用を受けるものに関する事項(注9)；
  Details of Interest received from the Payer to which the Convention mentioned in 1 above is applicable (Note 9)
  ○ 元本の種類： □ 公社債   □ 公社債投資信託   □ 預貯金、合同運用信託   □ 貸付金   □ その他
  Kind of principal: Bonds and debentures   Bond investment trust   Deposits or Joint operation trust   Loans   Others

(1) 債券に係る利子の場合；In case of Interest derived from securities

債券の銘柄 Description of Securities	名義人の氏名又は名称(注10) Name of Nominee of Securities (Note 10)	債券の記号・番号(登録番号) Registered Number	債券の取得年月 Date of Acquisition of Securities

額 面 金 額 Face Value of Securities	債券の数量 Quantity of Securities	利子の支払期日 Due Date for Payment	利子の金額 Amount of Interest

(2) 債券以外のものに係る利子の場合；In case of other Interest

支払の基因となった契約の内容 Content of Contract under Which Interest is paid	契約の締結年月日 Date of Contract	契約期間 Period of Contract	元本の金額 Amount of Principal	利子の支払期日 Due Date for Payment	利子の金額 Amount of Interest

437

資料編

5 その他参考となるべき事項 (注11) ：
  Others (Note 11)

6 日本の税法上、届出書の「2」の外国法人が納税義務者とされるが、「1」の租税条約の相手国では、その外国法人の株主等が納税義務者とされており、かつ、租税条約の規定によりその株主である者（相手国居住者に限る。）の所得として取り扱われる部分に対して租税条約の適用を受けることとされている場合の租税条約の適用を受ける割合に関する事項 (注4) ：
  Details of proportion of income to which the convention mentioned in 1 above is applicable, if the foreign company mentioned in 2 above is taxable as a company under Japanese tax law, and the member of the company is treated as taxable person in the other contracting country of the convention; and if the convention is applicable to income that is treated as income of the member (limited to a resident of the other contracting country) of the foreign company in accordance with the provisions of the convention (Note 4)

届出書の「2」の欄に記載した外国法人は、「4」の利子につき、「1」の租税条約の相手国において次の法令に基づいて、次の日以後、その株主等が課税されることとされています。
The member of the foreign company mentioned in 2 above is taxable in the other contracting country mentioned in 1 above regarding the interest mentioned in 4 above since the following date under the following law of the other contracting country.

根拠法令＿＿＿＿＿＿＿＿＿＿＿＿＿＿＿＿＿＿　効力を生じる日　＿＿年＿＿月＿＿日
Applicable law　　　　　　　　　　　　　　　　　Effective date

届出書の「2」の外国法人の株主等で租税条約の適用を受ける者の氏名 Name of member of the foreign company mentioned in 2 above, to whom the Convention is applicable	間接保有の割合 Indirect Ownership	持分の割合 Ratio of Ownership	受益の割合＝租税条約の適用を受ける割合 Proportion of benefit = Proportion for Application of Convention
	☐	%	%
	☐	%	%
	☐	%	%
	☐	%	%
合計　Total		%	%

7 日本の税法上、届出書の「2」の団体の構成員が納税義務者とされるが、「1」の租税条約の相手国ではその団体が納税義務者とされており、かつ、租税条約の規定によりその団体の所得として取り扱われる部分に対して租税条約の適用を受けることとされている場合の記載事項等 (注5) ：
  Details if, while the partner of the entity mentioned in 2 above is taxable under Japanese tax law, the entity is treated as taxable person in the other contracting country of the convention mentioned in 1 above, and if the convention is applicable to income that is treated as income of the entity in accordance with the provisions of the convention (Note 5)

届出書の「2」に記載した団体は、「4」の利子につき、「1」の租税条約の相手国において次の法令に基づいて、次の日以後、法人として課税されることとされています。
The entity mentioned in 2 above is taxable as a corporation regarding the interest mentioned in 4 above since the following date under the following law in the other contracting country of the convention mentioned in 1 above.

根拠法令＿＿＿＿＿＿＿＿＿＿＿＿＿＿＿＿＿＿　効力を生じる日　＿＿年＿＿月＿＿日
Applicable law　　　　　　　　　　　　　　　　　Effective date

他のすべての構成員から通知を受けこの届出書を提出する構成員の氏名又は名称：
Full name of the partner of the entity who has been notified by all other partners and is to submit this form

私は、この届出書の「4」に掲げる利子が「1」に掲げる租税条約の規定の適用を受けるものであることを、「租税条約の実施に伴う所得税法、法人税法及び地方税法の特例等に関する法律の施行に関する省令」の規定により届け出るとともに、この届出書（及び付表）の記載事項が正確かつ完全であることを宣言します。

In accordance with the provisions of the Ministerial Ordinance for the Implementation of the Law concerning the Special Measures of the Income Tax Law, the Corporation Tax Law and the Local Tax Law for the Enforcement of Income Tax Conventions, I hereby submit this application form under the belief that the provisions of the Income Tax Convention mentioned in 1 above is applicable to Interest mentioned in 4 above and also hereby declare that the statement on this form (and attachment form) is correct and complete to the best of my knowledge and belief.

＿＿年＿＿月＿＿日
Date

利子の支払を受ける者又はその代理人の署名　＿＿＿＿＿＿＿＿＿＿＿＿＿＿＿＿＿＿＿
Signature of the Recipient of Interest or his Agent

8 権限ある当局の証明 (注12)
  Certification of competent authority (Note 12)

私は、届出者が、日本国と＿＿＿＿＿＿＿＿＿＿＿＿との間の租税条約第＿＿条＿＿項＿＿に規定する居住者であることを証明します。
I hereby certify that the applicant is a resident under the provisions of the Income Tax Convention between Japan and ＿＿＿＿＿, Article ＿＿＿, para. ＿＿＿

＿＿年＿＿月＿＿日
Date　　　　　　　　　　Signature

○ 代理人に関する事項 ； この届出書を代理人によって提出する場合には、次の欄に記載してください。
  Details of the Agent ; If this form is prepared and submitted by the Agent, fill out the following columns.

代理人の資格 Capacity of Agent in Japan	氏名（名称） Full name	納税管理人の届出をした税務署名 Name of the Tax Office where the Tax Agent is registered
☐ 納税管理人 ※ 　Tax Agent ☐ その他の代理人 　Other Agent	住所（居所・所在地） Domicile (Residence or location) （電話番号 Telephone Number）	税務署 Tax Office

※ 「納税管理人」とは、日本国の国税に関する申告、申請、請求、届出、納付等の事項を処理させるため、国税通則法の規定により選任し、かつ、日本国における納税地の所轄税務署長に届出をした代理人をいいます。

※ "Tax Agent" means a person who is appointed by the taxpayer and is registered at the District Director of Tax Office for the place where the taxpayer is to pay his tax, in order to have such agent take necessary procedures concerning the Japanese national taxes, such as filing a return, applications, claims, payment of taxes, etc., under the provisions of the General Law for National Taxes.

○ 適用を受ける租税条約が特典条項を有する租税条約である場合；
  If the applicable convention has article of limitation on benefits
  特典条項に関する付表の添付
  "Attachment Form for Limitation on Benefits Article" attached
  ☐ 有Yes
  ☐ 添付省略 Attachment not required
  特典条項に関する付表を添付して提出した租税条約に関する届出書の提出日
  Date of previous submission of the application for income tax convention with the "Attachment Form for Limitation on Benefit Article"　＿＿年＿＿月＿＿日

主要な届出書等

様式 2
FORM

「租税条約に関する届出書(利子に対する所得税の軽減・免除)」に関する注意事項
INSTRUCTIONS FOR "APPLICATION FORM FOR RELIEF FROM JAPANESE INCOME TAX ON INTEREST"

――― 注 意 事 項 ――― / ―――INSTRUCTIONS―――

届出書の提出について

1 この届出書は、利子に係る日本国の所得税の源泉徴収額について租税条約の規定に基づく軽減又は免除を受けようとする場合に使用します。
2 この届出書は、利子の支払者ごとに作成してください。
3 この届出書は、正副2通を作成して利子の支払者に提出し、利子の支払者は、正本を、最初にその利子の支払をする日の前日までにその支払者の所轄税務署長に提出してください。この届出書の提出後にその記載事項に異動が生じた場合も同様です。
  なお、記載事項に異動が生じた場合において、異動を生じた記載事項が届出書の「4」の「額面金額」、「数量」又は「利子の金額」の増加又は減少によるものである場合には、異動に係る届出書の提出を省略することができます。
  無記名の債券に係る利子については、その支払を受ける都度、この届出書を正副2通作成して利子の支払者に提出し、利子の支払者は、正本をその支払者の所轄税務署長に提出してください。
4 外国法人であって、米国ではその株主等が納税義務者とされるものの支払を受ける所得については、米国居住者である株主等(その株主等の受益分に限ります。)についてのみ日米租税条約の規定の適用を受けることができます。上記に該当する外国法人は、次の書類を添付して提出してください。
  ① この届出書の「2」の欄に記載した外国法人が米国においてその株主等が納税義務者とされる者であることを明らかにする書類
  ② 「外国法人の株主等の名簿(様式16)」
  ③ 日米租税条約の適用を受けることができる株主等がその外国法人の株主等であることを明らかにする書類
  なお、この場合には、「特典条項に関する付表(様式17)」(その添付書類を含みます。)については、③の各株主等のものを添付してください。
5 日米租税条約の米国の居住者に該当する団体であって、日本ではその構成員が納税義務者とされる団体(その団体の居住地国の居住者だけでなく、それ以外の国の居住者や日本国の居住者も含みます。以下同じです。)は、この届出書に次の書類を添付して提出してください。
  なお、この団体の構成員のうち構成員が他のすべての構成員から「相手国団体の構成員の名簿(様式16)」に記載すべき事項について通知を受けて「相手国団体の構成員の名簿(様式16)」を提出した場合には、すべての構成員が届出書を提出したものとみなされます。
  ① この届出書の「2」の欄に記載した団体が居住地国において法人として取扱いを受けていることを明らかにする書類
  ② 「相手国団体の構成員の名簿(様式16)」
  ③ 「相手国団体の構成員の名簿」に記載された構成員が届出書の「2」の欄に記載した団体の構成員であることを明らかにする書類
  なお、この場合には、「特典条項に関する付表(様式17)」(その添付書類を含みます。)は、届出書の「2」の欄に記載した団体のものを添付してください。
6 この届出書を納税管理人以外の代理人によって提出する場合には、その委任関係を証する委任状とその和訳文とともに添付してください。

届出書の記載について

7 届出書の□欄には、該当する項目について✓印を付してください。
8 納税者番号とは、租税の申告、納付その他の手続を行うために用いる番号、記号その他の符号でその手続をすべき者を特定することができるものをいいます。支払を受ける者が納税者番号を有しない場合や支払を受ける者の居住地である国に納税者番号に関する制度が存在しない場合には納税者番号を記載する必要はありません。

9 届出書の「4」の各欄には、利子の支払を受ける者が日本国内に支店等の恒久的施設を有する場合は、その恒久的施設に帰せられない利子について記載してください。
10 届出書の「4」の「名義人の氏名又は名称」欄には、元本がその真実の所有者である利子の支払を受ける者以外の者の名義によって所有されている場合に、その名義人の氏名又は名称を記載してください。この場合には、届出書の「2 利子の支払を受ける者に関する事項」欄に記載された者が元本の真実の所有者であること及びその元本が真実の所有者以外の者の名義によって所有されている理由を証するその名義人の発行する証明書と、その和訳文とともに添付してください。

【裏面に続きます】

Submission of the FORM

1 This form is to be used by the Recipient of Interest in claiming the relief from Japanese Income Tax under the provisions of the Income Tax Convention.
2 This form must be prepared separately for each Payer of Interest.
3 This form must be submitted in duplicate to the Payer of Interest, who has to file the original with the District Director of Tax Office for the place where the Payer resides, by the day before the payment of the Interest is made. The same procedures must be followed when there is any change in the statements on this form except if the change results in an increase or decrease in the "Face Value of Securities", "Quantity of Securities", or "Amount of Interest" mentioned in column 4.
However, in case of Interest from bearer securities, this form must be submitted in duplicate at the time of each payment of such Interest.
4 In case of income that is received by a foreign company whose member is treated as taxable person in the United States, the Japan-US Income Tax Convention is applicable only to US resident members (to the extent that the income is a benefit of the members). Such foreign companys should attach the following documents to this form:
  ① Documents showing that the member of the foreign company mentioned in 2 is treated as taxable person in the United States.
  ② "List of the Members of Foreign Company (Form 16)"
  ③ Documents showing that the member to whom the Japan-US Income Tax Convention is applicable is a member of the foreign company.
  Also attach "Attachment Form for Limitation on Benefits Article (Form 17)" (including attachment) completed for each of the members described in ③.
5 A Partner of an entity that is a US resident under the Japan-US Income Tax Convention (including a partner that is resident of Japan or any other country, in addition to the country of which the entity is a resident; the same applies below) and whose partners are taxable persons in Japan must submit this form attached with the following documents.
  If a specific partner of the entity is notified of required information to enter in "List of the Partners of Entity (Form 16)" by all of the other partners and submits "List of the Partners of Entity (Form 16)" filled with the notified information, all of the partners are deemed submit the application form.
  ① Documents showing that the entity mentioned in 2 is taxable as a corporation in its residence country.
  ② "List of the Partners of Entity (Form 16)"
  ③ Documents showing that the partners mentioned in "List of the Partners of Entity (Form 16)" are partners of the entity mentioned in 2.
  In this case, attach "Attachment Form for Limitation on Benefits Article (Form 17)" (including attachment) for the entity mentioned in 2.
6 An Agent other than the Tax Agent must attach a power of attorney together with its Japanese translation.

Completion of the FORM

7 Applicable blocks must be checked.
8 The Taxpayer Identification Number is a number, code or symbol which is used for filing of return and payment of due amount and other procedures regarding tax, and which identifies a person who must take such procedures. If a system of Taxpayer Identification Number does not exist in the country where the recipient resides, or if the recipient of the payment does not have a Taxpayer Identification Number, it is not necessary to enter the Taxpayer Identification Number.

9 Enter into column 4 the Interest which is not attributed to a permanent establishment in Japan of Recipient (such Interest as are not accounted for in the books of the permanent establishment).
10 Enter into item "Name of Nominee of Securities" of column 4 the registered name of the owner of securities in question. If the registered name is different from the name of Recipient of Interest, attach the certificate issued by the nominee to clarify that the beneficial owner of such security is the Recipient stated in column 2, together with its Japanese translation and why the securities are registered in a name other than that of the beneficial owners.

【Continue on the reverse】

資料編

11 届出書の「5」の欄には、「2」から「4」までの各欄に記載した事項のほか、租税の軽減又は免除を定める「1」の租税条約の適用を受けるための要件を満たす事情の詳細を記載してください。
　なお、利子の支払を受ける者が、日仏租税条約議定書3 (b) (i)の規定に規定する組合又はその他の団体である場合には、その旨（組合その他の団体の種類、設立根拠法を記載してください。）、支払を受ける総額、フランスの居住者たる組合員又は構成員の持ち分の割合を記載し（組合員又は構成員全体の持ち分の明細を添付してください。）、また、フランスにおいて法人課税を選択している場合には、その選択している旨を記載してください。

12 支払を受ける利子が、租税条約の規定により免税となる場合には、支払者に提出する前に、届出書の「8」の欄に権限ある当局の証明を受けてください（注意事項13の場合を除きます。）。

13 注意事項12の場合において権限ある当局が証明を行わないこととしているため、その証明を受けることができない場合には、届出書の「5」の欄に記載した「要件を満たす事情の詳細」を明らかにする書類（その書類が外国語で作成されているときには、その翻訳文を含みます。）及び権限ある当局の発行した居住者証明書を添付してください（平成16年4月1日以後適用開始となる租税条約の適用を受ける場合に限ります。）。

この届出書に記載された事項その他租税条約の規定の適用の有無を判定するために必要な事項については、別に説明資料を求めることがあります。

11 Enter into line 5 details of circumstance that the conditions for the application of the convention mentioned in 1 are satisfied, in addition to information entered in 2 thought 4.
　If the Recipient of Dividends is the partnership or other group of persons in the sense of the Article 3 (b) (i) of Protocol of the Convention between Japan and the French Republic, enter details into this Column to that effect (kind of partnership or other group of persons, and the basis law for the establishment), total amount of Dividends, and the ratio of an interest of the French resident partners to that of all partners, together with the full details of interests of all partners. If said partnership or other group of persons elects to be liable to the corporation tax in France, enter information into this Column to that effect.

12 If the Interest is subject to tax exemption under the provisions of the Income Tax Convention, Column 8 must be entered with the certification by the competent authority before this form is submitted to the payer. (except for cases described in Note 13).

13 If the competent authority does not make such a certification as mentioned in Note 12, documents showing "the details of circumstance that the conditions are satisfied" entered in line 5 (including Japanese translation if the documents are written in foreign language.) and the certification of residency issued by the competent authority must be attached (only for the application of the convention that went into entered into effect on and after April 1, 2004.)

If necessary, the applicant may be requested to furnish further information in order to decide whether relief under the Convention should be granted or not.

4．租税条約に関する届出（使用料に対する所得税の軽減・免除）

(1) 概　　要
　我が国と租税条約を締結している国の居住者（法人を含む。）が，支払を受ける工業所有権又は著作権等の使用料について，租税条約の規定に基づき源泉徴収税額の軽減又は免除を受けるために行う手続。

(2) 手続根拠
　租税条約の実施に伴う所得税法，法人税法及び地方税法の特例等に関する法律の施行に関する省令第2条，第2条の2，第2条の3，第2条の4，第2条の5，第9条の5，第9条の6，第9条の7，第9条の8，第9条の9

(3) 添付書類
① 適用を受ける租税条約が特典条項を有する租税条約である場合には，「**特典条項に関する付表（様式17）**」（同様式に規定する添付書類を含む。）を添付。
② 外国法人であって，米国ではその株主等が納税義務者とされるものが支払を受ける所得については，米国居住者である株主等（その株主等の受益する部分に限る。）についてのみ日米租税条約の規定の適用を受けることができる。これに該当する外国法人は，次の書類を添付。
　（ⅰ） 使用料の支払を受ける外国法人が米国においてその株主等が課税を受けていることを明らかにする書類
　（ⅱ） 「**外国法人の株主等の名簿（様式16）**」
　（ⅲ） 日米租税条約の適用を受けることができる株主等がその外国法人の株主等であることを明らかにする書類
　なお，この場合には，「**特典条項に関する付表（様式17）**」（その添付書類を含む。）については，（ⅱ）の各株主等のものを添付。
③ 日米租税条約の米国の居住者に該当する団体であって，日本ではその構成員が納税義務者とされる団体の構成員（その団体の居住地国の居住者だけでなく，それ以外の国の居住者や日本の居住者も含む。）は，この届出書に次の書類を添付。
　なお，その団体の構成員のうち特定の構成員が他のすべての構成員から「**相手国団体の構成員の名簿（様式16）**」に記載すべき事項について通知を受けその事項を記載した「**相手国団体の構成員の名簿（様式16）**」を提出した場合には，すべての構成員が届出書を提出しているものとみなされる。
　（ⅰ） 使用料の支払を受ける団体が居住地国において法人として課税を受けていることを明らかにする書類
　（ⅱ） 「**相手国団体の構成員の名簿（様式16）**」
　（ⅲ） （ⅱ）に記載された構成員が使用料の支払を受ける団体の構成員であることを明らかにする書類
　なお，この場合には，「**特典条項に関する付表（様式17）**」（その添付書類も含む。）

資料編

は，使用料の支払を受ける団体のものを添付。
④　この届出書を納税管理人以外の代理人によって提出する場合には，その委任関係を証する委任状をその翻訳文とともに添付。
（注）　この届出書に記載された事項その他租税条約の規定の適用の有無を判定するために必要な事項については，別に説明資料を求めることがある。

主要な届出書等

様式 3
FORM

租税条約に関する届出書
APPLICATION FORM FOR INCOME TAX CONVENTION

使用料に対する所得税の軽減・免除
Relief from Japanese Income Tax on Royalties

この届出書の記載に当たっては、別紙の注意事項を参照してください。
See separate instructions.

税務署整理欄
For official use only
適用；有、無

税務署長殿
To the District Director of _____ Tax Office

1 適用を受ける租税条約に関する事項；
Applicable Income Tax Convention
日本国と _____ との間の租税条約第 ____ 条第 ____ 項
The Income Tax Convention between Japan and _____ , Article ____ , para.

☐ 限度税率 _____ %
　　Applicable Tax Rate
☐ 免　　税
　　Exemption

2 使用料の支払を受ける者に関する事項；
Details of Recipient of Royalties

氏名又は名称 Full name		
個人の場合 Individual	住所又は居所 Domicile or residence	(電話番号 Telephone Number)
	国籍 Nationality	
法人その他の団体の場合 Corporation or other entity	本店又は主たる事務所の所在地 Place of head office or main office	(電話番号 Telephone Number)
	設立又は組織された場所 Place where the Corporation was established or organized	
	事業が管理・支配されている場所 Place where the business is managed or controlled	(電話番号 Telephone Number)
下記「4」の使用料につき居住者として課税される国及び納税地(注8) Country where the recipient is taxable as resident on Royalties mentioned in 4 below and the place where he is to pay tax (Note 8)		(納税者番号 Taxpayer Identification Number)
日本国内の恒久的施設の状況 Permanent establishment in Japan ☐ 有(Yes)，☐ 無(No) If "Yes",explain:	名称 Name	
	所在地 Address	(電話番号 Telephone Number)
	事業の内容 Details of Business	

3 使用料の支払者に関する事項；
Details of Payer of Royalties

氏名又は名称 Full name		
住所(居所)又は本店(主たる事務所)の所在地 Domicile (residence) or Place of head office (main office)		(電話番号 Telephone Number)
日本国内の恒久的施設の状況 Permanent establishment in Japan ☐ 有(Yes)，☐ 無(No) If "Yes",explain:	名称 Name	(事業の内容 Details of Business)
	所在地 Address	(電話番号 Telephone Number)

4 上記「3」の支払者から支払を受ける使用料で「1」の租税条約の規定の適用を受けるものに関する事項（注9）；
Details of Royalties received from the Payer to which the Convention mentioned in 1 above is applicable (Note 9)

使用料の内容 Description of Royalties	契約の締結年月日 Date of Contract	契約期間 Period of Contract	使用料の計算方法 Method of Computation for Royalties	使用料の支払期日 Due Date for Payment	使用料の金額 Amount of Royalties

5 その他参考となるべき事項（注10）；
Others (Note 10)

443

資料編

6　日本の税法上、届出書の「2」の外国法人が納税義務者とされるが、「1」の租税条約の相手国では、その外国法人の株主等が納税義務者とされており、かつ、租税条約の規定によりその株主である者（相手国居住者に限ります。）の所得として取り扱われる部分に対して租税条約の適用を受けることとされている場合の租税条約の適用を受ける割合に関する事項（注4）；
Details of proportion of income to which the convention mentioned in 1 above is applicable, if the foreign company mentioned in 2 above is taxable as a company under Japanese tax law, and the member of the company is treated as taxable person in the other contracting country of the convention; and if the convention is applicable to income that is treated as income of the member (limited to a resident of the other contracting country) of the foreign company in accordance with the provisions of the convention (Note 4)

届出書の「2」の欄に記載した外国法人は、「4」の使用料につき、「1」の租税条約の相手国において次の法令に基づいて、次の日以後、その株主等である者が課税されることとされています。
The member of the foreign company mentioned in 2 above is taxable in the other contracting country mentioned in 1 above regarding the royalties mentioned in 4 above since the following date under the following law of the other contracting country

根拠法令　　　　　　　　　　　　　　　　　　　　　　　　　効力を生じる日　　　年　　　月　　　日
Applicable law＿＿＿＿＿＿＿＿＿＿＿＿＿＿＿＿＿＿＿　　Effective date＿＿＿＿＿＿＿＿＿＿＿＿＿

届出書の「2」の外国法人の株主等で租税条約の適用を受ける者の名称 Name of member of the foreign company mentioned in 2 above, to whom the Convention is applicable	間接保有 Indirect Ownership	持分の割合 Ratio of Ownership	受益の割合＝租税条約の適用を受ける割合 Proportion of benefit = Proportion for Application of Convention
	☐	％	％
	☐	％	％
	☐	％	％
	☐	％	％
	☐	％	％
合計 Total		％	％

7　日本の税法上、届出書の「2」の団体の構成員が納税義務者とされるが、「1」の租税条約の相手国ではその団体が納税義務者とされており、かつ、租税条約の規定によりその団体の所得として取り扱われる部分に対して租税条約の適用を受けることとされている場合の記載事項等（注5）；
Details if, while the partner of the entity mentioned in 2 above is taxable under Japanese tax law, the entity is treated as taxable person in the other contracting country of the convention mentioned in 1 above, and if the convention is applicable to income that is treated as income of the entity in accordance with the provisions of the convention (Note 5)

届出書の「2」に記載した団体は、「4」の使用料につき、「1」の租税条約の相手国において次の法令に基づいて、次の日以後、法人として課税されることとされています。
The entity mentioned in 2 above is taxable as a corporation regarding the royalties mentioned in 4 above since the following date under the following law in the other contracting country of the convention mentioned in 1 above

根拠法令　　　　　　　　　　　　　　　　　　　　　　　　　効力を生じる日　　　年　　　月　　　日
Applicable law＿＿＿＿＿＿＿＿＿＿＿＿＿＿＿＿＿＿＿　　Effective date＿＿＿＿＿＿＿＿＿＿＿＿＿

他のすべての構成員から通知を受けこの届出書を提出する構成員の氏名又は名称＿＿＿＿＿＿＿＿＿＿＿＿＿＿
Full name of the partner of the entity who has been notified by all other partners and is to submit this form

私は、この届出書の「4」に記載した使用料が「1」に掲げる租税条約の規定の適用を受けるものであることを、「租税条約の実施に伴う所得税法、法人税法及び地方税法の特例等に関する法律の施行に関する省令」の規定により届け出るとともに、この届出書（及び付表）の記載事項が正確かつ完全であることを宣言します。
In accordance with the provisions of the Ministerial Ordinance for the Implementation of the Law concerning the Special Measures for the Income Tax Law, the Corporation Tax Law and the Local Tax Law for the Enforcement of Income Tax Conventions, I hereby submit this application form under the belief that the provisions of the Income Tax Convention mentioned in 1 above is applicable to Royalties mentioned in 4 above and also hereby declare that the statement on this form (and attachment form) is correct and complete to the best of my knowledge and belief.

　　　　年　　　月　　　日
Date＿＿＿＿＿＿＿＿＿＿

使用料の支払を受ける者又はその代理人の署名
Signature of the Recipient of Royalties or his Agent＿＿＿＿＿＿＿＿＿＿＿＿＿

○ 代理人に関する事項　；　この届出書を代理人によって提出する場合には、次の欄に記載してください。
Details of the Agent　；　If this form is prepared and submitted by the Agent, fill out the following columns.

代理人の資格 Capacity of Agent in Japan	氏名（名称） Full name	納税管理人の届出をした税務署名 Name of the Tax Office where the Tax Agent is registered
☐ 納税管理人※ 　　Tax Agent ☐ その他の代理人 　　Other Agent	住所（居所・所在地） Domicile (Residence or location) （電話番号 Telephone Number）	 税務署 Tax Office

※「納税管理人」とは、日本国の国税に関する申告、申請、請求、届出、納付等の事項を処理させるため、国通則法の規定により選任し、かつ、日本国における納税地の所轄税務署長に届出をした代理人をいいます。
※ "Tax Agent" means a person who is appointed by the taxpayer and is registered at the District Director of Tax Office for the place where the taxpayer is to pay his tax, in order to have such agent take necessary procedures concerning the Japanese national taxes, such as filing a return, applications, claims, payment of taxes, etc., under the provisions of the General Law for National Taxes.

○ 適用を受ける租税条約が特典条項を有する租税条約である場合；
　If the applicable convention has article of limitation on benefits
特典条項に関する付表の添付 ☐有Yes
"Attachment Form for　　　　☐添付省略Attachment not required
Limitation on Benefits　　　　（特典条項に関する付表を添付して提出した租税条約に関する届出書の提出日　　　年　　　月　　　日）
Article" attached　　　　　　Date of previous submission of the application for income tax convention with the "Attachment Form for Limitation on Benefits Article

主要な届出書等

様式 3
FORM

「租税条約に関する届出書(使用料に対する所得税の軽減・免除)」に関する注意事項
INSTRUCTIONS FOR "APPLICATION FORM FOR RELIEF FROM JAPANESE INCOME TAX ON ROYALTIES"

―――注 意 事 項―――　　　　　　　　　―――INSTRUCTIONS―――

届出書の提出について

1　この届出書は、使用料に係る日本国の所得税の源泉徴収額について租税条約の規定に基づく軽減又は免除を受けようとする場合に使用します。

2　この届出書は、使用料の支払者ごとに作成してください。

3　この届出書は、正副2通を作成して使用料の支払者に提出し、使用料の支払者は、正本を、最初にその使用料の支払をする日の前日までにその支払者の所轄税務署長に提出してください。この届出書の提出後その記載事項に異動が生じた場合も同様です。

4　外国法人であって、米国ではその株主等が納税義務者とされるものが支払を受ける所得については、米国居住者である株主等(その株主等の受益する部分に限ります。)についてのみ日米租税条約の規定の適用を受けることができます。上記に該当する外国法人は、次の書類を添付してください。
① 届出書の「2」の欄に記載した外国法人が米国においてその株主等が課税を受けることを明らかにする書類
② 「外国法人の株主等の名簿(様式16)」
③ 日米租税条約の適用を受けることができる株主等であるその外国法人の株主等であることを明らかにする書類
なお、この場合には、「特典条項に関する付表(様式17)」(その添付書類を含みます。)については、③の各株主等のものを添付してください。

5　日米租税条約の米国の居住者に該当する団体であって、日本ではその構成員が納税義務者とされる団体(その団体の居住地国の居住者だけでなく、それ以外の国の居住者や日本の居住者も含みます。以下同じ。)は、この書類に次の書類を添付してください。
なお、その団体の構成員のうち特定の構成員が他のすべての構成員から「相手国団体の構成員の名簿(様式16)」に記載すべき事項について通知を受けその事項を記載した「相手国団体の構成員の名簿(様式16)」を提出した場合には、すべての構成員がこの届出書を提出しているものとされます。
① 届出書の「2」の欄に記載した団体が居住地国において法人として課税を受けていることを明らかにする書類
② 「相手国団体の構成員の名簿(様式16)」
③ 「相手国団体の構成員の名簿(様式16)」に記載された構成員が日米租税条約の「2」の欄に記載した団体の構成員であることを明らかにする書類
なお、この場合には、「特典条項に関する付表(様式17)」(その添付書類を含みます。)については、届出書の「2」の欄に記載した団体のものを添付してください。

6　この届出書を納税管理人以外の代理人によって提出する場合には、その委任関係を証する委任状をその翻訳文とともに添付してください。

届出書の記載について

7　届出書の□欄には、該当する項目について✓印を付してください。

8　納税者番号とは、租税の申告、納付その他の手続を行うために用いる番号、記号その他の符号でその手続をすべき者を特定することができるものをいいます。支払を受ける者が納税者番号を有しない場合や支払を受ける者の居住地である国に納税者番号に関する制度が存在しない場合には納税者番号を記載する必要はありません。

9　届出書の「4」の各欄には、使用料の支払を受ける者が日本国内に支店等の恒久的施設を有する場合は、その恒久的施設に帰せられない使用料について記載してください。
工業所有権、著作権等の譲渡収益で租税条約において使用料に準じて取り扱われるものについては、その譲渡収益の内容、譲渡金額の計算方法、支払期日、支払金額等を、それぞれ使用料の場合に準じて記載してください。

【裏面に続きます】

Submission of the FORM

1　This form is to be used by the Recipient of Royalties in claiming the relief from Japanese Income Tax under the provisions of the Income Tax Convention.

2　This form must be prepared separately for each Payer of Royalties.

3　This form must be submitted in duplicate to the Payer of Royalties, who has to file the original with the District Director of Tax Office for the place where the Payer resides, by the day before the payment of the Royalties is made. The same procedures must be followed when there is any change in the statements on this form.

4　In case of income that is received by a foreign company whose member is treated as taxable person in the United States, the Japan-US Income Tax Convention is applicable only to US resident members (to the extent that the income is a benefit of the members). Such foreign companys should attach the following documents to this form:
① Documents showing that the member of the foreign company mentioned in 2 is treated as taxable person in the United States.
② "List of the Members of Foreign Company (Form 16)"
③ Documents showing that the member to whom the Japan-US Income Tax Convention is applicable is a member of the foreign company.
Also attach "Attachment Form for Limitation on Benefits Article (Form 17)"(including attachment) completed for each of the members described in ③.

5　A Partner of an entity that is a US resident under the Japan-US Income Tax Convention (including a partner that is resident of Japan or any other country, in addition to the country of which the entity is a resident; the same applies below) and whose partners are taxable persons in Japan must submit this form attached with the following documents.
If a specific partner of the entity is notified of required information to enter in "List of the Partners of Entity (Form 16)" by all of the other partners and submits "List of the Partners of Entity (Form 16)" filled with the notified information, all of the partners are deemed to submit the application form.
① Documents showing that the entity mentioned in 2 is taxable as a corporation in its residence country.
② "List of the Partners of Entity (Form 16)"
③ Documents showing that the partners mentioned in "List of the Partners of Entity (Form 16)"are partners of the entity mentioned in 2
In this case, attach "Attachment Form for Limitation on Benefits Article (Form 17)" (including attachment) for the entity mentioned in 2.

6　An Agent other than the Tax Agent must attach a power of attorney together with its Japanese translation.

Completion of the FORM

7　Applicable blocks must be checked.

8　The Taxpayer Identification Number is a number, code or symbol which is used for filing of return and payment of due amount and other procedures regarding tax, and which identifies a person who must take such procedures. If a system of Taxpayer Identification Number does not exist in the country where the recipient resides, or if the recipient of the payment does not have a Taxpayer Identification Number, it is not necessary to enter the Taxpayer Identification Number .

9　Enter into column 4 the Royalties which are not attributed to a permanent establishment in Japan of the Recipient (such Royalties as not accounted for in the books of the permanent establishment).
As to be proceeds from alienation of patent, copyright, etc., to which the same treatment with royalties is applicable under the provisions of the Convention, enter into column 4 the description such as the content of the contract, method of computation for the amount of payment, due date for payment and the amount of the proceeds.

【Continue on the reverse】

資 料 編

10　届出書の「5」の欄には、「2」から「4」までの各欄に記載した事項のほか、租税の軽減又は免除を定める「1」の租税条約の適用を受けるための要件を満たす事情の詳細を記載してください。
　　なお、使用料の支払を受ける者が、日仏租税条約議定書3 (b) (i)の規定に規定する組合又はその他の団体である場合には、その旨（組合その他の団体の種類、設立根拠法を記載してください。）、支払を受ける総額、フランスの居住者たる組合員又は構成員の持ち分の割合を記載し（組合員又は構成員全体の持ち分の明細を添付してください。）、また、フランスにおいて法人課税を選択している場合には、その選択している旨を記載してください。

11　租税条約に定める「1」の規定の適用を受けることにより免税となる場合には、使用料の支払の基因となった契約の内容を記載した書類（届出書「4」の記載事項などについて、契約の内容が判るもの）及び権限ある当局の発行した居住者証明書を添付してください。この場合において、届出書の「4」の記載事項については、記載を省略しても差し支えありません。（平成16年4月1日以後適用開始となる租税条約の適用を受ける場合に限ります。）

この届出書に記載された事項その他租税条約の規定の適用の有無を判定するために必要な事項については、別に説明資料を求めることがあります。

10　Enter into line 5 details of circumstance that the conditions for the application of the convention mentioned in 1 are satisfied, in addition to information entered in 2 thought 4.
　　If the Recipient of Royalties is the partnership or other group of persons in the sense of the Article 3 (b) (i) of Protocol of the Convention between Japan and the French Republic, enter into this column to that effect (kind of partnership or other group of persons, and the basis law for the establishment), total amount of Royalties, and the ratio of an interest of the French resident partners to that of all partners, together with the full details of interests of all partners. If the said partnership or other group of persons elects to be liable to the corporation tax in France, enter into this column to that effect.

11　If royalty will be exempted from tax by the application of the convention mentioned in 1 above , document which describes the content of the agreement underlying the royalty payment (document clarifying the content of the agreement regarding items in column 4) and the residency certification issued by the competent authority must be attached. In this case, it is not required to enter items of column 4. (Only for the application of the convention applicable on and after April 1, 2004.)

If necessary, the applicant may be requested to furnish further information in order to decide whether relief under the Convention should be granted or not.

5．租税条約に関する届出（所得税法第161条第3号から第7号まで第9号，第11号又は第12号に掲げる所得に対する所得税の免除）

(1) 概　　要
　租税条約の相手国の居住者が，その支払を受ける所得税法第161条第3号から第7号まで，第9号，第11号又は第12号に掲げる国内源泉所得（これらのうち租税条約に規定する配当，利子又は使用料に該当するものを除く。）について，租税条約の規定に基づき源泉徴収税額の免除を受けるために行う手続。

(2) 手続根拠
　租税条約の実施に伴う所得税法，法人税法及び地方税法の特例等に関する法律の施行に関する省令第9条第1項，第2項，第9条の5

(3) 添付書類
　① 適用を受ける租税条約が特典条項を有する租税条約である場合には，「**特典条項に関する付表（様式17）**」（同様式に規定する添付書類を含む。）を添付。
　② この届出書を納税管理人以外の代理人によって提出する場合には，その委任関係を証する委任状をその翻訳文とともに添付。
　（注）この届出書に記載された事項その他租税条約の規定の適用の有無を判定するために必要な事項については，別に説明資料を求めることがある。

資　料　編

様式 10
FORM

租税条約に関する届出書
APPLICATION FORM FOR INCOME TAX CONVENTION

所得税法第161条第3号から第7号まで、第9号、第11号
又は第12号に掲げる所得に対する所得税の免除
Relief from Japanese Income Tax on Not Expressly
Mentioned in the Income Tax Convention

この届出書の記載に当たっては、裏面の注意事項を参照してください。
See instructions on the reverse side.

税務署整理欄
For official use only

適用：有，無

税務署長殿
To the District Director of _____ Tax Office

1　適用を受ける租税条約に関する事項 ；
　　Applicable Income Tax Convention
　　日本国と _____ との間の租税条約第 ____ 条第 ____ 項
　　The Income Tax Convention between Japan and _____, Article ____ para.____

2　所得の支払を受ける者に関する事項 ；
　　Details of Recipient of Income

氏　名　又　は　名　称　Full name		
個人の場合　Individual	住　所　又　は　居　所　Domicile or residence	（電話番号　Telephone Number）
	国　籍　Nationality	
法人その他の団体の場合　Corporation or other entity	本店又は主たる事務所の所在地　Place of head office or main office	（電話番号　Telephone Number）
	設立又は組織された場所　Place where the Corporation was established or organized	
	事業が管理・支配されている場所　Place where the business is managed or controlled	（電話番号　Telephone Number）
下記「4」の所得につき居住者として課税される国及び納税地（注6）　Country where the recipient is taxable as resident on Income mentioned in 4 below and the place where he is to pay tax (Note 6)		（納税者番号　Taxpayer Identification Number）
日本国内の恒久的施設の状況　Permanent establishment in Japan　□有(Yes)，□無(No)　If "Yes",explain：	名　称　Name	
	所　在　地　Address	（電話番号　Telephone Number）
	事　業　の　内　容　Details of Business	

3　所得の支払者に関する事項 ；
　　Details of Payer of Income

氏　名　又　は　名　称　Full name		
住所（居所）又は本店（主たる事務所）の所在地　Domicile(residence) or Place of head office (main office)		（電話番号　Telephone Number）
日本国内の恒久的施設の状況　Permanent establishment in Japan　□有(Yes)，□無(No)　If "Yes",explain：	名　称　Name	（事業の内容　Details of Business）
	所　在　地　Address	（電話番号　Telephone Number）

4　上記「3」の支払者から支払を受ける所得で「1」の租税条約の規定の適用を受けるものに関する事項 ；
　　Details of Income received from the Payer to which the Income Tax Convention mentioned in 1 above is applicable

所得の種類　Kind of Income	支払の基因となった契約等の概要　Description of contract	契約の締結年月日　Date of Contract	所得の支払日　Due Date for Payment	所得の支払方法　Method of Payment	支払金額　Amount of Payment

5　その他参考となるべき事項（注7） ；
　　Others (Note 7)

主要な届出書等

私は、この届出書の「4」に記載した所得が「1」に掲げる租税条約の規定の適用を受けるものであることを、「租税条約の実施に伴う所得税法、法人税法及び地方税法の特例等に関する法律の施行に関する省令」の規定により届け出るとともに、この届出書（及び付表）の記載事項が正確かつ完全であることを宣言します。

In accordance with the provisions of the Ministerial Ordinance for the Implementation of the Law concerning the Special Measures of the Income Tax Law, the Corporation Tax Law and the Local Tax Law for the Enforcement of Income Tax Conventions, I hereby submit this application form under the belief that the provisions of the Income Tax Convention mentioned in 1 above is applicable to Income mentioned in 4 above and also hereby declare that the statement on this form (and attachment form) is correct and complete to the best of my knowledge and belief.

Date＿＿＿年＿＿月＿＿日

所得の支払を受ける者又はその代理人の署名
Signature of the Recipient of Income or his Agent ＿＿＿＿＿＿＿＿＿＿

○ 代理人に関する事項：この届出書を代理人によって提出する場合には、次の欄に記載してください。
Details of the Agent; If this form is prepared and submitted by the Agent, fill out the following columns.

代理人の資格 Capacity of Agent in Japan	氏名（名称） Full name		納税管理人の届出をした税務署名 Name of the Tax Office where the Tax Agent is registered
☐ 納税管理人 ※ 　Tax Agent	住所（居所・所在地） Domicile (Residence or location)	（電話番号 Telephone Number）	
☐ その他の代理人 　Other Agent			税務署 Tax Office

※「納税管理人」とは、日本国の国税に関する申告、申請、請求、届出、納付等の事項を処理させるため、国税通則法の規定により選任し、かつ、日本国における納税地の所轄税務署長に届出をした代理人をいいます。

※ "Tax Agent" means a person who is appointed by the taxpayer and is registered at the District Director of Tax Office for the place where the taxpayer is to pay his tax, in order to have such agent take necessary procedures concerning the Japanese national taxes, such as filing a return, applications, claims, payment of taxes, etc., under the provisions of the General Law for National Taxes.

○ 適用を受ける租税条約が特典条項を有する租税条約である場合；
　If the applicable convention has article of limitation on benefits

| 特典条項に関する付表の添付
"Attachment Form for Limitation on Benefits Article" attached | ☐有Yes
☐添付省略Attachment not required
特典条項に関する付表を添付して提出した租税条約に関する届出書の提出日
Date of previous submission of the application for income tax convention with the "Attachment Form for Limitation on Benefits Article | ＿＿年＿＿月＿＿日 |

─注意事項─ ─INSTRUCTIONS─

届出書の提出について

1　この届出書は、所得税法第161条第3号から第7号まで、第9号、第11号から第12号に掲げる所得（租税条約に規定する配当、利子又は使用料に該当するものを除きます。）の支払を受ける者が、これらの所得に係る日本国の源泉徴収税額について租税条約の規定に基づく免除を受けようとする場合に使用します。

2　この届出書は、所得の支払者ごとに作成してください。

3　この届出書は、正副2通を作成して所得の支払者に提出し、所得の支払者は、正副を、最初にその所得の支払をする日の前日までにその支払者の所轄税務署長に提出してください。この届出書の提出後その記載事項に異動が生じた場合も同様です。

4　この届出書を納税管理人以外の代理人によって提出する場合には、その委任関係を証する委任状をその翻訳文とともに添付してください。

届出書の記載について

5　届出書の□欄には、該当する項目について✓印を付してください。

6　納税者番号とは、租税の申告、納付その他の手続を行うために用いる番号、記号その他の符号でその手続をすべき者を特定することができるものをいいます。支払を受ける者の居住地である国に納税者番号に関する制度が存在しない場合や支払を受ける者が納税者番号を有しない場合には納税者番号を記載する必要はありません。

7　届出書の「5」の欄には、「2」から「4」までの各欄に記載した事項のほか、租税条約に定める「1」の規定の適用を受けるための要件を満たす事情の詳細を記載してください。

この届出書に記載された事項その他租税条約の規定の適用の有無を判定するために必要な事項については、別に説明資料を求めることがあります。

Submission of the FORM

1　This form is to be used by the Recipient of Incomes provided in subparagraphs 3 through 7, 9, 11 and 12 of Article 161 of the Income Tax Law other than those defined as dividends, interest or royalties under the provisions of the Convention in claiming the relief from Japanese income Tax under the provisions of the Income Tax Convention.

2　This form must be prepared separately for each Payer of the above Income.

3　This form must be submitted in duplicate to the Payer of Income, who has to file the original with the District Director of Tax Office for the place where the Payer resides, by the day before the payment of such incomes is made. The same procedures must be followed when there is any change in the statements on this form.

4　An Agent other than the Tax Agent must attach a power of attorney together with its Japanese translation.

Completion of the FORM

5　Applicable blocks must be checked.

6　The Taxpayer Identification Number is a number, code or symbol which is used for filing of return and payment of due amount and other procedures regarding tax, and which identifies a person who must take such procedures. If a system of Taxpayer Identification Number does not exist in the country where the recipient resides, or if the recipient of the payment does not have a Taxpayer Identification Number, it is not necessary to enter the Taxpayer Identification Number.

7　Enter into column 5 the details of conditions prescribed in the relevant provisions of the Convention.

If necessary, the applicant may be requested to furnish further information in order to decide whether relief under the Convention should be granted or not.

資 料 編

6．租税条約に関する割引債の償還差益に係る源泉徴収税額の還付請求（割引国債）

(1) 概　要
我が国が締結した租税条約の相手国の居住者（法人を含む。）が，租税条約の規定により割引国債の償還差益に対する所得税が軽減又は免除される場合に，その割引国債の発行時に源泉徴収された所得税額について，その償還金の支払を受ける際にその源泉徴収税額の還付を受けようとする場合の手続。

(2) 手続根拠
租税条約の実施に伴う所得税法，法人税法及び地方税法の特例等に関する法律の施行に関する省令第3条の4，第9条の5第9項

(3) 添付書類
① 適用を受ける租税条約が特典条項を有する租税条約である場合には，「**特典条項に関する付表（様式17）**」（同様式に規定する添付書類を含む。）を添付。
② この還付請求書を納税管理人以外の代理人によって提出する場合には，その委任関係を証する委任状をその翻訳文とともに添付。
③ 外国法人であって，米国ではその株主等が納税義務者とされるものが支払を受ける所得については，米国居住者である株主等（その株主等の受益する部分に限る。）についてのみ日米租税条約の規定の適用を受けることができる。これに該当する外国法人は，次の書類を添付。
（ⅰ） 配当の支払を受ける外国法人が米国においてはその株主等が課税を受けていることを明らかにする書類
（ⅱ） 「**外国法人の株主等の名簿（様式16）**」
（ⅲ） 日米租税条約の適用を受けることができる株主等がその外国法人の株主等であることを明らかにする書類
　なお，この場合には，「**特典条項に関する付表（様式17）**」（その添付書類を含む。）については，（ⅲ）の各株主等のものを添付。

主要な届出書等

様式 13
FORM

租税条約に関する割引債の償還差益に係る
源泉徴収税額の還付請求書（割引国債用）

APPLICATION FORM FOR REFUND OF THE WITHHOLDING
TAX ON PROFIT FROM REDEMPTION OF SECURITIES
IN ACCORDANCE WITH THE INCOME TAX CONVENTION
(DISCOUNT GOVERNMENT BONDS ONLY)

この還付請求書の記載に当たっては、別紙の注意事項を参照してください。
See separate instructions.

支払者受付印　　税務署受付印

税務署整理欄
For official use only

還付金；有、無

□ 限度税率　　　％
　 Applicable Tax Rate
□ 免　　税
　 Exemption

　　　　　税務署長殿
To the District Director of ＿＿＿＿＿＿＿＿Tax Office

1 適用を受ける租税条約に関する事項；
Applicable Income Tax Convention
日本国と＿＿＿＿＿＿＿＿との間の租税条約第＿＿条第＿＿項
The Income Tax Convention between Japan and ＿＿＿＿＿＿＿,Article＿＿＿,para.＿＿＿

2 還付の請求をする者（償還差益の支払を受ける者）に関する事項；
Details of the Person claiming the Refund (Recipient of Profit from Redemption of Securities)

氏　名　又　は　名　称（注5） Full name (Note5)			（納税者番号　Taxpayer Identification Number)
個人の場合 Individual	住　所　又　は　居　所 Domicile or residence		（電話番号　Telephone Number)
	国　　　　籍 Nationality		
法人その他の 団体の場合 Corporation or other entity	本店又は主たる事務所の所在地 Place of head office or main office		（電話番号　Telephone Number)
	事業が管理・支配されている場所 Place where the business is managed or controlled		（電話番号　Telephone Number)

3 償還差益の支払者に関する事項；
Details of Payer of Profit from Redemption of Securities

名　　　　　　　称 Full name	日本銀行 Bank of Japan	
本店又は主たる事務所の所在地 Domicile(residence)or Place of head office (main office)	東京都中央区日本橋本石町 2-1-1 1-1,2 Chome, Nihonbashi-hongokucho, Chuo-ku, Tokyo, Japan	（電話番号 Telephone Number) 03(3279)1111

4 上記「3」の支払者から支払を受ける償還差益で「1」の租税条約の規定の適用を受けるものに関する事項；Details of Profit from Redemption
of Securities received from the Payer to which the Income Tax Convention mentioned in 1 above is applicable

① 国債名称 Description of Government bonds			
② 記号 Number			
③ 償還期日 Date of Maturity			
④ 取得年月日 Date of Acquisition			
⑤ 額面金額の合計額 Total Amount of Face Value	円yen	円yen	円yen
⑥ 発行価額の合計額　　発行価額（　）×数量×（　） Total Amount of Issue Price	円yen	円yen	円yen
⑦ 償還期間の日数又は月数 Term (in days or months)	日又は月 days or months	日又は月 days or months	日又は月 days or months
⑧ 所有期間の日数又は月数 Holding Period (in days or months)	日又は月 days or months	日又は月 days or months	日又は月 days or months
⑨ 所有期間に対応する償還差益　　　（⑤−⑥）×⑧/⑦ Profit from Redemption corresponding to Holding Period	円yen	円yen	円yen
⑩ 源泉徴収税率 Rate of Withholding Tax	％	％	％
⑪ 限度税率 Ceiling Tax Rate under Applicable Tax Treaty	％	％	％
⑫ 源泉徴収税額　　　　　　　　　　　（⑤−⑥）×⑩ Amount of Tax Withheld	円yen	円yen	円yen
⑬ 還付請求金額　⑫×⑧/⑦−(⑨×⑪)　（免税の場合　⑫×⑧/⑦ Amount of Tax to be Refunded　　　　　In case of Exemption)	円yen	円yen	円yen

・免税の場合、⑨及び⑪の記入を要しない。；In case of Exemption ⑨ and ⑪ need not be filled.

451

資料編

5 当該割引債に関する証明書；Certificate concerning Discount Bonds mentioned in 4 above

売渡証明書
Certificate of Sale

上記の請求者である租税条約の適用を受けるものに、割引国債を上記記載（国債名称・記号、取得年月日、額面金額の合計額）のとおり売り渡したことを証明します。

I, the undersigned, hereby certify that the discount bonds specified above (Description, Number, Date of Acquisition, Total Amount of Face Value) have been sold to the above mentioned person eligible for benefits provided under the applicable Income Tax Convention.

Date _____ (日 付)

Certifier _____ (証明書) 印

・売渡証明書欄に上記割引国債を購入したことを証明する書面をちょう付するか、又は購入先の証明を受けること。
Attach here a form which certifies the fact of the purchase above bills, or get a certification of sale from the seller.

6 日本の税法上、届出書の「2」の外国法人が納税義務者とされるが、「1」の租税条約の相手国では、その外国法人の株主等が納税義務者とされており、かつ、租税条約の規定によりその株主等である者（相手国居住者に限ります。）の所得として取り扱われる部分に対して租税条約の適用を受けることとされている場合の租税条約の適用を受ける割合に関する事項等(注4)：

Details of proportion of income to which the convention mentioned in 1 above is applicable, if the foreign company mentioned in 2 above is taxable as a company under Japanese tax law, and the member of the company is treated as taxable person in the other contracting country of the convention; and if the convention is applicable to income that is treated as income of the member (limited to a resident of the other contracting country) of the foreign company in accordance with the provisions of the convention (Note 4)

届出書の「2」の欄に記載した外国法人は、「4」の償還差益につき、「1」の租税条約の相手国において次の日以後、その株主等である者が課税されることとされています。
The member of the foreign company mentioned in 2 above is taxable in the other contracting country mentioned in 1 above regarding the Profit from Redemption of Securities mentioned in 4 above since the following date under the following law of the other contracting country.

根拠法令 _____
Applicable law

効力を生じる日 年 月 日
Effective date _____

届出書の「2」の外国法人の株主等で租税条約の適用を受ける者の名称 Name of member of the foreign company mentioned in 2 above, to whom the Convention is applicable	間接保有 Indirect Ownership	持分の割合 ratio of ownership	受益の割合＝租税条約の適用を受ける割合 Proportion of benefit = Proportion for Application of Convention
	☐	%	%
	☐	%	%
	☐	%	%
	☐	%	%
合計 Total		%	%

私は、日本国と _____ との間の租税条約第 ___ 条第 ___ 項の規定の適用を受ける上記「4」の所得について源泉徴収された所得税につき、「租税条約の実施に伴う所得税法、法人税法及び地方税法の特例等に関する法律の施行に関する省令」の規定により、上記のとおり還付請求をするとともに、この還付請求書及び付表の記載事項が正確かつ完全であることを宣言します。

Date _____ 年 月 日

In accordance with the provisions of the Ministerial Ordinance for the Implementation of the Law concerning the Special Measures of the Income Tax Law, the Corporation Tax Law and the Local Tax Law for the Enforcement of Income Tax Conventions, I hereby claim the refund of tax withheld on the profit from Redemption of Securities of 4 above to which subparagraph____of paragraph____of Article____of Income Tax Convention between Japan and _____ is applicable and also hereby declare that the statement on this form and attachment form correct and complete to the best of my knowledge and belief.

還付の請求をする者又はその代理人の署名
Signature of the Applicant or his Agent _____

7 権限ある当局の証明（注6）
Certification of competent authority (Note 6)

私は、届出者が、日本国と _____ との間の租税条約第 ___ 条第 ___ 項に規定する居住者であることを証明します。
I hereby certify that the applicant is a resident under the provisions of the Income Tax Convention between Japan and _____ , Article ____ , para. ____

Date _____ 年 月 日　　Signature _____

○ 代理人に関する事項　；　この届出書を代理人によって提出する場合には、次の欄に記載してください。
Details of the Agent　；　If this form is prepared and submitted by the Agent, fill out the following columns.

代理人の資格 Capacity of Agent in Japan	氏名 (名称) Full name		納税管理人の届出をした税務署名 Name of the Tax Office where the Tax Agent is registered
☐ 納税管理人　※ Tax Agent ☐ その他の代理人 Other Agent	住所 (居所・所在地) Domicile (Residence or location)	(電話番号 Telephone Number)	税務署 Tax Office

※ 「納税管理人」とは、日本国の国税に関する申告、申請、請求、届出、納付等の事項を処理させるため、国税通則法の規定により選任し、かつ、日本国における納税地の所轄税務署長に届出をした代理人をいいます。

※ "Tax Agent" means a person who is appointed by the taxpayer and is registered at the District Director of Tax Office for the place where the taxpayer is to pay his tax, in order to have such agent take necessary procedures concerning the Japanese national taxes, such as filing a return, applications, claims, payment of taxes, etc., under the provisions of the General Law for National Taxes.

○ 適用を受ける租税条約が特典条項を有する租税条約である場合；
If the applicable convention has article of limitation on benefits
特典条項に関する付表の添付 "Attachment Form for Limitation on Benefits Article" attached ☐有Yes

様式 13
FORM

「租税条約に関する割引債の償還差益に係る源泉徴収税額の還付請求書
（割引国債用）」に関する注意事項

INSTRUCTIONS FOR "APPLICATION FORM FOR REFUND OF THE WITHHOLDING TAX ON PROFIT FROM REDEMPTION OF SECURITIES IN ACCORDANCE WITH THE INCOME TAX CONVENTION (DISCOUNT GOVERNMENT BONDS ONLY)"

─────注 意 事 項─────

還付請求書の提出について

1　この還付請求書は、国債の償還差益につき租税条約の規定の適用を受けるため正副2通を作成して償還金の支払者に提出し、償還金の支払者は還付請求書の「5」の欄の記載事項について証明をした後、還付請求書の正本をその支払者の所轄税務署長に提出してください。

2　この還付請求書を納税管理人以外の代理人によって提出する場合には、その委任関係を証する委任状をその翻訳文とともに添付してください。

3　源泉徴収税額の還付金を受領するときは、還付金の支払者所定の領収証書を償還金の支払者に提出してください。

4　外国法人であって、米国ではその株主等が納税義務者とされるものが支払を受ける所得については、米国居住者である株主等（その株主等の受益を受ける部分に限ります。）についてのみ日米租税条約の規定の適用を受けることができます。上記に該当する外国法人は、次の書類を添付して提出してください。
① 届出書の「2」の欄に記載した外国法人が米国においてはその株主が課税を受けていることを明らかにする書類
② 「外国法人の株主等の名簿（様式16）」
③ 日米租税条約の適用を受けることができる株主等がその外国法人の株主等であることを明らかにする書類
なお、この場合には、「特典条項に関する付表（様式17）」（その添付書類を含みます。）については、③の各株主等のものを添付してください。

届出書の記載について

5　納税者番号とは、租税の申告、納付その他の手続を行うために用いる番号、記号その他の符号でその手続をすべき者を特定することができるものをいいます。支払を受ける者の居住地である国に納税者番号に関する制度が存在しない場合や支払を受ける者が納税者番号を有しない場合には納税者番号を記載する必要はありません。

6　支払を受ける償還差益が、租税条約の規定により免税となる場合には、支払者に提出する前に、届出書の「7」の欄に権限ある当局の証明を受けてください（平成16年7月1日以後適用開始となる租税条約の支払を受ける場合に限ります。また、注意事項7の場合を除きます。）。

7　注意事項6の場合において権限ある当局が証明を行わないこととしているため、その証明を受けることができない場合には、「要件を満たす事情の詳細」を明らかにする書類（その書類が外国語で作成されている場合には、その翻訳文を含みます。）及び権限ある当局の発行の居住者証明書を添付してください。

─────INSTRUCTIONS─────

Submission of the FORM

1　Submit this form in duplicate to the Payer of redemption of securities for the application of Income Tax Convention to profit from redemption of securities. The Payer of redemption of securities must certify the items in 5 on this form and then file the original with the District Director of Tax Office at the place where the Payer resides.

2　An Agent other than the Tax Agent must attach a power of attorney together with its Japanese translation.

3　Submit receipt to the Payer of redemption of securities when refund of the withholding tax is received (Receipt form is prescribed by the Payer of redemption of securities).

4　In case of income that is received by a foreign company whose member is treated as taxable person in the United States, the Japan-US Income Tax Convention is applicable only to US resident members (to the extent that the income is a benefit of the members). Such foreign companys should attach the following documents to this form:
① Documents showing that the member of the foreign company mentioned in 2 is treated as taxable person in the United States.
② "List of the Members of Foreign Company (Form 16)"
③ Documents showing that the member to whom the Japan-US Income Tax Convention is applicable is a member of the foreign company.
Also attach "Attachment Form for Limitation on Benefits Article (Form 17)" completed for each of the members described in ③.

Completion of the FORM

5　The Taxpayer Identification Number is a number, code or symbol which is used for filing of return and payment of due amount and other procedures regarding tax, and which identifies a person who must take such procedures. If a system of Taxpayer Identification Number does not exist in the country where the recipient resides, or if the recipient of the payment does not have a Taxpayer Identification Number, it is not necessary to enter the Taxpayer Identification Number.

6　If the Profit from Redemption of Securities is subject to tax exemption under the provisions of the Income Tax Convention, Column 7 must be entered with the certification by the competent authority before this form is submitted to the payer(only for the application of the convention that went into entered into effect on and after July 1, 2004) (except for cases described in Note 7).

7　If the competent authority does not make such a certification as mentioned in Note 6, documents showing "the details of circumstance that the conditions are satisfied" (including Japanese translation if the documents are written in foreign language.) and the certification of residency issued by the competent authority must be attached.

資 料 編

7．租税条約に関する割引債の償還差益に係る源泉徴収税額の還付請求（割引国債以外の割引債）

(1) 概　　要
　我が国が締結している租税条約の相手国の居住者（法人を含む。）が，租税条約の規定により割引国債以外の割引債の償還差益に対する所得税が軽減又は免除される場合に，その割引債の発行時に源泉徴収された所得税額について，その償還金の支払を受ける際にその源泉徴収税額の還付を受けようとする場合の手続。

(2) 手続根拠
　租税条約の実施に伴う所得税法，法人税法及び地方税法の特例等に関する法律の施行に関する省令第3条の4，第9条の5第9項

(3) 添付書類
① 　適用を受ける租税条約が特典条項を有する租税条約である場合には，「**特典条項に関する付表（様式17）**」（同様式に規定する添付書類を含む。）を添付。
② 　この還付請求書を納税管理人以外の代理人によって提出する場合には，その委任関係を証する委任状をその翻訳文とともに添付。
③ 　外国法人であって，米国ではその株主等が納税義務者とされるものが支払を受ける所得については，米国居住者である株主等（その株主等の受益する部分に限る。）についてのみ日米租税条約の規定の適用を受けることができる。これに該当する外国法人は，次の書類を添付。
　（ⅰ）　配当の支払を受ける外国法人が米国においてはその株主等が課税を受けていることを明らかにする書類
　（ⅱ）　「**外国法人の株主等の名簿（様式16）**」
　（ⅲ）　日米租税条約の適用を受けることができる株主等がその外国法人の株主等であることを明らかにする書類
　　なお，この場合には，「**特典条項に関する付表（様式17）**」（その添付書類を含む。）については，（ⅲ）の各株主等のものを添付。

主要な届出書等

様式 14
FORM

租税条約に関する割引債の償還差益に係る源泉徴収税額の還付請求書（割引国債以外の割引債用）

APPLICATION FORM FOR REFUND OF THE WITHHOLDING TAX ON PROFIT FROM REDEMPTIOIN OF SECURITIES IN ACCORDANCE WITH THE INCOME TAX CONVENTION (FOR DISCOUNT DEBENTURES OTHER THAN DISCOUNT GOVERNMENT BONDS)

この還付請求書の記載に当たっては、別紙の注意事項を参照してください。
See separate instructions.

払者受付印　務署受付印
支　　　　　税

税務署整理欄　For official use only
還付金；有、無

税務署長殿
To the District Director of ＿＿＿＿＿＿＿＿＿ Tax Office

1 適用を受ける租税条約に関する事項；
  Applicable Income Tax Convention
  日本国と＿＿＿＿＿＿＿との間の租税条約第＿＿条第＿＿項
  The Income Tax Convention between Japan and ＿＿＿＿＿, Article ＿＿, para.＿＿

□ 限度税率　　％　Applicable Tax Rate
□ 免　税　Exemption

2 還付の請求をする者（償還差益の支払を受ける者）に関する事項；
  Details of the Person claiming the Refund (Recipient of Profit from Redemption of Securities)

氏　名　又　は　名　称(注5) Full name (Note 5)		（納税者番号） Taxpayer Identification Number	
個人の場合 Individual	住　所　又　は　居　所 Domicile or residence	（電話番号） Telephone Number	
	国　　　籍 Nationality		
法人その他の団体の場合 Corporation or other entity	本店又は主たる事務所の所在地 Place of head office or main office	（電話番号） Telephone Number	
	事業が管理・支配されている場所 Place where the business is managed or controlled	（電話番号） Telephone Number	

3 償還差益の支払者に関する事項；Details of Payer of Profit from Redemption of Securities

名　　　　　称 Full name	
本 店 又 は 主 た る 事 務 所 の 所 在 地 Place of head office or main office	（電話番号） Telephone Number

4 上記「3」の支払者から支払を受ける償還差益で「1」の租税条約の規定の適用を受けるものに関する事項；Details of Profit from Redemption of Securities received from the Payer to which the Income Tax Convention mentioned in 1 above is applicable

①	銘柄 Issue			
②	回号 #			
③	償還日 Date of Maturity			
④	取得年月日(注6) Date of Acquisition (Note 6)			
⑤	額面金額の合計額 Total Amount of Face Value	円 yen	円 yen	円 yen
⑥	額面1万円当たり売出価格(注7) Issue Price of Debentures per10,000yen (Note 7)	円 yen	円 yen	円 yen
⑦	売出価額の合計額(注8) Total Issue Price Paid (Note 8)	円 yen	円 yen	円 yen
⑧	償還価額（買入価額） Stated Redemption Price (Repurchase Price)	円 yen	円 yen	円 yen
⑨	源泉徴収税率 Rate of Withholding tax	％	％	％
⑩	限度税率 Ceiling Tax Rate under Applicable Tax Treaty	％	％	％
⑪	源泉徴収税額(注9) Amount of Tax Withheld (Note 9)	円 yen	円 yen	円 yen
⑫	所有期間の月数(注10) Holding Period (in months) (Note 10)	月 months	月 months	月 months
⑬	所有期間の割合(注11) Ratio of Holding Period to Stated Life of Debentures (Note 11)	％	％	％
⑭	還付請求金額(注12) Amount of Tax to be Refunded (Note 12)	円 yen	円 yen	円 yen

資　料　編

5　当該割引債に関する証明書；Certificate concerning Discount Bonds mentioned in 4 above

売　渡　証　明　書
Certificate of Sale

上記の請求者である租税条約の適用を受けるものに、割引債を上記記載（銘柄・回号、取得年月日、額面金額の合計額）のとおり売り渡したことを証明します。

I, the undersigned, hereby certify that the discount bonds specified above (Issue, Date of Purchase, Amount of Face Value) have been sold to the above mentioned person eligible for benefits provided under the applicable Income Tax Convention.

Date　（日　付）

Certifier　（証明者）　　　　　　　　　　　　　印

6　日本の税法上、届出書の「2」の外国法人が納税義務者とされるが、「1」の租税条約の相手国では、その外国法人の株主等が納税義務者とされており、かつ、租税条約の規定によりその株主等である者（相手国居住者に限れます。）の所得として取り扱われる部分に対して租税条約の適用を受けることとされている場合の租税条約の適用を受ける割合に関する事項等(注4)；

Details of proportion of income to which the convention mentioned in 1 above is applicable, if the foreign company mentioned in 2 above is taxable as a company under Japanese tax law, and the member of the company is treated as taxable person in the other contracting country of the convention; and if the convention is applicable to income that is treated as income of the member (limited to a resident of the other contracting country) of the foreign company in accordance with the provisions of the convention (Note 4)

届出書の「2」の欄に記載した外国法人は、「4」の償還差益につき、「1」の租税条約の相手国において次の法令に基づいて、次の日以後、その株主等である者が課税されることとされています。

The member of the foreign company mentioned in 2 above is taxable in the other contracting country mentioned in 1 above regarding the Profit from Redemption of Securities mentioned in 4 above since the following date under the following law of the other contracting country

根拠法令　　　　　　　　　　　　　　　　　　　効力を生じる日　　　　年　　　月　　　日
Applicable law　　　　　　　　　　　　　　　　Effective date

届出書の「2」の外国法人の株主等で租税条約の適用を受ける者の名称 Name of member of the foreign company mentioned in 2 above, to whom the Convention is applicable	間接保有 Indirect Ownership	持分の割合 Ratio of Ownership	受益の割合＝租税条約の適用を受ける割合 Proportion of benefit = Proportion for Application of Convention
	☐	%	%
	☐	%	%
	☐	%	%
	☐	%	%
	☐	%	%
合計　Total		%	%

私は、日本国と　　　　　　　　との間の租税条約第　　条第　項の規定の適用を受ける上記「4」の償還差益について源泉徴収された所得税につき、「租税条約の実施に伴う所得税法、法人税法及び地方税法の特例等に関する法律の施行に関する省令」の規定により、上記のとおり還付請求をするとともに、この還付請求書及び付表の記載事項が正確かつ完全であることを宣言します。

In accordance with the provisions of the Ministerial Ordinance for the Implementation of the Law concerning the Special Measures of the Income Tax Law, the Corporation Tax Law and the Local Tax Law for the Enforcement of Income Tax Conventions, I hereby claim the refund of tax withheld on the profit from Redemption of Securities of 4 above to which subparagraph　　　　of paragraph　　　　of Article　　　　of Income Tax Convention between Japan and　　　　　　is applicable and also hereby declare that the statement on this form and attachment form correct and complete to the best of my knowledge and belief.

Date　　　年　　　月　　　日

還付の請求をする者又はその代理人の署名
Signature of the Applicant or his Agent　　　　　　　　　

7　権限ある当局の証明 (注13)
Certification of competent authority (Note 13)

私は、届出者が、日本国と　　　　　　　　　　　　　　　　　との間の租税条約第　　条第　　項　　に規定する居住者であることを証明します。

I hereby certify that the applicant is a resident under the provisions of the Income Tax Convention between Japan and 　　　　　　　,　Article　　　　,　para.　　　　．

Date　　　年　　　月　　　日　　　Signature

○　代理人に関する事項　；　この還付請求書を代理人によって提出する場合には、次の欄に記載してください。
　　Details of the Agent　；　If this form is prepared and submitted by the agent, fill out the following columns.

代理人の資格 Capacity of Agent in Japan	氏名（名称） Full name		納税管理人の届出をした税務署名 Name of the Tax Office where the Tax Agent is registered
☐ 納税管理人　※ Tax Agent ☐ その他の代理人 Other Agent	住所（居所・所在地） Domicile (Residence or location)	（電話番号 Telephone Number）	税　務　署 Tax Office

※　「納税管理人」とは、日本国の国税に関する申告、申請、請求、届出、納付等の事項を処理させるため、国税通則法の規定により選任し、かつ、日本国における納税地の所轄税務署長に届出をした代理人をいいます。

※ "Tax Agent" means a person who is appointed by the taxpayer and is registered at the District Director of Tax Office for the place where the taxpayer is to pay his tax, in order to have such agent take necessary procedures concerning the Japanese national taxes, such as filing a return, applications, claims, payment of taxes, etc., under the provisions of the General Law for National Taxes.

○　適用を受ける租税条約が特典条項を有する租税条約である場合；
　　特典条項に関する付表の添付　"Attachment Form for Limitation on Benefits Article" attached.　☐有Yes

主要な届出書等

様式 14
FORM

「租税条約に関する割引債の償還差益に係る源泉徴収税額の還付請求書
（割引国債以外の割引債用）」に関する注意事項

INSTRUCTIONS FOR "APPLICATION FORM FOR REFUND OF THE WITHHOLDING TAX ON PROFIT FROM REDEMPTIOIN OF SECURITIES IN ACCORDANCE WITH THE INCOME TAX CONVENTION (FOR DISCOUNT DEBENTURES OTHER THAN DISCOUNT GOVERNMENT BONDS)"

───注 意 事 項───

還付請求書の提出について
1　この還付請求書は、還付を請求する税額に係る償還差益の支払者ごとに作成してください。

2　この還付請求書は、償還差益につき租税条約の規定の適用を受けるため正副2通を作成して償還金の支払者に提出し、償還差益の支払者は還付請求書の「4」の欄の記載事項について証明をした後、還付請求書の正本をその支払者の所轄税務署長に提出してください。

3　この還付請求書を納税管理人以外の代理人によって提出する場合には、その委任関係を証する委任状及びその翻訳文とともに添付してください。

4　外国法人であって、米国ではその株主等が納税義務者とされるものが支払を受ける所得については、米国居住者である株主等（その株主等の受益する部分に限ります。）についてのみ日米租税条約の規定の適用を受けることができます。上記に該当する外国法人は、次の書類を添付して提出してください。
①　届出書の「2」の欄に記載した外国法人が米国においてはその株主等が課税を受けていることを明らかにする書類
②　「外国法人の株主等の名簿（様式16）」
③　日米租税条約の適用を受けることができる株主等がその外国法人の株主等であることを明らかにする書類
なお、この場合には、「特典条項に関する付表（様式17）」（その添付書類を含みます。）については、③の各株主等のものを添付してください。

記載上の注意
5　納税者番号とは、租税の申告、納付その他の手続を行うために用いる番号、記号その他の符号でその手続をすべき者を特定することができるものをいいます。支払を受ける者の居住地である国に納税者番号に関する制度が存在しない場合や支払を受ける者が納税者番号を有しない場合には納税者番号を記載する必要はありません。

6　④欄の取得年月日は債券の受渡年月日を記載します。

7　⑥欄には、売出期間中に購入したものは売出価額を、売出最終日以後購入したものは売出最終日価額を記載します。また、乗換により購入した債券は、売出最終日価額を記載し、更に余白部に（乗換）と表示します。

8　⑦欄の売出価額の合計額は、次の算式により計算した金額を記載します。
⑥ × ⑤/1万円

9　⑪欄の源泉徴収税額は、次の算式により計算した金額を記載します。
(⑤−⑦) × ⑨/(100−⑨)

10　⑫欄の所有期間の月数は、所得の日から償還の日までの月数（1月未満の端数は1月とする。）を記載します。

11　⑬欄の所有期間の割合は、⑫欄の所有期間の月数に応じ次により記載します。
1ヵ月…0.084　　5ヵ月…0.417　　9ヵ月…0.75
2ヵ月…0.167　　6ヵ月…0.5　　　10ヵ月…0.834
3ヵ月…0.25　　 7ヵ月…0.584　　11ヵ月…0.917
4ヵ月…0.334　　8ヵ月…0.667　　12ヵ月…1
なお、繰上償還又は買入消却の場合は、上記に準じて算出した割合を記載します。

12　⑭欄の還付請求金額は、その償還が償還期限後であるか、又は償還期限前であるかに応じ、次の算式により計算した金額を記載します。
期限後償還の場合　⑪×⑬−[(⑤−⑦)× ⑩/(100−⑨)]×⑬
繰上償還・買入消却の場合　[⑪−(⑤−⑧)× ⑩/100]×⑬
−[{(⑤−⑦)× ⑩/(100−⑨)}−{(⑤−⑧)× ⑩/100}]×⑬

【裏面に続きます】

───INSTRUCTIONS───

Submission of the FORM
1　This form must be prepared separately for each Payer of profit from redemption of securities who withheld the tax to be refunded.

2　Submit this form in duplicate to the Payer of profit from redemption of securities for the application of Income Tax Convention to profit from redemption of securities. The Payer of redemption of securities must certify the item in 4 on this form and then file the original with the District Director of Tax Office at the place where the Payer resides.

3　An Agent other than the Tax Agent must attach a power of attorney together with its Japanese translation.

4　If a foreign corporation has elected beneficiary level taxation in the United States, only US-resident beneficiaries are to claim for the application of the Income Tax Convention between Japan and the United States (to the extent that the amount of benefit is received by the beneficiaries). If you are such a foreign corporation described above, attach the following documents to this form.
①　Documents confirming the foreign corporation stated in 2 has elected beneficiary level taxation in its resident country.
②　"List of the Members of Foreign Company (Form 16)"
③　Documents confirming the beneficiary applicable the Japan-US Income Tax Convention is the shareholder of the foreign corporation. Attach "Attachment Form for Limitation on Benefits Article (Form 17)" of each of the beneficiaries described in ③ respectively.

Instructions
5　The Taxpayer Identification Number is a number, code or symbol which is used for filing of return and payment of due amount and other procedures regarding tax, and which identifies a person who must take such procedures. If a system of Taxpayer Identification Number does not exist in the country where the recipient resides, or if the recipient of the payment does not have a Taxpayer Identification Number, it is not necessary to enter the Taxpayer Identification Number.

6　Date of Acquisition means the date of purchase.

7　⑥shall mean issuing price if purchased within offering period, and if purchased on or after the last days of the offering period, it shall mean the issuing price on the last day of the offering period.

8　⑦shall be calculated by the following formula ;
⑥ × ⑤/10,000yen

9　⑪shall be calculated by the following formula ;
(⑤−⑦) × ⑨/(100−⑨)

10　Holding Period shall be the number of complete months such debentures have been held plus one month if held for any additional days.

11　Corresponding ratios below shall be used for the purpose of ⑬.
1M…0.084　　5M…0.417　　9M…0.75
2M…0.167　　6M…0.5　　　10M…0.834
3M…0.25　　 7M…0.584　　11M…0.917
4M…0.334　　8M…0.667　　12M…1
In case of early redemption or repurchase, the above ratios shall be adjusted according to the life of the redeemed or repurchased debenture.

12　⑭shall be calculated by the following formula ;
・when stated redemption price was received on or after the date of maturity ;
⑪×⑬−[(⑤−⑦)× ⑩/(100−⑨)]×⑬
・when redeemed or repurchased prior to maturity ;
[⑪−(⑤−⑧)× ⑩/100]×⑬
−[{(⑤−⑦)× ⑩/(100−⑨)}−{(⑤−⑧)× ⑩/100}]×⑬

【Continue on the reverse】

資 料 編

13　支払を受ける償還差益が、租税条約の規定により免税となる場合には、支払者に提出する前に、届出書の「7」の欄に権限ある当局の証明を受けてください(平成16年7月1日以後適用開始となる租税条約の適用を受ける場合に限ります。また、注意事項14の場合を除きます。)。

14　注意事項13の場合において権限ある当局が証明を行わないこととしているため、その証明を受けることができない場合には、「要件を満たす事情の詳細」を明らかにする書類(その書類が外国語で作成されている場合には、その翻訳文を含みます。)及び権限ある当局の発行した居住者証明書を添付してください。

13　If the Profit from Redemption of Securities is subject to tax exemption under the provisions of the Income Tax Convention, Column 7 must be entered with the certification by the competent authority before this form is submitted to the payer. (only for the application of the convention that went into entered into effect on and after July 1, 2004) (except for cases described in Note 14)

14　If the competent authority does not make such a certification as mentioned in Note 13, documents showing "the details of circumstance that the conditions are satisfied" (including Japanese translation if the documents are written in foreign language.) and the certification of residency issued by the competent authority must be attached.

租税条約に基づく相手国との情報交換手続について
（事務運営指針）

官際　1－20
課総　5－15
課個　7－3
課資　6－1
課法　6－8
査調　5－14
平成15年4月7日

国　税　局　長
沖縄国税事務所長　　殿

国税庁長官

　租税条約の規定に基づく情報交換のうち、個別的情報交換及び自発的情報交換に関する事務手続について、別添のとおり定めたから、今後はこれによられたい。
　なお、平成12年7月7日付官際1－45ほか6課共同「租税条約に基づく外国税務当局との情報交換手続について」（事務運営指針）は、廃止する。

（趣旨）
　平成15年度税制改正により租税条約実施特例法の一部が改正され、租税条約の規定に基づき、相手国から情報提供の要請があった場合の質問検査権が創設された。そこで、相手国との情報交換の一層の迅速化、効率化を促進するために、事務手続の整備を行ったものである。

（別添）
第一　定　義
　この事務運営指針において、次に掲げる用語の定義は、それぞれ次に定めるところによる。
1　**租税条約実施特例法**
　　租税条約の実施に伴う所得税法、法人税法及び地方税法の特例等に関する法律（昭和44年法律第46号）をいう。
2　**租　税　条　約**
　　租税条約実施特例法第2条第1号に規定する条約をいう。
3　**相　手　国**
　　我が国が租税条約を締結した国（租税条約に情報交換規定がない国を除く。）をい

資料編

う。
4 個別的情報交換
　特定の事案に関連して，租税条約の一方の締約国から情報提供の要請があった場合に，他方の締約国が要請された情報を当該一方の締約国に提供することをいう。
5 自発的情報交換
　租税条約の一方の締約国が調査等の過程で入手した情報で，他方の締約国にとって有効と認められるものを当該他方の締約国に自発的に提供することをいう。
6 情報提供のための質問検査権
　租税条約実施特例法第9条に定める質問検査権をいう。
7 質問検査権の不行使事由
　相手国から情報提供の要請があった場合に，当該要請に応じるために情報提供のための質問検査権を行使できないとされる事由をいう。
8 庁国際業務課
　国税庁長官官房国際業務課をいう。
9 庁主管課
　国税庁において情報交換事案を担当する課をいう。
10 局管理者
　国税局（沖縄国税事務所を含む。以下同じ。）において情報交換事案を担当する事務系統の主務課長又は庁主管課があらかじめ情報交換管理担当課長として定めた者をいう。
11 署管理者
　情報交換事案を担当する事務系統の第一部門の統括国税調査官（第一部門の統括国税調査官が設置されていない署にあっては，これに相当する統括国税調査官）をいう。
12 情報収集担当者
　国税局あるいは税務署において，相手国からの情報提供の要請に応じるために情報収集を行う者をいう。

第二　個別的情報交換に係る事務手続
1 相手国への情報提供要請
　(1) 情報提供要請の進達及び回付
　　　税務署又は国税局の調査等において，相手国へ次に掲げる情報の提供を要請する必要が生じた場合には，局管理者は（署管理者にあっては局管理者を経由して），当該要請を別紙様式1により庁主管課へ進達する。庁主管課は，当該進達を庁国際業務課へ回付する。
　　イ　相手国における取引の相手方又は海外事業所等が保有する帳簿書類の記載内容
　　ロ　相手国における取引の第三者である金融機関等が保有する帳簿書類の記載内容
　　ハ　相手国における取引の相手方等の申告の内容
　　ニ　その他調査等のために必要な情報
　　　なお，局（署）管理者は，進達に際し，相手国が当該要請のために情報を収集す

租税条約に基づく相手国との情報交換手続について

る際に，我が国から要請があった事実又は当該要請の内容を情報収集先に開示すれば，調査等に支障を及ぼすおそれがあると認める場合には，理由を付した上，その旨を記載する。

(2) 相手国への情報提供要請

庁国際業務課は，庁主管課から回付を受けた進達について，租税条約の規定に適合するか否かの検討を行い，必要に応じて英訳の上，速やかに相手国へ情報提供を要請する。

その際，我が国から要請があった事実等を情報収集先に開示すれば調査等に支障を及ぼすおそれがあるとされている場合には，理由を付した上，当該事実等を情報収集先に開示すべきでない旨を記載する。

また，庁国際業務課は，庁主管課から特に依頼があった事案又は争訟手続等のために特に回答期限を付す必要のある事案等の緊急を要する事案については，優先して相手国へ要請するものとし，要請文書において早急な対応を依頼する旨を記載する。

(3) 相手国から受領した情報の回付

(2)の要請により相手国から情報を受領した場合には，庁国際業務課は，当該情報を別紙様式2により速やかに庁主管課へ回付し，庁主管課は，局管理者へ当該情報を回付する。当該情報が署管理者からの進達に基づく要請により受領したものである場合には，局管理者は，署管理者へ回付する。

(4) 相手国から受領した情報の納税者への開示

調査担当者等は，調査等の対象となっている納税者に相手国から受領した情報を開示することができる。

ただし，当該相手国からの回答文書に納税者に開示すべきでない旨の記載等がある情報は，当該納税者に開示してはならない。

(5) 相手国への開示の可否についての照会

局（署）管理者は，相手国からの回答文書に開示すべきでない旨の記載がある情報を納税者に開示せざるを得ないと認める場合には，理由を付した上，庁主管課を経由して，庁国際業務課に対し，開示の可否について当該相手国への照会を依頼する。庁国際業務課は，庁主管課と協議の上，開示が必要と認める場合には，その旨を当該相手国に照会し，確認する。

(6) 相手国への要請事案の管理

署管理者，局管理者及び庁主管課は，別紙様式3(1)の「管理簿」を用いて，また，庁国際業務課は別紙様式4(1)の整理簿」を用いて，相手国への要請事案の管理を行う。

なお，庁国際業務課は庁主管課との間で，毎年6月末及び12月末に整理簿と管理簿の照合を行う。

(7) 相手国の回答準備状況に関する照会等

庁国際業務課は，回答の遅延が著しい事案については，庁主管課と協議の上，相手国に対し回答準備状況を照会し，又は回答を督促する。

(8) 相手国から受領した情報の活用事績の報告

　局（署）管理者は，相手国から受領した情報を活用した場合には，当該情報を端緒とした増差所得等の有無にかかわらず，当該事案を処理した月の翌月の末日までに別紙様式5により当該活用の事績を庁主管課へ報告する。庁主管課は当該報告を庁国際業務課へ回付する。

2　相手国からの情報提供要請

(1) 租税条約上の情報提供義務の有無の検討

　相手国から情報提供の要請があった場合，庁国際業務課は，当該要請について租税条約上の情報提供義務があるか否かを検討する。

　その際，庁国際業務課は，当該要請が，例えば，以下のいずれかに該当する場合には，情報提供義務が課されないことに留意する。

イ　当該要請が租税条約の規定する情報交換の対象税目に関するものでないとき。
ロ　当該要請に応じることにより，相手国若しくは我が国の法令又はその行政上の慣行に抵触するとき。
ハ　当該要請に応じることにより，相手国若しくは我が国の法令の下において又はその行政の通常の運営において入手することのできない情報を提供することとなるとき。
ニ　当該要請に応じることにより，営業上，事業上，産業上，商業上若しくは職業上の秘密若しくは取引の過程を明らかにするような情報又は公開することが公の秩序に反することになる情報を提供することとなるとき。

　庁国際業務課は，検討の結果，租税条約上の情報提供義務がないと判断した場合には，理由を付した上，相手国へその旨を回答する。

(注)1　「営業上，事業上，産業上，商業上の秘密」とは，秘密として管理され公然と知られていない事業活動上の情報であり，かつ，秘密として保護に値するものをいう。これには，例えば，秘密として管理されいまだ公にされていない，特別の事業活動上の価値を有するノーハウ，機械・設備等の設計，生産方式又は顧客リストが含まれる。

　　　2　「職業上の秘密」とは，医師，弁護士，公証人等又はこれらの職にあった者が，その業務上知り得た情報であって，公然と知られておらず，秘密として保護に値するものをいう。

　　　3　「取引の過程を明らかにするような情報」とは，取引に関する交渉過程等を明らかにするような情報であって，公然と知られておらず，秘密として保護に値するものをいう。

　　　4　「公開することが公の秩序に反することになる情報」とは，情報を提供する国の極めて重要な利益にかかわる秘密をいい，例えば，外交機密，安全保障上の秘密，治安の確保又は犯罪捜査にかかわる秘密が含まれる。

(2) 情報提供のための質問検査権の行使の可否の検討

　庁国際業務課は，租税条約上の情報提供義務があると判断した要請について，更

租税条約に基づく相手国との情報交換手続について

に，以下の質問検査権の不行使事由のいずれかに該当するか否かを検討する。
 イ 当該要請が刑事事件の捜査を目的とするとき。
 ロ 我が国からの情報の提供要請に応じるために，相手国が，当該情報を収集する措置をとることができないと認められるとき。
 ハ 当該要請に応じることが，我が国の租税に関する法令の執行に支障を及ぼし，その他我が国の利益を害するおそれがあると認められるとき。
 ニ 提供の要請のあった情報を相手国において入手することが困難であると認められないとき。
 (注) 1 「我が国の租税に関する法令の執行に支障を及ぼすおそれがあると認められるとき」とは，我が国の税法の執行に関連する事務の全部又は一部に支障が及ぶと認められる場合をいい，例えば，要請に係る情報収集に相当の事務量を要し他の調査に支障が出る場合が含まれる。
    2 「その他我が国の利益を害するおそれがあると認められるとき」とは，例えば，我が国の外交上・安全保障上の利益に影響が及ぶと認められる場合又は治安の確保や犯罪捜査に支障を及ぼすと認められる場合が含まれる。

(3) 相手国への要請内容等についての照会

(1)及び(2)の検討に当たり，庁国際業務課は，要請内容，相手国における情報交換のための国内制度，相手国における刑事事件の捜査に関する手続等について，必要に応じて，相手国に照会する。

また，庁国際業務課は，相手国からの要請文書に情報収集先に開示すべきでない旨の記載がある事項について，これを開示しなければ，情報収集に支障があると認めるときは，当該相手国へ開示の可否について照会する。

(4) 情報提供要請の回付

庁国際業務課は，(1)，(2)及び(3)の検討の後，必要に応じて和訳の上，情報提供の要請を別紙様式6により速やかに庁主管課に回付する。その際，庁国際業務課は(1)及び(2)の検討結果を別紙様式6に記載する。

庁主管課は，当該検討結果について確認の後，局管理者へ当該要請を回付する。局管理者は，必要に応じて，署管理者へ回付する。

(5) 庁国際業務課と庁主管課の協議

庁主管課は，要請を局管理者に回付する際，庁国際業務課が情報提供のための質問検査権を行使できると判断した要請であっても，当該要請に応じることが我が国の租税に関する法令の執行に支障を及ぼすおそれがあると認めるときには，庁国際業務課と協議する。

(6) 情報収集担当者の指名

局（署）管理者は，収集すべき情報の内容を確認し，必要に応じ関係課等との調整を行い，情報収集担当者を指名する。

(7) 情報収集の手続

情報収集担当者は，次に定める手続に従い，速やかに情報収集を行う。
 イ 収集すべき情報が部内資料から把握できる場合

資料編

　　　　情報収集担当者は，情報提供のための質問検査権は行使せず，申告書等の部内資料から把握する。
　　ロ　収集すべき情報が部内資料から把握できない場合
　　　　情報収集担当者は，要請が質問検査権の不行使事由に該当しないことを，別紙様式6により確認した上，情報収集を行う。
　　　　なお，情報収集担当者は，当該要請が質問検査権の不行使事由に該当するおそれがあると認める場合又は当該要請により収集する情報が(1)ニに規定する営業上の秘密等を明らかにするような情報に該当するおそれがあると認める場合には，局（署）管理者を経由して，その旨を庁主管課に連絡し，庁主管課と庁国際業務課で協議を行う。また，情報提供のための質問検査権を行使するに当たっては，相手国が開示すべきでないとしているものを除き，情報収集先に対して，適宜次の事項を説明する。
　　（イ）相手国への情報提供のための質問検査権の行使である旨
　　（ロ）当該要請を行った相手国
　　（ハ）当該要請を行った相手国における調査対象者
　　（ニ）当該情報収集先が当該要請において特定されている旨
　　（ホ）相手国から提供を要請されている情報
　　（ヘ）当該要請が，租税条約上の情報提供義務があるものであり，かつ，質問検査権の不行使事由に該当しない旨
(8)　収集した情報の報告及び回付
　　局管理者は（署管理者にあっては，局管理者を経由して），情報収集担当者が収集した情報を庁主管課へ別紙様式7により報告する。その際，相手国において当該情報を納税者へ開示することに支障があると認める場合には，理由を付した上，その旨を記載する。
　　庁主管課は，当該情報を庁国際業務課へ回付する。
(9)　収集した情報の相手国への提供
　　庁国際業務課は，庁主管課から回付を受けた情報を速やかに相手国へ提供する。その際，庁国際業務課は，当該情報が営業上の秘密等を明らかにするようなものでない等租税条約上の情報提供義務がない情報に該当しないことを確認する。
　　また，相手国において当該情報を納税者に開示することに支障があるとされている場合には，理由を付した上，その旨を記載する。
(10)　相手国からの要請事案の管理
　　署管理者，局管理者及び庁主管課は，別紙様式3(2)の「管理簿」を用いて，また，庁国際業務課は別紙様式4(2)の「整理簿」を用いて，これらの事案の管理を行う。
　　なお，庁国際業務課は庁主管課との間で，毎年6月末及び12月末に整理簿と管理簿の照合を行う。

第三　自発的情報交換に係る事務手続
1　相手国への自発的な情報提供
　局（署）管理者は，調査等の過程で収集された外国の納税者に関する情報で相手国にとって有効と認めるものを把握した場合には，局管理者は（署管理者にあっては，局管理者を経由して），当該情報を庁主管課へ別紙様式8により進達する。その際，相手国において当該情報を当該外国の納税者へ開示することに支障があると認める場合には，理由を付した上，その旨を記載する。

　庁主管課は，当該情報を庁国際業務課へ回付し，庁国際業務課は，第二2(9)の「収集した情報の相手国への提供」に準じて，相手国へ情報を提供する。

　なお，これらの事案の管理については，第二2(10)の「相手国からの要請事案の管理」に準ずる。

2　相手国からの自発的な情報提供
　庁国際業務課は，相手国から自発的な情報の提供があった場合には，当該情報を別紙様式9により速やかに庁主管課へ回付し，庁主管課は，局管理者へ当該情報を回付する。

　当該情報に係る納税者を税務署が所管する場合には，局管理者は，署管理者へ回付する。局（署）管理者は，情報の内容に応じて，当該納税者を実地調査の対象とする等，当該情報の早期の活用を図る。

　また，受領した情報の納税者への開示等については，第二1(4)の「相手国から受領した情報の納税者への開示」及び(5)「相手国への開示の可否についての照会」に準ずる。

　なお，これらの事案の管理については第二1(6)の「相手国への要請事案の管理」に準じ，また，受領した情報の活用事績の報告については，第二1(8)の「相手国から受領した情報の活用事績の報告」に準ずる。

第四　相手国税務職員に対する顕彰
1　相手国税務職員の顕彰
　相手国から個別的情報交換又は自発的情報交換に基づき受領した情報のうち，その活用により顕著な事績を挙げることができたものについては，当該情報を収集した相手国の税務職員を感謝状の贈呈等により顕彰する。

2　顕彰対象者の選定
　庁国際業務課は，別紙様式5の「相手国から受領した情報の活用事績の報告」により報告を受けた活用事績のうち，特に顕彰に値すると認めるものに係る情報を収集した相手国の税務職員を顕彰対象者として選定する。

第五　情報交換に係る守秘義務
　租税条約の規定に基づく情報提供のための調査に関する事務に関して知ることができた秘密については，租税条約実施特例法上の守秘義務が課されていることに留意する。

　また，情報交換により相手国から提供を受けた情報の活用に当たっては，各税法上の

資　料　編

守秘義務に加えて租税条約上の守秘義務も課されていることに留意する。

（別紙については掲載省略）

参考文献：日米租税条約に関する書物

U.S. Department of the Treasury Technical Explanation of the Convention between the Government of the United States of America and the Government of Japan for the Avoidance of Double Taxation and the Prevention of Fiscal Evasion with respect to Taxes on Income and on Capital Gains, signed at Washington on November 6, 2003.

The Staff of the Joint Committee on Taxation Explanation of Proposed Income Tax Treaty between the United States and Japan Scheduled for a Hearing before the Committee on Foreign Relations United States Senate on February 25, 2004.

OECD Committee on Fiscal Affairs Model Tax Convention on Income and on Capital.

OECD Committee on Fiscal Affairs Model Convention Commentary.

OECD Transfer Pricing Guidelines for Multinational Enterprises and Tax Administration.

OECD Convention on Mutual Assistance in Tax Matters.

OECD Commentary on Convention on Mutual Assistance in Tax Matters.

U.S. Department of the Treasury Model Income Tax Treaty(1996).

本庄資『アメリカの租税条約』大蔵省印刷局, 1997。

同『租税条約』税務経理協会, 2000。

同『国際租税法（四訂版）』大蔵財務協会, 2005。

同「新日米租税条約の適用・解釈に関する問題点」『国際税制研究』No.14, 納税協会連合会。

同「米国財務省発表－調印した新日米租税条約」『税経通信』Vol.59／No.1／829, 税務経理協会。

同「新日米租税条約の実務上問題となる重要ポイント－投資所得の源泉地国減免という条約の特典を享受できる受益者の認定」『税経通信』Vol.59／No.2／830, 税務経理協会。

同「調印した新日米租税条約における各界の改正要望事項の実現度」『税経通信』Vol.59／No.3／831, 税務経理協会。

淺川雅嗣編著『コンメンタール改訂日米租税条約』大蔵財務協会, 2005。

淺川雅嗣「我が国の新しい租税条約ポリシー－日米新租税条約を中心に－」『二訂版国際課税の理論と課題』税務経理協会, 2005。

同「日米新租税条約の署名について」『ファイナンス』Vol.39／No.1，財務省。
同「日米新租税条約の意義」『国際税制研究』No.12，納税協会連合会。
藤本治彦・原田憲「日米租税条約の改正」『平成16年版改正税法のすべて』大蔵財務協会，2004。
日置重人・山田彰宏「国際課税関係の改正」『平成16年版改正税法のすべて』大蔵財務協会，2004。
宮本優治・山本雅人「日米新租税条約等の詳解」『税経通信』Vol.59／No.9／837，税務経理協会。
日本公認会計士協会租税調査会研究報告第5号「日米租税条約に関する実務上の諸問題について」『ＪＩＣＰＡジャーナル』2002。
日本公認会計士協会租税調査会研究報告「新日米租税条約のポイントと実務上の課題」2004。
阿部泰久『完全ガイド新日米租税条約のすべて』清文社，2005。
矢内一好『詳解日米租税条約』中央経済社，2004。
税理士法人中央青山編『Ｑ＆Ａ新日米租税条約の実務ガイド』中央経済社，2004。
トーマツ『Ｑ＆Ａでわかる新日米租税条約の実務詳解』中央経済社，2005。
品川克己『新日米租税条約の実務－留意点と対応のすべて－』税務研究会出版局，2004。
牧野好孝・侭田佳代子『租税条約適用届出書の書き方パーフェクトガイド』税務研究会，2005。
小松芳明『逐条研究日米租税条約（第3版）』税務経理協会，1997。
藤井恵『これならわかる租税条約』清文社，2005。

索　引

〔あ〕

アットリスク・ルール……………………95
アリモニー………………………………203

〔い〕

異議申立……………………………………231
遺産…………………………………………50
遺産財団………………………………53, 100
委託者信託…………………………………99
一般配当……………………………………111
移転価格課税………………………………178
移転価格課税の期間制限…………………189

〔え〕

営業又は事業………………………………79
永住権を有する外国人……………………47
Ｓ法人………………………………………94

〔お〕

追掛け課税の禁止…………………………122
ＯＥＣＤ移転価格ガイドライン……15, 178
ＯＥＣＤ税務相互援助条約………………243
ＯＥＣＤモデル条約………………………110
オーストラリア閉鎖法人…………61, 104
親子会社間配当……………………………111
オランダ事業体……………………………66

〔か〕

外国税額控除………………………………216
外国で組織された非法人…………………93
外国投資家税法……………………………2
外国保険業者の発行した保険証券に
　対する米国消費税………………………36
会社法の現代化……………………………94
学生…………………………………………211

課税上透明な事業体………………………50
課税の空白地帯……………………………66
課税ベース浸食基準………………………76
課税ベースの浸食…………………………8
課税を受けるべきものとされる者…13, 45
仮装配当……………………………………114
株式の所有要件……………………………113
管理支配基準………………………………45
管理の場所…………………………………46
関連会社……………………………………165
関連者間取引………………………………181
関連法人間の配分…………………………180

〔き〕

規制投資会社………………………………46
帰属主義……………………………………3
帰属主義の原則……………………………150
客観的基準…………………………………69
旧条約………………………………………2
給与所得……………………………………193
教授…………………………………………213
居住外国人…………………………………44
居住者………………………………………44
居住者たる地位の放棄……………………43
居住者の判定基準…………………………45
キントナー原則……………………………105

〔く〕

組合…………………………………………50
グリーンカード保有者…………………45, 48

〔け〕

経済的二重課税……………………………3
継続性の原則………………………………157
芸能人及びスポーツマン…………………204
芸能法人等の所得…………………………208

経費配賦 …………………………………155
権限のある当局 …………………………233
権限のある当局による認定 ………………83
建設ＰＥ …………………………………160

〔こ〕

公開法人 ……………………………………73
公開法人の子会社 …………………………73
恒久的居住者 ………………………………45
恒久的施設課税 …………………………150
恒久的施設に実質的関連を有する
　明示なき所得 …………………………172
恒久的施設に実質的な関連を有する
　配当 ……………………………………121
恒久的施設に実質的に関連する
　使用料 …………………………………142
恒久的施設に実質的に関連する利子 …130
恒久的施設の事業用資産である動産の
　譲渡所得 ………………………………145
恒久的施設の除外 ………………………161
恒久的施設の定義 ………………………158
恒久的住居 …………………………………49
構成員課税 ……………………………13, 53
公的資金援助を受けた金融機関株式の
　譲渡所得 ………………………………144
合同会社 ……………………………………94
公認の有価証券市場 ………………………74
後法優先原則 ………………………………10
国際運輸業所得 …………………………165
国際運輸業所得の範囲 …………………166
国際運輸業における給与所得 …………198
国際運輸に運航する船舶又は航空機の
　譲渡所得 ………………………………145
国際運輸に使用するコンテナーの
　譲渡所得 ………………………………146
国際的税務協力 …………………………236
国籍無差別 ………………………………224
個人 …………………………………………50
個人以外の者 ………………………………50

コンピュータ・ソフトウエア …………137
コンピュータ・ソフトウエアの対価 …139

〔さ〕

サービス貿易協定 …………………………42

〔し〕

Ｃ法人 ………………………………………94
事業修習者 ………………………………211
事業所得 …………………………………149
事業信託 ……………………………………99
事業体分類原則 ……………………………60
事業体ベースの制限規定 …………………85
事業目的原則 ………………………………70
実質関連原則 ………………………………2
実質主義の原則 ………………………69, 70
支店利益税 …………………………114, 123
支店利益税及び支店利子税の容認 ……230
支店利子税 …………………………114, 133
支配 ………………………………………179
支払先無差別 ……………………………224
資本無差別 ………………………………224
市民権の放棄 ………………………………43
社会保障税 …………………………………35
集合体説 ……………………………………97
住所 …………………………………………45
従属代理人 ………………………………164
重要な利害関係の中心 ……………………49
受益者概念 ………………………………112
主観的基準 …………………………………69
主たる種類の株式 …………………………73
純額方式 ……………………………………94
準拠法主義 …………………………………45
準備的又は補助的な活動 ………………162
ジョイントベンチャー …………………104
小事業法人 …………………………………96
譲渡収益 …………………………………143
情報交換 …………………………………236
情報交換のための国内措置の整備 ……242

索　引

条約オーバーライド……………………10
条約オーバーライドの対抗策…………11
条約に適合しない課税…………………231
条約の解釈・適用の困難・疑義を解決
　するための合意等 ……………………234
常用の住居………………………………49
将来課される租税………………………41
使用料……………………………………135
使用料の定義……………………………136
所有基準…………………………………76
人格のない社団等………………………93
新条約……………………………………4
信託………………………………………98
信託財産……………………………50, 53
人的役務所得……………………………193
人的範囲…………………………………41

〔す〕

推計課税…………………………………156
スターカンパニー………………………209
ステップ取引原則………………………70
ストック・オプション制度に基づく
　利益 ……………………………………194

〔せ〕

セービング・クローズ…………………43
積極的な営業又は事業基準……………70
設立地主義………………………………45
ゼネラル・パートナーシップ…………97
全世界所得課税の原則…………………8

〔そ〕

総額方式…………………………………94
総合主義…………………………………2
相互協議…………………………………231
相互協議手続……………………………233
双方居住者………………………………44
租税裁定取引……………………………8
租税障害…………………………………68

租税条約ネットワーク…………………16
租税条約の対象税目……………………35
租税条約の適用対象……………………34
租税条約のベネフィット………………18
その他の財産の譲渡所得………………146

〔た〕

対応的調整…………………………3, 187
第三国の居住者…………………………68
退職年金等………………………………201
第二次調整………………………………188
代理人ＰＥ………………………………164
第6のケース……………………………63
但し書信託………………………………101
短期滞在者免税…………………………195
短期滞在者免税の濫用の防止…………197
単純購入非課税の原則…………………157
単純信託…………………………………98
団体課税……………………………13, 53

〔ち〕

チェック・ザ・ボックス・ルール……60
チェック・ザ・ボックス原則…………105
中間介在事業体…………………………113
中間方式…………………………………94
徴収共助…………………………………242

〔つ〕

通常取引される…………………………74

〔て〕

ＤＮＩ……………………………………98
適格居住者基準…………………………72

〔と〕

導管原則…………………………………70
導管取引…………………………………85
導管取引による使用料…………………90
導管取引による明示なき所得…………91

471

導管取引による優先株式等………87
導管取引による利子……………89
導管取引の濫用防止規定………14
投資所得……………………110
投資法人……………………93
同族持株会社税……………36
特殊関連企業………………178
特定親子会社間配当…………111
特定信託……………………101
特定目的会社………………93
特典制限条項………………69
特典付与条項………………83
匿名組合……………………53, 65
匿名組合の利益の分配………173
独立企業間価格を超える所得…189
独立企業基準………………180
独立企業原則………………152
独立主体説…………………97
独立代理人…………………164
トラッキング・ストック………74
トリーティ・ショッピング防止規定…68
取引ベースの制限規定………85

〔な〕

内国歳入法典………………35
内国法人……………………45
内国民待遇…………………43

〔に〕

二重課税の排除……………216
二重居住者…………………44
日本の移転価格税制…………183
日本の住民税及び事業税……39
日本の住民税及び事業税に類似する
　租税……………………39
日本の有限会社……………60
任意組合……………………53
認定配当……………………114

〔ね〕

年金基金……………………46
年金基金が受益者である配当…116

〔の〕

能動的事業活動基準…………78
ノウハウ……………………138
ノンリコース・ローン………95

〔は〕

パートナーシップ……………53, 97
バーバラ・M・アンガス………16
配当所得……………………110
配当の受益者………………112
配当の定義…………………120
配当部分に係る法人所得の二重課税…113
パススルー型事業体…………53
派生的基準…………………306
バック・トゥ・バック・ローン・
　アレンジメント……………89
バック・トゥ・バック使用料アレンジ
　メント……………………90
バック・トゥ・バック優先株式
　アレンジメント……………87
パッシブ・ロス・リミテーション…95

〔ひ〕

ＰＥ無差別…………………224
非永住者……………………51
非居住外国人………………44
非居住者……………………45
非居住法人…………………45

〔ふ〕

不確定利子…………………274
不均一分配株式……………73
複合信託……………………98
普通株式……………………74

〔ふ〕

普通法人……………………………96
不動産所得……………………………147
不動産投資信託………………………46
不動産の譲渡収益……………………143
不動産の定義…………………………148
不動産保有パートナーシップ持分の
　譲渡所得……………………………144
不動産保有法人の株式等の譲渡……143
不動産モーゲージ投資導管…………46
プリザベーション・クローズ………42
振分け基準……………………………48
分散投資………………………………118
分配可能純利益………………………98

〔へ〕

米国ＬＬＣ……………………………58
米国議会課税合同委員会……………5
米国議会課税合同委員会の指摘した
　問題点………………………………274
米国公開取引パートナーシップ……103
米国財務省専門的説明書……………36
米国財務省モデル条約………………15
米国市民…………………………47, 220
米国ジョイントベンチャー…………60
米国消費税……………………………36
米国信託………………………………59
米国の移転価格税制…………………179
米国の課税上パートナーシップとして
　取り扱われる米国ＬＬＣ…………58
米国の後法優先原則に対する措置……245
米国の州税及び地方税………………38
米国の租税条約締結方針……………16
米国の租税条約締結方針の優先事項……18
米国モデル条約………………………110
閉鎖法人の配当二重課税の回避……114
ペイスルー型事業体……………46, 53
ペイスルーの導管型法人が支払う
　配当…………………………………117

〔ほ〕

包括的特典制限条項…………………69
包括的トリーティ・ショッピング防止
　規定…………………………………15
法人………………………………50, 96
法人・株主関係………………………113
法人以外の団体………………………50
法人間受取配当………………………114
法人擬制説……………………………96
法人実在説……………………………96
法人独立納税主体説…………………114
保険年金………………………………203
本部統轄法人…………………………79
本文信託………………………………101

〔み〕

みなし法人……………………………93
民間財団に対する米国消費税………37

〔む〕

無国籍者無差別………………………224
無差別待遇……………………………224

〔め〕

明示なき所得……………………66, 171
免税団体………………………………46

〔も〕

元市民…………………………………220
元長期居住者…………………………220
者………………………………………50

〔や〕

役員報酬………………………………199

〔ゆ〕

有限会社………………………………105

有限責任会社…………………………98
有限責任事業組合……………………94
優先株式………………………………74
ユニタリータックス…………………38

〔り〕

REIT…………………………………46
利子所得………………………………126
利子の源泉地国………………………131
利子の定義……………………………129

RIC……………………………………46
リミテッド・パートナーシップ……97
留保収益税……………………………35
両国において課税上の取扱いが異なる
　事業体………………………………53

〔れ〕

REMIC………………………………46
連邦所得税……………………………35

著者紹介

本庄　資（ほんじょう・たすく）

昭和39年京都大学法学部卒業
以後，大蔵省主税局国際租税課外国人係長，日本貿易振興会カナダ・バンクーバー駐在，大蔵省大臣官房調査企画課（外国調査室）課長補佐，国税庁調査査察部調査課課長補佐，広島国税局調査査察部長，東京国税局調査第1部次長，大蔵省証券局検査課長，国税庁直税部審理室長，国税庁調査査察部調査課長，税務大学校副校長，金沢国税局長，国税不服審判所次長
現在，国士舘大学政経学部教授，慶應義塾大学大学院商学研究科特別研究教授，税務大学校客員教授，経済学博士

著書　租税回避防止策－世界各国の挑戦（大蔵財務協会）
　　　アメリカの租税条約（大蔵省印刷局）
　　　アメリカ法人所得税（財経詳報社）
　　　アメリカの州税（財経詳報社）
　　　アメリカ税制ハンドブック（東洋経済新報社）
　　　租税条約（税務経理協会）
　　　国際租税計画（税務経理協会）
　　　国際的租税回避－基礎研究－（税務経理協会）
　　　タックス・シェルター事例研究（税務経理協会）
　　　アメリカン・タックス・シェルター基礎研究（税務経理協会）
　　　国境に消える税金（税務経理協会）
　　　国際租税法（四訂版）（大蔵財務協会）

著者との契約により検印省略

平成17年8月20日　初版発行

新日米租税条約解釈研究
― 基 礎 研 究 ―

著　者	本　庄　　　資
発 行 者	大　坪　嘉　春
印 刷 所	税経印刷株式会社
製 本 所	株式会社　三森製本所

発行所　東京都新宿区下落合2丁目5番13号　株式会社　税務経理協会
郵便番号　161-0033　振替　00190-2-187408　電話(03)3953-3301(編集部)
FAX(03)3565-3391　　　　　(03)3953-3325(営業部)
URL　http://www.zeikei.co.jp/
乱丁・落丁の場合はお取替えいたします。

©本庄　資　2005　　　　　　　　　　Printed in Japan

本書の内容の一部又は全部を無断で複写複製（コピー）することは，法律で認められた場合を除き，著者及び出版社の権利侵害となりますので，コピーの必要がある場合は，予め当社あて許諾を求めて下さい。

ISBN4-419-04609-0　C2032